브랜드만족
1위

2026
MAT
Management Ability Test

경영능력시험
공식교재

합격치트키 ▶ **무료특강**
저자직강

SMAT
Module B

서비스 마케팅·세일즈

안진요 편저

무료특강	이론+문제	실무능력	핵심용어
핵심 키워드 총정리+ 모의고사 1회	핵심이론+실전문제+ 모의고사 수록	서비스 사례로 실무능력 UP	핵심 키워드 총정리

빠른 합격이 만드는 슈퍼 스펙!!

박문각
자격증

2025 고객선호브랜드지수 1위

박문각

Preface | 이 책의 머리말

"서비스는 수행하는 일이 아니라 살아가는 태도이며, 그 태도는 직업을 넘어 인생의 방향을 결정합니다."

현대의 기업들은 이제 고객을 단순한 소비자로 바라보지 않습니다. 고객은 기업의 성장을 견인하고 미래 가치를 창출하는 핵심 주체로 인식되고 있으며, 이에 따라 고객 중심 경영은 선택이 아닌 생존을 위한 필수 전략으로 자리 잡았습니다.

그러나 오랜 기간 현장에서 실행되어 오고 있는 고객 만족 경영 방식에는 분명한 한계가 존재합니다.
과거의 고객 만족은 직원의 희생과 헌신을 기반으로 형성되는 경우가 많으며, 이러한 방식은 일시적인 성과를 만들어낼 수는 있지만, 지속 가능한 성장 구조로 발전하지 못하는 문제를 내포하고 있습니다.
이제 서비스는 한 개인의 역량이나 친절에 의존하는 단계를 넘어 '고객-기업-종업원'이 함께 가치를 창출하고 성장할 수 있는 구조적 시스템으로 재편되어야 합니다. 어느 한쪽만을 위한 만족은 오래 지속될 수 없으며, 감정에만 의존한 친절 역시 곧 구조적 한계에 부딪히게 됩니다.

"서비스는 감정의 영역이 아니라 구조의 영역이며, 구조는 태도에서 시작됩니다."
앞으로의 서비스 경쟁력은 일시적인 친절이나 개인의 센스에서 비롯되는 것이 아니라, 분석 가능한 지표, 설계 가능한 시스템, 실행 가능한 전략에서 비롯되어야 합니다.
즉, '현장의 경험'은 '경영의 언어'로 진화해야 하며, 그럴 때 비로소 서비스는 하나의 산업으로 성장할 수 있습니다.

"SMAT의 역할은 서비스 역량을 눈에 보이는 기준으로 만들어 주는 데 있습니다."
이러한 필요성을 바탕으로 탄생한 것이 바로 SMAT(서비스경영자격)입니다.
SMAT는 서비스 직무에 요구되는 실제 역량을 기반으로 구성된 국가공인 서비스 자격 제도로서, 실제 현장에서 적용 가능한 전문성을 객관적으로 측정하고 인증할 수 있는 체계를 갖추고 있습니다.

SMAT 시험은 다음의 세 가지 모듈로 구성되어 있습니다.
모듈 A(비즈니스 커뮤니케이션), 모듈 B(서비스 마케팅·세일즈), 모듈 C(서비스 운영전략)는 단순한 지식을 평가하는 것이 아니라 직무 수행 능력 전반을 진단하고 검증할 수 있도록 설계되어 있습니다. SMAT는 이러한 체계를 통해 서비스의 가치를 사회적으로 공유 가능한 언어, 즉 공적 기준으로 정착시키는 중요한 역할을 수행하고 있습니다.

본 교재는 단순한 시험 대비용을 넘어 현장에서 즉시 활용할 수 있는 '서비스 기준서이자 실무형 교재'가 되도록 구성되어 있습니다.
2026년 최신판은 "이론이 실무로 이어질 수 있도록 균형있게 설계하는 것"을 목표로 합니다.

2026년 최신판의 핵심 방향은 현장성과 전문성의 결합이며, 이를 위해 기존의 단순 이론 중심 구성에서 벗어나 실제 사례 분석, 시나리오 기반 사고 훈련, 문제 해결 중심의 학습 구조를 강화하였습니다. 특히 서비스 관련 용어와 개념을 보다 쉽게 이해할 수 있도록 다양한 사례와 현장 중심 설명을 보완하고, 실무에서 바로 적용할 수 있는 예시와 상황별 안내를 풍부하게 제시하여 학습자가 용어의 의미뿐 아니라 실제 활용 방식까지 자연스럽게 익힐 수 있도록 돕고 있습니다.

또한 본 교재는 서비스 직무를 처음 시작하는 초급 학습자부터 강사·관리자 단계로 진입하려는 실무자까지 각자의 수준에 맞는 학습 경로를 스스로 설계할 수 있도록 구성되어 있습니다. 학습자가 자신의 현재 역량을 진단하고, 향후 성장을 위한 구체적인 로드맵을 설정할 수 있도록 지원하는 실천형 학습 교재를 지향하고 있습니다.

지난 25년 동안 저는 다양한 현장에서 서비스를 수행했고, 서비스를 가르치며 살아왔습니다.
호텔에서, 국빈 서비스 현장에서, 여러 대학과 기업 현장을 거치며 서비스는 단순한 친절이 아니라 사람을 이해하는 방식이며 관계의 본질을 다루는 일이라는 것을 깨닫게 되었습니다.

"서비스는 누군가를 일시적으로 감동시키는 기술이 아니라, 다시 만나고 싶은 사람과 관계를 설계해 가는 과정입니다."
서비스는 직업이기 이전에 하나의 태도였으며, 그 태도는 하루의 사소한 행동을 바꾸고 관계를 움직이며 결국 삶의 방향을 변화시키는 힘이 되었습니다.
이 교재가 서비스라는 길을 선택하신 모든 분들께, 자신의 가능성을 증명하고 앞으로의 방향성을 설계할 수 있는 확신의 언어가 되기를 진심으로 바랍니다.

오랜 시간 자격증 연구와 교재 집필을 함께해 주신 강은미 연구원, 수많은 교육 현장을 열어 주고 지켜주신 BTMS(주)의 동료들, 신뢰를 바탕으로 협력해 주신 ㈜에듀스파박문각과 한국생산성본부 관계자분들, 그리고 언제나 성실하게 현장에서 배움을 증명해 주신 신구대학교 호텔경영학과 교수님과 학생들, 조미라 연구원, 구한별 연구원께 이 지면을 빌려 깊은 감사의 마음을 전합니다.

이 교재는 단순한 시험 대비용 학습서가 아닙니다. 여러분의 서비스가 누군가의 하루를 변화시키고, 여러분의 생각이 누군가의 미래를 설계할 수 있다는 가능성을 보여주는 지도가 되기를 희망합니다. 서비스는 감정의 문제가 아니라 태도의 문제이며, 태도는 결국 미래를 설계하는 힘이라고 믿습니다.
2026 SMAT 최신판이 여러분의 새로운 도전과 출발을 위한 '첫 문장'이 되기를 바랍니다.

저자 **하진영** 드림

B

Guide | SMAT 시험 ①

> 서비스 산업의 전문가를 양성하는
> 실무형 국가공인 자격시험입니다

국내 '**최초**'
서비스 경영 분야
국가공인 자격

국내 '**최대**'
자격 주관기관인
한국생산성본부
시행

국내 '**최다**'
서비스 자격분야
응시인원

- 산업계 및 교육계에서 서비스 산업의 핵심 인재 역량을 위한 실무형 국가공인 자격
- 학점 인정 및 고교생활기록부 등재 가능
- NCS에 의거하여 개발된 자격시험으로, 직무분야 중심의 출제를 통한 높은 실무 활용성

시험안내

구분	정기 시험	상시 시험
접수 방법	KPC자격 홈페이지(https://license.kpc.or.kr)	전국의 각 지역센터(28개)
시행	연 8회 (짝수달 둘째 주 토요일 및 5월/11월 넷째 주 토요일)	월 1회
인원	개인 및 단체(2인 이상)	기관 및 학교 단위 단체(30인 이상)
응시료	1개 Module 24,000원 2개 Module 44,000원 3개 Module 62,000원 (인터넷 결제 수수료 1,000원 별도)	
시험 시간	• 모듈별 70분간 진행 • Module A: 09:00~10:10(70분) Module B: 10:30~11:40(70분) Module C: 12:00~13:10(70분)	
문제 형식	• PBT 방식 • 모듈별 50문항으로 5개 유형(일반형, O/X유형, 연결형, 사례형, 통합형)으로 객관식 • 각 문항당 2점	
합격 기준	100점 만점 총 70점 이상 합격	

2026년 정기 시험일정

회차	시험일	온라인 원서 접수	방문 접수	수험표 공고	합격자 공고
제1회	2. 7.	1. 1. ~ 1. 7.	1. 7. ~ 1. 7.	1. 28. ~ 2. 7.	2. 26. ~ 3. 5.
제2회	4. 11.	3. 5. ~ 3. 11.	3. 11. ~ 3. 11.	4. 1. ~ 4. 11.	4. 30. ~ 5. 7.
제3회	5. 30.	4. 23. ~ 4. 29.	4. 29. ~ 4. 29.	5. 19. ~ 5. 30.	6. 19. ~ 6. 26.
제4회	6. 13.	5. 7. ~ 5. 13.	5. 13. ~ 5. 13.	6. 2. ~ 6. 13.	7. 2. ~ 7. 9.
제5회	8. 8.	7. 2. ~ 7. 8.	7. 8. ~ 7. 8.	7. 29. ~ 8. 8.	8. 27. ~ 9. 3.
제6회	10. 17.	9. 10. ~ 9. 16.	9. 16. ~ 9. 16.	10. 6. ~ 10. 17.	11. 5. ~ 11. 12.
제7회	11. 28.	10. 22. ~ 10. 28.	10. 28. ~ 10. 28.	11. 18. ~ 11. 28.	12. 18. ~ 12. 28.
제8회	12. 12.	11. 5. ~ 11. 11.	11. 11. ~11. 11.	12. 2. ~ 12. 12.	12. 31. ~ 1. 7.

- 위 일정은 사정에 따라 변경될 수 있으니, 사전에 반드시 KPC자격 홈페이지(https://license.kpc.or.kr/)에서 확인하시기 바랍니다.
- 방문 접수는 온라인 원서 접수 기간 내 해당 지역센터에 문의 바랍니다.

학점 인정 및 고교생활기록부 등재

등급	학점	전공필수 학점으로 인정되는 전공	
		전문학사	학사
1급(컨설턴트)	10학점	경영, 관광경영	경영학, 관광경영학, 호텔경영학
2급(관리자)	6학점	경영, 관광경영	-
위에 언급된 전공 외에는 일반선택 학점으로 인정			

* 고등학교 재학 중 자격 취득 시, 고교생활기록부에 등재 가능

Guide | SMAT 시험 ②

시험 구조

Module A

비즈니스 커뮤니케이션

고객 접점에서 올바른 비즈니스 매너와 이미지를 바탕으로, 고객심리를 이해하고 고객과 소통할 수 있는 현장 커뮤니케이션 실무자 양성

Module B

서비스 마케팅·세일즈

서비스 현장에서 CRM 및 상담 역량을 바탕으로, 서비스 유통관리 및 코칭·멘토링을 통해 세일즈를 높일 수 있는 서비스 마케팅 관리자 양성

Module C

서비스 운영전략

서비스 현장에서 CSM 및 HRM에 대한 이해를 바탕으로, 우수한 서비스 프로세스를 설계하고 공급·수요를 관리할 수 있는 서비스 운영전략 관리자 양성

자격 증급 기준

3급 실무자

1개 Module 취득
"서비스 산업 신입사원"

2급 관리자

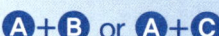

2개 Module 취득
"직무별 특성화 인재"

1급 컨설턴트

3개 Module 취득
"프로페셔널, 전문가"

출제 범위

모듈	과목	출제 범위
Module A 비즈니스 커뮤니케이션	**비즈니스 매너/에티켓*****	매너와 에티켓의 이해, 비즈니스 응대, 전화 응대 매너, 글로벌 매너 등
	이미지 메이킹***	이미지의 개념, 이미지 메이킹 주요 이론, 상황별 이미지 메이킹, 인상/표정 및 상황별 제스처, Voice 이미지 등
	고객 심리의 이해	고객에 대한 이해, 고객 분류 및 계층론, 고객 심리의 이해, 고객의 성격 유형에 대한 이해, 고객의 구매 의사 결정 과정 등
	고객 커뮤니케이션	커뮤니케이션의 이해, 효과적인 커뮤니케이션 기법/스킬, 감성 커뮤니케이션, 설득과 협상 등
	회의 기획/의전 실무	회의 운영 기획/실무, 의전 운영 기획/실무, 프레젠테이션, MICE의 이해 등
Module B 서비스 마케팅· 세일즈	**서비스 세일즈 및 고객 상담*****	서비스 세일즈의 이해, 서비스 세일즈 전략 분석, 고객 상담 전략, 고객 유형별 상담 기법, MOT 분석 및 관리 등
	고객관계관리(CRM)	고객 관계 이해, 고객 획득−유지−충성−이탈−회복 프로세스, CRM 시스템, 고객 접점 및 고객 경험 관리, 고객 포트폴리오 관리 등
	VOC 분석/관리 및 컴플레인 처리***	VOC 관리 시스템 이해, VOC 분석/관리법 습득, 컴플레인 개념 이해, 컴플레인 대응 원칙 숙지, 컴플레인 해결 방법 익히기 등
	서비스 유통 관리	서비스 구매 과정의 물리적 환경, 서비스 유통 채널 유형, 서비스 유통 시간/장소 관리, 전자적 유통 경로 관리, 서비스 채널 관리 전략 등
	코칭/교육 훈련 및 멘토링/동기 부여	성인 학습의 이해, 교육 훈련의 종류 및 방법, 서비스 코칭의 이해/실행, 정서적 노동의 이해 및 동기 부여, 서비스 멘토링 실행 등
Module C 서비스 운영전략	서비스 산업 개론	유형별 서비스의 이해, 서비스업의 특성 이해, 서비스 경제 시대 이해, 서비스 패러독스, 서비스 비즈니스 모델 이해 등
	서비스 프로세스 설계 및 품질 관리***	서비스 품질 측정 모형 이해, 서비스 GAP 진단, 서비스 R&D 분석, 서비스 프로세스 모델링, 서비스 프로세스 개선 방안 수립 등
	서비스 공급 및 수요 관리	서비스 수요 예측 기법 이해, 대기 행렬 모형, 서비스 가격/수율 관리, 서비스 고객 기대 관리, 서비스 공급 능력 계획 수립 등
	서비스 인적자원관리	인적자원관리의 이해, 서비스 인력 선발, 직무 분석/평가 및 보상, 노사 관계 관리, 서비스 인력 노동 생산성 제고 등
	고객만족경영 전략***	경영 전략 주요 이론, 서비스 지향 조직 이해, 고객 만족의 평가 지표 분석, 고객만족도 향상 전략 수립 등

* ★★★: 각 모듈별로 중요도가 높은 과목
* 과목별 10문항(10% 이내에서 변농 가능)으로 총 50문항

Guide | SMAT 시험 ③

문제 유형

5가지 유형

과목별 10문항
(±10% 내외 변동 가능)

총 50문항

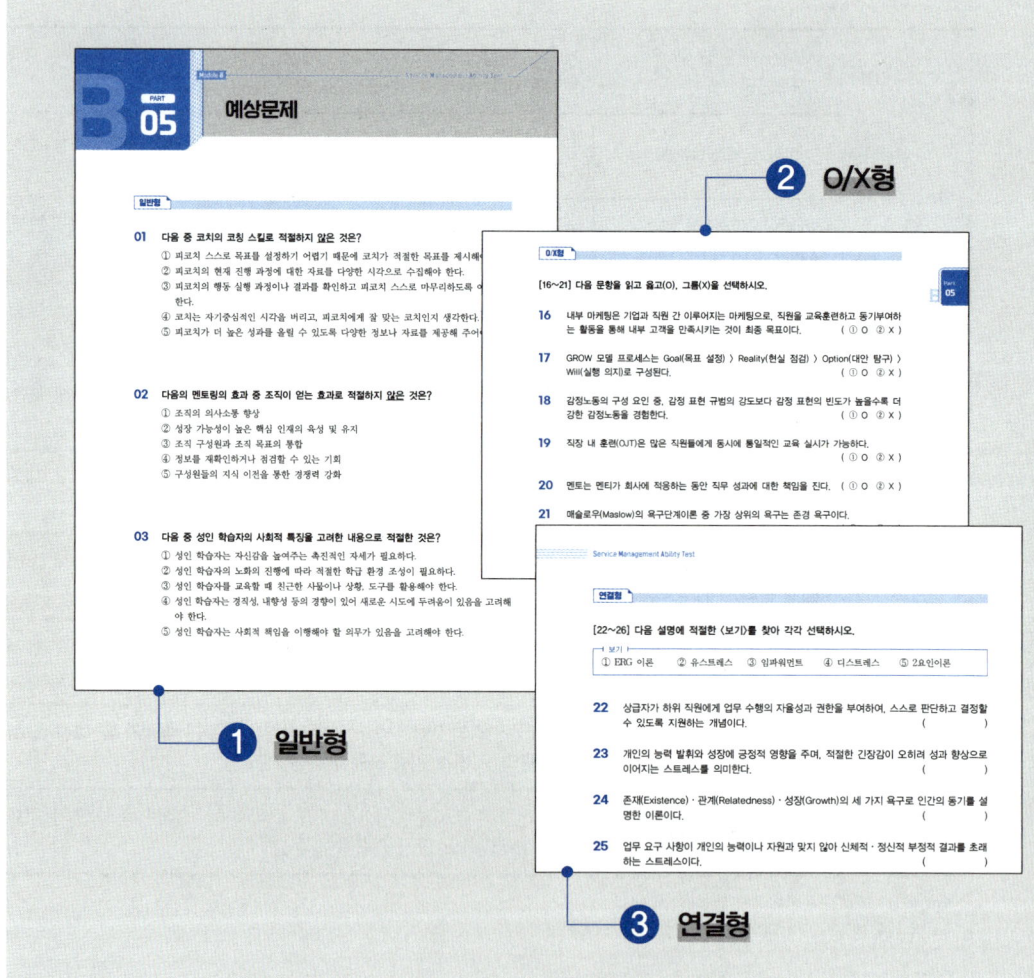

① 일반형

② O/X형

③ 연결형

① **일반형** 5지선다 객관식 유형

② **O/X형** 주어진 문장의 옳고 그름을 판단하는 유형

③ **연결형** 각 설명에 적절한 용어를 보기에서 찾는 유형

④ **사례형** 제시된 비즈니스 사례를 바탕으로 1개의 문제를 푸는 5지선다 객관식 유형

⑤ **통합형** 제시된 비즈니스 사례를 바탕으로 2개의 문제를 푸는 5지선다 객관식 유형

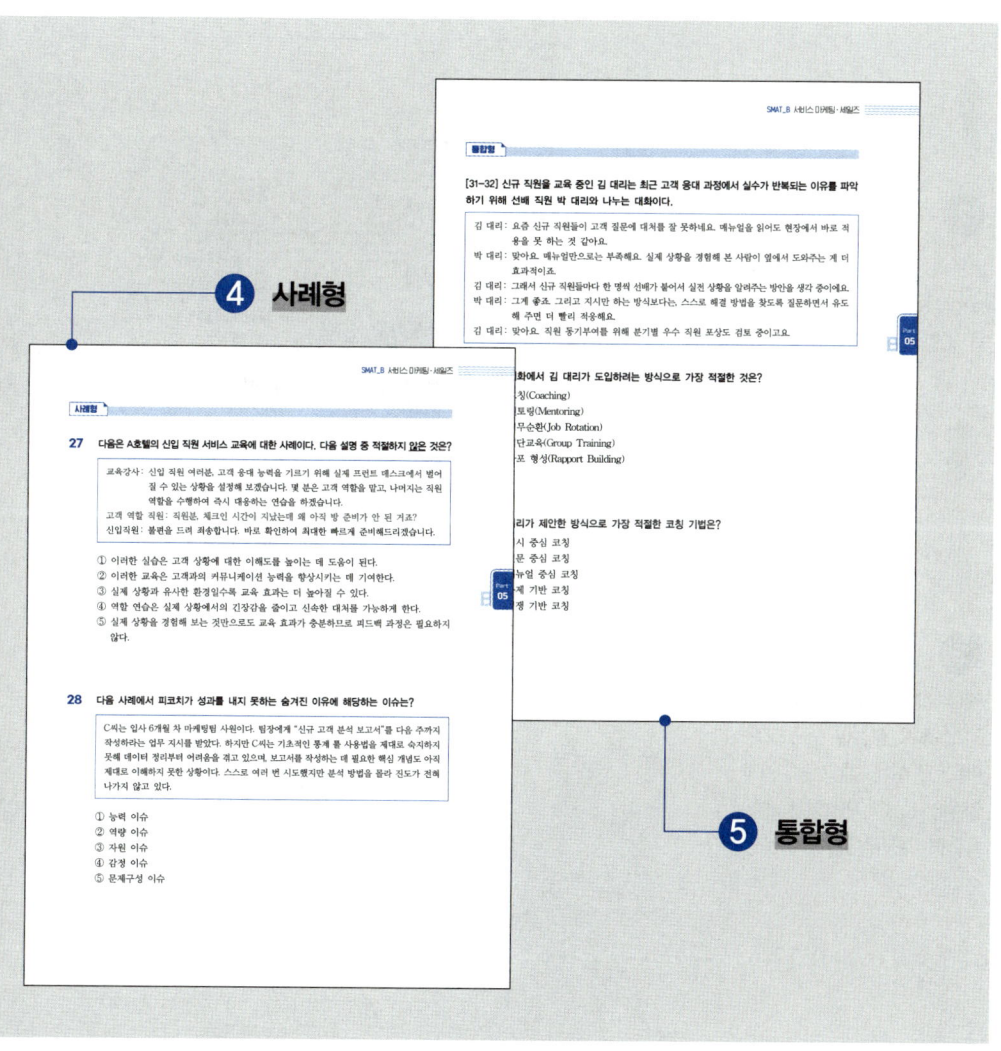

④ 사례형

⑤ 통합형

How to use | 이 책의 구성과 특징

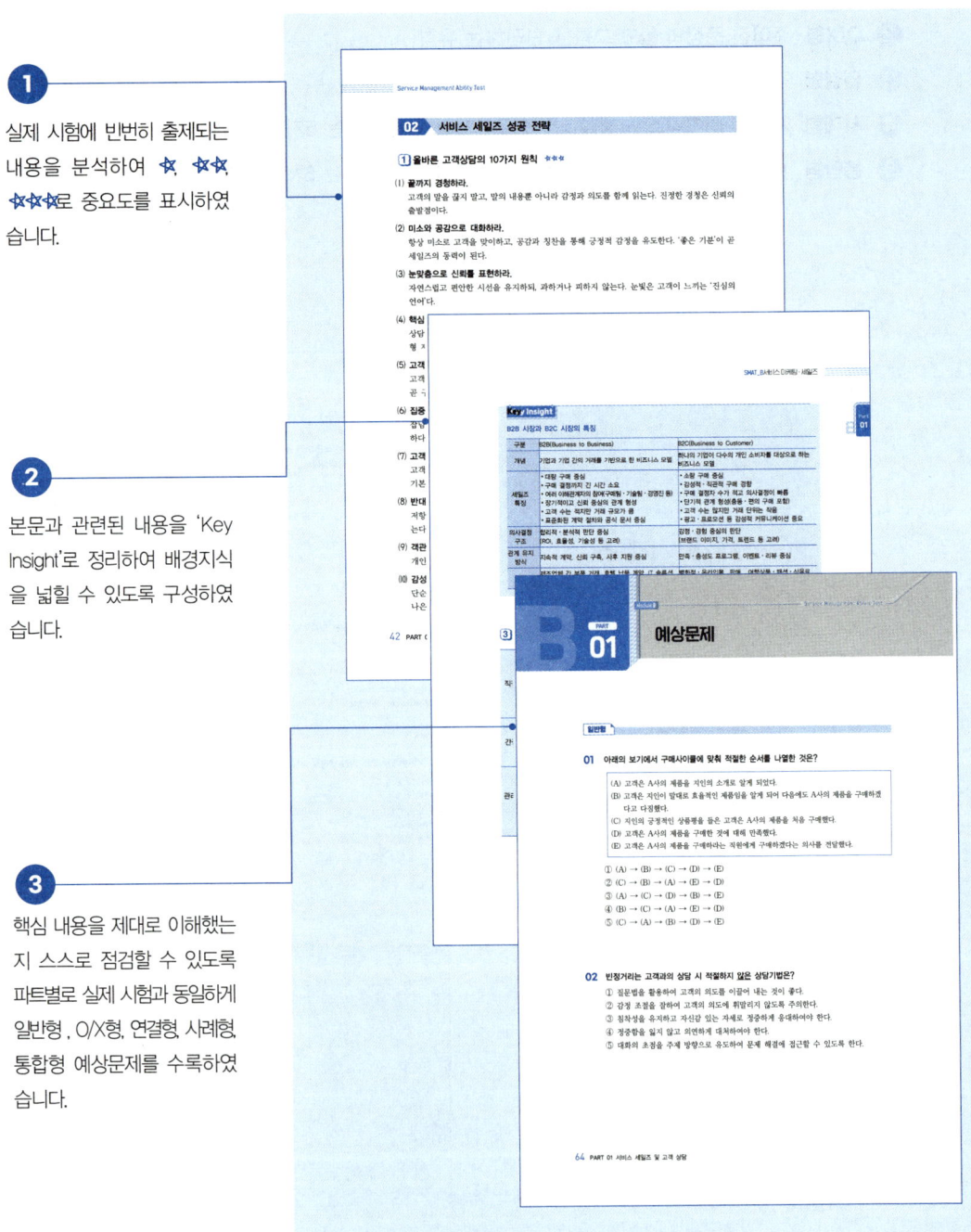

1

실제 시험에 반번히 출제되는 내용을 분석하여 ✿ ✿✿ ✿✿✿로 중요도를 표시하였습니다.

2

본문과 관련된 내용을 'Key Insight'로 정리하여 배경지식을 넓힐 수 있도록 구성하였습니다.

3

핵심 내용을 제대로 이해했는지 스스로 점검할 수 있도록 파트별로 실제 시험과 동일하게 일반형, O/X형, 연결형, 사례형, 통합형 예상문제를 수록하였습니다.

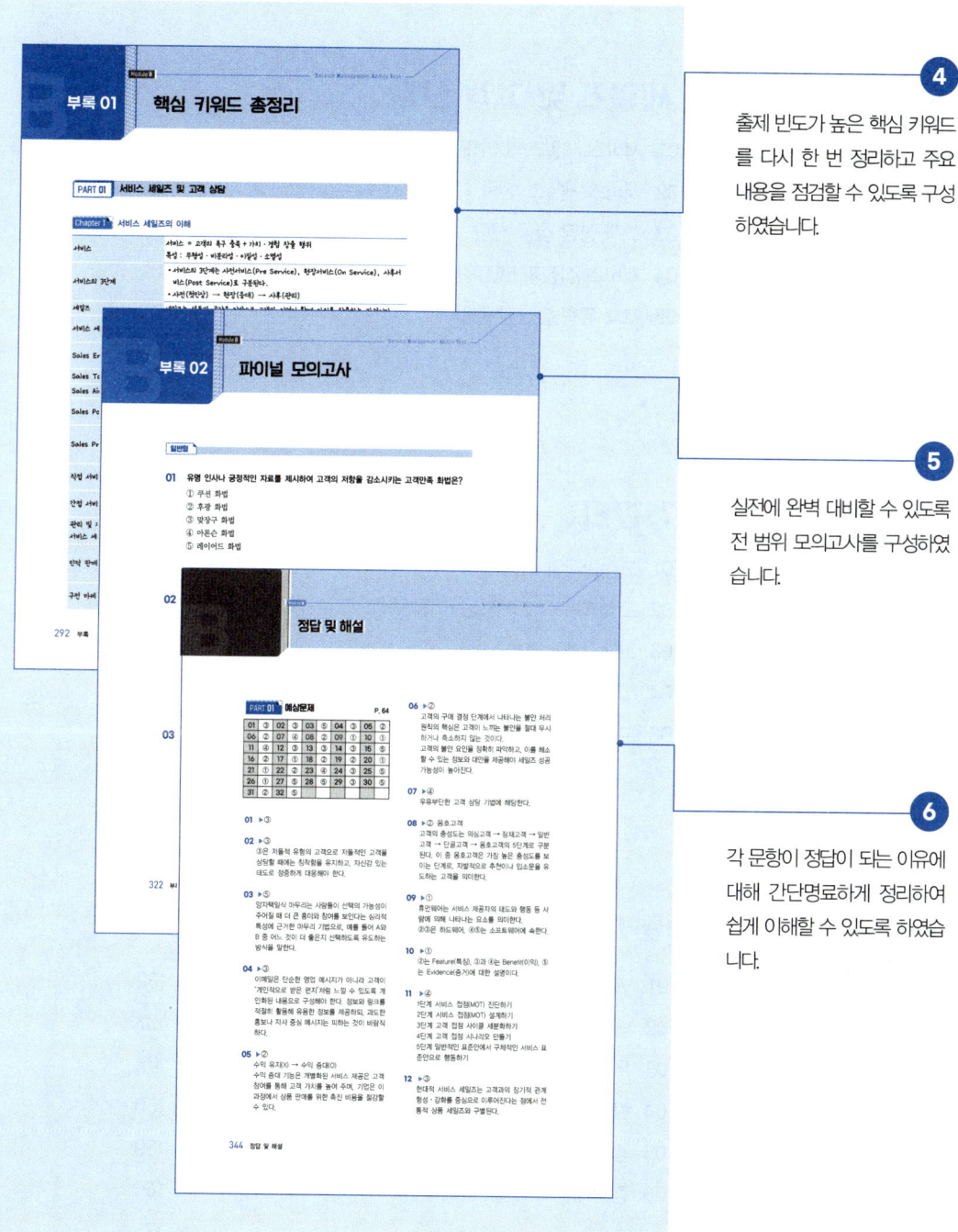

4

출제 빈도가 높은 핵심 키워드를 다시 한 번 정리하고 주요 내용을 점검할 수 있도록 구성하였습니다.

5

실전에 완벽 대비할 수 있도록 전 범위 모의고사를 구성하였습니다.

6

각 문항이 정답이 되는 이유에 대해 간단명료하게 정리하여 쉽게 이해할 수 있도록 하였습니다.

Contents | 이 책의 차례

서비스 유통관리

코칭/교육훈련 및 멘토링/동기부여

부록

SMAT
Module B
서비스 마케팅·세일즈

01

서비스 세일즈 및 고객 상담

Part 01. 서비스 세일즈 및 고객 상담

- 본 파트에서는 서비스 세일즈의 개념과 역할을 이해합니다.

- 고객 요구 파악, 상담 기술, 설득 전략을 함께 학습합니다.

- 서비스 접점과 MOT 관리 원리를 익혀 현장 적용 능력을 강화합니다.

- 또한 고객 유형별 상담전략을 학습하여 맞춤형 대응 역량을 높입니다.

- 실무 중심 파트이므로 문제풀이를 통해 상담 프로세스를 검증해야 합니다.

서비스 세일즈의 이해

01 서비스(Service)의 개념

1 서비스(Service)의 어원

(1) '서비스(Service)'는 라틴어 Servus(노예, servire)의 어원에서 비롯되었으며, '시중들다', '돕다', '헌신하다'라는 의미를 지닌다.

(2) 과거에는 단순히 '타인을 위해 봉사하는 행위'를 뜻했으나, 오늘날에는 고객의 욕구를 충족시키고 긍정적 경험을 제공하기 위한 전문적 행위와 가치 창출 활동으로 그 의미가 확장되었다.

협의의 서비스	고객 또는 이용자의 편익을 높이기 위해 제공되는 구체적 행위나 기능 ex 고객 응대, 제품 설명, 문제 해결 등 직접적 접점에서의 지원 활동
광의의 서비스	물질적 재화 외에 사람·정보·경험을 중심으로 이루어지는 모든 경제적 활동. 즉, 생산·소비 전 과정에서 고객가치를 창출하는 경험 기반의 활동을 포함한다.

2 서비스의 특징 ✿✿✿

무형성 (intangibility)	• 서비스는 형태가 없는 비물질적 상품으로, 눈에 보이거나 손으로 만질 수 없다. • 경험하기 전에는 품질을 평가하기 어렵다. • 고객은 광고, 평판, 브랜드 이미지, 종사원 태도 등 간접적 단서를 통해 서비스 품질을 추정한다. • 따라서 기업은 신뢰 형성과 체험 제공을 통해 무형성의 한계를 극복해야 한다. 핵심키워드 보이지 않음 / 평가 어려움 / 신뢰와 체험의 중요성
비분리성 (inseparability)	• 서비스는 사람이 제공하기 때문에 제공자, 시간, 장소, 상황에 따라 품질이 달라진다. • 표준화가 어렵지만, 이는 곧 차별화의 기회가 되기도 한다. • AI 상담, 매뉴얼화, 고객 피드백 관리를 통해 품질의 일관성을 높인다. 핵심키워드 사람 중심 / 품질 불균일 / 표준화 관리
이질성 (heterogeneity)	• 서비스는 저장·재고가 불가능한 상품으로, 생산과 동시에 소비되어 사라진다. • 시간이 지나면 재판매가 불가능하기 때문에 수요 예측과 예약 관리가 중요하다. • 예약 시스템, 실시간 데이터 분석을 통해 효율적 운영이 가능하다. 핵심키워드 저장 불가 / 수요예측 / 예약관리
소멸성 (perishability)	• 서비스는 생산과 소비가 동시에 발생한다. • 서비스 품질은 제공자와 고객의 상호작용 과정에서 결정된다. • 종사원의 태도, 응대, 커뮤니케이션 능력이 고객 만족에 직접적인 영향을 미친다. 핵심키워드 생산·소비 동시 / 상호작용 / 종사원 태도

3 서비스의 3단계

사전서비스 (Pre Service)	• 고객이 서비스를 이용하기 이전에 제공되는 준비 단계의 활동으로, 고객의 관심을 유도하고 신뢰와 기대감을 형성하여 구매 가능성을 높이는 과정이다. • 사전 홍보와 첫인상 관리가 핵심이다. • 사례 : 카탈로그, 리플릿, SNS 광고, DM 안내, 주차 안내원, 프로모션 게시물, 사전 예약 시스템, 웰컴 사인 등 [핵심 키워드] 첫인상 / 신뢰 / 기대감 / 구매유도 / 접근성
현장서비스 (On Service)	• 고객이 실제로 서비스를 경험하는 핵심 단계로, 서비스 품질이 종사원의 태도·응대·커뮤니케이션에 의해 직접적으로 결정된다. • 고객 접점에서의 상호작용 품질이 만족도를 좌우한다. • 사례 : 고객 응대, 제품 설명, 주문 처리, 문제 해결, 불만 대응, 제안 활동 등 [핵심 키워드] 실행 / 응대 / 상호작용 / 품질 / 만족
사후서비스 (Post Service)	• 서비스 이용 후 고객 만족을 확인하고, 지속적인 관계를 유지하기 위한 단계이다. • 사후관리 활동을 통해 고객 충성도와 재이용 의도를 높인다. • 사례 : 감사 인사, 설문 및 후기 요청, 불만 처리, 보상 관리, 재방문 유도, 회원 관리 등 [핵심 키워드] 사후관리 / 만족확인 / 관계유지 / 충성도

02 서비스 세일즈의 개념

1 세일즈(Sales)의 정의

(1) 세일즈는 설득력 있는 커뮤니케이션을 통해 고객과 기업이 모두 이익을 얻는 거래를 성사시키는 활동이다.

(2) 즉, 단순히 상품을 판매하는 행위가 아니라, 고객이 제품과 서비스를 올바르게 이해하고 선택하도록 돕는 과정이다.

(3) 세일즈는 기업의 입장에서 제품의 특징과 장점을 전달하되, 궁극적으로는 고객의 문제를 해결하고 만족을 제공하는 관계 중심 활동이어야 한다.

(4) 마케팅 전략을 실행으로 연결하는 마지막 전술로서, 기업과 고객 간 신뢰와 가치를 교환하는 과정이라 할 수 있다.

2 서비스 세일즈(Service Sales)의 의미

(1) 서비스 세일즈란 상품과 함께 '태도 · 배려 · 정성'이라는 무형의 가치를 함께 판매하는 행위이다.

(2) 단순히 물건을 파는 것을 넘어, 고객의 감정과 경험을 설계하는 세일즈 활동이다.

(3) 고객이 이용 과정에서 지속적으로 만족하고, 다시 그 직원과 브랜드를 찾게 만드는 세일즈를 의미한다.

3 서비스 세일즈의 등장 배경

(1) 공급 과잉 시대 – 상품이 넘쳐나는 시대, 차별화된 세일즈만이 구매를 이끈다.

(2) 상품의 평준화 – 품질이 비슷하기에 '어떻게 파느냐'가 경쟁력이 되었다.

(3) 고객 욕구 다양화 – 세밀한 니즈 파악과 맞춤형 제안이 필수적이다.

(4) 만족 수준의 상승 – 고객은 단순한 제품보다 감동과 경험을 원한다.

4 서비스 세일즈의 특징

(1) 핵심은 사람이다.
  ① 접점 직원은 단순한 판매자가 아니라 서비스라는 상품 그 자체이다.
  ② 직원에 대한 투자와 교육은 곧 상품 개발과 같다.

(2) 마케팅의 주체는 직원이다.
  ① 직원은 '걸어다니는 브랜드'로서 고객에게 직접 신뢰를 전한다.
  ② 직원의 태도와 언행이 곧 서비스 품질이 된다.

(3) 판매 전 · 후 활동을 모두 포함한다.
  ① 고객을 처음 만나는 순간부터 재방문까지가 모두 세일즈 과정이다.
  ② 관계 창출 → 만족 유지 → 재구매 유도가 서비스 세일즈의 핵심 구조이다.

5 서비스 세일즈 관련 용어 ✮

세일즈 엔지니어 (Sales Engineer)	전문적 상품 지식과 기술적 이해, 그리고 설득·협상 스킬을 겸비한 판매 전문가. 단순히 제품을 판매하는 것이 아니라, 고객의 문제를 진단하고 기술적 솔루션을 제시하는 역할을 수행한다. 핵심 키워드 전문성 / 기술제안 / 솔루션 / 컨설팅형 세일즈
세일즈 토크 (Sales Talk)	• 서비스 세일즈맨이 상품을 판매하기 위해 행하는 상담 및 설득 대화를 말한다. • 고객의 반응에 맞추어 질문 – 제안 – 공감 – 마무리의 대화 흐름을 구성하며, 신뢰 형성과 구매 유도를 위한 핵심 기술이다. 핵심 키워드 설득 / 공감 / 커뮤니케이션 / 구매유도
세일즈 에이드 (Sales Aids)	• 판매 활동을 효과적으로 수행하기 위해 활용되는 보조 자료 및 도구의 총칭이다. • 세일즈 매뉴얼, 상품 브로슈어, 카탈로그, 프레젠테이션 슬라이드, 시연 장비, 영상 등 시각적·정보적 지원 도구를 포함한다. 핵심 키워드 자료 / 도구 / 시각보조 / 설명지원
세일즈 포인트 (Sales Point)	고객에게 상품이나 서비스를 소개할 때 가장 강조해야 할 핵심 장점을 의미한다. 즉, 제품이 가진 여러 효용 중 고객이 가장 매력을 느낄 요소를 포인트로 전달하는 것이다. 핵심 키워드 장점 / 차별성 / 효용 / 고객중심
세일즈 프로모션 (Sales Promotion)	• 상품이나 서비스에 대한 구매 욕구를 자극하고 수요를 촉진하는 활동이다. 광고, 홍보, 이벤트, 쿠폰, 경품, 1+1, 보너스 포인트 제공 등 다양한 마케팅 커뮤니케이션 전략을 포함한다. • 최근에는 SNS 챌린지, 인플루언서 협업 등 디지털 프로모션도 주요 방식으로 활용된다. 핵심 키워드 판매촉진 / 광고홍보 / 이벤트 / 쿠폰 / 참여유도

03 서비스 세일즈의 역할

1 서비스 세일즈 모델

(1) 서비스 세일즈는 생산 현장과 고객을 연결하는 가치 전달의 핵심 활동이다.

(2) 기업이 만든 상품과 서비스를 고객의 체험과 만족으로 전환시키는 과정으로, 서비스 품질을 수익과 신뢰로 이어주는 최종 연결고리 역할을 한다.

(3) 즉, 서비스 세일즈는 단순한 판매가 아니라 기업의 서비스 활동을 완결시키고 수익을 창출하는 핵심 기능이며, 고객 경험을 통해 기업의 가치를 시장에서 실현하는 Front-Line(현장 중심) 경영 활동이다.

🔷 서비스 세일즈 모델

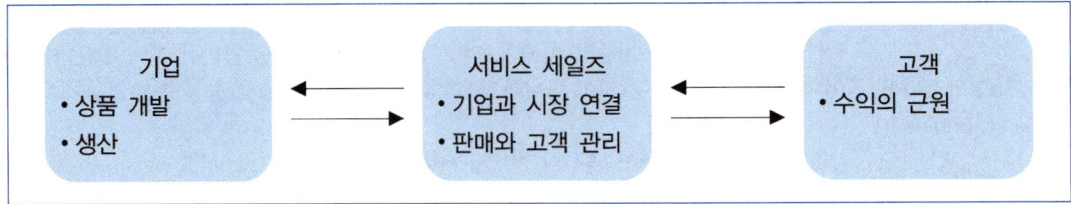

2 서비스 세일즈의 기능 ✿

기업과 고객 연결	• 서비스 세일즈는 기업과 고객을 연결하는 가치 전달자의 역할을 한다. • 상품을 단순히 판매하는 것이 아니라, 서비스를 통해 제품의 가치를 높여 고객에게 전달한다. • 판매 전·후의 다양한 상황에서 적절한 커뮤니케이션과 문제 해결로 고객과의 신뢰를 구축하며, 문의나 불만에 대한 즉각적이고 성실한 대응이 중요하다. 핵심 키워드 가치전달 / 커뮤니케이션 / 신뢰 / 문제해결
고객 창조	• 서비스 세일즈는 고객의 욕구와 필요를 파악하고, 이에 맞춘 정보 제공과 제안 활동을 통해 새로운 고객을 창출한다. • 고객의 니즈를 발견하고 해결책을 제시함으로써 잠재 고객을 실제 고객으로 전환시키는 과정이다. 핵심 키워드 니즈파악 / 제안 / 신규고객 / 전환
고객 관리	서비스 세일즈는 거래 이후에도 장기적인 관계를 유지·강화함으로써 고객 충성도를 높이고 재구매로 이어지게 한다. 이를 통해 기업은 지속 가능한 수익 구조를 확보할 수 있다. 즉, 서비스 세일즈는 단순한 '판매'가 아닌 관계관리(Relationship Management)이다. 핵심 키워드 관계유지 / 충성도 / 재구매 / 지속성
기업 브랜드 향상	차별화된 서비스 세일즈 활동은 기업의 브랜드 이미지를 높이고 시장 신뢰를 강화한다. 고객에게 전달되는 서비스 경험이 곧 기업의 인식으로 연결되기 때문에, 일관된 서비스 품질은 곧 브랜드 자산(Brand Equity)으로 작용한다. 또한, 경쟁과 협력이 공존하는 산업 환경에서 차별화된 서비스 역량은 기업의 생존력과 지속가능성을 높이는 기반이 된다. 핵심 키워드 브랜드 이미지 / 차별화 / 신뢰 / 지속가능성
수익 증대	개별화된 서비스와 맞춤형 제안은 고객의 만족도를 높여 자연스러운 재구매와 추천으로 이어지는 매출 상승 효과를 만든다. 또한, 고객 충성도가 높을수록 광고·판촉비를 줄일 수 있어 고객이 곧 마케팅 자산이 되는 구조를 형성한다. 핵심 키워드 맞춤서비스 / 재구매 / 비용절감 / 매출상승

Key Insight

B2B 시장과 B2C 시장의 특징

구분	B2B(Business to Business)	B2C(Business to Customer)
개념	기업과 기업 간의 거래를 기반으로 한 비즈니스 모델	하나의 기업이 다수의 개인 소비자를 대상으로 하는 비즈니스 모델
세일즈 특징	• 대량 구매 중심 • 구매 결정까지 긴 시간 소요 • 여러 이해관계자의 참여(구매팀·기술팀·경영진 등) • 장기적이고 신뢰 중심의 관계 형성 • 고객 수는 적지만 거래 규모가 큼 • 표준화된 계약 절차와 공식 문서 중심	• 소량 구매 중심 • 감성적·직관적 구매 경향 • 구매 결정자 수가 적고 의사결정이 빠름 • 단기적 관계 형성(충동·편의 구매 포함) • 고객 수는 많지만 거래 단위는 작음 • 광고·프로모션 등 감성적 커뮤니케이션 중요
의사결정 구조	합리적·분석적 판단 중심 (ROI, 효율성, 기술성 등 고려)	감정·경험 중심의 판단 (브랜드 이미지, 가격, 트렌드 등 고려)
관계 유지 방식	지속적 계약, 신뢰 구축, 사후 지원 중심	만족·충성도 프로그램, 이벤트·리뷰 중심
예시	제조업체 간 부품 거래, 호텔 납품 계약, IT 솔루션 공급 등	백화점·온라인몰 판매, 여행상품·패션·식음료 판매 등

3 서비스 세일즈의 운영 형태

직접 서비스 세일즈	• 고객과 직접 대면하거나 실시간으로 소통하면서 제품과 서비스를 판매하는 형태이다. • 고객의 반응을 즉시 확인하고 맞춤형 제안을 할 수 있어 신뢰 형성과 구매 전환율이 높다. ex 매장 판매, 방문 영업, 온라인 실시간 상담 등 핵심 키워드 대면 / 즉시 응대 / 신뢰 / 구매 유도
간접 서비스 세일즈	직접 판매보다는 고객 창출과 유지관리 중심의 활동으로, 고객 데이터 분석, 홍보, 사후관리 등을 통해 장기적 관계를 형성한다. ex 멤버십 관리, 고객 만족도 조사, CRM 마케팅, DM·SNS 홍보 등 핵심 키워드 관계 유지 / 고객 관리 / 홍보 / 충성도
관리 및 지원 서비스 세일즈	• 서비스 세일즈 활동이 원활하게 이루어지도록 조직과 시스템을 지원하는 형태이다. • 매출 분석, 인력 운영, 매장 관리, 활동 비용 관리, 성과 평가 등 세일즈 프로세스 전체를 관리·분석하는 백오피스 역할을 수행한다. ex 호텔의 세일즈 관리팀이 월별 객실 매출을 분석해 비성수기 프로모션을 기획하거나, 본사 영업지원팀이 매장별 실적을 점검해 판매 인력을 재배치하는 경우가 이에 해당한다. 핵심 키워드 성과관리 / 인력 운영 / 매출 분석 / 효율성

Chapter
02

서비스 세일즈 전략

01 서비스 세일즈 전략의 이해

1 성공적 세일즈를 위한 단계별 중요도

구분	주요 특징	핵심 초점
전통적 세일즈	상품 설명과 기능 중심의 세일즈 방식으로, 판매자가 제품의 장점을 일방적으로 전달하여 구매를 유도함.	제품 중심 / 판매 제안
현대 서비스 세일즈	고객과 서비스 세일즈 맨의 관계 형성 및 관계 강화에 중점	고객 중심 / 관계 형성
가치 기반 세일즈	상품의 기능보다 고객이 얻는 경험과 가치를 강조하는 세일즈. 고객과의 지속적 관계 속에서 브랜드 신뢰를 강화하고, 고객이 스스로 선택하도록 돕는 형태	경험 중심 / 가치 제안 / 장기적 신뢰

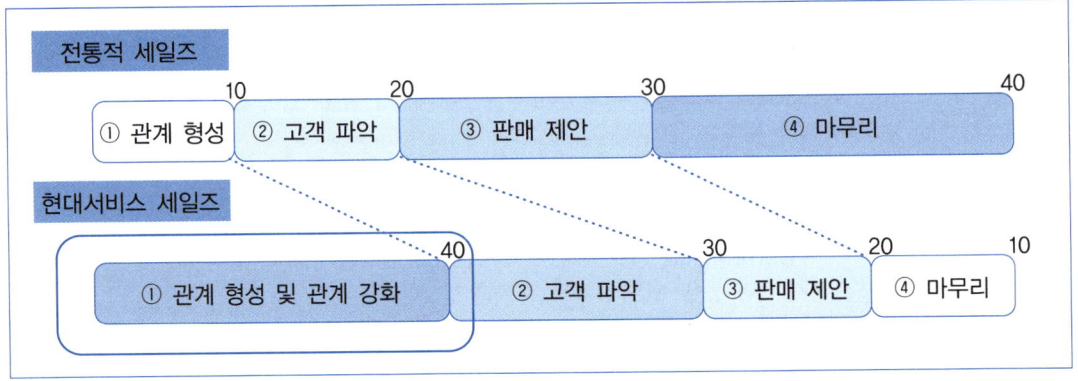

2 서비스 세일즈의 목표

조직의 목표	서비스 세일즈의 궁극적인 목표는 지속 가능한 수익 창출과 기업 가치의 성장이다. 기업은 신규 고객을 꾸준히 창출하고, 기존 고객과의 관계를 안정적으로 유지함으로써 수익성과 브랜드 신뢰를 동시에 확보해야 한다. 또한 고객 데이터를 기반으로 세일즈 전략을 개선하고, 시장 변화에 유연하게 대응함으로써 지속가능한 경영 기반을 강화한다. 핵심키워드 신규창출 / 관계유지 / 수익성 / 브랜드가치 / 지속가능성
개인의 목표	서비스 세일즈 담당자는 단순한 판매자가 아니라 고객 가치 전달자이다. 각 세일즈 단계별 전략(접근 – 제안 – 클로징 – 유지)을 효과적으로 실행하여 성과와 신뢰를 동시에 창출하는 전문가로 성장해야 한다. 즉, 개인의 목표는 실적 달성뿐 아니라 전문성·소통력·문제해결 역량을 발전시켜 조직의 핵심 인재로 성장하는 것이다. 핵심키워드 전략수행 / 성과창출 / 전문성 / 고객가치 / 성장

02 서비스 세일즈 단계별 상담 전략

🔷 고객 중심 세일즈 판매의 7단계 프로세스 ✫✫✫

1단계	잠재 고객 발굴 (Prospecting)	상품과 서비스를 필요로 하는 잠재 고객을 탐색하고, 구매 가능성이 높은 고객을 발굴한다.
2단계	접근 및 관계 형성 (Approaching)	타깃 고객에게 첫인사 및 관계 형성을 통해 신뢰를 구축하고, 긍정적 인상을 심어준다.
3단계	니즈 파악 (Needs Identification)	고객의 문제점·욕구·기대를 경청을 통해 니즈를 파악하고, 구체적인 요구사항을 도출한다.
4단계	제안 및 설명 (Presentation)	고객의 니즈에 맞는 상품·서비스를 맞춤형으로 제시하며, 가치와 혜택을 구체적으로 추천하고 상품에 대해 설명한다.
5단계	반론 극복 (Objection Handling)	고객의 반론이나 불안을 공감과 논리적 근거로 해결하여 신뢰를 유지한다.
6단계	마무리 및 계약 체결 (Closing)	세일즈 상담을 자연스럽게 구매·계약으로 전환시키는 단계로, 만족스러운 결정을 유도한다.
7단계	사후관리 및 관계 유지 (Follow-up)	상담 및 구매 후 고객에게 지속적인 관심과 피드백을 제공하여 재구매와 충성도를 높인다.

1 Prospecting – 잠재 고객 발굴하기

(1) 충성도에 따른 5단계 고객 분류 ✰✰✰

① 잠재 고객 발굴은 상품이나 서비스를 필요로 할 가능성이 있는 고객을 찾아내고, 그들의 관심도·충성도·구매 가능성에 따라 분류하는 단계이다.

② 이 단계는 세일즈의 출발점으로, 고객의 특성과 니즈를 파악해, 효율적인 접근 전략을 수립하는 것이 핵심이다.

의심 고객	• 기업의 상품과 서비스에 신뢰를 갖지 못하고 의심의 시선으로 바라보는 고객 • 신뢰 형성을 위한 정보 제공·후기·체험 기회 제시가 필요하다.
잠재 고객	• 상품과 서비스에 관심을 보이지만 아직 구매 행동으로 이어지지 않은 고객 • 홍보·체험·상담 등을 통해 관심을 구매로 전환시킬 전략이 중요하다.
일반 고객	• 상품이나 서비스를 최소 한 번 이상 구매한 경험이 있는 고객 • 첫 구매 이후 만족을 강화하고 재구매로 연결되는 긍정적 경험을 제공해야 한다.
단골 고객	• 상품이나 서비스를 지속적으로 이용하며 관계가 형성된 고객 • 개인화 서비스, 멤버십 혜택 등으로 장기적 유대 관계를 강화한다.
옹호 고객	• 브랜드에 높은 충성도와 신뢰를 가진 고객으로, 주변 사람에게 자발적으로 추천하는 단계 • 후기 작성, 추천 프로그램 등 입소문 마케팅의 주체로 참여할 수 있도록 유도한다.

(2) 고객 개발을 위한 5가지 전략

전략 1	유지하지 말고 개발하라	• 고객을 단순히 유지하는 수준에서 벗어나, 관계를 비즈니스 확장으로 발전시키는 세일즈 활동으로 전환해야 한다. • 방문·상담·제안 등 모든 접점을 통해 새로운 기회와 수요를 창출하는 것이 핵심이다. 핵심 키워드 고객 유지보다 고객 성장
전략 2	좋은 소식을 문서화하라	• 고객 관리 과정에서 얻은 성공 사례·만족 후기·성과 데이터를 체계적으로 기록한다. • 이는 향후 세일즈 신뢰도를 높이는 증거 자료가 된다. 핵심 키워드 고객의 긍정적 경험을 데이터화하여 신뢰 자산으로 축적
전략 3	경험자와 증인을 확보하라	만족한 고객에게 제품 경험의 증인 역할을 요청하고, 그 고객이 아는 다른 잠재 고객을 추천하도록 유도한다. 핵심 키워드 고객 추천을 통한 신규 고객 창출(입소문·추천 네트워크 활용)

전략 4	고객의 니즈 이해를 재평가하라	기존 고객의 변화된 상황과 니즈를 주기적으로 점검하여 간과된 요구를 새롭게 발굴하고 제안 기회로 전환한다.
		핵심 키워드 지속적 관찰과 피드백을 통한 숨은 니즈 개발
전략 5	미래의 결정 기준에 영향을 미쳐라	• 고객이 향후 의사결정 시 당신의 제품·서비스가 유리하게 평가될 수 있도록 기준을 선제적으로 설계한다. • 브랜드 신뢰, 기술력, ESG 가치 등 장기적 평가요소를 고객 마음속에 심는 것이 중요하다.
		핵심 키워드 고객의 '다음 선택'을 미리 준비하는 전략적 관계 관리

Key Insight

잠재고객 발굴 TIP

고객은 '관리'가 아니라 '개발'의 대상이다. 새로운 관계를 발굴하고 신뢰를 형성하는 능력은 비즈니스 성공의 출발점이다.

만나고 싶은 사람을 정한다	타깃 고객군을 명확히 설정한다(직업, 산업, 관심사, 지역 등).
잠재고객의 관심사를 조사한다	포털, 공식 홈페이지, SNS, 기사 등을 통해 고객의 최신 관심과 니즈를 파악한다.
얻고 싶은 정보를 리스트화한다	고객과의 대화에서 얻고자 하는 정보(과업, 문제, 의사결정권 등)를 미리 정리한다.
자신의 일에 대한 관심을 유도한다	고객의 니즈와 연결된 가치 제안을 고민하고, 상대가 흥미를 느낄 만한 메시지를 준비한다.
명함을 체계적으로 분류한다	네트워킹 시 받은 명함을 관계의 강도, 분야, 협력 가능성 등에 따라 즉시 분류·기록한다.
만남을 정리하고 실행 계획을 세운다	미팅 후 주요 대화 내용과 다음 행동 계획을 문서화한다(Follow-up 메일, 일정 등록 등).
공통점을 찾아 관계를 강화한다	관심사, 경험, 가치관 등에서 공통점을 찾아 친밀감을 높인다.
첫 만남 후 24시간 이내 연락한다	감사 메시지 또는 후속 자료를 전달해 신뢰감을 형성한다.
다음 미팅 약속을 잡는다	지속적인 관계를 위한 후속 일정 제안으로 관계를 유지·발전시킨다.

② Approaching ─ 타깃 고객에게 다가가기

(1) 라포(Rapport) 형성

① 라포(Rapport)는 사람들 사이에 형성되는 신뢰감·친밀감·유대감을 의미한다.

② 고객과의 첫 만남에서는 관계 형성을 위한 심리적 연결고리를 만드는 것이 중요하다.

③ 친밀한 인상과 따뜻한 대화로 고객의 마음을 열어야 한다.

🔷 실무 포인트

① 미소, 눈맞춤, 긍정적인 제스처로 편안한 분위기를 조성한다.
② 대화 초반에는 부담 없는 주제(거주지, 날씨, 취미, 건강, 의상, 최근 이슈 등)로 공감대를 형성한다.
③ 고객의 말투·표정·반응을 세심히 관찰하며, 자연스럽게 맞장구를 쳐준다.
④ '처음 인상은 다시 오지 않는다'는 점을 명심하고, 첫 30초의 인상 관리에 집중한다.

③ Needs 파악 ― 고객의 필요 이해하기

(1) 경청(Listening)

고객의 이야기를 성심성의껏 경청하는 것이 신뢰 형성의 출발점이다. 고객이 자발적으로 자신의 생각과 요구를 표현하도록 적극적 경청을 실천해야 한다.

🔷 실무 포인트

① 고객의 말을 중간에 끊지 않고 끝까지 듣는다.
② 고개 끄덕임, "그렇군요", "말씀 이해했습니다" 등의 언어적·비언어적 피드백을 활용한다.
③ 단순히 '듣는 것'이 아니라, 고객의 감정과 의도까지 이해하려는 태도를 보인다.
④ 고객의 말 속에서 문제점과 기대사항을 메모해둔다.

Key Insight

🔷 경청의 'FAMILY' 기법

구분	의미	실무표현	대화 포인트
F	Friendly	따뜻한 태도로 응대한다.	밝은 인사와 미소로 편안한 분위기를 만든다.
A	Attentive	온전히 집중하여 듣는다.	고객의 말에 주의를 기울이며 반응을 보인다.
M	Me too	공감으로 반응한다.	"저도 그렇습니다.""그 기분 이해합니다." 등 자연스러운 맞장구를 활용한다.
I	Interestedly	진심 어린 관심을 보인다.	고객의 말에 질문과 관심을 더하며 대화를 확장한다.
L	Look	눈맞춤으로 신뢰를 전달한다.	부드러운 시선 교환으로 진정성을 표현한다.
Y	You-centered	고객 중심으로 사고한다.	상대의 입장에서 생각하고, 고객의 감정에 공감한다.

(2) 질문의 효과(The Power of Questioning) ✵

질문은 단순히 정보를 얻기 위한 수단이 아니라, 대화의 흐름을 주도하고 신뢰를 형성하며, 상대의 생각을 여는 열쇠이다. 좋은 질문은 고객과의 소통에서 긍정적 변화를 이끌어내는 가장 강력한 도구이다.

답을 얻는다	• 질문은 대화의 목적을 명확히 하여 구체적인 답을 이끌어낸다. • 질문을 받는 사람은 생각을 정리할 시간을 갖게 되고, 질문자는 행동의 방향을 설정할 수 있다.
생각을 자극한다	• 현실적이고 구체적인 질문은 상대방의 사고를 자극해 스스로 답을 찾게 한다. • "왜 그렇게 생각하셨나요?" "어떤 점이 가장 중요하다고 느끼시나요?" 와 같은 질문이 효과적이다.
정보를 얻는다	• 질문을 통해 고객의 니즈, 불편사항, 선호도 등 핵심 정보를 파악할 수 있다. • 이는 맞춤형 제안을 위한 기초 자료가 된다.
대화를 통제한다	• 질문은 감정을 가라앉히고, 논리적 사고를 유도한다. • 질문을 통해 대화의 흐름과 주제를 자연스럽게 이끌 수 있다.
마음을 연다	• 주의 깊은 질문은 고객에게 진정한 관심을 전달하며, 공감과 신뢰를 형성한다. • "최근에 가장 만족스러웠던 경험이 있으신가요?"와 같은 질문이 효과적이다.
귀를 기울이게 한다	• 상대의 관심 분야나 가치관에 관한 질문은 그가 대화에 몰입하게 만든다. • 상대가 '나를 이해해주는구나'라고 느끼게 하는 질문이 중요하다.
스스로 설득하게 한다	• 상대가 자신의 생각을 말하는 과정에서 스스로 답을 확신하게 된다. • 질문을 통해 설득보다 '자발적 동의'를 유도할 수 있다.

Key Insight

질문의 유형(Types of Questions)

효과적인 질문은 대화의 목적과 단계에 따라 다르게 사용된다. 개방형 질문(Open Question)은 고객의 생각을 넓게 탐색할 때, 폐쇄형 질문(Close Question)은 명확한 결론이나 의사결정을 이끌어낼 때 적합하다.

개방형 질문 (Open Question)	정의	고객이 자유롭고 다양하게 자신의 생각을 표현할 수 있도록 유도하는 질문
	특징	• 대화 초반에 사용 • 고객의 감정·의견·경험을 폭넓게 파악 • 신뢰 형성과 정보 수집에 효과적
	예시	ex "이 제품에 대해 어떻게 생각하십니까?" ex "최근에 가장 만족하셨던 경험은 무엇인가요?" ex "이용하시면서 불편했던 점이 있으셨나요?"
	활용시점	관계 형성 단계, 니즈 탐색 단계
폐쇄형 질문 (Close Question)	정의	명확하고 구체적인 대답을 얻기 위한 질문으로, '예/아니오' 혹은 선택형 응답을 유도
	특징	• 대화 후반 또는 결론 도출 시 사용 • 신속한 의사 확인 및 마무리에 효과적 • 논의의 초점을 좁혀 결정 유도
	예시	ex "오늘 서비스에 만족하셨나요?" ex "이 상품으로 계약 진행해도 괜찮으신가요?" ex "결제는 카드로 하시겠습니까?"
	활용시점	결론 유도 단계, 행동 촉구 단계

⑶ 전략적 목표 달성을 위한 4가지 유형의 질문 ✿✿

전략적 질문은 고객의 요구를 구체화하고, 문제 해결의 실마리를 찾는 과정에서 활용된다. 적절한 질문의 순서를 통해 고객의 상황→문제→영향→해결 흐름을 명확히 이끌어낼 수 있다.

상황 질문	정의	고객의 배경 정보나 현황을 파악하기 위한 질문
	특징	• 대화의 기초 자료를 확보 • 과도한 질문은 고객의 피로감을 유발할 수 있으므로 효율적으로 사용
	예시	ex "현재 사용 중인 핸드폰은 언제 구입하셨나요?" ex "이 제품을 사용하시면서 어떤 효과를 느끼셨나요?"
	활용시점	관계 형성 전, 기본 정보 수집 단계
문제 질문	정의	고객이 겪고 있는 문제, 불편, 개선 필요 사항을 확인하는 질문
	특징	• 고객이 느끼는 불만과 니즈를 구체적으로 파악 • 문제 인식이 제품 제안의 출발점이 된다
	예시	ex "현재 사용 중인 제품의 가장 불편한 점이 무엇인가요?" ex "지금 시스템에서 개선이 필요하다고 느끼는 부분이 있으신가요?"
	활용시점	니즈 탐색 및 공감 형성 단계
확대 질문	정의	고객의 문제로 인해 발생하는 결과나 영향을 탐색하는 질문
	특징	• 고객이 문제의 심각성을 스스로 인식하게 함. • 해결의 필요성을 강화하는 데 효과적
	예시	ex "그 문제로 인해 업무 효율에 어떤 영향을 받으셨나요?" ex "이 상황이 계속된다면 어떤 어려움이 생길까요?"
	활용시점	문제 인식 강화 및 해결 의지 유도 단계
해결 질문	정의	제시할 해결방안의 가치와 유용성을 확인하는 질문
	특징	• 자신의 제품 또는 서비스의 해결 가치를 부각 • 고객 스스로 개선의 필요성을 느끼게 함.
	예시	ex "시스템을 업그레이드한다면 어떤 점이 가장 좋아질까요?" ex "그 부분을 개선하면 어떤 효과가 기대되시나요?"
	활용시점	제안 및 설득 단계(Closing 직전)

4 Presentation ― 추천 상품에 대해 설명하기

(1) Presentation의 기본원칙

Wow Factor 발굴 ☆	핵심내용	고객으로부터 '와우'라는 반응을 이끌어낼 수 있는 **자신만의 Wow Factor (차별 포인트)**를 찾는다.
	실무포인트	• 잠재 고객이 느낄 **특별한 경험 요소**를 설계한다. • 고객의 감정에 호소하는 **작은 디테일**이 Wow를 만든다.
	예시	• "단순한 안내가 아니라, 고객의 상황을 먼저 파악한 뒤 한 발 앞서 설명하는 안내직원" • "공간을 나서는 순간까지 '잘 대접받았다'는 인상이 남도록 마무리 인사 설계"
전술과 전략 발굴	핵심내용	고객의 구매욕구를 자극하고 신뢰를 쌓을 수 있는 전략적 접근을 구상한다.
	실무포인트	• 고객과의 **공통점**을 활용하여 친밀감을 형성한다. • 감사 표현은 **기억에 남을 방식**으로 전달한다. • 말과 행동에서 **이해·존경·배려의 태도**를 보여준다.
	예시	• "말씀해주신 이전 경험을 보니, 저희가 현장에서 자주 만나는 상황과 많이 닮아 있습니다." • "이전 경험을 자세히 공유해주셔서 감사합니다. 그 덕분에 더 정확한 제안을 드릴 수 있을 것 같습니다." • "그동안의 선택 과정을 존중한 상태에서 다른 가능성도 함께 살펴보겠습니다."
끈기로 설득	핵심내용	프레젠테이션은 한 번의 설명이 아닌 **지속적 설득 과정**이다.
	실무포인트	• 상품의 핵심 가치를 **단순하고 명확하게** 전달한다. • **약속은 적게, 실행은 많이** 하는 신뢰 중심의 태도를 유지한다. • 고객이 '가치가 있다'고 느낄 때까지 포기하지 않는다. • 정보를 제공하고, 질문을 통해 고객의 니즈를 지속적으로 탐색한다.
	예시	• "이 상품은 기능이 많아서가 아니라, 고객님의 시간을 줄여준다는 점에서 가치가 있습니다." • "고객님께 의미 있는 선택이 될 때까지, 다른 관점에서도 다시 설명드리겠습니다."
차별화 시도	핵심내용	상품 특성의 핵심을 고객이 이해하기 쉽게 전달하고, 타사와 차별화된 경쟁 포인트를 부각한다.
	실무포인트	• 단순한 설명이 아닌 '우리만의 이유(Only One Value)'를 중심으로 스토리텔링한다. • 브랜드, 품질, 서비스 과정 등에서 고객이 직접 체감할 수 있는 차별 요소를 강조한다.
	예시	• "다른 시스템과 달리, 이 기능이 귀하의 업무 흐름을 어떻게 단축시키는지 함께 확인해 보겠습니다." • "기존 시스템 위에 추가만으로 응대 속도가 개선되는 구조는 저희만의 강점입니다." • "비용 절감에 그치지 않고, 고객 만족과 브랜드 신뢰를 동시에 설계한 점이 저희의 차별 포인트입니다."

(2) 고객 설득을 위한 FABE 화법(FABE Sales Communication Technique) ✿✿✿

상품이나 서비스를 설명할 때 단순히 "좋아요", "인기 있어요"가 아닌 논리적이고 설득력 있는 구조로 표현하는 전략적 설명 기법이다. FABE는 고객이 납득하고 신뢰할 수 있도록, 특징 → 장점 → 이익 → 증거의 순서로 전달하는 화법이다.

F(Feature) 특징	핵심내용	상품이 지니고 있는 고유한 속성이나 기술적 요소를 설명한다.
	실무포인트	제품의 객관적 사실 중심으로 간결하게 제시한다.
	예시	"이 스마트워치는 심박수와 수면패턴을 자동으로 측정하는 기능을 갖추고 있습니다."
A(Advantage) 장점	핵심내용	해당 특징이 제공하는 긍정적 효과나 경쟁 제품 대비 우수한 점을 강조한다.
	실무포인트	타 제품과 비교했을 때 무엇이 더 좋은가를 명확히 제시한다.
	예시	"이 제품은 동급 타사 제품 대비 측정 정확도가 약 30%가 높습니다."
B(Benefit) 이익	핵심내용	장점으로 인해 고객의 문제를 해결하고, 고객이 체감하는 실질적 결과, 변화, 가치를 제시하는 단계
	실무포인트	• 상품의 장점이 고객의 삶·행동·성과에 만들어내는 결과를 중심으로 설명한다. • 기능이나 장점이 아니라 시간·비용·노력·위험·불안 중 무엇이 줄어드는지를 명확히 한다. • 고객의 목표·상황에 연결해 "그래서 고객은 ○○할 수 있다."는 문장으로 전달한다. • 가장 체감도가 높은 핵심 이익 1~2가지만 선별해 간결하게 제시한다.
	예시	•"그래서 막연한 운동이 아니라 목표와 컨디션에 맞춘 관리가 가능해집니다." •"그 결과 무리한 운동으로 인한 실패를 줄이고, 운동을 꾸준히 지속할 수 있습니다." •"즉, 같은 노력으로도 더 효율적으로 목표에 도달할 수 있는 환경이 만들어집니다."
E(Evidence) 증거	핵심내용	앞선 주장(F·A·B)을 뒷받침할 객관적 근거를 제시한다.
	실무포인트	신뢰 가능한 자료나 사례를 제시한다.
	예시	"이 제품은 최근 주요 언론 리뷰와 소비자 만족도 조사에서 1위를 기록했습니다."

(3) 고객 설득하기(Persuading the Customer)

고객 설득은 단순한 '판매 행위'가 아니라, 신뢰를 기반으로 고객의 마음을 움직이는 과정이다. 진정성 있는 태도와 경청, 그리고 꾸준한 소통이 설득의 핵심이다.

① 고객 입장에서 핵심 쟁점을 파악한다.

  ㉠ 고객이 무엇을 가장 중요하게 생각하는지 이해한다.

  ㉡ 고객의 관점에서 문제를 바라보고, 그들의 'Why(왜)'를 찾는다.

  ex "현재 고객님께 가장 큰 고민은 어떤 부분인가요?"

② 정직한 정보 제공과 성실한 태도로 신뢰를 쌓는다.
　㉠ 과장된 표현보다 정확하고 근거 있는 정보를 제공한다.
　㉡ 약속을 지키는 일관된 태도가 신뢰의 핵심이다.
　　ex "말씀드린 내용은 사실 확인 후 자료로 다시 전달드리겠습니다."

③ 적절한 질문을 통해 고객 요구를 정확히 이해한다.
　㉠ 열린형·탐색형 질문으로 고객의 숨은 니즈를 발견한다.
　㉡ 고객의 답변 속에서 구매 동기를 찾아낸다.
　　ex "이전 제품에서 아쉬웠던 점이 있으셨나요?"

④ 관심 부족이나 거부감이 있어도 끈기를 유지한다.
　㉠ 첫 반응이 냉담하더라도 진심 어린 태도로 꾸준히 접근한다.
　㉡ 고객의 신뢰는 반복된 만남과 일관된 태도 속에서 형성된다.
　　ex "오늘은 부담 없이 정보만 드리겠습니다. 필요하실 때 편히 연락 주세요."

🔷 FABE 화법 실무 예시 (금융상품 설명 사례)

단계	고객의 반응 / 생각	설명 내용	실무 표현 예시
F (Feature) 특징	고객 : "이 어려운 이름의 상품은 어떤 상품일까?"	상품의 기본 속성 및 구조 설명	• 상품 성격 : 적립식, 거치식, 모자형, 개방형 등 • 가입 대상 : 주식형 투자자 대상 • 자산운용사 : 대표 자산운용사 운용 • 구성 : 국내·해외 주식, 선물, 채권 등 • 금리 조건 : 실적배당형(예금자보호법 적용 제외)
A (Advantage) 장점	고객 : "다른 예금이나 보험이 더 낫지 않을까?"	해당 상품이 가진 차별적 장점 제시	• 높은 목표 수익률과 안정적 실적 달성 • 시장 초과 수익률을 목표로 한 우량 주식 중심 운용 • 소득공제 및 양도소득세 비과세 혜택 제공 • 가입 시 부가 서비스 및 우대 혜택 제공
B (Benefit) 이익	고객 : "내가 가입하면 어떤 이익이 있나요?"	고객의 입장에서 실제 얻는 가치와 혜택 설명	• "장기적으로 투자 시점이 분산되어 위험은 줄고 수익률은 높아질 수 있습니다." • "성과가 검증된 ○○자산운용사가 운용하므로 안심하실 수 있습니다." • "비과세 혜택으로 실질 수익률이 더욱 높아집니다."
E (Evidence) 증거	고객 : "정말 이익이 있을까요?"	근거 자료나 사례를 제시하여 신뢰 확보	• "○○일보에 히트 상품으로 소개된 기사입니다."(신문 스크랩 제시) • "최근 6개월간 수익률표를 보시면 상승세가 뚜렷합니다." • "○○ 고객님도 최근 가입 후 만족도가 높았습니다."(사례 제시)

⑤ 반론 극복

반론 극복은 회피의 대상이 아니라, 관계 강화와 성장의 기회가 될 수 있다. 진정한 프로는 반론을 이해하고, 이를 통해 자신의 설득력을 발전시킨다.

서비스 세일즈맨이 당면하는 저항 유형	저항에 대처하는 서비스 세일즈맨의 자세
• 새로운 아이디어에 대한 저항 • 익숙한 방식에 머물려는 심리로 인해 새로운 제안이나 개선안에 부정적 반응을 보인다. ex "지금도 잘 되고 있는데 굳이 바꿀 필요가 있을까요?"	• 저항을 평가한다. • 저항의 원인을 객관적으로 분석하고, 상황을 냉정하게 진단한다.
• 업무 패턴의 변화에 대한 저항 • 기존의 절차나 방식이 변하는 것에 대한 불안과 두려움을 느낀다. ex "이건 우리 방식이 아니라서요."	• 저항을 사랑한다. • 저항은 무관심이 아닌 '관심의 표현'으로 받아들이고, 개선의 기회로 본다.
• 불쾌한 피드백과 반응에 대한 방어적 저항 • 비판이나 고객의 불만을 개인적인 공격으로 인식한다. ex "고객이 너무 까다롭네요."	• 저항을 예상한다. • 고객의 반대 의견이나 우려를 미리 예측해 대응전략을 준비한다.
• 가치를 이해할 수 없는 정책 변화에 대한 저항 • 정책 변화의 이유를 납득하지 못해 반감을 보인다. ex "이건 고객 입장에서는 손해 아닐까요?"	• 개인적으로 받아들이지 않는다. • 저항을 개인적인 감정으로 연결하지 않고, 문제의 본질로 접근한다.
• 고객의 구매 거절 저항 • 가격, 필요성, 신뢰 부족 등으로 인해 구매를 망설이거나 거절한다. ex "생각 좀 해보고 연락드릴게요."	• 저항을 성장의 기회로 활용한다. • 저항을 통해 자신의 설득력과 대응 역량을 강화한다.
	• 저항을 인정하고 탐색한다. • 고객의 우려를 부정하지 않고 공감하며, 근본 원인을 찾아 해결 방향을 함께 모색한다.

(1) 효과적인 반론 극복 방법

긍정으로 시작한다	• 갑작스러운 반론 제시는 감정적 반발을 초래할 수 있다. • 상대방의 주장 중 동의할 수 있는 부분이나 일치점을 먼저 언급해 공감대를 형성한다. ex "그 부분은 정말 좋은 지적이십니다. 다만 한 가지 더 말씀드리자면…"
반론 내용을 명확히 한다	• 상대방 주장의 모호한 점이나 논리적 빈틈을 질문의 형태로 지적한다. • 답변을 충분히 경청한 후, 자신의 입장을 명확하고 논리적으로 설명한다. ex "그 부분은 구체적으로 어떤 상황을 말씀하시는 건가요?"
반대 이유를 설명한다	• 상대방의 주장과 자신의 의견을 비교·대비하여, 자신의 제안이 왜 더 나은지를 설명한다. • 상대방의 주장을 부정하기보다, 더 나은 점을 근거로 설득 논리를 제시한다. ex "그 방법도 좋지만, 저희 방식은 효율성과 비용 절감 측면에서 더 유리합니다."

| 반론을 요약해서 말한다 | • 논증이 끝나면 다시 한 번 반론의 핵심을 간결히 요약한다.
• 핵심 메시지를 되풀이함으로써 호소력과 신뢰감을 높인다.
ex "말씀을 정리하자면, 결국 ○○ 측면에서 이 방식이 가장 실질적인 해결책입니다." |

(2) 고객의 생각을 바꾸기 위한 방법

① 고객이 만족할 수 있는 창의적이고 실질적인 대안을 제시한다. 단순한 제안이 아니라, 고객의 기대를 넘어서는 새로운 선택지를 통해 긍정적인 변화를 유도한다.

② 고객의 결정 기준을 파악하여 그 이면에 숨겨진 실질적인 니즈를 찾아낸다. 표면적인 이유보다는 고객이 진정으로 중요하게 생각하는 가치와 동기를 이해한다.

③ 고객의 중요 기준이 충족될 때 발생할 수 있는 제한점이나 불이익을 명확히 설명한다. 고객이 스스로 균형 잡힌 판단을 내릴 수 있도록 장단점을 투명하게 공유한다.

④ 고객이 중요하게 여기는 기준을 충족시키기 어렵더라도, 그 기준을 '중요하지 않다.'고 설득해서는 안 된다. 고객의 관점을 존중하고, 다른 방향의 해결책을 제시함으로써 신뢰를 유지한다.

⑤ 고객이 중요하게 생각하는 기준의 가치와 중요성을 부각시켜, 가격보다 핵심적인 판단 기준으로 인식하도록 돕는다. 금액 중심의 판단에서 벗어나, 품질·신뢰·지속 가능성과 같은 본질적 가치를 강조한다.

(3) 다양한 거절 극복 방법

질문법	고객의 거절 이유를 직접 묻고, 그 배경을 파악하는 방법이다. 질문을 통해 고객의 진짜 우려를 발견할 수 있다. ex "혹시 어떤 부분이 가장 고민되시는지요?" "가격 외에 다른 점에서 부담되시는 부분이 있으신가요?"
사례법	유사한 고객이나 기업의 성공 사례를 제시해 설득력을 높이는 방법이다. ex "비슷한 상황의 고객분께서도 처음에는 망설이셨지만, 실제로 사용해보시고 만족도가 매우 높았습니다." "지난달에 같은 업종의 업체도 이 상품으로 전환한 후 운영 효율이 크게 개선되었습니다."
인정법	고객의 거절 이유를 공감하고 인정하면서, 그 안에 담긴 가치를 함께 설명한다. ex "맞습니다, 처음엔 가격이 조금 높게 느껴질 수 있습니다. 하지만 유지비용을 고려하면 장기적으로 훨씬 경제적입니다." "시간이 조금 걸리긴 하지만, 그만큼 결과의 완성도가 높습니다."
체면 자극법	고객의 사회적 지위나 기업의 위상에 맞는 선택임을 강조하여 자긍심을 자극한다. ex "이 정도 수준의 브랜드라면 고객님의 품격에 더 잘 어울릴 것 같습니다." "귀사처럼 프리미엄 이미지를 유지하는 곳에는 이 솔루션이 가장 적합합니다."
근거 자료 제시법	객관적인 근거 자료나 데이터, 고객 후기 등을 제시해 신뢰를 확보한다. ex "이건 최근 고객 만족도 조사 결과입니다. 사용 고객의 92%가 재구매 의사를 밝히셨습니다." "보시다시피, 이 통계에서도 효율성 향상 수치가 명확히 나타납니다."
부정법	고객의 거절 사유가 타당하지 않음을 공손하고 논리적으로 설명하는 방법이다. ex "가격이 비싸다고 느끼실 수 있지만, 동급 서비스 중에서는 가장 높은 품질을 보장합니다." "시간이 오래 걸릴 것 같다고 하셨지만, 실제로는 기존 방식보다 절차가 간소화되어 더 빠릅니다."
나열법	고객이 얻을 수 있는 이익·혜택·성과를 연속적으로 제시하여 긍정적 인식을 강화한다. ex "이 서비스를 이용하시면 편의성 향상, 비용 절감, 그리고 고객 만족도 상승까지 모두 기대하실 수 있습니다." "이번 제안은 단순한 거래가 아니라, 브랜드 가치와 장기적인 신뢰를 함께 구축할 기회입니다."

6 Closing(세일즈 상담 마무리하기)

(1) 세일즈 마무리 기법 ✿✿

권유형 마무리	간단하고 감정 조절이 쉬우며 멋지고 강력한 방법으로 세일즈 상담 막바지에 거래를 마무리하는 방식이다. ex "고객님, 제가 아직 다루지 않은 것 중에 걱정되시거나 궁금하신 점은 없으십니까?" "고객님, 모두 이해가 되셨나요? 그렇다면 구입하시는 것이 어떠세요?" "오늘 같은 기회는 다시 오지 않습니다!"
지시형 마무리	추정 승낙 마무리 또는 마무리 후 기법이라고도 불린다. 계속해서 실행 계획 또는 앞으로 일어날 일 등에 대해 설명한다. ex "지금까지 설명드린 부분 이해되셨죠? 그럼 이 계약서에 서명 부탁드립니다." "이후 일정은 다음 주부터 바로 시작하겠습니다."
양자택일 마무리	선택 마무리라고도 하며 사람들이 선택의 여지가 있는 것을 선호한다는 사실에 근거를 둔 방식이다. ex "A안과 B안 중 어떤 조건이 더 마음에 드시나요?" "이번 주와 다음 주 중 언제 시작하시는 게 좋으실까요?"
2차적 마무리	고객이 작은 결정을 차근차근 내리면서 큰 결정을 자연스럽게 하도록 돕는 방식이다. ex "이 부분은 괜찮으시죠? 그렇다면 다음 단계로 넘어가겠습니다." "서비스 일정은 정리되셨으니, 결제 조건만 확인드리면 되겠네요."
승인형 마무리	'주문서 마무리'라고도 하며, 상담 말미에 주문서나 계약서를 제시하며 실질적인 행동을 유도한다. ex "그럼 계약서를 작성하겠습니다. 성함과 연락처를 여기에 적어주시겠습니까?" "여기 서명만 해주시면 바로 진행 가능합니다."
긍정 암시 마무리	고객이 'No'라고 답하기 어려운 긍정적 질문을 통해 무의식적으로 결정을 유도하는 방식이다. ex "지금까지 말씀드린 조건에 대해 만족하신다고 봐도 될까요?" "서비스 품질은 충분히 납득되셨죠?"
최종어 제출법	고객이 망설이거나 거절할 때, 마지막으로 한 번 더 기회를 상기시키며 재고려를 유도하는 방식이다. ex "그렇게 결정하신 점은 이해합니다만, 좋은 기회를 놓치지 않으셨으면 합니다." "이번 제안은 오늘까지만 가능한 조건입니다."

(2) 세일즈 마무리를 위한 전제 조건

고객	• 구매 결정을 내리기 전, 충분한 구매 욕구가 유발되어야 한다. • 고객이 서비스 세일즈맨과 기업에 대해 신뢰를 형성해야 한다. • 고객이 상품이나 서비스를 실질적으로 필요로 해야 한다. • 제품의 특성과 효용을 활용할 수 있는 능력이 있어야 한다. • 세일즈맨은 고객이 제품의 이점을 최대한 활용할 수 있도록 안내해야 한다. • 상품과 서비스를 구매할 금전적 여력이 있어야 한다. • 고객은 "필요·신뢰·능력·여력"이 충족되어야 구매 결정을 내릴 준비가 된다.
서비스 세일즈맨	• 열정과 긍정적 태도로 상담에 임해야 한다. • 고객에게 이익을 제공한다는 확신을 가져야 한다. • 고객의 상황에 맞는 상품 제안 역량을 갖추고, 상담 흐름과 마무리 기법을 숙지해야 한다. • 고객의 요구에 따라 유연하게 제안 방식을 조정할 수 있어야 한다. • 고객의 이의 제기나 거절을 기꺼이 받아들이고, 이를 설득의 기회로 전환할 수 있어야 한다. • 세일즈맨은 "열정·자신감·전문성·수용성"을 갖춰야 성공적인 마무리를 이끌 수 있다.

7 Follow-up(네트워크 및 고객과의 관계 유지하기)

(1) 로열티 프로그램

구분	개념 및 특징	실무 적용 포인트
쿠폰	• 서비스 제공자가 고객과 직접적으로 소통할 수 있는 가장 단순하면서도 효과적인 마케팅 수단이다. • 구매를 유도하고 재방문을 촉진하는 역할을 한다.	• 구매 시점 또는 재구매 시 할인·증정 쿠폰을 발행하여 고객의 반복 이용을 유도한다. • 디지털 쿠폰(모바일·앱 연동)을 통해 고객 사용 데이터를 분석할 수 있다.
포인트 제도	단순 적립에서 고객 정보와 연계한 적립까지 다양한 형태의 방법이다.	• 고객의 구매 빈도·금액·선호도 데이터를 기반으로 포인트 적립률을 차등화한다. • 포인트 사용 시 특정 기간·상품에 집중시켜 매출 증대 효과를 높인다.
자사 카드	개별 고객들의 거래 내역 및 관련 정보를 수집하여 데이터베이스 마케팅의 기초 자료로 활용할 수 있는 방법이다.	• 자사 카드 이용 고객에게 혜택을 제공해 충성도를 강화한다. • 수집된 고객 데이터를 기반으로 맞춤형 프로모션 및 추천 서비스를 제공한다.
SMS	고객의 성향을 분석해 그에 맞는 다양한 정보를 문자메시지로 제공하는 방법이다.	• 고객의 나이, 관심사, 구매이력에 따라 개인화된 메시지를 발송한다. • 이벤트, 예약 알림, 감사 메시지 등 감성 커뮤니케이션 채널로 활용한다.

(2) 존 굿맨의 법칙(John Goodman's Law)

법칙의 개념	1970년대 마케팅 조사 회사 TARP의 사장이었던 존 굿맨(John Goodman)은 20개국의 다양한 산업을 조사한 결과, 불만을 제기한 고객이 직원의 대응에 충분히 만족했을 경우, 오히려 불만이 없었던 고객보다 재방문율과 재구매율이 더 높아진다는 사실을 발견하였다. 이러한 현상을 '존 굿맨의 법칙(John Goodman's Law)'이라 한다.
법칙의 의미	이 법칙은 고객의 불만을 단순한 부정적 상황으로 보지 않고, 관계 회복과 신뢰 구축의 기회로 인식해야 함을 강조한다. 불만을 성실하게 해결할 경우, 고객은 "이 기업은 나의 의견을 진지하게 받아들인다"는 인식을 가지게 되어 오히려 더 강한 충성 고객으로 발전한다.
서비스 세일즈 현장에서의 적용	서비스 세일즈 과정에서 긍정적인 결과를 즉시 얻지 못하더라도 끝까지 고객과의 관계를 긍정적으로 유지하려는 노력이 필요하다. 고객은 한 번의 실수보다 그 이후의 태도와 대응 방식을 더 깊이 기억하기 때문이다. 진심 어린 사과, 신속한 대응, 후속 관리 등의 태도가 고객 신뢰를 회복하고 장기적인 관계로 이어질 수 있다.
시사점	고객의 불만은 위기가 아니라, 또 하나의 세일즈 기회이다. 불만을 두려워하지 않고, 그 속에서 신뢰를 회복하고 관계를 강화할 수 있는 계기로 삼는다면, 서비스 세일즈맨은 단순한 판매자가 아니라 고객의 파트너로 자리매김할 수 있다.

03 고객의 구매 결정 가정에 따른 세일즈 전략

1 고객의 구매 결정 과정

고객이 상품이나 서비스를 구매하기까지는 여러 단계를 거치며, 각 단계마다 고객의 심리와 행동이 달라진다. 따라서 서비스 세일즈맨은 각 단계에 맞는 전략적 접근이 필요하다.

니즈 인식 단계	• 고객이 자신의 불편함이나 필요성을 자각하는 단계이다. • 기존 서비스의 불편을 느끼거나 더 나은 품질을 찾고자 하는 욕구가 발생할 수 있다. • 세일즈맨은 고객의 잠재적 문제를 인식시켜 주는 질문과 공감을 통해 관심을 유도해야 한다.
정보 탐색	• 고객이 자신의 욕구를 충족시킬 수 있는 제품이나 서비스 정보를 수집하는 단계이다. • 다양한 채널(온라인, 오프라인, 추천 등)을 통해 정보를 탐색하므로, 세일즈맨은 신뢰할 수 있는 정보 제공자(Advisor)로서 자신을 포지셔닝해야 한다.
선택안 비교 · 평가 단계	• 고객은 여러 제품과 서비스를 가격, 품질, 브랜드, 편의성 등 다양한 기준으로 비교한다. • 세일즈맨은 자사 제품의 차별화된 가치와 구체적인 혜택을 명확히 제시해야 한다.

불안 해결 단계	• 고객이 구매를 결정했지만, 여전히 선택에 대한 불안감과 망설임이 남아 있는 단계이다. • 세일즈맨은 보증 제도, 후기, 체험 사례 등 신뢰 요소를 제공하여 고객의 불안을 해소해야 한다.
도입 단계	• 고객이 상품을 실제로 구입하고 사용하는 단계이다. • 구매 후의 만족도와 경험이 향후 재구매로 이어지므로, 세일즈맨은 사후 관리(After Service)를 통해 지속적인 관계를 유지해야 한다.

② 고객의 구매 결정 단계별 서비스 세일즈맨의 전략

(1) 니즈 인식 단계의 3가지 전략적 목표

목표 1	불만을 밝혀낸다	• 고객이 현재 경험하고 있는 불편함이나 불만을 찾아내는 것이 첫 단계이다. • 고객이 아무런 불만을 느끼지 못한다면, 제품을 구매해야 할 이유도 없다. • 서비스 세일즈맨은 질문과 관찰을 통해 고객의 숨은 불만을 찾아내는 능력이 필요하다. ex "현재 사용 중인 서비스에서 불편하거나 개선되었으면 하는 부분이 있으신가요?"
목표 2	불만을 개발한다	• 찾아낸 불만을 단순히 인식하는 데 그치지 않고, 그 불만이 '지금 바로 해결해야 할 문제'로 발전하도록 세일즈 대화를 이끈다. • 즉, 고객이 느끼는 문제의 심각성을 구체화하여 행동 유발 동기를 강화하는 단계이다. ex "그 불편이 장기적으로 비용 손실로 이어질 수 있다는 점을 생각해보셨나요?"
목표 3	불만을 선택적으로 강화한다	모든 불만을 강조하는 것이 아니라, 자신의 제품이나 서비스가 가장 효과적으로 해결할 수 있는 영역의 불만을 집중적으로 부각시킨다. 이를 통해 고객이 "이 문제는 바로 이 제품으로 해결할 수 있겠다"는 확신을 갖게 만든다. ex "이 기능은 고객님이 말씀하신 그 불편을 해결하기 위해 설계된 부분입니다."

(2) 정보 탐색

고객은 자신의 니즈와 문제를 인식한 이후, 이를 해결할 수 있는 상품이나 서비스에 대한 정보를 적극적으로 탐색한다. 이 단계에서 고객은 신뢰할 수 있는 정보인지, 자신의 상황에 적합한 선택지인지를 중심으로 판단하며, 서비스 세일즈맨의 역할은 정보 제공자이자 선택을 돕는 가이드이다.

① 정보 탐색 단계의 특징

구분	내용
정보 탐색의 목적	고객은 인식한 니즈를 해결할 수 있는 상품, 서비스를 찾기 위해 정보를 수집한다.
탐색 채널	온라인(검색, 후기, SNS), 오프라인(지인 추천, 상담, 체험) 등 다양한 채널을 활용한다.
고객의 심리	정보가 많을수록 혼란을 느끼며, 신뢰할 수 있는 기준과 전문가의 설명을 필요로 한다.
판단 기준 형성	이 단계에서 형성된 인식과 신뢰가 이후 선택 비교, 평가 단계의 핵심 기준이 된다.
세일즈의 역할	단순한 정보 전달자가 아니라, 정보를 정리해 주는 '가이드' 역할이 중요하다.

② 정보 탐색 단계에서의 서비스 세일즈맨 전략

구분	개념 및 특징	실무 적용 포인트
전략 1	신뢰 가능한 정보원으로 인식된다.	객관적 자료, 실제 사례, 경험 기반 설명을 통해 '전문가'로 인식되도록 한다.
전략 2	고객의 탐색 기준을 정리해준다.	가격, 품질, 편의성, 사후 관리 등 핵심 비교 기준을 구조화하여 제시한다.
전략 3	고객 상황에 맞는 정보만 선별 제공한다.	모든 정보를 나열하지 않고, 고객 니즈에 맞는 정보만 단계적으로 제공한다.
전략 4	질문을 통해 고객의 이해를 돕는다.	설명과 함께 질문을 병행하여 고객이 스스로 판단할 수 있도록 유도한다.
전략 5	설득보다 이해를 우선한다.	이 단계의 목적은 구매 압박이 아니라, 선택을 돕는 데 있음을 인식한다.

(3) 선택안 비교, 평가 단계

고객은 여러 제품과 서비스를 비교하면서, 가격, 품질, 브랜드, 편의성 등 다양한 기준을 통해 구매 결정을 검토한다. 이 단계에서 서비스 세일즈맨은 자신의 제품이 고객의 니즈를 가장 잘 충족시킬 수 있는 선택지임을 확신시키는 것이 핵심이다. 즉, 제품의 강점을 고객의 주요 구매 기준으로 인식시키는 것이 중요하다. 이를 위해 세일즈맨은 자신의 제품이나 서비스가 가장 강점을 지닌 영역에서 고객의 니즈를 구체화하고, 그것이 곧 '구매 결정의 핵심 기준'이 되어야 함을 명확히 설득해야 한다.

ex "말씀하신 부분은 바로 저희 제품이 가장 강점을 보이는 영역입니다. 이 기능이 고객님의 결정에 가장 중요한 기준이 되실 겁니다."

(4) 불안 해결 단계 ✿

고객은 구매 결정을 내렸더라도 결과에 대한 불확실성과 두려움을 느낀다. 서비스 세일즈맨은 이러한 '결과 불안'을 민감하게 인식하고, 신뢰와 공감의 접근으로 고객의 심리적 불안을 완화해야 한다.

① 결과 불안을 다루는 4가지 기본 원칙

　㉠ 고객의 불안을 무시하지 않는다.

　　ⓐ 고객이 느끼는 불안은 구매 과정의 자연스러운 감정이다.

　　ⓑ 이를 부정하거나 회피하지 말고, 먼저 공감하는 태도로 접근해야 한다.

　㉡ 초기 신뢰 관계를 구축한다.

　　ⓐ 신뢰는 불안을 줄이는 가장 강력한 도구이다.

　　ⓑ 세일즈맨은 일관된 언행과 진정성 있는 태도로 고객과의 신뢰를 쌓아야 한다.

　㉢ 고객이 스스로 안심할 수 있는 조건을 제공한다.

　　ⓐ 보증 제도, 체험 기회, 명확한 환불 정책 등

　　ⓑ 고객이 두려움을 스스로 해소할 수 있는 구체적 근거를 제시해야 한다.

　㉣ 고객의 입장에서 불안을 해결한다.

　　ⓐ 단순히 상품의 장점을 강조하기보다,

　　ⓑ 고객이 실제로 느끼는 불만과 걱정을 그들의 언어로 해결해주는 것이 중요하다.

　　　　ex "걱정되실 수 있습니다. 그래서 저희는 1개월 무료 체험 기간을 제공합니다."
　　　　　　"혹시 예상과 다른 결과가 있을 경우, 즉시 교환 및 환불이 가능하도록 지원합니다."

② 결과에 대한 불안을 다룰 때의 3가지 치명적 실수

　㉠ 최소화하기

　　고객이 느끼는 불안을 사소하게 여기거나, 근거 없는 보장으로 안심시키려 하는 실수이다. 이러한 접근은 고객의 감정을 무시하는 것으로 비칠 수 있으며, 오히려 신뢰를 떨어뜨린다.

　　⇨ 잘못된 예 : "그건 별일 아닙니다."
　　　　　　　　　 "괜찮습니다, 저희가 다 알아서 해드릴게요."
　　⇨ 올바른 접근 : 불안을 부정하지 말고, "충분히 이해합니다."
　　　　　　　　　　 "그럴 수 있습니다."처럼 공감으로 시작해야 한다.

　㉡ 처방하기

　　서비스 세일즈맨이 고객의 불안을 스스로 해결하려 하거나, 자신의 생각과 조언을 강하게 제시하는 실수이다. 이는 고객이 스스로 선택하고 판단할 주도권을 빼앗는 결과를 초래한다.

　　⇨ 잘못된 표현 예 : "그런 불안을 다루는 방법은 이겁니다."
　　　　　　　　　　　 "제가 당신이라면 이렇게 하겠습니다."
　　　　　　　　　　　 "제 권고는 이렇게 하는 것입니다."
　　⇨ 올바른 접근 : 고객이 스스로 안심할 수 있는 방법을 제안하되, 결정을 강요하지 않고
　　　　　　　　　　 대화형 제안 방식으로 유도한다.
　　　　　　　　　　 "혹시 이런 방식이 도움이 되실까요?"

ⓒ 압력 가하기

고객에게 정보를 과도하게 제공하거나, 결정을 서두르게 하는 형태의 압박은 심리적 저항을 불러일으킨다. 불안한 고객에게 시간과 여유를 주는 것이 오히려 신뢰를 강화하는 길이다.

⇨ 잘못된 예 : "오늘 안에 결정하셔야 혜택을 드릴 수 있습니다."

"지금 바로 계약하셔야 합니다."

⇨ 올바른 접근 : "충분히 고민해보셔도 됩니다."

"결정을 도와드릴 만한 자료를 함께 살펴보시겠어요?"와 같이 지원 중심의 태도로 접근해야 한다.

⑸ **도입 단계**

도입 단계는 고객이 상품이나 서비스를 구매한 직후의 시점으로, 서비스 세일즈맨에게는 관계 유지와 재구매 유도의 중요한 전환점이다.

① 즉각적인 판매 가능성은 낮지만, 장기적인 가치가 높은 시점이다.

최근에 상품이나 서비스를 구매한 고객은 당장 새로운 구매를 결정할 가능성은 낮다. 그러나 이 시기의 고객은 실제 사용 경험을 바탕으로 만족·불만족·신뢰를 형성하는 단계에 있기 때문에 향후 재구매, 추천, 충성 고객으로 발전할 가능성이 매우 높다.

② 대기 전략보다 능동적 관계 관리가 필요하다.

막연히 고객의 다음 구매를 기다리는 수동적 태도보다, 기존 고객으로부터 비즈니스 효과를 극대화하는 전략적 접근이 훨씬 효과적이다. 세일즈맨은 고객의 사용 경험을 꾸준히 점검하고, 추가 서비스 제안이나 문제 해결지원을 통해 고객이 "선택하길 잘했다"고 느끼게 만들어야 한다.

ex "이후 사용해보시면서 불편한 점은 없으셨나요?"

"고객님의 피드백을 반영해 다음 개선안에 포함시키겠습니다."

Chapter 03 고객 상담 성공 전략

01 관계세일즈(Relationship Sales)

1 관계세일즈의 개념 ✿

(1) 관계세일즈(Relationship Sales)란 단순히 제품이나 서비스를 판매하는 행위를 넘어, 고객의 문제를 함께 해결하고 신뢰를 기반으로 장기적인 관계를 구축하는 세일즈 방식이다.

(2) 판매자는 고객의 니즈를 깊이 이해하고, 차별화된 가치를 제공함으로써 고객의 만족과 기업의 지속적 성장을 동시에 달성하는 것을 목표로 한다.

(3) 현대 세일즈 환경에서는 기존 고객의 유지가 신규 고객 창출보다 더 효율적이며, 기존 고객의 재구매와 추천을 유도하기 위해서는 관계의 질을 관리하는 것이 핵심이다.

(4) 또한 신규 고객의 발굴 역시 기존 고객과의 신뢰 네트워크를 통해 더 효과적으로 이루어지므로, 체계적 관계 관리와 고객 경험 관리가 관계세일즈의 필수 요소로 강조된다.

2 관계세일즈의 성공 전략

(1) **관계의 씨앗은 '기술'이 아니라 '의도'에서 시작된다.**
모든 사람이 자연스럽게 관계를 잘 맺는 것은 아니다. 진정한 관계세일즈는 고객에게 다가가려는 진심 어린 관심과 의도에서 출발한다.

(2) **비즈니스가 아닌 '인간적인 접촉'을 활용하라.**
고객과의 모든 만남은 판매 목적이 아니라 신뢰를 쌓는 기회로 바라본다. 개인적인 공감과 대화 속에서 관계의 씨앗이 싹튼다.

(3) **함께 논의하고, 함께 성장하라.**
동료나 팀원들과 고객관계 개선 방안을 주기적으로 논의하며, 구체적인 성공·실패 사례를 공유하는 것이 실질적인 학습이 된다.

(4) **관계 형성의 모범사례를 찾아내고 실천하라.**
현장에서 효과적인 관계 형성 기술을 연구하고, 이를 실천하여 다른 세일즈맨의 멘토 역할을 하는 것이 관계세일즈 리더의 자세이다.

(5) **거래 밖에서도 고객을 돕는 기회를 찾아라.**
세일즈 현장 이외의 상황에서도 고객에게 도움을 주면 고객은 사연스럽게 신뢰와 보답의 관계를 형성하게 된다.

02 서비스 세일즈 성공 전략

1 올바른 고객상담의 10가지 원칙 ✿✿✿

(1) 끝까지 경청하라.

고객의 말을 끊지 말고, 말의 내용뿐 아니라 감정과 의도를 함께 읽는다. 진정한 경청은 신뢰의 출발점이다.

(2) 미소와 공감으로 대화하라.

항상 미소로 고객을 맞이하고, 공감과 칭찬을 통해 긍정적 감정을 유도한다. '좋은 기분'이 곧 세일즈의 동력이 된다.

(3) 눈맞춤으로 신뢰를 표현하라.

자연스럽고 편안한 시선을 유지하되, 과하거나 피하지 않는다. 눈빛은 고객이 느끼는 '진심의 언어'다.

(4) 핵심을 기록하라.

상담 중 핵심 포인트를 간결하게 메모하면 고객의 말을 존중하는 신호가 된다. 이는 추후 맞춤형 제안을 위한 중요한 자료가 된다.

(5) 고객의 관점에서 공감하라.

고객의 주장에 바로 반박하지 말고, 먼저 공감하며 고객의 입장을 탐색한다. 이해받는 경험이 곧 구매 의욕을 자극한다.

(6) 집중하고 분석하라.

잡념을 버리고 고객의 진짜 니즈(Need)와 의도를 탐색한다. '말'보다 '의미'를 듣는 자세가 필요하다.

(7) 고객 맞춤 커뮤니케이션을 하라.

고객의 성향, 상황, 감정 상태에 맞게 어휘·속도·톤을 조절한다. 눈높이를 맞추는 것은 설득의 기본이다.

(8) 반대의견을 기회로 바꿔라.

저항은 구매 의사 표현의 한 형태다. 감정적으로 대응하지 말고, 해결 중심의 태도로 신뢰를 쌓는다.

(9) 객관적이고 합리적으로 판단하라.

개인적인 감정이나 편견을 배제하고, 고객의 입장에서 합리적이고 공정한 의사결정을 돕는다.

(10) 감성 언어로 마음을 움직여라.

단순한 정보 전달을 넘어, 고객의 감정에 공감하는 언어를 사용한다. "이 제품은 고객님께 더 나은 하루를 만들어드릴 거예요."와 같은 표현이 대표적이다.

② 입소문 나는 서비스 세일즈를 위한 6단계 ☆

1단계	고객 파악	당신의 상품이나 서비스를 필요로 하지만 아직 당신을 모르는 사람이 진짜 고객이다. 가망고객의 특성, 니즈, 구매 동기, 생활 패턴 등을 구체적으로 파악해야 정확한 타겟팅이 가능하다.
2단계	구매 당위성 개발	고객이 당신을 선택해야 하는 명확한 이유를 제시해야 한다. 또한 당신의 주요 인맥(추천 네트워크)이 당신의 전문성, 신뢰성, 강점을 잘 이해하고 있는지 점검하라.
3단계	세일즈 소구점 개발	잠재 고객에게 긍정적 인상을 남길 수 있는 핵심 메시지를 명확히 준비한다. 적절한 타이밍에 짧고 진정성 있게 전달하는 것이 관건이다.
4단계	메시지 전달자 찾기	당신의 메시지를 대신 전해줄 사람은 ① 타인에게 관심이 많고, ② 당신에게 긍정적인 경험을 가진 사람이며, ③ 당신의 성장을 통해 함께 이익을 얻을 수 있는 사람이다. 그들의 의견을 경청하고, 공유할 가치가 있는 이야기를 제공하라.
5단계	인맥 활용 전략 준비	당신의 인맥은 주변 사람들에게 추천과 보증을 통해 당신의 세일즈를 자연스럽게 확산시킨다. 그들이 사용할 수 있는 간단한 질문, 한 줄 소개, 핵심 문장을 미리 준비하라.
6단계	나의 인맥에게 도움 주기	입소문 세일즈의 본질은 '서로 돕는 관계'다. 당신이 먼저 도움을 주면, 그들은 자발적으로 당신을 돕는다. 상호 신뢰 기반의 관계가 곧 입소문의 원동력이다.

③ 고객 존중을 통한 서비스 세일즈 전략

(1) 고객의 회사와 산업에 대한 이해를 넓혀 신뢰의 기반을 만든다.

(2) 긍정적인 태도와 매너로 호감 가는 인상을 형성한다.

(3) 전문지식은 신뢰와 명성을 높이는 핵심 자산으로 삼는다.

(4) 말하기보다 두 배 더 경청하여 고객의 진짜 니즈를 파악한다.

(5) 판매 여부와 관계없이 고객을 돕겠다는 진심을 보여준다.

(6) 자신의 상품과 서비스에 대한 자부심으로 신뢰를 전달한다.

4 서비스 세일즈맨의 이메일(E-Mail) 영업 전략 ✩

(1) 이메일을 발송하기 전, 고객과의 '관련성'과 '필요성'을 먼저 고려한다.

(2) 유용한 정보와 링크를 활용해 고객에게 실질적인 도움을 제공한다.

(3) 자화자찬보다 정보 중심의 메일을 작성하고, 전체 내용의 약 80%는 업계 동향·분석 자료·백서 등 객관적 정보로 구성하며, 나머지 20%는 자사 소식이나 신제품, 고객 사례 등으로 구성한다.

(4) 수신자가 느낄 수 있도록 개인적인 온기와 진정성이 담긴 메일을 작성한다.

(5) 정직이 최고의 전략임을 명심하고, 과장된 표현이나 사실과 다른 홍보 문구는 피한다.

5 서비스 상품 설명 및 소개 전략

(1) 고객이 제공받을 서비스의 특징과 정보를 객관적이고 사실 중심으로 제시한다.

(2) 과도한 정보 나열은 혼란을 줄 수 있으므로 정확하고 핵심적인 내용만 전달한다.

(3) 각 서비스가 고객의 상황에서 어떻게 활용되고 어떤 도움이 되는지 구체적으로 설명한다.

(4) 서비스 구매를 통해 고객이 얻을 수 있는 효용과 이익을 명확하게 제시한다.

6 최고의 서비스를 실천하게 해주는 8가지 방법

(1) 고객 서비스의 수준과 목표를 명확히 설정한다.

(2) 서비스 기준을 공식 문서로 제정하여 일관성을 유지한다.

(3) 충분한 준비 없이 서비스 제공을 시작하지 않는다.

(4) 거래 전·중·후 전 과정에서 고객의 니즈를 지속적으로 탐색한다.

(5) 과도한 약속은 피하고, 기대 이상의 가치를 제공한다.

(6) 고객이 중요하게 여기는 순간과 포인트를 정확히 파악한다.

(7) 문제가 발생했을 때 신속하고 진정성 있게 관계를 회복한다.

(8) "할 수 없다"는 표현 대신 대안을 제시하며 해결 의지를 보인다.

Chapter
04

서비스 접점과 MOT관리

01 서비스 접점의 이해

1 서비스 접점의 정의

(1) 서비스 접점이란 고객이 특정 서비스와 직접 상호작용하며 경험이 형성되는 순간을 의미한다.

(2) 광의의 서비스 접점은 대인 접점(직원과의 상호작용)과 비대인 접점(시설·시스템·기술 등과의 상호작용)을 모두 포함하며, 고객 경험은 인적 요인뿐 아니라 비인적 요인의 품질과 일관성에도 크게 영향을 받는다.

(3) 협의의 서비스 접점은 고객과 서비스 직원 간의 직접적인 접촉 상황으로 범위를 한정하여 이해한다.

Key Insight

1. 서비스 접점의 중요성이 증가하는 이유
   서비스기업의 규모가 거대화되면서, 서비스 접점의 운영 효과성이 기업의 전반적인 경영 성과에 직접적인 영향을 미치기 때문이다.
2. 서비스 제공 과정의 복잡성이 높아져, 고객과의 다양한 접점 관리가 체계적이고 전략적인 접근을 필요로 하게 되었다.
3. 고객 요구의 다양화로 인해 서비스 접점 역시 상황별·고객별 맞춤형 기능과 역할이 요구되고 있다.
4. 서비스 접점은 고객의 인식과 경험을 형성하는 핵심 요인으로, 기업 이미지·브랜드 신뢰·재이용 의사 등에 큰 영향을 미친다.
5. 서비스 접점은 서비스혁신을 실현하기에 가장 이상적인 지점(Point)으로, 고객 피드백을 기반으로 새로운 서비스 아이디어와 개선 방향을 도출할 수 있다.

전통적 조직구조와 서비스 지향적인 조직구조

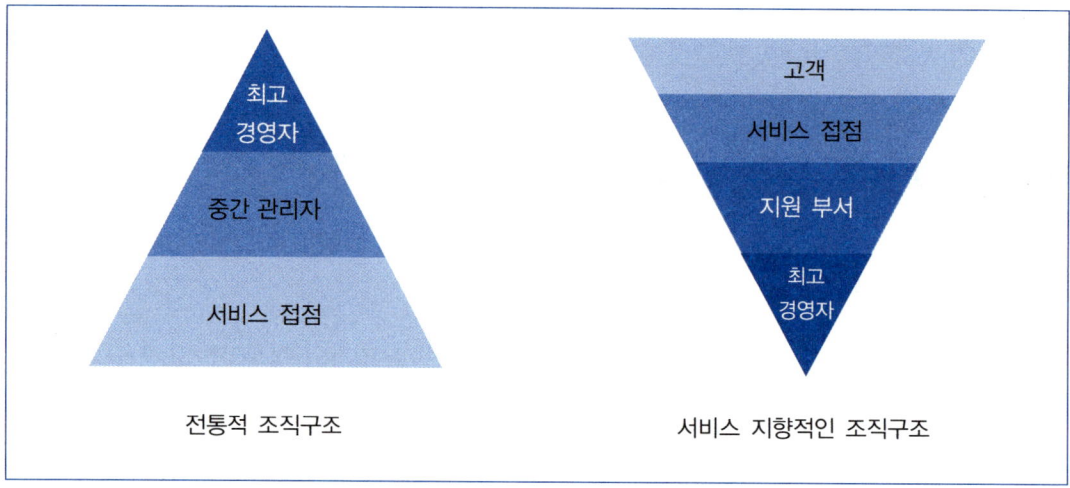

2 서비스 접점의 특징

(1) 서비스 접점은 다양한 목적을 가진다. 고객 응대, 정보 제공, 문제 해결 등 상황에 따라 서로 다른 목적을 지닌다.

(2) 서비스 접점은 상호작용적 관계이다. 서비스 제공자와 고객이 상호작용을 통해 가치와 경험을 함께 만들어간다.

(3) 서비스 접점은 역할 수행의 장이다. 직원과 고객 모두 자신에게 주어진 역할에 따라 행동과 결과가 달라진다.

(4) 서비스 접점은 이타주의가 아니다. 고객을 위한 배려와 친절이 기본이지만, 조직의 목표 달성과 효율성도 함께 고려되어야 한다.

(5) 서비스 접점은 매번 다르고 예측이 어렵다. 고객의 감정, 상황, 환경이 달라지므로 사전 지식이나 매뉴얼만으로는 완벽히 대응할 수 없다.

(6) 서비스 접점은 한정된 시간과 공간에서 이루어진다. 접점의 범위는 명확하며, 그 짧은 순간 안에 서비스 품질이 평가된다.

(7) 서비스 접점은 역할 간 정보 교환이 필수적이다. 직원과 고객 간에 정확하고 신속한 정보 공유가 이루어져야 서비스 만족도가 높아 진다.

(8) 서비스 접점에서는 일시적인 지위 차이가 나타날 수 있다. 고객과 직원 간의 전문성·지식·상황적 우위에 따라 순간적인 지위 차이가 발생할 수 있다.

(9) 서비스 접점의 성과는 통합적 인식에 의해 결정된다. 단일 행동이 아닌 고객이 경험한 전체적 인상과 감정의 조합이 서비스 품질을 좌우한다.

3 서비스 접점의 분류 ✿

대인서비스 접점	• 서비스 직원과 고객 간의 직접적인 접촉이 이루어지는 서비스 순간을 의미한다. • 서비스의 생산과 제공 과정에서 대면 상호작용이 발생하며, 고객 경험의 핵심이 된다. • 서비스 운영 과정에서 대인서비스 접점의 품질 관리와 직원 역량 개발에 많은 노력이 요구된다. • ICT 기술의 발달로 접촉의 빈도와 양은 감소했지만, 그만큼 한 번의 대면 접점이 가지는 질적 중요성이 커졌으며, 고객의 경험·감정·인지적 만족에 집중하는 방향으로 진화하고 있다.
음성서비스 접점	• 고객과 서비스직원이 전화나 통신 매체를 통해 음성으로 상호작용하는 접점으로, 대표적인 예로 콜센터가 있다. • 대면 서비스에 비해 비언어적 단서가 제한적이므로, 목소리의 톤·속도·언어 선택 등 언어적 표현의 중요성이 매우 높다. • 음성만으로 의사소통이 이루어지기 때문에 오해나 불신이 생길 가능성이 크며, 명확한 안내와 공감적 응대가 필요하다. • 따라서 음성 서비스 접점은 대인 서비스 접점과는 다른 관리 기준과 커뮤니케이션 역량이 요구되며, 감정전달·경청·언어적 라포 형성이 핵심이다.
비대인 서비스 접점	• 고객과 서비스제공자의 상호작용 과정에서 인적 요소가 배제된 형태의 접촉을 말한다. • 제공자 측의 인적요소가 배제된 경우 : 자동화기기(ATM), 무인발권기, 키오스크 등과 같이 고객이 기계나 시스템을 통해 직접 서비스를 이용하는 형태이다. • 고객 측의 인적요소가 배제된 경우 : 고객의 물건이나 데이터가 서비스의 대상이 되어 원격으로 가공·처리되는 형태, 예를 들어 PC 원격수리, 온라인 진단 서비스 등이 해당된다. • 디지털 기술의 발전과 비대면 서비스의 확산으로 이러한 비대인서비스 접점은 최근 급속히 확대·고도화되고 있으며, 고객 편의성과 효율성을 높이는 핵심 서비스 방식으로 자리 잡고 있다.

기술기반 서비스 접점의 혜택과 문제점 ☆☆

구분	혜택	해결해야 할 문제
기업	• 대면 고객 서비스비용의 감소 • 인건비 절감 및 운영 효율성 향상 • 서비스 지점 확충을 위한 투자 비용 절감 • 감정노동·이직 등 인적 관리 문제 완화 • 직원 숙련도 차이에 따른 서비스 비일관성 문제 해소 • 24시간 서비스 제공 가능 • 최신 기술 도입으로 기업 이미지 및 혁신성 강화 • 새로운 사업 기회 창출	• 최신 기술 도입과 유지관리를 위한 지속적인 투자 부담이 크다. • 기술기반 서비스 접점에 대한 내부 이해 부족으로 인해, 기술 효율성은 높지만 고객 만족이 낮은 '서비스 패러독스(Service Paradox)'가 발생할 수 있다. • 기업이 추구하는 서비스 품질과 고객이 기대하는 서비스 가치 간의 인식 차이를 해소해야 한다. • UX(사용자 경험)와 UI(사용자 인터페이스)에 대한 이해 부족으로, 이용 불편·혼란·불만이 증가할 가능성이 있다. • ROI(투자자본수익률) 관점에서 기술 투자 대비 실제 효과를 측정하고 지속 가능성을 확보하는 방안이 필요하다. • 가격과 가치의 산정 기준이 모호할 경우, 고객이 느끼는 가성비 불만족과 서비스의 신뢰 저하로 이어질 수 있다.
고객	• 물리적 이동 감소로 편리성이 향상되어 언제 어디서나 서비스를 이용할 수 있다. • 시간적·공간적 제약이 줄어들어 접근성이 개선된다. • 금전적·비금전적 비용(대기시간, 노력 등)의 절감이 가능하다. • 새로운 기술 기반의 서비스 제공 방식을 통해 이용자의 체험 가치와 만족도가 높아진다.	• 새로운 기술이나 시스템을 학습해야 하는 부담이 발생한다. • 복잡하거나 불편한 UI(사용자 인터페이스)로 인해 이용 과정에서 불편함이나 오류가 생길 수 있다. • 고객의 시간·노력·데이터 등 자원 사용이 과도하게 요구될 수 있다. • 개인정보 보호 및 보안 문제에 대한 우려가 커질 수 있다.

Key Insight

서비스 패러독스(Service Paradox)

서비스 패러독스란 서비스경제의 발전, 경제적 풍요, 기술혁신 등으로 인해 소비자들이 양적·질적으로 더 높은 수준의 서비스를 지속적으로 공급받고 있음에도 불구하고, 정작 소비자가 체감하는 서비스 품질과 만족도는 오히려 하락하는 현상을 말한다. 즉, 서비스가 발전할수록 고객의 기대 수준이 더 높아지고, 이에 따라 기대와 실제 경험 간의 격차가 커져 불만족으로 이어지는 역설적인 현상이다.

4 서비스 접점에서 고객의 역할

(1) 서비스 접점에서 고객의 역할 고객은 서비스 접점에서 단순한 수혜자가 아니라, 서비스의 생산·전달 과정에 다양한 수준으로 참여하는 주체이다. 따라서 기업은 서비스를 설계할 때 고객의 참여 수준과 역할 유형을 명확히 고려해야 한다.

구분	고객참여방식		
	낮음(존재)	중간(개입)	높음(공동생산)
특징	서비스 전달 과정에 고객의 직접 개입은 거의 없음.	고객의 정보 제공이나 협조가 필요함.	고객의 행동과 결정이 서비스 품질에 직접적 영향
서비스 종류	표준화 서비스	표준화-고객화 서비스	개인화 서비스
고객 욕구	동질적 욕구	이질적 욕구	개별적 욕구
서비스 성공요인	제공자>>>고객	제공자>고객	제공자 = 고객
접점 분위기	환대받는 분위기	편안한 의사소통	파트너로 인식
예시	공연관람 등	금융서비스	다이어트 프로그램
고객참여방식	고객이 서비스 전달 과정에 단순히 존재만 하는 형태	서비스 전달을 위해 고객의 일정 수준의 개입이 필요한 형태	고객이 서비스의 공동 생산자(Co-producer)로 참여

(2) 서비스 접점에서 고객의 행동 분류 ☆

구분	역할 내(in-role)	역할 외(extra-role)
순기능	협력행동	시민행동
역기능	회피행동	반생산행동

협력행동	• 협력행동이란 서비스의 생산과 전달 과정에서 고객이 능동적으로 협력하려는 의지·태도·행동을 의미한다. • 고객은 단순한 수혜자가 아니라, 서비스의 성공을 함께 만들어가는 공동 참여자(Co-creator)로서 역할을 수행해야 한다. • 이를 위해 고객은 정확하고 올바른 정보를 제공하고, 서비스 제공자의 지시와 요구를 경청·이해하여 적절히 대응해야 한다. • 또한 자신의 요구나 기대를 명확하게 전달함으로써, 서비스 제공자가 보다 효율적이고 만족스러운 서비스를 제공할 수 있도록 돕는 것이 중요하다. • 즉, 협력행동은 서비스 성공을 위한 고객의 책임 있는 참여와 올바른 행동 수행을 의미한다.
회피행동	• 회피행동이란 서비스의 생산과 전달 과정에서 고객이 자신의 역할과 책임을 다하지 않고, 비협조적·태만·수동적인 태도를 보이는 것을 말한다. • 이러한 고객은 서비스 제공자의 지시나 요구를 경청하지 않거나, 전달받은 내용을 올바르게 이해·반응하지 못한다. • 또한 자신의 요구나 기대를 명확히 표현하지 못하고, 문제가 발생하면 책임을 서비스 제공자에게 전가하는 경향을 보인다. • 그 결과 서비스 실패의 가능성이 높아지고, 고객과 서비스 제공자 모두에게 비효율과 불만족이 발생하게 된다. • 즉, 회피행동은 서비스 성공을 저해하고 관계의 신뢰를 약화시키는 비협조적 고객 행동을 의미한다.

시민행동		• 시민행동이란 고객이 자신의 기본적인 역할을 성실히 수행하는 것을 넘어, 서비스 제공자의 발전과 성장에 긍정적으로 기여하는 자발적 행동을 의미한다. • 시민행동에는 타 고객에게 긍정적인 구전을 하거나, 다른 고객이 서비스를 원활히 이용할 수 있도록 돕는 이타적 행동 등이 포함된다. • 이러한 시민행동은 서비스 생산과 전달 과정에 필수적인 역할은 아니지만, 조직의 평판과 서비스 품질 향상에 간접적으로 기여하는 자발적 참여행동이다. • 따라서 시민행동은 서비스 성공을 위한 필수 역할 수행인 '협력행동'과 구분되며, 협력행동이 "당연히 해야 하는 참여"라면, 시민행동은 "자발적으로 더해지는 긍정적 행동"이라는 점에서 차이가 있다.
반생산행동		• 반생산행동이란 고객이 서비스 제공자에게 욕설, 폭언, 폭행 등 폭력적이거나 불법적인 행동을 보이는 것을 의미한다. • 이러한 행위는 서비스 제공 과정의 질서를 파괴하고, 직원의 정서적·신체적 피해를 초래하며, 조직 전체의 서비스 품질과 이미지를 심각하게 훼손한다. • 또한 반생산행동은 단순한 불만 표현을 넘어, 법적 문제나 사회적 비용으로 이어질 수 있는 위험한 고객행동 유형으로 분류된다. • 따라서 기업은 고객 응대 매뉴얼, 직원 보호 시스템, 법적 대응 프로세스를 마련하여 반생산행동으로부터 서비스 직원과 조직을 보호해야 한다.
	대물적 반생산행동	고객이 기업의 자산이나 물건을 파손·훼손하거나 낭비적으로 사용하는 행위를 말한다. ex 비품을 고의로 망가뜨리거나, 장비를 부적절하게 사용하는 등 기업의 물적 자원을 손상시키는 행동이 이에 해당한다.
	대인적 반생산행동	• 고객이 서비스직원에게 폭언·욕설·폭행 등 폭력적 언행을 하거나, 타 고객에게 위협, 불쾌감, 혐오를 유발하는 행동을 말한다. • 이러한 행동은 감정노동자의 심리적 스트레스와 조직 이미지 훼손을 초래하며, 서비스 현장의 안전과 신뢰를 심각하게 해치는 행위로 간주된다.

(3) 서비스 접점에서 고객역할에 대한 인식 변화

전통적인 관점에서는 고객이 서비스를 수동적으로 제공받는 수혜자로 인식되었다. 그러나 현대의 서비스 경영에서는 고객을 서비스 생산 과정의 적극적인 참여자이자 공동 창조자로 인식한다. 기업은 고객에게 더 많은 책임과 권한을 부여함으로써, 서비스의 품질 향상과 효율성 증대, 고객만족도의 제고 등 다양한 경영적 이점을 얻을 수 있다. 즉, 고객은 단순한 소비자가 아니라 서비스 가치를 함께 만들어가는 핵심 파트너로 변화하고 있다.

준직원	• 고객은 서비스 과정에서 직원과 유사한 역할을 수행하기 때문에, 기업은 고객을 '준직원'으로 인식한다. • 준직원은 단순한 소비자가 아니라 서비스의 성공에 공동의 책임과 역할을 수행하는 참여자로 간주된다. • 따라서 효과적인 서비스 수행을 위해 고객에게도 일정 수준의 역량, 이해도, 학습이 요구된다. • 즉, 고객은 서비스 품질에 영향을 미치는 조직 외부의 내부인으로서, 기업과 함께 서비스 가치를 공동 창출하는 존재이다.
인적자원	• 고객을 단순한 소비자가 아닌 서비스 생산성과 효율성을 높이는 핵심 자원으로 인식한다. • 고객은 서비스의 품질과 가치 창출에 직접적으로 기여하는 공헌자로 간주된다. • 고객의 적극적인 참여와 협력은 인건비 절감, 운영 효율 향상, 생산성 증가에 도움을 주며, 대표적인 사례로 IKEA의 셀프서비스 모델이 있다. 고객이 직접 조립과 운반 과정에 참여함으로써 비용 절감과가치 창출이 동시에 이루어진다.
혁신촉진자	• 고객은 기업 혁신의 핵심 원천으로 인식된다. • 기업은 내부 혁신의 한계를 극복하기 위해 고객의 경험과 피드백에서 새로운 아이디어를 발견하려 노력한다. • 특히 고객의 불만은 서비스 개선과 혁신을 유도하는 가장 중요한 단서이자 출발점으로 작용한다. • 따라서 기업은 고객의 제안·아이디어·불만·경험 공유 등을 적극적으로 촉진하고 수용함으로써, 고객과 함께 지속 가능한 서비스 혁신을 만들어간다.

(4) 셀프서비스 기술

셀프서비스 기술의 만족요인	긴급성	• 고객이 시간적 제약이나 긴박한 상황에서 신속하게 문제를 해결할 수 있는 능력을 의미한다. • 셀프서비스 기술은 이러한 긴급한 상황에서도 즉시 접근가능하고, 대기시간 없이 이용할 수 있는 편리성을 제공한다. ex 24시간 ATM
	가치성	• 가치성(Value)은 고객이 셀프서비스 기술을 이용할 때 다른 서비스 대안보다 더 높은 효율성과 편리함을 느끼는 정도를 의미한다. • 셀프서비스 기술은 고객이 언제, 어디서나 자유롭게 이용할 수 있는 접근성을 제공하여 시간과 노력을 절약하게 해준다. • 예를 들어, 24시간 이용 가능한 ATM이나 무인발권기, 키오스크는 고객이 원하는 속도로 서비스를 진행할 수 있도록 해준다. • 또한 대면 서비스 대비 비용 절감 효과가 있으며, 고객은 스스로 통제하는 자율적 서비스 이용 경험을 통해 만족감을 얻는다. • 즉, 가치성은 셀프서비스 기술의 편리성·효율성·경제성을 종합적으로 반영하는 핵심 만족 요인이다.
	기능성	• 셀프서비스 기술이 고객의 기대에 부합하도록 정확하고 안정적으로 작동하는 수준을 의미한다. • 기술이 충실하게 준비되어 오류 없이 작동하며, 사용 과정에서 속도·정확성·편의성이 확보될 때 고객은 높은 만족을 얻는다. • 즉, 시스템이 원활하게 운영되고 필요한 기능이 제대로 구현된 경우, 고객은 서비스 품질과 신뢰성을 긍정적으로 평가한다. • 기능성은 셀프서비스 기술 만족의 기본 전제이자 품질의 핵심 요소로, 안정성과 완성도가 고객 만족도를 결정짓는 핵심 기준이다.

셀프 서비스 기술의 불만족요인	기술의 실패	• 셀프서비스 기술이 고객에게 약속된 기능이나 서비스가 제대로 작동하지 않는 상황을 의미한다. • 시스템 오류, 네트워크 장애, 기기 오작동 등으로 인해 고객이 예상한 서비스를 이용하지 못하거나 지연되는 경우, 고객은 불편함·불신·스트레스를 느끼게 된다. • 이러한 기술 실패는 단순한 불편을 넘어 기업의 신뢰도 하락과 부정적 구전(Word-of-Mouth)으로 이어질 수 있다. • 따라서 기업은 기술의 안정성·신속한 복구 체계·사후 대응 서비스를 강화하여, 고객이 "언제나 작동하는 신뢰성 있는 시스템"으로 인식하도록 관리해야 한다.
	과정의 실패	• 셀프서비스 기술이 겉보기에는 정상적으로 작동했지만, 실제로는 백엔드 지원부서나 후속 절차에서 오류가 발생하는 경우를 의미한다. • 즉, 고객은 서비스 이용 과정에서 문제가 없었다고 인식하지만, 이후 단계에서 내부 프로세스의 미흡함으로 인해 잘못된 결과가 나타나는 상황이다. • 예를 들어, 인터넷 쇼핑몰에서 주문·결제가 정상적으로 완료되었으나, 배송 단계에서 다른 상품이 잘못 배송되는 경우가 이에 해당한다. • 이러한 과정의 실패는 고객에게 혼란과 불신을 유발하며, 기업 내부의 시스템 연계·프로세스 관리·품질 점검 체계의 중요성을 보여준다.
	설계의 실패	• 셀프서비스 기술의 구조나 인터페이스(UI·UX)가 복잡하거나 비직관적이어서, 고객이 사용 과정에서 혼란을 느끼거나 원하는 기능을 찾기 어려운 경우를 의미한다. • 메뉴 구성이나 절차가 명확하지 않아 서비스 변경, 옵션 수정, 결제 취소 등의 기능을 쉽게 수행할 수 없는 상황이 대표적이다. • 예를 들어, 배송 시간을 선택할 수 없거나 지나치게 오래 걸리는 경우, 고객은 불편함과 통제력 상실을 경험하게 된다. • 이러한 설계의 실패는 고객의 사용 의욕 저하·재이용 의사 감소·불만 표출로 이어지므로, 기업은 고객 중심의 직관적이고 간결한 UI/UX 설계를 통해 사용 편의성을 높여야 한다.
	고객의 실패	• 셀프서비스 기술이 정상적으로 작동함에도 불구하고, 고객이 기술을 잘못 사용하거나 사용할 능력·지식이 부족하여 발생하는 문제를 의미한다. • 예를 들어, 입력 오류, 절차 미숙, 메뉴 선택 실수 등은 기술의 결함이 아닌 사용자의 이해 부족에서 비롯된 경우이다. • 이러한 실패는 특히 디지털 활용 능력이 낮은 고객층(고령자, 비숙련자 등)에게 자주 발생하며, 서비스 이용 중 불안감·좌절감·기업에 대한 부정적 인식을 초래할 수 있다. • 따라서 기업은 쉬운 인터페이스, 단계별 안내, 고객 교육 및 지원 시스템을 통해 고객의 실패를 최소화하고 모든 고객이 접근 가능한 포용적 서비스를 설계해야 한다.

(5) 고객관여의 증대 방안

고객의 역할 정의	• 고객이 서비스 과정에서 수행해야 할 역할과 필요한 기술을 명확히 규정한다. • 고객이 담당해야 할 책임과 행동을 파악하기 위해 역할 분석(Role Analysis)을 실시한다.
고객세분화	• 서비스 특성에 맞는 적합한 고객층을 확보한다. • 고객의 특성과 요구 수준에 따라 고객 세분화와 서비스 세분화를 함께 추진한다.
학습의 제공	• 고객이 자신의 역할을 제대로 수행할 수 있도록 역량 개발과 학습 기회를 제공한다. • 인적(교육, 워크숍) 및 비인적(매뉴얼, 온라인 가이드, AI 지원 등) 학습 시스템을 운영한다.
효과적인 보상	• 고객의 적극적인 관여에 대해 금전적 또는 비금전적 보상(혜택, 인센티브 등)을 제공한다. • 고객의 참여 수준과 기여도에 따라 공정하고 차별화된 보상 체계를 마련한다.

02 MOT에 대한 이해

1 MOT의 개념 ✮✮

(1) MOT(Moment of Truth : 진실의 순간)

이 용어는 스페인 투우에서 유래된 "Momento de la Verdad"를 영어로 옮긴 말로, 스웨덴의 마케팅 학자 리차드 노먼(Richard Normann)이 처음 서비스 품질 관리에 사용하였다. 투우사가 소의 급소를 찌르는 짧은 순간을 의미하며, "피할 수 없는 결정적 순간", "실패가 허용되지 않는 매우 중요한 순간"을 뜻한다.

(2) 스칸디나비아항공(SAS)의 얀 칼슨(Jan Carlzon) 사장은 고객과 접점에서 이루어지는 15초의 짧은 순간이 기업의 이미지와 성공을 좌우한다고 강조하면서, 이 개념을 기업 경영과 서비스 산업 전반에 확산시켰다.

(3) MOT란 고객이 조직이나 직원과 접촉하는 서비스 접점의 순간으로, 이때 고객은 조직·직원의 태도와 품질을 평가하며 기업에 대한 인상과 신뢰를 형성하는 결정적 순간이다. 즉, MOT는 서비스 품질이 고객의 인식 속에서 실제로 '판단'되는 순간이며, 기업은 이 짧은 접점에서 고객만족과 브랜드 신뢰를 좌우하는 경험을 창출해야 한다.

2 MOT의 3요소

하드웨어	• 고객이 직접적으로 인식할 수 있는 물리적 요소를 의미한다. • 제품의 품질과 성능, 디자인, 점포의 분위기, 시설과 설비의 편리성 등이 이에 포함된다. • 즉, 고객이 눈으로 보고 손으로 느끼는 물리적 서비스 환경이다.
소프트웨어	• 서비스가 운영되는 시스템과 절차를 의미한다. • 서비스 운영 시스템, 예약·처리 프로세스, 업무 절차의 효율성 등이 포함된다. • 이는 고객이 서비스 이용 과정에서 경험하는 운영상의 편리함과 체계성을 결정한다.
휴먼웨어	• 서비스 제공자의 태도, 표정, 언어, 억양, 자세 등 인간적 요소를 의미한다. • 고객과의 직접적인 상호작용을 통해 감정적 만족과 신뢰 형성에 가장 큰 영향을 미친다. • 즉, 휴먼웨어는 서비스 품질의 핵심이자 MOT의 결정적 성공 요인이다.

3 MOT 적용 시 고려 사항

(1) MOT사이클 전체를 관리해야 한다.

① MOT는 고객이 직원과 접촉하는 순간에 발생하지만, 이러한 결정적 순간들이 축적되어 전체 서비스 품질이 형성된다.

② 여러 차례의 MOT 중 단 한 번의 실패라도 발생하면 고객의 신뢰를 잃을 수 있으므로, MOT사이클 전체를 체계적으로 관리해야 한다.

(2) MOT는 고객의 관점에서 관리해야 한다.

① 서비스제공자는 종종 고객의 기대와 요구를 스스로 더 잘 안다고 생각하지만, 실제로는 서비스제공자와 고객 간의 인식 차이가 존재한다.

② 따라서 MOT를 효과적으로 관리하기 위해서는 항상 고객의 목소리에 귀 기울이고, 고객의 경험·감정·시각에서 접점을 평가하고 개선해야 한다.

4 MOT의 법칙 ☆☆☆

곱셈의 법칙	• 서비스의 전체 만족도는 각 순간의 만족도를 단순히 더한 값이 아니라, 곱의 결과로 결정된다. • 즉, 서비스 과정 중 어느 한 단계라도 만족도가 '0'이 되면 전체 서비스 경험의 결과 또한 '0'이 되어버린다. • 아무리 초기 서비스가 우수했더라도, 하나의 결정적 순간(MOT)에서 불만이 발생하면 고객은 전체 서비스를 부정적으로 인식하게 된다.

> **핵심 포인트** 서비스 품질은 부분의 합(sum)이 아니라 경험의 곱(product)이다.
> 하나의 실패가 전체 인상을 무너뜨릴 수 있다.

> **ex** 호텔의 체크인, 객실 청결, 조식 서비스가 모두 완벽하더라도 체크아웃 시 직원의 무례한 응대 한 번으로 고객은 "서비스가 형편없다"고 평가할 수 있다.

통나무 물통의 법칙	• 통나무 물통은 여러 개의 나뭇조각을 묶어 만든다. • 이때 어느 한 조각이 깨지거나 낮으면, 그 낮은 조각의 높이만큼만 물을 담을 수 있다. • 이 원리가 바로 최소율의 법칙이다. • 고객 서비스도 마찬가지로, 전체 서비스 품질은 여러 요소 중 가장 약한 부분의 수준에 의해 결정된다. • 고객은 좋은 경험보다 가장 나빴던 경험을 더 강하게 기억하며, 그 부정적 경험을 기준으로 전체 서비스의 질을 평가하게 된다.
	핵심 포인트 서비스의 품질은 가장 약한 고리가 결정한다. 한 번의 실수가 전체 이미지를 무너뜨린다.
	ex 레스토랑의 음식 맛, 인테리어, 음악이 모두 훌륭해도 직원의 불친절한 한마디가 고객의 전체 만족도를 낮추는 것과 같다.
깨진 유리창의 법칙	• '깨진 유리창의 법칙'은 작은 문제를 방치하면 더 큰 문제로 번질 수 있다는 사회학 이론이다. • 거리의 유리창 하나가 깨진 채 방치되면, 사람들은 그 공간 전체가 관리되지 않는다고 인식하고 결국 범죄나 무질서로 이어질 수 있다는 개념에서 비롯되었다. • 서비스 현장에서도 이 원리는 동일하게 작용한다. • 직원의 작은 실수, 사소한 무관심, 불친절한 한마디가 기업 전체의 서비스 품질과 이미지를 떨어뜨릴 수 있다. 고객은 부분이 아닌 전체로 기억하며, 하나의 작은 실수를 보고 브랜드 전체를 판단한다.
	핵심 포인트 서비스 현장에서의 작은 부주의는 곧 큰 불만족으로 확대된다. 작은 문제를 즉시 해결하는 것이 최고의 위기관리다.
	ex 카페 직원이 컵을 실수로 깨뜨리고도 무심히 지나친다면, 고객은 그 행동 하나만으로 '이 매장은 위생과 관리가 부실하다'고 느낀다.
'100−1 = 0'의 법칙	• '100−1 = 0'의 법칙은 깨진 유리창의 법칙(Broken Window Theory)을 서비스 현장에 적용한 개념이다. • 즉, 100가지 서비스 접점 중 단 1곳에서의 불만족이 전체 서비스 경험을 '0점'으로 전락시킬 수 있다 • 고객은 대부분의 서비스가 우수하더라도 단 한 번의 실수, 불친절, 불편을 통해 전체 서비스 품질을 부정적으로 인식한다. 따라서 모든 접점에서의 일관된 품질 관리와 세심한 주의가 필수적이다.
	핵심 포인트 100번의 친절보다 한 번의 불친절이 더 강하게 기억된다. 서비스는 '완벽한 100'이 아닌, '실수 없는 1'로 완성된다.
	ex 호텔 투숙 중 대부분의 서비스가 만족스러웠더라도 퇴실 시 직원의 무성의한 태도 한 번으로 고객은 '이 호텔은 서비스가 형편없다'고 평가할 수 있다.

5 MOT사이클의 개념

(1) MOT 사이클은 고객이 서비스를 받는 과정에서 경험하는 사건의 연속적인 연결로, 서비스 프로세스싱에 나타나는 일련의 MOT들을 보여 수는 시계 모양의 도표를 '서비스 사이클 차트'라고 한다.

(2) MOT사이클은 서비스전달시스템을 고객의 입장에서 이해하기 위한 방법이다. 고객이 경험하는 MOT들을 원형 차트의 1시 방향에서 시작하여 시계 방향으로 순서대로 기입한다.

(3) 일반적으로 직원들은 자신이 맡고 있는 업무에만 관심을 두고 일하는 경향이 있으나, 고객은 서비스 과정에서 경험하는 일련의 순간 전체를 가지고 품질을 평가한다.

🔷 호텔 체크아웃 서비스의 MOT 사이클

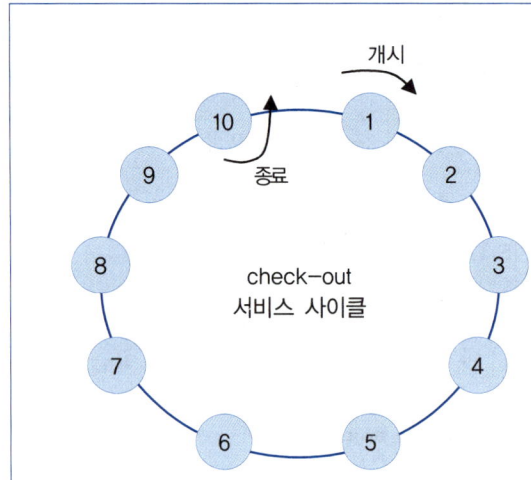

1. 체크아웃 담당자를 부른다.
2. 짐을 내려 달라고 부탁한다.
3. 프런트에 열쇠를 반납하고 청구서를 받는다.
4. 청구서를 확인하고 돈을 지불한다.
5. 영수증을 받고 확인한다.
6. 현관에 나가서 차를 부른다.
7. 주차장에서 차를 가져온다.
8. 짐을 싣고 차에 탄다.
9. 환송을 받는다.
10. 출발한다.

---

03 MOT에 대한 관리

1 MOT의 평가

(1) MOT 차트(MOT Chart)는 고객이 경험하는 각 서비스 접점을 표준 기대, 플러스 요인, 마이너스 요인으로 분석하는 도구이다. 이는 서비스 품질을 고객의 시각에서 구체적으로 진단하기 위한 평가 방법이다.

(2) 차트의 중앙에는 고객의 표준적 기대 수준, 왼쪽에는 고객 만족을 높이는 플러스 요인(기대 이상의 서비스), 오른쪽에는 불만족을 유발하는 마이너스 요인(기대 이하의 서비스)을 기록한다.

(3) MOT 차트를 활용하면 직원들은 각 MOT별로 성공적인 서비스 수행 방법을 찾고, 서비스 품질을 '기준 유지 → 가치 창출 → 문제 예방'의 관점에서 관리할 수 있다.

(4) 이는 고객 경험의 강·약점을 시각적으로 파악하여 서비스 개선과 교육 방향 설정에 유용한 분석 도구로 활용된다.

호텔 프런트 고객 응대 MOT 차트 예시

플러스 요인	고객의 표준적인 기대치	마이너스 요인
• 프런트 직원이 밝은 미소로 먼저 인사한다. • 이름을 확인하며 친근하고 정중하게 응대한다. • 체크인 과정이 빠르고 절차가 간단하다. • 지역 관광 정보나 편의시설을 먼저 안내한다. • 요청사항(룸 변경, 추가 비품 등)을 신속히 처리한다.	• 정중한 인사와 원활한 체크인 절차를 기대한다. • 직원이 고객의 질문에 정확하고 친절하게 답변한다. • 객실 정보와 이용 안내가 명확하다.	• 직원이 무표정하거나 인사를 생략한다. • 체크인 절차가 복잡하고 대기 시간이 길다. • 고객 요청을 잊거나 처리 속도가 느리다. • 고객 문의에 불친절하거나 설명이 불명확하다.

온라인 고객센터(비대면상담) MOT 차트 예시

플러스 요인	고객의 표준적인 기대치	마이너스 요인
• 상담 시작 시 자동 인사 메시지와 예상 대기시간이 표시된다. • 챗봇이 고객의 질문 의도를 정확히 인식한다. • 담당 상담원이 신속히 연결되어 상황을 정확히 파악한다. • 처리 결과와 다음 단계가 명확히 안내된다. • 상담 후 만족도 평가나 후기 작성 기회를 제공한다.	• 빠르고 끊김 없는 상담을 기대한다. • 불편한 점을 쉽게 전달할 수 있기를 바란다. • 문제 해결 후 명확한 안내와 결과 확인을 원한다.	• 챗봇이 질문을 인식하지 못하고 반복 입력을 요구한다. • 상담원 연결이 지연되거나 대화가 중단된다. • 해결 절차가 복잡하고 안내가 불친절하다. • 처리 후 피드백이 전혀 없다.

2 MOT차트의 분석 5단계 ☆

1단계	서비스 접점 진단하기	• 고객이 처음 방문해서 떠나는 순간까지의 전체 과정을 고객의 입장에서 관찰·분석한다. • 고객이 실제로 무엇을 보고, 듣고, 느끼는지를 중심으로 서비스 흐름을 파악한다.
2단계	서비스 접점 설계하기	고객이 기업과 만나는 각 접점(MOT)을 단위별로 구분하고 체계적으로 설계한다. ex 예약 – 방문 – 응대 – 결제 – 피드백 등 접점 단위 정의
3단계	고객 접점 사이클 세분화하기	• 고객이 처음 접촉해서 서비스가 종료될 때까지의 전체 서비스 흐름을 시각적으로 표현한다. • 고객의 이동 경로, 감정 흐름, 상호작용을 순서대로 연결하여 서비스 사이클 차트를 완성한다.

4단계	나의 고객 접점 시나리오 만들기	• 완성된 MOT 차트를 기반으로 각 접점별 문제점 · 개선점 · 대응전략을 도출한다. • 이를 시나리오 형태로 구성하여 현장 개선 실행계획을 만든다.
5단계	일반적인 표준안에서 구체적인 서비스 표준안으로 행동하기	개선된 내용을 토대로 접점별 서비스 표준안을 마련하고, 모든 직원이 표준안에 따라 일관된 행동과 훈련을 실천하도록 운영한다.

Chapter
05

고객 유형별 상담 전략

01 고객 유형별 특징 및 상담 기법

빈정거리는 고객	특징	• 문제의 본질보다 말 한마디나 표현에 집착하며 시비를 거는 경향이 있다. • 불만을 직접적으로 드러내지 않고 비꼬는 말투나 냉소적인 태도로 항의한다. • 강한 추궁이나 면박을 주면 대화를 회피하거나 방어적인 태도를 보인다.
	상담 기법	• 고객의 태도에 휘말리지 말고 정중함과 침착함을 유지한다. • 대화의 초점을 감정이 아닌 문제 해결 방향으로 유도한다. • 질문 기법을 활용하여 고객의 진짜 의도와 요구사항을 이끌어 낸다. • 상대의 말투보다 내용에 집중하며, 감정적 대응을 자제한다. • 고객이 체면을 잃지 않도록 의연하고 품격 있게 마무리한다.
우유부단한 고객	특징	• 자신의 생각이나 요구를 명확하게 표현하지 못하고 결정에 자신이 없다. • 선택 과정에서 타인의 의견에 쉽게 영향을 받으며, 결정을 미루거나 회피하는 경향이 있다. • 상담 과정에서 직원이 결정을 대신 내려주길 기대하는 경우가 많다.
	상담 기법	• 인내심을 가지고 천천히 응대하며, 고객이 스스로 결정할 수 있도록 격려한다. • 고객의 숨은 의도를 파악하기 위해 열린 질문과 경청을 활용한다. • 상품의 장점·보상·이점을 구체적으로 설명해 신뢰감을 형성한다. • 명확한 선택지(2~3가지)를 제시하고, 각 대안의 차이를 쉽게 비교해준다. • 고객의 결정을 존중하되, 결단을 도와주는 부드러운 리더십을 발휘한다.
전문가적인 고객	특징	• 자신의 지식과 경험에 대한 확신이 강하며, 상담원보다 더 잘 알고 있다고 생각하는 경향이 있다. • 자존심이 강하고 주장을 굽히지 않으며, 논리적 설득보다 존중과 공감을 요구한다. • 자신의 의견이 무시되거나 반박당하면 즉시 방어적 태도를 보인다.
	상담 기법	• 고객의 말을 끝까지 경청하고 의견을 존중하는 태도를 보인다. • 상대의 전문성을 인정하고 높여주며 친밀감을 조성한다. • 자존심을 자극하는 언행이나 반박은 피하고, 부드러운 어조로 대화한다. • 상담원의 전문성을 과시하기보다 문제 해결 중심의 접근을 취한다. • 고객을 가르치려 들기보다 협력적 파트너로 대우하며, 의견을 함께 조율한다.

저돌적인 고객	특징	• 자신의 의견만이 정답이라고 믿으며, 타인의 의견을 받아들이지 않는다. • 대화 중 상대의 말을 자르고 자신의 주장을 강하게 관철하려는 경향이 있다. • 목소리가 크고 감정 표현이 강하며, 대화를 지배하려는 태도를 보인다.
	상담 기법	• 침착하고 자신감 있는 태도로 정중하게 응대한다. • 지나친 미소나 가벼운 반응은 오히려 자극이 될 수 있으므로, 차분하고 단정한 어조를 유지한다. • 고객의 흥분 상태를 직접 지적하지 말고, 자연스럽게 감정이 안정되도록 유도한다. • 고객이 말을 끊거나 주장할 때는 먼저 경청하고 충분히 말할 기회를 제공한다. • 고객의 말을 인정한 후, 논리적이고 객관적인 근거로 해결 방향을 제시한다.
지나치게 사교적인 고객	특징	• 밝고 협조적이며 대화에 적극적인 고객으로, 첫인상은 긍정적이다. • 그러나 분위기에 휩쓸려 원치 않는 약속이나 결정을 하는 경우가 있다. • 상대를 배려하려는 성향이 강하지만, 실제로는 의사결정이 모호하거나 지연되기 쉽다.
	상담 기법	• 사교적인 고객의 말에 과도하게 공감하거나 감정적으로 동조하지 않도록 주의한다. • 질문 기법을 활용하여 고객의 진짜 의도와 필요를 파악한다. • 겉으로는 동의하지만 실제로는 회피하는 경우가 있으므로, 고객이 내용을 정확히 이해했는지 확인한다. • 합의나 약속을 서두르지 말고, 고객의 발언 속에 숨은 의도를 신중히 판단한다. • 대화의 흐름을 부드럽게 유지하되, 논점이 흐트러지지 않도록 초점을 유지한다.
같은 말을 장시간 되풀이하는 고객	특징	• 자아가 강하고 끈질긴 성향을 지닌 고객으로, 자신의 주장을 지속적으로 강조한다. • 이미 설명된 내용이라도 충분히 납득하지 못하면 반복적으로 이야기하며 확신을 요구한다. • 상대가 회피하거나 피로한 반응을 보이면 더 강하게 집착하는 경향이 있다.
	상담 기법	• 고객의 말에 무조건 동조하거나 피로감을 보이지 않도록 주의한다. • 고객의 발언을 요약·정리하여 문제를 명확히 이해했음을 확인시킨다. • 해결 방안을 구체적으로 제시하고, 결론을 명확히 전달하여 신뢰감을 준다. • 회피하거나 미루는 인상을 주면 불만이 커질 수 있으므로, 신속하고 단호한 결정이 필요하다. • 고객이 다시 반복할 경우, 부드럽게 대화를 결론으로 유도한다.
불평을 늘어놓는 고객	특징	• 사소한 부분까지 트집을 잡고 계속해서 불만을 제기하는 유형이다. • 문제 해결 자체보다 불만을 표현하는 과정에서 감정적 우위를 확보하려는 성향이 있다. • 작은 불편도 과장하여 말하며, 상대가 방어적으로 나오면 더 공격적으로 불평을 확대할 수 있다.
	상담 기법	• 즉각적으로 반박하거나 방어하지 말고, 먼저 인정과 공감 표현으로 긴장을 낮춘다. ex "말씀 주신 부분이 충분히 이해됩니다." / "예리하게 봐주셨습니다." • 고객의 주장에 일정 부분을 인정한 뒤, 차분하게 사실과 해결 방향을 설명한다. • 회피하거나 문제를 축소하려는 태도를 보이면 불만이 더 커질 수 있으므로, 정면으로 듣고, 해결 의지를 분명히 보여주는 것이 중요하다. • 감정 충돌 대신 "어떻게 도와드리면 될까요?"와 같이 해결 중심의 흐름으로 전환한다.

02 DISC 유형별 상담 기법

주도형 (D: Dominance)	• 명확하고 핵심적인 정보만 간결하게 제시한다. • 목표와 결과를 먼저 언급하여 성과 중심으로 설득한다. • 시간을 효율적으로 사용하고, 불필요한 세부 설명은 피한다. • 결단을 위한 핵심 대안과 선택지를 제시한다. • 자신감 있고 직설적인 태도로 대응하되, 논리와 근거를 명확히 한다.
사교형 (I: Influence)	• 친근한 인사와 가벼운 대화로 관계 형성의 시간을 충분히 갖는다. • 흥미로운 주제나 사람 중심의 이야기를 나누며 긍정적 분위기를 조성한다. • 세부사항보다 이미지·아이디어 중심의 대화를 선호한다. • 고객이 중요하고 특별한 사람이라는 인상을 받을 수 있게 지속적으로 인정과 관심을 표현한다. • 감정적으로 공감하며, 격의 없는 친근함을 유지한다.
안정형 (S: Steadiness)	• 대화를 서두르지 말고, 신뢰감과 안정감을 줄 수 있는 속도로 응대한다. • 진정성 있는 관심을 보이며, 공통점과 인간적인 유대감을 찾는다. • 부드럽고 비위협적인 어조로 대화하며, 참을성 있게 경청한다. • 변화보다는 일관성과 예측 가능한 방향으로 안내한다. • 고객이 스스로 목표를 설정하고 달성할 수 있도록 격려한다.
신중형 (C: Conscientiousness)	• 상담 전 철저히 준비하고, 시간 약속을 철저히 준수한다. • 직선적이고 논리적인 대화로 사실·데이터 중심의 설명을 한다. • 체계적이고 구체적인 근거를 제시하며, 감정보다는 정확성·신뢰성을 강조한다. • 고객이 스스로 정보를 검토할 시간과 여유를 준다. • 약속한 내용은 반드시 실행하여 신뢰를 구축한다.

03 고객 상황별 상담 기법

고객이 말이 없을 때	• 고객이 편안함을 느낄 수 있는 부드러운 분위기를 조성한다. • 즉답이 가능한 선택형 질문(예: "A와 B 중 어떤 것이 좋으신가요?")으로 대화를 유도한다. • 고객의 표정과 반응을 관찰하며 비언어적 신호를 통해 의중을 파악한다.
어린이를 동반했을 때 ☆	• 아이의 성격이나 행동을 재빨리 파악하여 긍정적인 칭찬을 건넨다. • 밝은 표정과 부드러운 제스처로 친근한 분위기를 조성한다. • 사탕, 스티커 등 간단한 호감 아이템을 활용해 부모와 아이 모두에게 좋은 인상을 남긴다.
가격이 비싸다고 할 때	• 고객의 말을 먼저 인정하고 공감한다. • 타 제품과의 차별점을 설명하되, 제품의 가치와 기능이 돋보이도록 강조한다. • 단순한 가격 경쟁보다 품질·내구성·서비스 보증 등 가치 중심 설득을 사용한다
동행이 있을 때 ☆☆	• 동행자도 상담 범위에 포함하여 응대한다. • 동행자의 의견을 존중하고, 함께 공감할 수 있는 대화 분위기를 만든다. • 설명이나 칭찬을 고객과 동행자 모두에게 균형 있게 전달한다.

고객이 망설이고 있을 때	• 고객의 기호와 우선순위를 정확히 파악한다. • 선택지별 장단점을 명확히 제시하며, 결정의 부담을 줄여준다. • 자신감 있는 어조로 권하되, 충분한 시간과 여유를 제공한다. • 고객이 결정을 내릴 수 있도록 긍정적 확신을 부여한다.
큰소리로 말할 때	• 자신의 목소리를 한 톤 낮추고 천천히 말해, 고객이 자신의 언성을 인식하도록 유도한다. • 언성이 계속 높을 경우, 장소를 이동하거나 휴식 시간을 제안해 대화를 재정비한다. • 감정이 진정된 후, 차분히 핵심 사안으로 전환한다.

04 고객 만족 화법 ☆☆

쿠션 화법	어려운 말이나 불편한 안내 전에 양해나 미안함을 먼저 표현하여 완충 역할을 하는 화법 ex "죄송합니다만, 현재는 예약이 모두 마감되어 대기 안내만 가능하십니다." "혹시 괜찮으시다면, 다른 일정으로 제안드려도 될까요?"
신뢰 화법	고객에게 안정감과 전문성을 동시에 전달하는 화법. 어조는 부드럽지만 단어 선택은 신중하게. ex "확인 절차가 다소 소요되지만, 고객님의 정보를 안전하게 보호하기 위한 과정입니다." "걱정하지 않으셔도 됩니다. 제가 끝까지 확인해드리겠습니다."
레이어드 화법	명령형 대신 제안·의뢰형으로 바꿔 말해 존중감을 주는 화법 ex "잠시만 기다리세요." → "잠시만 기다려주시면 바로 확인해드리겠습니다." "여기로 서명하세요." → "여기에 서명해주시면 감사하겠습니다."
아론슨 화법	부정적인 사실을 먼저 말하고, 긍정적인 언어로 마무리하여 고객의 거부감을 줄이는 화법 ex "배송이 하루 늦어졌지만, 대신 오늘 바로 출고해드려서 내일 오전에 받아보실 수 있습니다."
맞장구 화법	고객의 이야기를 관심 있게 들으면서 이야기에 반응해 주는 화법 ex "그렇습니까?", "정말 그렇군요." 고객 끄덕이기 등
보상 화법	고객이 느끼는 불편이나 단점을 다른 장점으로 보완해 설명하는 화법 ex "대기 시간이 조금 있지만, 그만큼 담당 전문가가 꼼꼼히 상담해드리고 있습니다."
후광 화법	신뢰할 만한 정보나 제3자의 사례를 인용해 설득력을 높이는 화법 ex "이 모델은 최근 소비자협회 품질평가에서 1등급을 받은 제품입니다." "○○호텔에서도 동일한 서비스를 도입해 만족도가 높았습니다."
부메랑 화법	고객이 지적한 단점을 오히려 장점으로 전환하여 설명하는 화법 ex "절차가 조금 복잡하지만, 그 덕분에 더 안전하게 관리되고 있습니다." "디자인이 단순하다고 느끼실 수 있지만, 그래서 오래 사용하기 편합니다."
YA 화법 (Yes-And 화법)	고객의 거절 이유를 역이용해 제안의 필요성을 강조하는 화법 ex 고객 : "요즘은 시간이 없어서 관리를 못하겠어요." 직원 : "그래서 이 프로그램이 좋습니다. 바쁜 분들도 10분 만에 완성됩니다."
YB 화법 (Yes-But 화법)	고객의 의견을 먼저 공감한 뒤(Yes), 합리적 이유를 덧붙여 설득(But)하는 화법 ex 고객 : "생각보다 비용이 높네요." 직원 : "네, 맞습니다. 하지만 이 제품은 3년 보증이 포함되어 있어 장기적으로 훨씬 경제적입니다."

Key Insight

소셜 스타일은 산업심리학자 데이비드 메릴(David Merrill)과 로저 리드(Roger Reid)가 제시한 개념으로, 사람의 사고(Thinking)와 감정(Feeling) 표현의 경향을 기준으로 대인관계에서 나타나는 행동양식을 네 가지 유형으로 구분한 이론이다. 이 모델은 상대방의 사회적 행동특성을 이해함으로써 의사소통의 효율성과 관계 형성 능력을 높이는 데 목적이 있다.

주도형	특징	• 사고를 단언적으로 표현하고, 감정을 억제하는 경향이 강하다. • 목표지향적·결단력·통제력이 있으며, 성과 중심의 사고를 한다. • 타인의 간섭을 싫어하며 스스로 의사결정할 수 있는 시간과 권한을 중시한다.
	응대 포인트	• 핵심만 명확히 전달하고 시간을 낭비하지 않는다. • 구체적인 대안과 결과 중심으로 제시한다. • 논리적으로 접근하되, 의사결정권을 존중한다.
표출형	특징	• 사고를 단언적으로 표현하고, 감정을 적극적으로 드러내는 유형이다. • 에너지가 높고, 인정받고 싶은 욕구가 강하다. • 대인관계에 능하며 아이디어 교환을 즐긴다.
	응대 포인트	• 따뜻하고 활기찬 태도로 공감과 칭찬을 자주 표현한다. • 이야기할 기회를 충분히 주고 창의적인 의견 교류를 유도한다. • 감정의 흐름을 존중하되, 대화의 방향을 목표 중심으로 유지한다.
우호형	특징	• 사고를 질문형으로 표현하며, 감정을 풍부하게 드러내는 유형이다. • 관계의 안정성과 신뢰성을 중시하고, 협력적이며 배려심이 깊다. • 급한 결정보다 시간을 갖고 이해하는 관계 형성을 선호한다.
	응대 포인트	• 부드럽고 진솔한 대화로 신뢰감을 형성한다. • 서두르지 말고 충분한 시간을 두어 안정적인 관계 기반을 만든다. • 공통 관심사나 감정적 교류를 통해 유대감을 강화한다.
분석형	특징	• 사고를 질문형으로 표현하고, 감정을 억제하는 경향이 있다. • 논리적·객관적·자료 중심적이며, 세부사항을 꼼꼼히 따진다. • 즉흥적 제안보다는 근거 있는 분석과 구체적 수치를 선호한다.
	응대 포인트	• 충분한 정보와 근거 자료를 제시한다. • 신중하게 생각할 수 있는 시간과 여유를 제공한다. • 감정적인 언어보다 논리적·구체적 설명으로 설득한다.

예상문제

일반형

01 아래의 보기에서 구매사이클에 맞춰 적절한 순서를 나열한 것은?

> (A) 고객은 A사의 제품을 지인의 소개로 알게 되었다.
> (B) 고객은 지인이 말대로 효율적인 제품임을 알게 되어 다음에도 A사의 제품을 구매하겠다고 다짐했다.
> (C) 지인의 긍정적인 상품평을 들은 고객은 A사의 제품을 처음 구매했다.
> (D) 고객은 A사의 제품을 구매한 것에 대해 만족했다.
> (E) 고객은 A사의 제품을 구매하라는 직원에게 구매하겠다는 의사를 전달했다.

① (A) → (B) → (C) → (D) → (E)
② (C) → (B) → (A) → (E) → (D)
③ (A) → (C) → (D) → (B) → (E)
④ (B) → (C) → (A) → (E) → (D)
⑤ (C) → (A) → (B) → (D) → (E)

02 빈정거리는 고객과의 상담 시 적절하지 <u>않은</u> 상담기법은?

① 질문법을 활용하여 고객의 의도를 이끌어 내는 것이 좋다.
② 감정 조절을 잘하여 고객의 의도에 휘말리지 않도록 주의한다.
③ 침착성을 유지하고 자신감 있는 자세로 정중하게 응대하여야 한다.
④ 정중함을 잃지 않고 의연하게 대처하여야 한다.
⑤ 대화의 초점을 주제 방향으로 유도하여 문제 해결에 접근할 수 있도록 한다.

03 다음에서 설명하는 고객 세일즈 마무리 기법에 해당되지 <u>않은</u> 것은?

> • "이 상품이 마음에 드신다면 한 번 사용해 보시는 게 어떤가요?"
> • "이 부분은 해결되셨죠? 그럼 다음 단계는…."
> • "지금까지 설명한 부분 이해되셨나요? 그럼 계약서에 서명하시죠."
> • "그럼 계약서에 성함과 연락처를 적어 주시겠습니까?"

① 2차적 마무리
② 권유형 마무리
③ 지시형 마무리
④ 승인형 마무리
⑤ 양자택일 마무리

04 프로페셔널 서비스 세일즈의 이메일(E-mail) 영업 전략을 설명한 것으로 가장 적절한 것은?

① 정보와 링크를 활용하는 이메일은 바람직하지 못하다.
② 고객들을 파악하기 위해 이메일을 보내는 적극성이 필요하다.
③ 개인적인 느낌을 주는 메일이 되도록 한다.
④ 이제 막 사업을 시작한 회사라면 '업계 선도주자' 등의 문구를 이메일 곳곳에서 자주 사용해야 한다.
⑤ 고객에게 뉴스레터 형식의 이메일을 보낸다면 보내는 사람의 회사 장점에 관한 보도 자료로 최소 80%를 채워야 한다.

05 서비스 세일즈의 5가지 기능으로 옳지 <u>않은</u> 것은?

① 고객 창조의 기능
② 수익 유지의 기능
③ 고객 관리의 기능
④ 기업 브랜드 향상의 기능
⑤ 기업과 고객을 연결하는 기능

06 고객의 구매 결정 단계별 서비스 세일즈맨의 전략에서 불안 처리 원칙에 대해 가장 바르게 설명한 것은?

① 고객에게 자신의 아이디어 및 해결책, 조언 등을 강하게 촉구한다.

② 결과에 대한 고객의 불안을 무시하지 않는다.

③ 고객만이 결과에 대한 불안을 해결할 수 있으므로 고객들이 직접 두려움을 해결할 수 있도록 한다.

④ 고객들이 느끼는 불안의 중요성을 최소화 및 부정한다.

⑤ 고객에게 결정을 강요한다.

07 문구 전체의 의미에 집중하지 않고 특정한 문구나 단어를 가지고 항의하며, 국소적인 문제에 집착하는 특징을 지닌 '빈정거리는 고객'을 상대로 하는 경우 적절하지 않은 상담 기법은?

① 정중함을 잃지 않고 의연하게 대처하는 것이 중요하다.

② 질문법을 활용하여 고객의 의도를 이끌어내는 것이 좋다.

③ 감정 조절을 잘하여 고객의 의도에 휘말리지 않도록 주의한다.

④ 몇 가지 선택 사항을 전달하고, 의사결정의 과정을 잘 안내한다.

⑤ 대화의 초점을 주제 방향으로 유도하여 해결에 접근할 수 있도록 한다.

08 충성도에 따른 고객을 5단계로 분류해 보면 우리 상품과 서비스에 가장 충성도가 높은 고객으로 입소문을 퍼뜨리거나 다른 고객에게 추천을 장려할 수 있는 고객은?

① 단골고객   ② 옹호고객

③ 일반고객   ④ 잠재고객

⑤ 의심고객

09 MOT의 3요소 중 휴먼웨어에 해당하는 것은?

① 서비스 제공자의 태도

② 제품의 품질과 성능

③ 점포 분위기

④ 직원의 업무 처리 프로세스

⑤ 서비스 운영 시스템

10 고객 설득을 위한 FABE 화법에서 Advantage(장점)에 대한 설명으로 적절한 것은?

① 고객님, 이 상품은 수익률이 높고 소득공제 혜택과 양도소득세 비과세 혜택이 있습니다.

② 고객님, 이 상품은 대표적인 자산 운용사에서 운용하는 실적 배당형 상품입니다.

③ 고객님, 지금까지의 수익률은 보시는 바와 같이 (수익률 표 제시) 높은 상품입니다.

④ 고객님, 매월 장기 투자하시면 투자 위험을 줄이면서 높은 수익을 기대할 수 있습니다.

⑤ 고객님, 얼마 전에 OO일보에 히트 상품으로 나온 기사입니다.

11 MOT 사이클 차트 분석의 5단계에서 제3단계에 해당하는 것은?

① 서비스 접점(MOT) 설계하기

② 서비스 접점(MOT) 진단하기

③ 일반적인 표준안에서 구체적인 서비스 표준안으로 행동하기

④ 고객 접점 사이클 세분화하기

⑤ 나의 고객 접점 시나리오 만들기

12 고전적 상품 판매 방식과 비교했을 때, 현대적 서비스 세일즈의 특징으로 가장 적절한 것은?

① 고객에게 상품 정보를 제시하고 판매를 제안하는 활동에 중점을 둔다.

② 서비스 산업(3차 산업)보다 제조업 중심(2차 산업) 환경에서 더욱 중요하게 다뤄진다.

③ 고전적 상품 세일즈와 달리, 고객과의 관계 형성과 관계 강화에 높은 비중을 둔다.

④ 고전적 상품 세일즈에 비해 판매 과정에서 '마무리 단계'의 비중이 더 커졌다.

⑤ 고객과 영업사원 간의 관계보다는 상품 자체의 경쟁력이 더 큰 영향을 미친다는 관점에서 출발한다.

13 다음 중 고객 상황별 상담 기법에 대한 설명으로 적절하지 **않은** 것은?

① 고객이 망설이고 있을 때는 고객의 기호를 정확하게 파악하고 자신감 있게 권한다.

② 고객이 어린이를 동반했을 때는 어린이의 특징을 재빨리 파악하여 칭찬을 하는 편이 좋다.

③ 가격이 비싸다고 할 때는 먼저 고객의 말을 인정하고 할인 정책을 설명한다.

④ 동행인에게도 상품의 설명이나 고객에 대한 칭찬 등으로 어필한다.

⑤ 고객이 말이 없을 때는 편안한 분위기를 조성한다.

14 '진실의 순간(MOT : moment of truth)'이란 고객이 기업 조직의 어떤 한 측면과 접촉하는 순간이며, 서비스의 품질에 관한 인상을 얻을 수 있는 순간이다. MOT에 대한 설명으로 가장 적절한 것은?

① 고객 접점에 있는 서비스 요원들에게 주어진 권한을 최소화해야 한다.

② 고객 접점에 있는 서비스 요원들을 효과적으로 관리하기 위한 명찰 패용을 비롯한 서비스 실명제는 개인정보 보호 차원에서 절대 허용하지 않는다.

③ 고객으로부터 고객 불만으로 지적된 직원에게는 경고 카드를, 고객 만족 직원으로 추천된 직원에게는 상응하는 인센티브를 부여하는 제도는 기업의 서비스 능력을 강화시키는 방법 중 하나이다.

④ 고객과 상호작용에 의하여 서비스가 순발력 있게 제공될 수 있는 서비스 전달 시스템을 갖추는 것 이상으로 중요한 것은 서비스 요원이 상사에게 결재받을 시간을 고객에게 양해 받는 것이다.

⑤ 백화점에서 만족스러운 쇼핑을 하고 셔틀버스를 타고 집으로 돌아갈 때, 셔틀버스의 출발이 약속된 시간보다 지연되거나, 버스 기사가 불친절하고 용모나 유니폼도 불량하며 난폭 운전을 했다고 전체 서비스가 제로(0)가 된다고 보는 것은 타당하지 않다.

15 다음 중 잠재 고객 발굴을 위한 방법으로 적절하지 <u>않은</u> 것은?

① 만나고 싶은 사람들을 정한다.

② 첫 만남 후 24시간 이전에 연락을 한다.

③ 그들로부터 어떤 정보를 얻고 싶은지 리스트를 정한다.

④ 만남이 끝난 이후 주고받은 명함을 자신의 스타일로 분류한다.

⑤ 학연, 지연, 업종 등의 공통점으로 친구가 되려고 하지 않는다.

O/X형

[16~20] 다음 문항을 읽고 옳고(O), 그름(X)을 선택하시오.

16 서비스의 가장 민감한 현장인 MOT에서는 곱셈의 법칙이 적용되지 않는다.

(① O ② X)

17 캐치 세일즈는 고객이 예상치 못한 상황에서 즉흥적으로 서비스를 구매하도록 유도하는 방식으로 설문 조사, 캠페인 참여, 사은품 참여 등을 빙자하여 소비자의 관심과 흥미를 불러일으켜 상품을 판매하는 방식을 의미한다.

(① O ② X)

18 신뢰화법은 고객에게 상품에 대한 설명을 할 때 상품의 특징, 장점, 이익, 증거를 들어 설명하는 기법이다. (① O ② X)

19 우유부단한 고객을 상담할 때에는 고객의 말을 경청하고 상대의 의견을 존중한다.
(① O ② X)

20 상담 시 동행인이 있는 경우, 동행인도 응대 범위에 포함하여 상품 설명이나 칭찬 등을 함께 제시해야 한다. (① O ② X)

연결형

[21~25] 다음 설명에 적절한 〈보기〉를 찾아 각각 선택하시오.

┤ 보기 ├
① 롱테일 법칙 ② 통나무 물통의 법칙 ③ 파레토 법칙 ④ 100-1 법칙 ⑤ 굿맨의 법칙

21 하위 80%의 요소가 상위 20%의 요소보다 더 큰 비중을 차지한다는 법칙
(   )

22 여러 가지 서비스 중 가장 나빴던 서비스를 유독 잘 기억하고 그 서비스를 기준으로 서비스의 질을 평가하게 된다는 법칙 (   )

23 깨진 유리창의 법칙과 비슷한 의미를 가지며, 사소해 보이는 부분들이 결정적인 결과를 초래할 수 있다는 법칙 (   )

24 핵심적인 20%의 요소가 원인의 80%를 차지한다는 법칙 (   )

25 불만 고객이 직원의 대응에 대해 충분히 만족했을 경우에는 오히려 불만이 나타나지 않았던 때보다 재방문율 또는 재구매율이 올라간다는 의미의 용어 (   )

사례형

26 고객과의 상담 후 종결할 때의 종결 스킬 사례와 기법이 알맞게 연결된 것은?

> 가. 팀장님, 설명드린 내용은 모두 검토하셨으니 이제 신청서만 작성하시면 됩니다.
> 나. 고객님, 지금까지 안내드린 조건 중 특별 혜택 부분은 어떻게 느끼셨나요? 괜찮으시죠?
> 다. 부장님, 지금 가입하시면 월 요금이 낮아지고 연간 할인 혜택도 함께 받으실 수 있습니다.
> 라. 과장님, 클래식 화이트와 그레이 실버 중 어떤 색상이 더 마음에 드십니까?
> 마. 그렇군요. 그럼 보류하셔도 됩니다. 하지만 과장님, 지금이 가장 유리한 조건이 제공되는 시점입니다.

	가	나	다	라	마
①	추정승낙법	긍정암시법	결과지적법	양자택일법	최종어제출법
②	긍정암시법	추정승낙법	양자택일법	최종어제출법	결과지적법
③	추정승낙법	긍정암시법	결과지적법	최종어제출법	양자택일법
④	결과지적법	긍정암시법	추정승낙법	양자택일법	최종어제출법
⑤	양자택일법	긍정암시법	결과지적법	추정승낙법	최종어제출법

27 다음은 '저돌적인 고객'이 변호사 사무실에 전화하여 사무장과 통화하는 상황이다. 다음 중 사무장의 고객 응대 방법으로 적절하지 <u>않은</u> 것은?

> 고객 : 변호사님과 상담하고 싶습니다.
> 사무장 : 죄송합니다만, 변호사님은 재판 준비 때문에 바쁘셔서 전화 상담까지 일일이 하실 수가 없습니다.
> 고객 : (짜증나는 말투로) 그럼 누구와 상담해야 합니까?
> 사무장 : 사무장인 저와 상담하시면 됩니다. 고객님께서 알고 싶으신 법률적인 정보를 저도 얼마든지 제공해 드릴 수 있습니다.
> 고객 : 그래도 저는 사무장님이 아니라 변호사님과 직접 상담하고 싶은데요. 사무장님을 못 믿어서가 아니라, 제가 전에 변호사가 아닌 다른 분하고 상담하고 소송을 진행하다가 낭패를 본 경험이 있어서 그럽니다.
> 사무장 : 그렇다면 저희 사무실을 한 번 방문해 주시겠습니까?
> 고객 : (약간 흥분된 어조로) 기분이 좀 나쁘네요. 변호사 사무실이 여기만 있는 것도 아닌 데, 왜 그렇게 까다롭습니까?

① 고객이 충분히 말할 수 있도록 기회를 준다.
② 부드러운 분위기를 유지하며 정성스럽게 응대한다.
③ 침착함을 유지하고 자신감 있는 자세로 정중하게 응대한다.
④ 고객이 흥분된 감정 상태를 스스로 조절할 수 있도록 유도한다.
⑤ 자신의 법률적 지식이 부족하지 않다는 사례를 선보이며 고객이 신뢰할 수 있도록 유도한다.

28 다음은 고객과 직원의 상담 장면이다. 직원의 응답 방식에 해당하는 화법으로 가장 적절한 것은?

> 고객은 신규 보안 서비스 가입을 위해 상담을 진행하던 중, 신청 절차를 안내받고 난 뒤 다소 불만스러운 어조로 말했다.
>
> 고객 : "절차가 이렇게 복잡하면 이용하기가 부담스러운데요? 요즘은 대부분 간단하게 처리되던데…"
>
> 직원 : "불편하게 느껴지실 수 있지만, 절차가 꼼꼼한 만큼 고객님의 개인정보가 더 안전하게 보호되고, 가입 후 문제가 생길 가능성을 크게 줄일 수 있는 게 장점입니다."

① 쿠션화법　　　　② 후광화법　　　　③ 보상화법
④ 아론슨 화법　　　⑤ 부메랑 화법

29 다음과 같은 세일즈 요소의 중요도 변화를 구체적인 실행 방안으로 제시한 내용으로 적절하지 **않은** 것은?

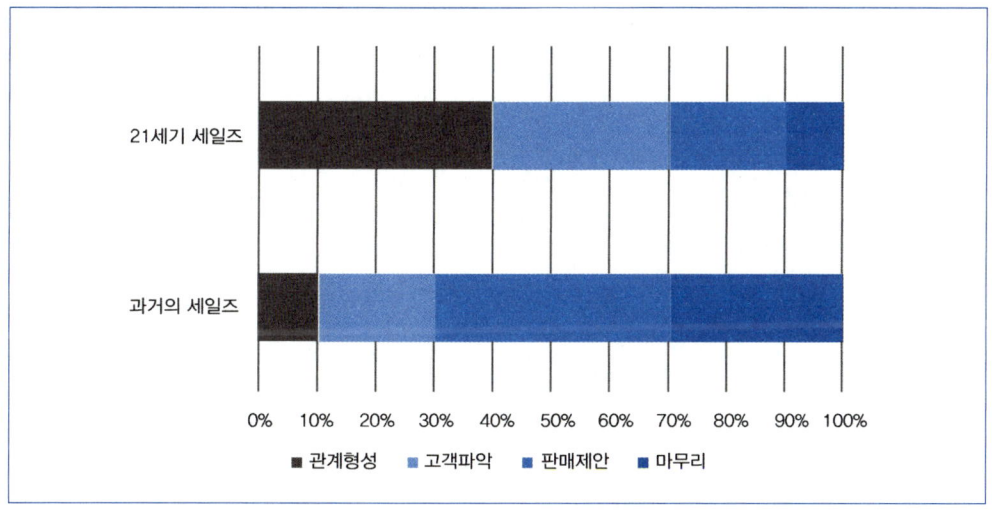

① 고객과의 관계 형성과 강화를 위해 필요한 커뮤니케이션의 중요성이 점차 커지고 있다.
② 고객의 상황과 니즈를 정확히 파악하여 이를 판매 제안과 자연스럽게 연결할 수 있어야 한다.
③ 과거에 비해 세일즈에서는 상품이나 서비스 자체의 경쟁력이 더욱 중요한 핵심 요소가 되었다.
④ 고객과의 관계 형성은 기존 고객뿐 아니라 신규 고객을 발굴할 때에도 중요한 요소로 작용한다.
⑤ 고객이 신뢰할 수 있는 높은 전문성을 기반으로 한 판매 제안은 세일즈의 마무리 단계에서 효과적인 지원이 된다.

30 다음은 보험 상담사가 고객과 Closing(마무리) 단계의 대화를 하는 장면이다. 이를 설명한 것으로 가장 옳은 것은?

> 상담사 A : "오늘 안내해 드린 내용 잘 확인해 보세요. 가입 여부는 고객님이 다시 생각해보시고 결정하시면 됩니다. 별도로 다시 방문하실 필요는 없습니다."
>
> 상담사 B : "오늘 안내드린 부분이 도움이 되셨길 바랍니다. 결정하시기 전에 혹시 더 궁금한 점이 생기면 언제든 연락 주세요. 다음 주쯤 다시 한 번 점검 상담을 드리겠습니다."

① 고객 스스로 결정하도록 맡기는 것이 상담의 핵심이므로 상담사 A의 대화가 Closing 단계의 대화로 적절하다.

② 부담을 주지 않기 위해 추가 상담을 제안하지 않는 상담사 A의 대화가 Closing 단계의 대화로 적절하다.

③ 상담사의 적극적 관심은 고객에게 혼란을 줄 수 있으므로 상담사 B의 대화는 Closing 단계의 대화로 적절하지 않다.

④ 고객의 자율적 판단을 존중하는 것이 마무리의 원칙이므로 상담사 A의 대화가 Closing 단계의 대화로 적절하다.

⑤ 상담사의 지속적인 관심과 안내는 고객에게 심리적 안정과 신뢰를 제공하므로 상담사 B의 대화가 Closing 단계의 대화로 적절하다.

[31~32] 다음은 패밀리 레스토랑에서의 고객과 점원 간의 대화이다. 읽고 물음에 답하시오.

> 고객 : (메뉴판을 보며) 이것도 맘에 들고, 저것도 맘에 드네요. 도대체 어떤 것을 골라야 할 지 모르겠어요. 아, 요것도 괜찮겠네요.
>
> 점원 : 네, 고객님. 우리 레스토랑에서 가장 잘 나가는 메뉴는 A 와 B 세트 메뉴입니다. 다만, A 세트 메뉴는 지금 할인이 되어 가격이 저렴하고, B 세트 메뉴는 할인이 되지 않고 있습니다.
>
> 고객 : 할인이 되는 A 세트 메뉴는 어떤 장점이 있나요?
>
> 점원 : A 세트 메뉴는 할인이 되면서도 장점이 많습니다. B 세트 메뉴에는 음료수가 포함되어있지 않은데, A 세트 메뉴는 음료수가 한 잔 제공됩니다. 하지만 고객님이 원하시는 메뉴를 고르는 게 중요하죠.
>
> 고객 : A 세트 메뉴는 가격할인도 되고 여러모로 장점도 많네요. 사실 처음에는 B 세트 메뉴가 더 맘에 들었는데, 설명해주시는 것을 들으니 A 세트 메뉴가 낫겠네요. A 세트 메뉴로 하겠습니다.
>
> 점원 : 선택 잘 하셨습니다. B 세트 메뉴는 다음 달에 할인 예정이니 한 번 더 오세요.
>
> 고객 : 그래요? 한 번 더 와야겠습니다.
>
> 점원 : 어떠세요. 좋은 메뉴를 선택하셔서서 기분이 좋으시죠?
>
> 고객 : 아, 네. 그렇습니다.
>
> 점원 : A 세트 메뉴에 나오는 음료수는 콜라로 하시겠습니까?
>
> 고객 : 글쎄요. 그건 잠시 생각해보고 정하겠습니다.
>
> 점원 : 감사합니다. 그 밖에 다른 하실 말씀이 있으십니까?
>
> 고객 : 물수건을 주시겠습니까?
>
> 점원 : 물론이죠. 바로 가져다 드리겠습니다.

31 상기 점원의 대응을 서비스 세일즈 관점에서 해석할 때 가장 적절하지 <u>않은</u> 것은?

① 역동적 상호작용을 통한 고객 유치(메뉴의 선택)의 사례로 볼 수 있다.

② 점원은 이중질문을 통해 고객이 메뉴 선택을 함에 있어 혼란스럽지 않도록 도움을 주고 있다.

③ 점원은 고객의 말을 경청하면서 고객이 관심 가질만한 부분에 대해 지나치게 앞서가지 않으면서도 반 발짝 정도 앞서가며 질문하며 고객과의 대화를 진행하고 있다.

④ 고객은 점원이 자신의 마음을 잘 파악하고 있다고 여겨 안심한 고객은 자신도 궁금한 점을 질문하게 되는데, 이때 가장 핵심적인 부분인 메뉴의 장점을 질문하고 있다.

⑤ 점원은 고객과의 상담 작업 자체를 하나의 설득작업으로 보고 대화를 진행 중이다. 원하는 정보를 얻고 싶어 하는 고객에게 점원이 다양한 정보를 제공하면서 욕구를 만족시키고 있으며, 이를 통해 고객에게는 신뢰가 생기면서 고객 스스로 레스토랑의 메뉴를 선택하게 되었다.

32 상기 점원의 대응을 서비스 세일즈 관점에서 해석할 때 가장 적절하지 <u>않은</u> 것은?

① "감사합니다. 그 밖에 다른 하실 말씀이 있으십니까?"는 직접 질문의 반대인 간접 질문
이다.

② 점원은 적극적 질문을 통해 고객의 관심사를 파악하고 있는데, 이를 질문의 자기탐색
기능이라고 한다.

③ "어떠세요, 좋은 메뉴를 선택하셔서 기분이 좋으시죠?"는 개방적인 질문의 반대인 폐쇄
적인 질문(closed question)이다.

④ "A 세트 메뉴에 나오는 음료수는 콜라로 하시겠습니까?"는 폐쇄형 질문의 예로서 고객
에게 특정한 답변을 요구하거나 그런 답변을 유도하는 데 종종 사용한다.

⑤ 모든 고객이 자신의 관심사를 말하는 것은 아니며 또한 어떤 고객은 관심사를 정확히
설명하지 못하는 경우도 있다. 이때는 질문보다는 경청이 고객 욕구를 파악하기에 유리
하다.

SMAT
Module B
서비스 마케팅·세일즈

PART

02

B

고객관계관리

Part 02. 고객관계관리

- 고객 관계의 중요성과 고객 가치 중심 사고를 이해합니다.
- 고객 획득→유지→충성→이탈→회복의 CRM 프로세스를 학습합니다.
- CRM 시스템과 고객경험관리(CXM)을 활용한 관계 심화 전략을 다룹니다.
- 고객가치 평가 및 고객 포트폴리오 분석 역량을 강화해야 합니다.
- 데이터 기반 고객 관리 전략이 출제 포인트입니다.

고객관계의 이해

01 고객관계의 이해

인간관계는 공적 관계와 사적 관계로 구분된다. 사적 관계는 개인적 친분이나 감정적 유대에 기반한 관계로, 가족·친구·지인 등 개인적인 교류 중심의 관계를 의미한다. 반면, 공적 관계는 조직·기업·고객 간과 같이 역할과 계약, 혹은 이해관계에 의해 형성된 관계로, 일정한 목적과 책임이 수반된다.

공적 관계와 사적 관계의 분류 기준

분류기준	사적 관계	공적 관계
관계상대의 대체가능성	• 대체가 어려움. • 관계가 개인적 신뢰와 유대에 기반함.	• 대체가 가능함. • 역할과 계약에 의해 관계가 형성됨.
상호의존도	• 상호의존적 • 감정적 지원과 상호 배려가 중심	• 자율적이거나 독립적 • 역할 수행 중심으로 상호작용함.
상대방에 대한 정보수준	• 구체적 • 개인적 배경과 감정까지 이해함.	• 피상적 • 직무나 역할에 필요한 정보에 한정됨.
행위규칙	개인 간 약속이나 개별 규칙이 중심	조직의 규정, 사회적 규범, 직업윤리에 따라 행동함.
관계의 성격	• 감정적이고 인간적 • 친밀감·공감이 강조됨.	• 실용적이고 공식적 • 효율성과 공정성이 강조됨.
관계의 목적	내적 보상(정서적 만족, 유대감 등)을 추구함.	외적 보상(성과, 보수, 고객만족 등)을 추구함.
지속성의 근거	개인의 애정과 신뢰에 의해 유지됨.	계약, 규정, 직무수행 등 제도적 근거에 의해 유지됨.
관계유지의 기준	관계의 '감정적 진정성'과 '상호 신뢰'	관계의 '전문성', '서비스 품질', '윤리적 기준'

고객관계는 서비스 제공자와 고객 간의 공적 계약에 의해 형성되는 공적 관계이다. 고객은 자신이 원하는 서비스를 원하는 조건에서 이용할 수 있다면, 어떤 제공자이든 대체 가능하다고 인식하기 때문에 이 관계는 상호의존도가 낮고 실용적 성격을 지닌다. 따라서 고객관계의 본질은 외적 보상, 즉 경제적 가치, 편익, 품질 만족과 같은 실질적 이익을 얻는 데 있다. 그러나 현대 서비스 환경에서는 이러한 거래적 관계를 넘어, 신뢰·만족·충성도를 기반으로 한 지속 가능한 관계로 발전시키는 것이 중요하다.

1 공적 관계에서 사적 관계로의 친밀도 향상 방법

기업과 고객의 관계는 본래 계약에 의해 형성된 공적 관계에서 출발한다. 그러나 기업은 단순한 거래 관계를 넘어, 고객의 마음속에 대체 불가능한 존재로 남기 위해 관계를 점차 신뢰 기반의 사적 관계 수준으로 발전시키고자 노력한다.

◆ 고객과의 사적 관계 발전을 위한 방안

구분	사적 관계 발전 방안
대체 가능성의 감소	• 고객이 쉽게 다른 제공자로 이동하지 않도록 하기 위해서는 서비스의 희소성을 확보하고, 서비스 과정과 결과의 품질을 지속적으로 향상시켜야 한다. • 즉, 단순한 상품이 아닌 '경험 가치'를 제공함으로써 대체 불가능성을 강화한다.
상호의존도의 강화	• 고객과 기업이 서로에게 의미 있는 존재로 자리 잡기 위해서는 고객의 라이프스타일을 반영한 서비스 제공, 고객화 및 개인화 전략, 서비스의 생산·전달 과정에 고객의 참여 확대, 고객 역할 학습 지원 등이 필요하다. • 고객이 서비스를 '소비자'가 아닌 '공동 창조자'로 인식할 때 상호의존도가 높아진다.
정보의 구체성 확보	• 고객이 명확하고 신뢰성 있는 정보를 제공하고 활용할 수 있도록 고객의 정보제공 의지와 행동을 유도, 개인정보 보호 및 안전성 확보, 수집된 정보가 고객가치 향상에 어떻게 기여하는지 투명하게 설명해야 한다. • 이는 데이터 신뢰를 기반으로 한 관계적 투명성 구축이다.
행위규칙의 유연화	• 공식 매뉴얼에만 의존하지 않고 상황에 맞는 자율적 판단을 허용해야 한다. • 비매뉴얼적 행동에 대한 긍정적 인식, 서비스 접점 종사자의 자율권 확대, 유연하고 역동적인 조직문화 조성, 현장관리자의 융통성 있는 관리방침이 요구된다. • 이는 '공식적 공적 관계'를 '인간적 관계'로 전환하는 핵심 요인이다.
관계의 성격변화	• 기능 중심의 관계에서 감정 중심의 관계로 발전시키기 위해 서비스 접점에서의 감성경험 요소를 강화하고, 스토리텔링 전략을 통해 고객과의 공감과 의미를 형성한다. • 고객이 단순히 '이용자'가 아니라, 브랜드의 감정적 서사에 참여하는 주체가 된다.
관계목적의 내면화	• 외적 보상 중심의 관계에서 내적 보상 중심의 관계로 전환하기 위해 윤리적 가치 실현, 서비스 종사자의 자부심과 성취감 고취, 고객에게 주는 심리적 만족감·공감의 가치 전달이 중요하다. • 이는 금전적 이익을 넘어 '정서적 보상'을 추구하는 관계로의 진화이다.

② 관계효익

관계효익이란 고객과 기업이 지속적인 관계 속에서 서로에게 얻게 되는 실질적·심리적 이익을 의미한다. 즉, 고객과 기업의 관계에서 한쪽 또는 양쪽 모두가 거래 이상의 가치를 경험하게 될 때 발생하는 상호보상적 효익이다.

고객에게는 신뢰·편의·심리적 안정감·개인화된 서비스 경험 등의 이익이, 기업에게는 고객충성도 향상·마케팅 비용 절감·지속적 매출 창출 등의 이익이 포함된다. 따라서 관계효익은 단순한 거래 결과가 아니라, 장기적 관계 유지의 동기와 신뢰 형성의 핵심 요인으로 작용한다.

🔷 관계효익의 유형

경제적 효익	• 고객이 기업과의 장기적 관계를 유지함으로써 얻는 금전적·시간적 이익을 의미함. • 장기 고객에게 제공되는 추가 혜택, 쿠폰, 할인, 멤버십 포인트 등 직접적 금전 혜택 • 재구매 시 탐색비용(Search Cost)과 의사결정 시간의 절감 • 기업 입장에서는 제공 단계의 효율성 향상과 운영비용 절감 등의 효과를 얻음.
사회적 효익	• 고객과 서비스 제공자 간 또는 고객 상호 간의 사회적 유대감에서 발생하는 효익 • 고객과 종업원 간의 친밀감, 신뢰감, 우정, 인적 교류 • 고객 간의 커뮤니티 활동을 통한 소속감과 교류 확대 • 이러한 관계 속에서 형성되는 서비스 커뮤널리티는 고객이 서비스 공간을 '사회적 관계의 장'으로 인식하게 함.
심리적 효익	• 고객이 장기적 관계 속에서 느끼는 정서적 안정감과 신뢰를 의미함. • 익숙한 직원과의 관계에서 느끼는 심리적 편안함과 안전감 • 서비스 결과에 대한 확신과 신뢰 형성, 불안감의 감소 • 고객이 자신의 감정과 경험을 이해받는 과정에서 생기는 감정적 만족감
특별대우 효익	• 장기적인 관계를 유지하는 고객이 차별적이고 우선적인 대우를 받음으로써 얻는 효익 • 고객의 개별화된 요구를 신속히 처리해주는 맞춤형 서비스 • 일반 고객에게는 제공되지 않는 부가적 혜택·편의 제공 • 대기시간 단축, 우선 예약, 전담 직원 배정 등 프리미엄 고객 관리

02 장기적이고 지속적인 고객관계의 이해

고객관계를 협의로 보면, 서비스를 제공 받는 시점에서 고객과 서비스 제공자 간에 이루어지는 직접적 상호작용으로 이해할 수 있다. 이 경우 고객관계는 비교적 단기적이며 일회적인 관계로서, 서비스 이용의 순간적 만족과 효율성에 초점을 둔다. 반면, 고객관계를 광의로 확장하여 보면, 고객이 서비스를 이용하기 전, 이용 중, 고객이 서비스를 이용하기 전, 이용 후의 전 과정을 포함한다. 즉, 고객의 전체 서비스 경험을 중심으로 장기적이고 지속적인 관계로 발전하는 개념이다. 따라서 현대 서비스 산업에서는 고객관계는 단순히 '서비스 제공 시점의 교환 관계'가 아니라, 고객의 기대 형성→서비스 경험→관계 유지에 이르는 지속적 관계관리의 관점으로 이해되어야 한다.

1 일시적 관계와 장기적 관계의 구분

고객관계에서 일시적 관계와 장기적 관계를 구분하는 핵심 기준은 고객과의 접촉 빈도와 서비스 접점에 참여하는 직원의 수이다.

일시적 관계	• 고객이 단 한 번 혹은 매우 제한된 횟수로 서비스를 이용하는 형태로, 접촉 빈도가 낮고, 제공 인력이 매번 달라지는 경우가 많다. • 이러한 관계에서는 즉각적인 만족과 효율성이 중심이 된다.
장기적 관계	• 고객이 동일한 조직 혹은 동일한 직원과 반복적·지속적으로 상호작용하는 형태를 말한다. • 접촉 빈도가 높고, 담당 인력이 일정하게 유지되어 신뢰, 친밀감, 관계 지속성이 강화된다.

2 장기적이고 밀접한 고객관계의 이점

구분	이익의 내용
기업	• 신규고객 확보 비용 감소 → 기존 고객 유지로 마케팅 비용 절감 • 고객 이해 증가 → 맞춤형 서비스·부가 제공 기회 확대 • 교차판매(Cross-Selling) 및 업셀링(Up-Selling) → 거래 규모 확대 • 서비스 공정의 간소화 → 제공 효율 및 품질 향상 • 고객화 서비스 → 만족도 및 충성도 제고 • 직원 숙련도 향상 및 이직 감소 → 인적 자원 유지 비용 절감
직원	• 고객 및 거래 이해 심화 → 서비스 숙련도 향상 • 고객 특성 파악으로 갈등 요소 감소 → 업무 스트레스 완화 • 필요 서비스 중심 제공 → 불필요한 업무 감소 및 효율성 증대 • 협력 및 정보공유 활성화 → 의사소통 원활 및 팀워크 강화 • 고객과의 친밀감 형성 → 직무만족도 상승 • 사회적 관계 형성 → 직무에 대한 자부심 고취

고객	• 탐색 비용 감소 → 정보 탐색 및 의사결정 시간 절약 • 사회적 편익 증가 → 신뢰와 정서적 안정감 형성 • 특별대우 편익 → 우선적 서비스 및 맞춤 혜택 수혜 • 학습 비용 감소 → 서비스 이해 및 이용 과정 간소화 • 요청 단계 단축 → 의사소통 시간 및 노력 절감 • 고객화 서비스 수혜 → 개인 맞춤형 가치 경험 • 위험 감소 → 서비스 결과에 대한 신뢰 및 불안감 완화

03 서비스 접점에서 교환관계

서비스 접점은 고객과 서비스제공자 간의 상호작용과 경제적 거래가 동시에 이루어지는 장소이자 순간을 의미한다. 서비스 접점은 일반적으로 기업, 직원, 고객의 세 주체로 구성되며, 이들 간의 상호 작용은 단순한 거래를 넘어 관계의 질을 형성하는 중요한 과정이 된다. 표면적으로 보면 기업과 고객의 관계는 공적 관계 속에서 상품과 서비스를 교환하는 경제적 교환 형태로 보인다. 그러나 실제 서비스 접점에서는 고객이 단순한 경제적 효용뿐 아니라, 사회적 교환 즉, 인간적 존중, 배려, 감정적 유대와 같은 심리적 만족 역시 동시에 추구한다. 따라서 서비스 접점에서의 교환관계는 금 전적 가치와 효율 중심의 거래인 경제적 교환과 신뢰·공감·감정적 만족을 기반으로 한 사회적 교환 관계의 두 축이 병존하는 복합적 구조로 이해할 수 있다.

🔷 서비스 접점 구성자들의 목적

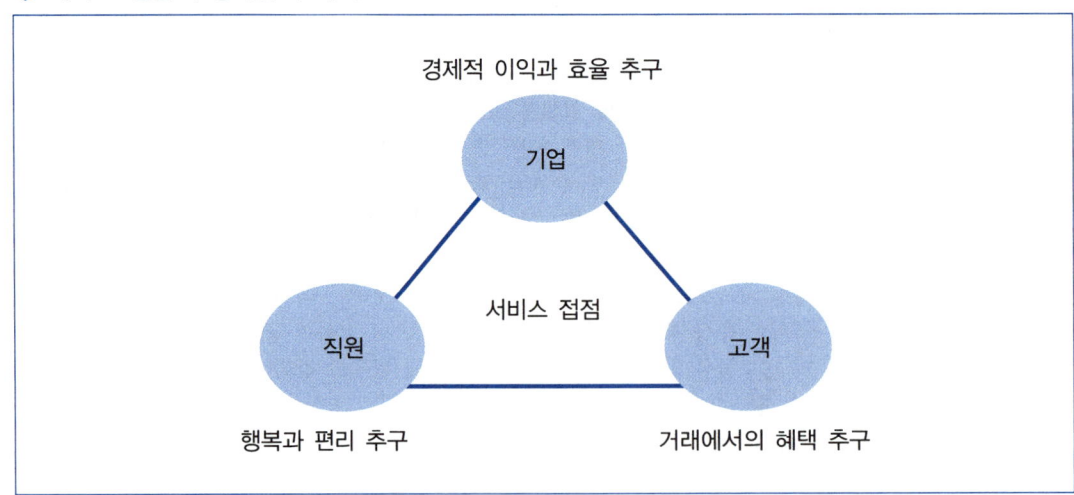

1 경제적 교환관계

(1) 경제적 교환관계란 거래상대자들이 자신의 경제적 자원(재화·서비스·노동 등)을 제공하고, 상대방으로부터 이에 상응하는 경제적 보상(금전·급여·서비스 등)을 획득하는 과정이다.

(2) 관계의 주체는 기업 – 고객 관계, 기업 – 직원 관계 이 두 관계는 모두 경제적 교환관계의 대표적인 형태이다.

(3) 기업-직원 간 경제적 교환은 기업은 직원이 제공하는 노동력과 시간에 대해 적정한 임금과 복리후생을 지급한다. 직원은 기업에게 전문성, 기술, 성실한 근무 태도를 제공해야 한다. 즉, 노동과 보상의 교환이 이루어지는 구조이다.

(4) 기업-고객 간 경제적 교환은 고객은 기업이 제공하는 서비스나 상품의 가치에 합당한 금액을 지불한다. 기업은 고객이 지불한 금액에서 상응하는 품질과 효용의 서비스를 제공해야 한다. 이는 공정하고 균형 잡힌 거래의 기본 원칙이다.

(5) 경제적 가치의 균형에서 서비스 상품은 거래된 금액에 합당한 경제적 가치를 지녀야 한다. 서비스의 기능·품질·성과는 고객이 지불한 교환가치와 일치해야 하며, 이는 신뢰 기반의 거래 관계를 유지하는 핵심 조건이다.

2 사회적 교환관계

(1) 사회적 교환관계란 서비스 제공자와 고객이 상호작용 과정에서 사회적 자본, 즉 신뢰·존중·감정적 유대·정보 공유 등의 비경제적 자원을 주고받으며, 형성되는 관계 중심적 교환 과정을 말한다.

(2) 사회적 교환은 단순한 금전 거래가 아니라, 사회적 자본의 교환, 정보의 흐름, 의사 소통을 통해 형성된다. 이때 인간적 관계와 감정적 교류가 중심 역할을 한다.

(3) 초기 거래 단계에서의 사회적 교환은 첫인상, 외모, 친숙함(유사성), 미소, 친절 등 의 표면적 사회적 자본 요소가 작용한다. 이러한 요인들은 고객이 서비스를 처음 접할 때 신뢰와 호감 형성의 촉매제가 된다.

(4) 정보 교환의 중요성은 사회적 교환에서 가장 핵심적인 요인은 정보의 원활한 제공과 공유이다. 정보의 투명한 흐름은 신뢰를 강화하고, 서비스 제공자와 고객 간의 협력적 관계를 촉진한다.

(5) 사회적 교환의 효과와 역할은 장기적·지속적인 고객관계는 단순한 경제적 가치뿐만 아니라 사회적 교환관계의 질적 수준에 의해 크게 좌우된다. 즉, 기능적 가치(경제적 교환)와 관계적 가치(사회적 교환)가 함께 작동할 때 서비스 관계의 지속성과 충성도가 높아진다.

Key Insight

사회적 자본(Social Capital)

사회적 자본이란 경제적 자본처럼 금전적 가치를 직접 지니진 않지만, 사람들 간의 관계 속에서 형성되는 신뢰, 우정, 전문성, 대인매력도, 친밀감 등의 비경제적 자원을 말한다. 이러한 사회적 자본은 서비스 관계에서 매우 중요한 역할을 하며, 고객은 자신이 선호하는 사회적 자본 요소에 따라 특정 서비스 제공자를 선택하거나 회피하는 행동을 보이게 된다.

🔷 Blau & Homans의 사회적 교환 이론(Social Exchange Theory)

사회학자 George Homans(1958)와 Peter Blau(1964)는 인간의 사회적 행동이 보상과 비용의 교환 원리에 따라 이루어진다고 설명하였다.

즉, 사람은 모든 사회적 관계에서 가장 많은 이익과 최소한의 손실을 기대할 수 있는 대안을 선택한다.

구분	원리 내용	서비스 현장 적용 예시
보상과 비용의 균형	사람은 보상이 높은 관계, 또는 비용이 낮은 관계를 선택한다.	고객은 '가격 대비 만족'이 높은 서비스를 선택
효용의 극대화 원리	같은 조건이라면 더 많은 보상을 얻을 수 있는 대안을 선택한다.	동일 가격일 때, 서비스품질이 더 좋은 브랜드 선택
비용의 최소화 원리	보상이 같다면 비용(시간·노력·불편)이 적은 대안을 선택한다.	대기시간이 짧은 식당, 접근성 좋은 카페 선택
결과의 즉시성 선호	장기적 보상보다 즉각적인 만족을 선호한다.	바로 응대해주는 직원, 신속한 서비스 선호
사회적 인정의 추구	물질적 보상이 같을 때, 사회적 인정과 평판이 높은 대안을 선택한다.	유명 브랜드, 인기 맛집, SNS 화제 메뉴 선택
자율성의 보장	동일 조건이라면 자율성과 자유로운 선택권이 큰 관계를 선택한다.	고객 맞춤형, 개인화 서비스 선호
모호성의 회피	불확실성이 낮은 관계를 선호한다.	서비스 품질이 예측 가능한 브랜드 선택
동조적 관계 지향	거절당하지 않고 인정받을 수 있는 관계를 선택한다.	친절하고 수용적인 직원 선호
경제적 효율성 추구	보상과 비용이 동일하다면, 재정적으로 더 이익이 되는 관계를 선택한다.	혜택·포인트·할인 제공 브랜드 선택

04 서비스 접점에서의 파워관계

1 서비스 접점에서 파워의 불균형이 초래하는 결과

구분	파워의 불균형이 초래하는 결과
기업 차원 (조직 전체)	• 비용 중심의 경영 효율성 추구 → 단기 수익 향상을 위해 과도한 비용절감 정책 시행 • 직원 재량권 축소 → 의사결정권이 본사·관리자에게 집중되어 현장 자율성 약화 • 과도한 규칙·절차 부과 → 통제 편의성을 위한 일률적 규정 적용 • 서비스의 과도한 표준화 → 창의성·인간미가 배제된 단순 반복 업무로 전락 • 비용 중심의 서비스 제공 → 고객 맞춤보다 원가 절감 위주 서비스 설계 • 결과적 문제 → 서비스 한계로 인한 고객 불만, 비숙련 인력의 직무 스트레스·이직률 증가, 조직 전체의 효율 저하
직원 차원	• 편의 중심 업무태도 → 스트레스 회피를 위해 최소 노력·형식적 대응 • 규정 무시 및 비공식화 → 엄격한 통제를 우회해 개인 방식으로 업무 처리 • 고객 중심성 약화 → 자신이 편한 방식으로 서비스 제공, 고객요구 수용도 하락 • 주관적 판단 강화 → 고객요청의 수용·거절 기준이 개인 판단에 의존 • 조직의 관리비용 증가 → 현장 자율적 통제가 불가능해 통제비용·감독비용 상승 • 직무 불만족 심화 → 권한 제한, 감정노동 증가로 인한 탈진과 이직 유발
고객 차원	• 과도한 요구 행태 증가 → 제한된 서비스 범위에 불만을 품고 더 많은 혜택 요구 • 규정 무시 및 이기적 행동 → 자신 중심의 규칙 해석, 직원에게 개인적 편의 요구 • 비정형적 서비스 요구 확대 → 정해진 절차를 벗어난 맞춤 요청·압박 • 결과적 문제 → 기업은 효율성·수익성 저하, 직원은 감정노동·스트레스 증가로 서비스 질 하락

2 파워의 유형 ✿

서비스 접점에서는 기업, 직원, 고객이 각자의 입장에서 의사결정과 행동에 영향을 미치기 위해 다양한 파워를 행사한다. 이러한 파워는 상호작용의 방향과 관계의 질을 결정하는 중요한 요인이 된다. 즉, 파워는 단순한 지위나 권한의 문제가 아니라, 상대방의 행동을 변화시키는 영향력을 의미한다.

구분	정의	서비스 접점에서의 예시
보상적 파워	상대방이 원하는 보상(금전, 혜택, 칭찬 등)을 제공할 수 있는 능력에서 나오는 권력	기업이 인센티브나 포인트 적립으로 고객 행동을 유도/관리자가 직원에게 성과급 제공
강압적 파워	벌칙이나 불이익을 줄 수 있는 능력에서 발생하는 권력	상사가 규정 위반 시 불이익 부과/고객이 불만 제기로 직원에게 압박
전문적 파워	지식, 기술, 경험 등 전문성에 기반한 권력	바리스타의 커피 전문지식/상담직원의 숙련된 커뮤니케이션 스킬
준거적 파워	존경, 호감, 신뢰 등 개인의 매력과 인간적 영향력에서 나오는 권력	고객이 친근하고 신뢰감 있는 직원을 선호/팀 내 리더십이 높은 직원의 영향력
합법적 파워	공식적 직위, 역할, 규정 등 제도적으로 부여된 권력	매니저의 승인권/직원이 기업 정책에 따라 서비스 범위를 결정
정보적 파워	정보를 보유하고 이를 통제함으로써 얻는 영향력	예약 시스템, 프로모션 정보, 고객 데이터 등 정보를 통해 서비스 방향을 주도

Chapter 02 고객획득 – 유지 – 충성 – 이탈 – 회복 프로세스

01 고객획득

1 고객획득의 개념

고객획득이란 기업이 자사 제품이나 서비스를 처음으로 이용하게 되는 잠재고객을 실제 구매고객으로 전환시키는 과정이다.

(1) 새로운 고객은 일반적으로 다음과 같은 구매사이클을 거쳐 기업의 기업의 고객으로 발전한다. 인지 → 최초 구매 → 구매 후 평가 → 재구매 의도 형성 → 재구매 즉, 고객획득은 단순히 '처음 구매를 유도하는 단계'에 머무르지 않고, 고객이 긍정적 경험을 통해 지속적 관계로 발전할 수 있는 기반을 마련하는 과정이다.

(2) 기업은 신규 고객을 확보한 이후, 고객이 서비스를 안정적으로 이용하고 만족할 수 있도록 다양한 지원과 관계관리 활동을 수행해야 한다. 이러한 사후관리가 이루어질 때 고객은 신뢰를 형성하고, 재구매 및 장기적 관계로 이어진다.

2 구매사이클 ✿✿

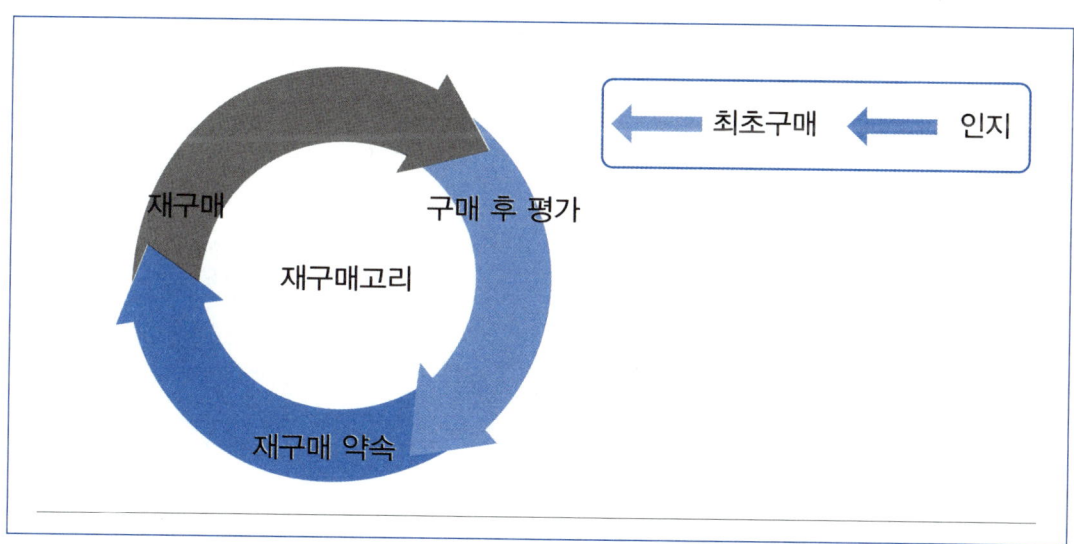

인지	• 고객이 상품이나 서비스의 존재를 처음 인식하는 단계이다. • 잠재고객의 마음속에 경쟁자보다 먼저 브랜드 이미지를 선점하는 것이 중요하다. • 광고, 홍보, SNS, 구전 등 다양한 마케팅 활동이 전개되며, 상당한 비용이 투입된다. • 이 단계의 목표는 고객이 브랜드를 "기억하고, 떠올릴 수 있도록" 하는 것이다. • 아직 기업과 고객 간의 결속은 형성되지 않은 상태이다.
최초구매	• 고객이 상품을 시험적으로 처음 구매하는 단계이다. • 이때의 경험이 긍정적일수록 결속 관계가 강화된다. • 고객은 상품 품질, 서비스직원의 태도, 매장 환경 등 다양한 접점요인을 종합적으로 평가한다. • 최초구매는 기업에 주어진 단 한 번의 '첫인상 기회'이므로 집중적이고 세심한 관리가 필요하다.
구매 후 평가	• 고객은 자신의 구매경험에 대해 스스로 만족도와 가치 판단을 내린다. • 평가 결과가 긍정적이면 다음 단계인 재구매 약속으로 이어지지만, 모든 고객이 이 단계로 진입하는 것은 아니다. • 불만족스러운 경험은 재구매 의도 저하뿐 아니라, 부정적 구전(Word of Mouth)으로 확산될 수 있다.
재구매 약속	• 고객이 다음에도 동일한 상품·서비스를 구매하겠다는 태도적 의지를 갖는 단계이다. • 경쟁사 대비 품질 우위, 신뢰성, 서비스일관성이 핵심 요인이다. • 감정적 요인보다 합리적 평가·전환비용(Switching Cost)이 영향을 미친다. • 기업은 이 단계에서 충성 고객으로의 전환 전략을 집중적으로 운영해야 한다.
재구매	• 고객이 실제로 반복 구매를 실행하는 단계로, 이는 고객충성의 출발점이다. • 충성고객은 구매사이클의 재구매고리를 반복하며 기업의 안정적 수익에 기여한다. • 기업은 고객의 충성 행동에 보답하기 위해 고객가치를 높이고 보상하는 창의적 프로그램을 지속해야 한다.

Key Insight

구매 후 부조화

고객이 상품이나 서비스를 구매한 직후, "내가 올바른 선택을 한 것일까?" 하는 심리적 불안감과 갈등을 느끼는 현상을 말한다. 이는 고객이 만족·불만족을 느끼기 이전 단계에서 자신의 선택에 대한 확신 부족으로 인해 발생하는 불편한 심리 상태이다.

🔷 구매 후 부조화의 발생 상황

발생 요인	설명
구매 결정을 취소할 수 없을 때	환불·교환이 불가능한 상황에서 선택의 부담이 커짐.
경쟁 제품의 조건이 더 좋아 보일 때	선택하지 않은 대안이 더 매력적으로 인식될 경우 갈등 발생
구매 전부터 여러 제품이 마음에 들었을 때	유사한 선택지 간의 비교로 인한 불안감 증대
구매 결정의 중요도가 높을 때	고관여(high involvement) 제품일수록 부조화 심화
고객이 전적으로 스스로 결정했을 때	책임감이 전가되지 않아 후회·불안감이 커짐.

기업의 구매 후 부조화 감소 전략

기업은 구매 후 고객이 느끼는 심리적 불안감을 완화하기 위해 정보 제공·서비스 강화·신뢰 회복 활동을 체계적으로 수행해야 한다.

구분	설명
정보 제공 강화	제품 성능, 사용법, 보증 내용 등 정확한 정보로 고객의 학습 기회 제공
구매 후 커뮤니케이션	거래 후 감사 서신, 안내문, 전화·문자 등으로 "올바른 선택"이라는 확신 부여
고객서비스 강화	제품 보증, 신속한 A/S, 불만 관리 시스템을 통해 신뢰감 형성
품질 향상	수리·반품 요구가 없을 수준의 품질관리로 고객 불안을 예방
심리적 안정 지원	고객이 구매 결정을 스스로 확신할 수 있도록 충분한 시간과 피드백 제공

☑ 구매 후 부조화를 줄이는 것은 단순한 사후서비스가 아니라 고객 신뢰를 유지하는 관계 관리(Customer Relationship Management)의 출발점이다.

02 고객유지

1 고객유지의 개념

(1) 고객유지란 기업이 이미 자사 상품이나 서비스를 구매한 고객이 지속적으로 이용하도록 관리하고, 경쟁사로의 전환(이탈)을 방지하기 위한 관계 유지 활동을 말한다.

(2) 최초 구매나 이용을 통해 확보된 고객은 이후 ① 재구매(지속 이용) 또는 ② 전환(이탈) 두 가지 행동으로 구분된다. 따라서 고객유지는 이탈을 최소화하고, 재구매를 극대화하는 과정이다.

(3) 고객이 서비스를 장기적으로 사용하도록 유도하려면 구매 이후에도 만족·신뢰·편의를 유지시켜야 한다. 단순한 제품 판매가 아닌 지속적 관계관리가 핵심이다.

(4) 고객유지에 성공한 기업은 구매 이후에도 고객이 상품이나 서비스를 더 잘 활용하고 더 큰 사용 가치를 느낄 수 있도록 지속적인 지원을 제공한다. 이는 서비스 품질, 고객지원, 커뮤니케이션, 멤버십, 피드백 관리 등의 형태로 나타난다.

🔷 고객획득과 고객유지의 비교

구분	고객획득	고객유지
목적	신규고객 유치 및 시장점유율 확대	기존 고객의 이탈 방지 및 관계 강화
비용효과	신규고객 획득은 기존고객 유지보다 2.5~5배 높은 비용 소요	유지비용은 획득비용의 약 25% 수준, 비용 효율성 높음.
구매력	신규고객의 구매확률 낮음.	기존고객의 구매확률은 신규고객보다 약 3.5배 높음.
고객가치	일회성 거래 중심	단골고객 1명의 가치는 신규고객 20명 이상의 효과
영향력	광고, 프로모션 등 외부자극 의존	구전, 추천 등 내부 관계자 중심 확산 효과
성과지속성	단기 매출 증가 중심	장기 수익·브랜드 충성도 형성 중심
전략적 초점	인지도 제고, 시장 침투	관계관리, 신뢰 구축, 충성도 강화

Key Insight

고객획득비용(CAC, Customer Acquisition Cost)

① 고객획득비용이란 기업이 새로운 고객을 확보하기 위해 투자한 총비용(Total Cost)을 같은 기간 동안 실제로 획득한 신규 고객 수로 나누어 산출한 지표를 말한다.

② 이 수치는 신규 고객 1명을 유치하기 위해 평균적으로 얼마의 비용이 소요되는가를 보여주는 핵심적인 마케팅 효율성 지표(Marketing Efficiency Metric)이다.

$$CAC = \frac{\text{특정 기간의 마케팅 및 판매 관련 총비용}}{\text{같은 기간 내 신규 획득 고객 수}}$$

ex 총마케팅비용: 5,000만원, 신규 고객 수: 1,000명 ⇨ CAC = 5,000만원 ÷ 1,000명 = 1인당 5만원

③ 경쟁 심화 시 상승 경향
   시장 경쟁이 치열할수록 광고비·프로모션비·유통비 등이 증가하여 고객 한 명을 확보하는 데 필요한 비용이 높아진다.

④ 직·간접비용 모두 포함
   고객획득비용은 단순한 광고비뿐만 아니라, 인건비, 홍보비, 채널수수료 등 고객 유입에 관련된 모든 지출 요소를 포함한다.

⑤ 성과평가 및 의사결정 지표
   CAC는 고객유지비용(CRC, Customer Retention Cost)과 함께 기업의 마케팅 투자 효율을 분석하는 주요 관리지표로 활용된다. CAC가 높고 고객유지율이 낮다면, 마케팅 전략의 재검토가 필요하다.

2 고객유지 전략 ✿

최초구매고객, 반복구매고객, 단골고객으로 고객 단계를 구분하여 각 단계에 맞는 전략을 실행함으로써 충성고객으로 발전시키는 과정이다. 고객단계별 차별화된 관리가 이루어질 때, 기업은 고객이탈을 최소화하고, 장기적인 관계를 구축할 수 있다.

🔷 고객유지 전략(Customer Retention) ✿

단계	주요 특징	유지 전략
최초구매고객	• 제품 또는 서비스를 처음 이용한 고객 • 기업과의 관계 형성이 시작된 초기 단계	• 구매 후 만족도 조사 및 피드백 수집 • 구매가 올바른 선택임을 인식시키는 커뮤니케이션 제공 • 사용방법, 혜택 안내 등 사후관리 강화 • 감사 메시지·웰컴 쿠폰 등 초기 관계 강화 프로그램 운영
반복구매고객	• 일정 주기로 재구매를 하는 고객 • 브랜드 선호도와 신뢰가 형성된 단계	• 누적구매 혜택 제공(포인트, 멤버십 등) • 개인화 마케팅 • 고객 데이터 기반 추천서비스 강화 • 브랜드 커뮤니티 참여 유도 및 관계 유지
단골고객	• 구매 주기가 안정적이고 충성도가 높은 고객 • 기업의 핵심 고객층	• VIP 프로그램, 프리미엄 서비스 제공 • 관계마케팅(감사이벤트, 맞춤보상 등) 강화 • 장기고객 인센티브 및 공동가치 창출활동 참여 유도 • 피드백을 통한 제품개선 및 고객참여형 서비스 운영

Key Insight

전환비용(Switching Cost)

고객이 현재 이용 중인 상품이나 서비스를 중단하고, 다른 상품이나 서비스로 구매를 전환할 때 발생하는 금전적·비금전적 부담을 의미한다. 즉, 전환비용은 고객이 새로운 선택을 하기 위해 지불해야 하는 희생으로, 이 비용이 높을수록 고객은 기존 기업과의 관계를 유지하려는 경향이 강해진다.

◈ 전환비용의 주요 유형

구분	내용	예시
금전적 전환비용	다른 상품이나 서비스로 전환할 때 발생하는 직접적인 경제적 손실 또는 추가지출 비용	위약금, 재가입비, 포인트 손실, 새 상품 구입비용 등
시간적·노력비용	새로운 상품을 탐색·비교·학습하는 데 소요되는 시간과 노력	새로운 메뉴 사용법 익히기, 업체 변경 절차 수행 등
심리적 전환비용	익숙한 브랜드나 서비스로부터 이탈함으로써 느끼는 불안감·감정적 저항	친숙한 직원과의 관계 단절, 서비스 품질 불확실성 등
관계적 전환비용	오랜 기간 쌓아온 신뢰, 정서적 유대, 서비스 습관이 단절되면서 발생하는 사회적 손실감	단골 고객관계의 해체, 개인 맞춤 서비스 상실 등

Key Insight

자물쇠 효과(Lock-in effect)

소비자가 한 번 특정 상품이나 서비스를 이용하기 시작하면, 다른 유사한 상품이나 서비스로 전환하기 어려워지는 현상을 말한다. 즉, 고객이 특정 브랜드나 시스템에 심리적·기술적·경제적으로 '잠금(lock)' 상태가 되어 타사로 이동하지 않고 장기간 동일 브랜드를 이용하게 되는 현상이다.

◈ 자물쇠 효과의 주요 원인

구분	설명	예시
전환비용	새로운 상품·서비스로 바꾸는 과정에서 발생하는 금전적·심리적 부담	휴대폰 약정 위약금, 멤버십 포인트 손실, 계좌이동 불편 등
학습의존성	기존 시스템·서비스의 사용법에 익숙해져 다른 것으로 전환 시 재학습이 필요한 상황	기존 소프트웨어 사용 습관, POS 시스템 교체 시 교육 필요 등
네트워크 효과	이용자 수가 많을수록 가치가 커지는 상품·서비스의 특성으로 인해 이동이 어려움	카카오톡, 인스타그램, 예약 플랫폼 등 네트워크 기반 서비스
관계적 유대	오랜 거래 관계 속에서 형성된 신뢰, 친숙함, 감정적 연결로 인한 전환 저항	단골 미용실, 담당 상담원, 특정 호텔 브랜드 충성도 등

03 충성고객

1 충성고객의 행동

기업의 상품이나 서비스를 지속적으로 이용하며, 강한 신뢰와 긍정적 태도를 바탕으로 반복 구매와 관계 유지 행동을 보이는 고객을 의미한다. 충성고객은 단순히 "재구매를 많이 하는 고객"이 아니라, 기업의 성장과 브랜드 가치에 직접적인 영향을 미치는 핵심 자산이다.

(1) 지속적인 반복구매 행동

동일 기업의 상품이나 서비스를 꾸준히 구매하며, 타 브랜드로 전환하지 않는 행동

(2) 구매량의 확대 행동

사용빈도나 구매금액이 점차 증가하며, 소비범위를 넓혀가는 행동

(3) 구전활동

제품·서비스에 대한 긍정적 경험을 주변에 자발적으로 추천하거나 홍보하는 행동

(4) 전환저항 행동

경쟁사의 프로모션이나 가격할인 등 유혹에도 쉽게 이탈하지 않는 태도

(5) 교차구매 행동

동일 기업이 제공하는 다른 상품이나 서비스 라인에도 관심을 갖고 이용을 확대하는 행동

(6) 기업관심행동

제품 외에도 기업의 가치, 운영, 문화, 사회적 책임 등 전반적인 활동에 포괄적 관심을 보이는 행동

2 고객관계에 따른 충성고객 분류 ✿

고객은 모두 동일한 수준의 충성도를 보이지 않는다. 따라서 기업은 고객의 수익성과 충성유지기간을 기준으로 고객을 네 가지 유형으로 구분하여 관리전략을 달리해야 한다. 이러한 분류는 단순한 고객 가치평가를 넘어, 어떤 고객에게 자원을 집중해야 하는가를 결정하는 관계마케팅의 핵심 도구로 활용된다.

구분	수익성	충성유지기간	고객유형	주요특징	관리전략
진정한 충성고객	높음.	길다.	핵심고객	• 브랜드에 강한 신뢰와 애착을 지님. • 지속적 구매 및 긍정적 구전활동을 보임.	VIP·프리미엄 관리, 관계 강화, 공동가치 창출 프로그램 운영
잠재적 충성고객	낮음.	길다.	장기고객	관계는 지속되지만 구매빈도나 수익기여가 낮음.	이용동기 강화, 개인화 혜택 제공, 재활성화 마케팅

거짓 충성고객	높음.	짧다.	단기매출 중심	일시적으로 구매액이 크지만 장기적 관계의 도는 약함.	관계심화 활동, 감정적 유대 강화, 브랜드 일 관성 제공
무충성 고객	낮음.	짧다.	비충성형 고객	특정 브랜드에 대한 애 착이 없으며, 가격·프 로모션에 민감	단기적 판촉활용, 관계 보다 효율적 거래관리 중심

③ 브랜드 충성도에 따른 고객 분류 ✿✿

브랜드 충성도(Brand Loyalty)란 고객이 특정 브랜드에 대해 지속적으로 긍정적 태도와 구매행동 을 유지하는 정도를 의미한다. 기업은 고객의 수익기여도와 거래유지 정도를 기준으로 고객의 브랜 드 충성도를 네 가지 유형으로 구분할 수 있다. 이 분류는 고객의 브랜드에 대한 태도적 충성과 행 동적 충성을 함께 고려한 관리 틀이다.

구분	수익기여도	거래유지 정도	고객유형	주요특징	관리전략
습관적 / 편의적 로열티	낮음.	낮음.	소극적 구매집단	• 브랜드 충성도와 구매 빈도가 모두 낮음. • 필요할 때 '편의'에 따 라 구입하는 고객.	제품 접근성 향상, 구매동 기 자극, 체험기회 제공
가격/인센티브 로열티	낮음.	높음.	가격민감형 고객	• 브랜드 충성보다는 가 격할인·프로모션의 매력으로 재구매함. • 경제적 유인이 사라 지면 쉽게 이탈	가격 외 가치(품질·서 비스) 강조, 감정적 유대 강화
잠재적 로열티	높음.	낮음.	감정형 고객	• 브랜드에 대한 애착·선 호는 강하나 구매가 지 속되지 않음. • 구매 제약(시간·거리· 상황)에 의해 일시적 단절 발생	구매접점 확대, 구매 편 의성 강화, 브랜드 경험 유도
프리미엄 로열티	높음.	높음.	핵심충성 고객	브랜드에 강한 신뢰와 감정적 동일시를 보이며 지속적 재구매와 구전활 동을 실천	장기관계 유지, VIP·멤 버십 관리, 공동가치 창 출 프로그램 운영

④ 충성고객 확보를 위해 갖추어야 할 것

탁월한 운영	• 고객은 자신이 거래하는 기업이 탁월하게 운영될수록 더 높은 고객가치를 제공할 것이라 평가한다. • 기업은 상품과 서비스의 품질뿐만 아니라, 리더십·경영철학·조직문화·운영방식 전반에서 모범적이고 투명한 모습을 보여야 한다. • 탁월한 운영은 단순 효율성이 아니라 신뢰성의 기반이 된다.
고객과의 밀접성	• 반복구매를 통해 기업은 고객의 다양한 요구와 행동패턴을 이해하게 된다. • 이를 바탕으로 고객화 서비스를 제공하고 관계품질을 높여 밀접성을 유지해야 한다. • 고객과의 밀접성은 단순한 친밀함이 아니라, 고객이 "나를 이해해주는 기업"이라고 느끼게 하는 정서적 연결이다.
제품의 우월성	• 제품의 우월성은 충성고객 확보의 기본 전제조건이자 지속 요소이다. • 단기적 품질 개선이 아니라, 혁신과 차별화를 통해 지속적으로 경쟁자를 능가해야 한다. • 제품의 성능, 디자인, 사용 경험 등에서 고객이 "이 브랜드만의 가치"를 느낄 수 있어야 한다.

고객관계관리시스템

Chapter 03

01 고객관계관리(CRM : Customer Relationship Management)

1 CRM의 핵심 개념 ✿✿

(1) CRM은 고객가치의 향상을 통해 기업의 수익성과 지속가능한 성장을 극대화하는 경영전략이다.
⇨ 단순한 고객관리 기술이 아니라, 고객 중심의 조직문화와 전사적 의사결정을 포함한다.

(2) CRM은 가치 있는 고객을 식별, 세분화하고 맞춤형 관계를 설계함으로써 고객 유지율과 충성도를 제고한다.
⇨ 고객을 단순히 '거래 상대'가 아닌 '관계 자산'으로 본다.

(3) CRM은 고객 생애가치(LTV : Lifetime Value)를 극대화하기 위해 마케팅, 세일즈, 서비스, IT가 통합된 전사적 시스템을 운영하는 것이다.
⇨ 고객과의 모든 접점에서 데이터가 통합되어야 하며, 부서 간 경계 없이 일관된 경험을 제공한다.

(4) 고객관계 개선은 단기 거래가 아닌 장기적 관계를 목표로 하는 순환적 프로세스이다.
⇨ 고객획득 → 유지 → 확장 → 재활성화 단계를 반복하며 관계를 강화한다.

(5) CRM은 신규고객 유치와 기존고객의 수익성 향상을 동시에 추구하는 커뮤니케이션 중심의 경영 접근법이다.
⇨ 고객의 행동 데이터를 분석하여 니즈를 예측하고, 이를 기반으로 맞춤형 서비스를 제공한다.

(6) 정보기술(IT)을 기반으로 한 데이터베이스를 활용하여 고객정보를 수집·분석·가공·활용함으로써 실질적인 마케팅 의사결정을 지원한다.
⇨ 최근에는 AI, 빅데이터, 클라우드 CRM, 챗봇 기반 고객응대, CXM(Customer Experience Management) 등으로 발전하고 있다.

2 CRM의 특징

(1) 시장점유율보다 고객점유율에 비중을 둔다. 기업의 목표는 더 많은 고객을 확보하는 것이 아니라, 한 고객의 지갑 점유율(Share of Wallet)을 높이는 것이다. 즉, 고객 한 명이 자사 제품·서비스를 더 자주, 더 많이, 더 오래 이용하도록 만드는 것이 핵심이다. 이는 고객생애가치(LTV)를 극대화하고 장기적 관계를 강화하는 방향과 일치한다.

(2) **고객획득보다 고객유지에 중점을 둔다.** 신규고객을 확보하는 데 드는 비용은 기존고객을 유지하는 비용보다 5배 이상 높다. 따라서 CRM은 **충성고객 유지, 이탈방지, 재구매 유도, 추천활동** 등을 중점 관리한다. 고객 이탈관리와 휴면고객 재활성화(Reactivation) 전략도 포함된다.

(3) **판매 중심보다 관계 중심에 중점을 둔다.** 단기적 거래보다 **신뢰·만족·충성을 기반으로 한 장기적 파트너십**이 중요하다. CRM은 고객의 경험 여정을 분석해 개인화된 서비스와 감성적 연결을 강화하며, 최근에는 AI·빅데이터 기반의 맞춤형 CXM으로 발전하고 있다.

Part 02 B

3 CRM의 발전 과정

(1) 서비스 전략의 진화

구분	판매 중심 (Selling)	CS 중심 (Customer Satisfaction)	DB 중심 (Database Marketing)	CRM 중심 (Customer Relationship Management)	CXM 중심 (Customer Experience Management)
소비환경	동질적 욕구 → 대량소비 사회	세분화된 욕구 등장	개인화 요구 증대	개성화·다양화된 욕구	감성·체험 중심의 부가가치 욕구
고객관점	수동적 구매자	선택적 구매자	다양화된 소비자	능동적 파트너	경험공동창출자
마케팅 초점	매스마케팅	타깃·니치마케팅	DB 마케팅	1:1 마케팅	옴니채널·개인화 마케팅
고객관계 특성	전체 시장에 일방적 공급	고객만족 측정 중심의 일방적 관계	그룹화된 고객과의 일방적 관계	개별고객과의 쌍방향 커뮤니케이션	실시간·감성적 상호작용 기반 관계
고객관리 방식	제품 중심 마케팅	직접·표적 마케팅	DB 기반 관계 관리	고객지향 마케팅의 전사적 통합관리	데이터·AI 기반 고객경험 통합관리(CXM)
핵심기술 요소	광고·영업	고객만족조사, VOC	데이터베이스 시스템	CRM 시스템, 고객정보분석	AI, 빅데이터, 클라우드, 챗봇, CX 플랫폼
경영초점	단기 판매 목표	고객만족 향상	재구매 유도	고객생애가치 (LTV) 극대화	지속적 고객 경험(CX) 혁신 및 감성충성도 (EQ Loyalty)

Key Insight

마케팅의 변화 ✿✿

마케팅은 대중에서 개인으로, 규격화에서 맞춤화의 관점으로 끊임없이 변화하고 있다. 이는 고객의 욕구가 동질적에서 이질적·개성적 욕구로 발전함에 따라, 기업의 마케팅 활동이 '대량판매 중심 → 고객경험 중심'으로 이동한 결과이다.

제품중심 마케팅	• 핵심 철학: "좋은 제품을 만들면 팔린다." • 특징: 제품의 기능, 품질, 수명주기에 초점을 둔 전략 • 소비자 인식: 고객 욕구가 동질적이며, 제품 성능이 구매결정의 핵심 요인 • 한계: 고객의 개별적 욕구나 감성적 요인을 반영하지 못함.
직접마케팅	• 핵심 철학: 고객에게 직접 접근하여 판매한다. • 특징: 신제품 홍보와 판매를 위해 방문판매·전화·우편 등을 활용 • 중점: 고객의 관심을 유도하고 구매욕구를 자극하는 'Push형 마케팅' • 한계: 고객과의 관계 지속성이 약하고, 단기 매출 중심의 접근
타깃 마케팅	• 핵심 철학: "모든 고객이 아닌, 나의 고객에게 집중한다." • 특징: 시장을 세분화하고 목표 고객을 설정하여 맞춤형 콘셉트를 개발 • 효과: 한정된 자원을 집중 투입해 효율적 마케팅 수행 가능 • 한계: 데이터 기반의 정밀 분석 부족 시, 세분화의 정확도 한계 존재
DB마케팅	• 핵심 철학: 데이터는 마케팅의 핵심자산이다. • 특징: 고객정보(구매이력, 반응, 취향 등)를 수집·분석하여 맞춤형 상품제안 및 커뮤니케이션 가능 • 활용: 이메일·SMS·멤버십·CRM 시스템을 통한 자동화된 관리 • 의의: 개인화 마케팅의 기반을 마련한 전환점
고객지향 마케팅	• 핵심 철학: "고객이 중심이고, 모든 전략은 고객의 시각에서 출발한다." • 특징: DB마케팅의 발전과 IT기술의 진보로 쌍방향 커뮤니케이션이 가능. 시장분석 → 상품개발 → 판매 → 서비스 전 과정에서 고객관점을 반영. 고객정보·시장정보·산업정보 등 다양한 데이터를 통합 분석. 고객 세분화에 따른 차별적 가치 제공으로 만족도 제고 • 의의: 고객을 '구매자'가 아닌 '파트너'로 인식하며, 기업의 전략 방향을 근본적으로 전환시킴.
고객경험중심 마케팅	• 핵심 철학: "고객은 경험을 구매한다." • 특징: 고객의 감정·인지·행동을 통합 관리하는 경험 중심 마케팅. AI·빅데이터·클라우드 기반으로 실시간 개인화 실현. 브랜드 접점 전반(온라인·오프라인·SNS 등)에서 일관된 고객경험(CX)을 설계. 고객의 '만족'을 넘어 '감동·공감'을 창출하는 관계 지향적 접근

(2) DB마케팅과 CRM의 비교

구분	DB마케팅	CRM
관심 영역	• 고객데이터를 기반으로 한 단기적·전술적 마케팅 활동 중심 • 주로 판매성과(ROI) 향상을 위한 타깃 마케팅 수행	• 장기적 관계 구축 및 고객경험(CX) 관리 중심 • 마케팅, 세일즈, 서비스 등 전사적 고객 접점 통합 관리
목적	• 개별 캠페인 단위의 성과(ROI) 극대화 • 고객 관계 강화보다는 즉각적 반응과 매출 향상에 초점	• 고객관계를 강화하여 고객생애가치(LTV) 극대화 • ROI를 넘어 지속적 수익성과 충성고객 확보에 목적
고객과 상호작용	• 캠페인 단위로 산발적·단절된 커뮤니케이션 • 채널 간 일관성 부족	• 연속적·통합적 커뮤니케이션을 통해 모든 채널·상품·서비스에서 일관된 고객 경험 제공
고객지식 공유 및 활용	• 영업부서나 특정 마케팅 부문에서만 제한적으로 활용 • 부서 간 정보 단절로 시너지 부족	• 전사적으로 고객지식을 공유·학습하여 • 조직 전체의 학습역량과 서비스 품질 향상에 기여
프로세스 특성	새로운 고객정보를 획득 중심으로 활용하되 정보 간 연결성과 지속성이 약함.	고객획득 → 유지 → 발전 → 재활성화로 이어지는 순환적 프로세스를 통해 고객정보를 통합·지속적으로 관리
기술 기반	데이터베이스, 메일링, 자동화 도구 중심	CRM 시스템, AI·빅데이터·클라우드 기반 CX 플랫폼 등으로 확장
핵심 지표	캠페인별 반응률, 단기 매출효과	고객생애가치(LTV), 고객유지율(Retention Rate), NPS 등 Z 장기성과 중심

(3) 매스마케팅과 CRM의 비교

구분	매스마케팅	CRM(고객관계관리)
고객의 개념	판매의 대상 → 고객은 '거래 상대'	동반자 → 고객은 '관계 자산'
기본자세	판로 확장 중심의 세일즈 중심 접근	핵심고객 중심의 관계 구축 및 유지 중심 접근
목표 고객	불특정 다수	고객 개개인
마케팅 성과지표	시장점유율 중심	고객점유율 및 고객생애가치(LTV) 중심
커뮤니케이션 방식	일방적 커뮤니케이션	쌍방향 커뮤니케이션
경제 효과	규모의 경제 중심 - 대량생산·대량판매로 비용 절감	범위의 경제 중심 - 고객관계 확대와 교차판매로 수익 증대
마케팅 활동 단위	1회에 한 가지 상품 중심	1회에 한 명의 고객 중심(맞춤형 제안)

정보시스템 활용도	보통 - 인구통계, 판매데이터 중심	매우 높음 - 고객DB, CRM 시스템, AI · 빅데이터 기반 분석
차별화 대상	상품의 차별화	고객의 차별화
관점	단기적 관점→판매성과 중심	장기적 관점→관계 유지와 충성도 중심
핵심 키워드	대중성, 효율, 노출 중심	개인화, 관계성, 경험 중심(CXM 확장)

(4) CRM의 필요성 ✩✩

수익성 극대화	• CRM은 고객의 획득·유지·육성 전 과정을 전략적으로 관리함으로써 고객가치를 높이고 기업의 총수익을 극대화한다. • 고객 생애가치(LTV)를 기반으로 장기적인 수익창출이 가능하도록 지원한다.
고객세분화와 차별화	• CRM은 고객수익성, 구매이력, 충성도 등을 기준으로 고객을 세분화할 수 있게 한다. • 세분화된 고객집단별로 맞춤형 마케팅 전략과 차별화된 서비스 제공이 가능하다. • 고객상담 및 A/S 관리 시에도 CRM 데이터를 활용하여 효율적인 대응 자료를 제공한다.
고객확보 전략	• 기존 고객의 관계유지뿐 아니라, CRM을 통해 우량고객의 특성 분석 → 잠재고객 발굴로 이어지는 구조를 만든다. • 대표적 사례 : MGM(Member Get Member) - 기존 고객이 새로운 고객을 추천하도록 하는 마케팅 기법으로, 고객 추천을 통한 자연스러운 신규고객 유치 전략이다.
고객유지 전략	• CRM은 고객유지율을 높이고 유지비용을 절감하는 핵심 도구다. • 고객관계 모니터링을 통해 이탈 가능 고객을 조기 파악하고, 맞춤 대응 전략을 수립할 수 있다. • 매출 및 구매패턴 분석을 통해 고객의 성향을 이해하고, 적합한 상품·상권 전략 수립에 활용한다.

Key Insight

관계모니터링의 사례 ✩✩

① 관계모니터링이란 고객과의 관계 상태를 지속적으로 점검하고, 변화나 이상 신호를 조기에 발견하여 고객유지 전략에 활용하는 CRM 활동이다.
② 모니터링 결과는 고객 데이터베이스(DB)에 주기적으로 갱신되어, 향후 맞춤형 마케팅·서비스 개선·이탈방지 프로그램 설계 등에 활용된다.

구분	내용	목적
장기적인 설문조사	일정 기간(예 : 반기·연 1회 등)마다 고객 만족도, 재이용 의도, 관계 만족도를 조사	장기적 관계의 변화 추적 및 만족요인 분석
트레일러 콜	구매나 서비스 이용 후 일정 기간이 지나 후속 전화조사를 실시하는 방식	고객 반응 파악, 재구매 의사 확인, 불만 사전 차단
불평모니터링	고객 불만, 클레임 접수 및 처리 현황을 체계적으로 기록·분석	불만 유형 파악 및 개선활동 피드백
이탈고객조사	거래 중단이나 회원탈퇴 고객을 대상으로 이탈 이유 조사	고객이탈 원인 규명 및 재유치 전략 수립

(5) CRM 전략의 계획 절차

단계	내용	핵심 포인트
환경 분석	기업 내부자원(인력, 기술, 데이터)과 외부 환경(시장의 경쟁상황, 고객 트렌드)을 분석한다.	CRM 전략이 현실적으로 가능한 기반을 점검하는 단계
고객 분석	고객을 세분화하고, 각 고객집단의 요구·가치·수익성을 심층 분석한다.	고객별 차별화 전략의 출발점
전략 방향 설정	CRM을 통해 달성할 목적 및 기대효과를 명확히 하고, 실행활동과 담당 주체를 결정한다.	조직 전체가 공유할 CRM 목표를 확립
고객가치 설정	고객이 진정으로 원하는 가치가 무엇인지 파악하고, 제공해야 할 상품·서비스 수준을 정의한다.	'고객 중심'의 가치 체계를 재정립
서비스 개인화	고객의 인구통계적·심리적 특성을 반영하여 맞춤형 서비스 또는 상품을 설계한다.	개별 고객에게 최적화된 경험 제공
수단 설계	고객에게 서비스를 전달할 채널, 접점, 기술 수단(CRM 시스템·앱·콜센터 등)을 결정한다.	실제 구현 및 실행 방식을 설계

(6) 성공적인 CRM 전략 ✿✿✿

고객유지 전략	• 고객에게 지각된 위험과 구매 후 부조화를 최소화하는 전략 • 서비스 혜택, A/S, 긍정적인 평가자료 등의 정보를 제공 • 개별 고객에 대해 개인적인 관심을 표현 • 이탈가능고객의 예측을 통해 선제적 문제해결 조치
고객활성화 전략	• 다양한 이벤트와 판촉을 통해 서비스 사용빈도를 향상 • 휴면기의 고객에 대한 이벤트객에 대한 불평관리 및 보상체계를 구축
고객충성도 제고 전략	• 충성고객에 대한 차별적 서비스로 고객관계를 강화 • 충성고객의 가치향상을 위한 제안
교차 판매 전략	• 고객이 이용 중인 상품라인과 교차판매 가능한 라인 파악 • 상품라인을 교차구매하는 고객에 대한 혜택을 제시하고 유도
추가 판매 전략	• 고객정보를 통해 추가구매력을 지닌 고객 파악 • 구매량을 증가시키거나 구매품의 등급을 상향하는 것에 대한 혜택을 제시하고 유도
과거 고객 재활성화 전략	• 과거 거래 데이터를 통해 거래 중단 고객 파악 및 원인 분석 • 재거래 유도에 대한 고객별 제안
신규 고객 확보 전략	• 거래 경험이 없는 잠재고객에 대한 구매 유도 방법 • 고객정보를 활용하여 기존고객과 유사한 특성을 지닌 대상 선별 • 잠새고객에게 광고, 할인 구폰, 신규고객 이벤드 행사 제시

(7) CRM 실행의 성공요인과 실패요인 ✿✿✿

관점	성공요인	실패요인
조직문화	조직 전반에 고객중심 문화 확립	고객중심 사고 부족, 내부 KPI가 매출 중심
경영층 지원	최고경영층의 적극적 지원 및 리더십	최고경영층의 관심·예산·지속성 부족
전사적 협업	CRM에 대한 전사적 인식 공유 및 부서 간 협력체계 구축	부서 간 사일로(Silo) 문제, 협력 부재
고객가치 기준	우량고객 기준을 명확히 하고 공정한 차별대우 실시	고객생애가치(LTV) 이해 부족, 어떤 고객에 집중해야 할지 판단 실패
프로세스 설계	CRM 활동을 성과평가·보상체계와 연동	비즈니스 과정을 재설계하지 못하고 기존 방식 유지
데이터 운영	고객데이터의 정확성·통합관리 및 활용 강화	고객데이터 통합의 중요성 과소평가, 데이터 활용 미흡
CRM 인식 수준	CRM을 경영전략 + 고객관계 중심 체계로 이해	CRM을 단순 시스템·기술 구축으로만 이해

02 e-CRM(Electronic CRM)

1 e-CRM의 의의

(1) 온라인 기반 고객관계관리
① e-CRM은 온라인 환경(웹, 모바일, SNS 등)에서 활동하는 고객 데이터를 수집 → 저장 → 분석 → 선별 → 획득 → 유지하는 고객관계관리 시스템이다.
② 즉, e-Business 환경에서의 CRM이라고 이해할 수 있다.

(2) 기존 CRM의 한계 보완
① 정보통신기술(ICT) 발달로 기존 CRM이 가지고 있던 시간적 제약, 장소 제약, 채널 제약을 해결하였다.
② 고객 접점을 다양화하고, 실시간·개인화 서비스 제공이 가능해졌다.

(3) 빠른 대응과 수익 창출 효과
① 인터넷 및 디지털 플랫폼을 통해 고객 요구에 즉각 대응할 수 있다.
② 고객 행동 데이터를 기반으로 구매패턴 예측 → 맞춤 제안 → 재구매 유도 → 수익 증대에 유리하다.

2 e-CRM의 특징

구분	특징 내용	핵심 키워드 요약
초기 구축비용은 높으나 운영비는 낮음	e-CRM 시스템 구축 시 초기 비용은 많이 들지만, 이후 신규 고객 확보와 관리 비용은 거의 0에 가까워진다.	초기 고비용 / 운영 저비용
다채널 운영 비용 절감	온라인 기반으로 통합 채널 관리가 가능하여, 오프라인 기반의 복수 채널 관리 대비 비용이 절감된다.	채널 통합 관리
고객정보 오류 감소	채널이 통합되면서 고객정보의 분산·중복 관리 문제가 줄고 정확성이 향상된다.	데이터 일관성
시간·공간 제약이 없음	인터넷 기반이므로 24시간·지역 제한 없이 고객과 상호작용 가능하다.	Real-Time / 무제한 접속
고객행동 분석가능	거래데이터뿐만 아니라 웹 활동, 클릭 패턴, 검색 기록 등 고객의 행동 데이터 분석이 가능하다.	Behavior Tracking
커뮤니케이션·마케팅 다양화	다양한 온라인 채널과 개인화 메시지를 활용하여 고객과의 장기 관계 및 수익 창출이 가능하다.	Personalization & 장기 관계 강화

3 CRM과 e-CRM의 차이

구분	CRM	e-CRM	핵심 키워드
대상	오프라인 고객 중심	온라인 및 e-Business 환경 고객 중심	고객 접점 환경 차이
주요 접점 (Channel)	콜센터, DM(우편DM), 영업 현장 등 오프라인 접점	홈페이지, SNS, 이메일, 앱, 챗봇 등 디지털 접점	옴니채널 / 디지털 터치포인트
지역 범위	특정 지역에 제한됨.	전 세계 어디서든 접근 가능	지역 제약 없음.
시간 범위	영업시간 등 시간적 제약 존재	24시간 실시간 서비스 가능	즉시성, 상시접속
고객 데이터 저장방식	Data Warehouse (정형 데이터 중심)	Web-House (웹행동 포함 비정형 데이터 포함)	데이터 범위·유형 확장
고객 분석 방식	거래 분석 중심 (구매이력 중심)	거래 + 고객 행동 분석 (클릭, 방문, 관심 등)	행동 기반 개인화 가능

04 고객경험관리

01　서비스 경제에서 경험 경제로의 진화

1　범용화와 경험경제

(1) 범용화(commoditization)

① 도입 초기에는 혁신적이고 매력적이었던 제품이나 기술이 시간이 지나면서 일반화되고 평범한 상품으로 변화하는 현상을 말한다.

② 초기에는 신기함과 차별성이 높지만 시간이 지날수록 시장 내 유사제품이 증가하고 그 결과 차별성과 혁신성이 사라져 '보편적 상품'으로 변질된다.

③ 즉, 혁신(특별함) → 모방 확산 → 차별성 사라짐 → 일반화의 과정이다.

(2) 범용화의 진행단계

관점	진행 특성	핵심 변화 요약
고객 측면	• 상품 간 차별성을 인지하지 못함. • 가격과 비용구조를 쉽게 비교·추정 가능 • 경쟁상품 유사→특정 브랜드에 대한 애호도 감소 • 기능/스펙이 비슷→최종 선택 기준은 '가격'	차별성 약화 → 가격 중심 구매로 전환
경쟁자 측면	• 시장 전체에서 공급 > 수요 (공급 과잉) • 표준기술 정착 → 기술 차별화 한계 • 진입장벽 낮아짐. → 신규 경쟁자 진입 증가 • 대량생산 기반 저가전략 기업 증가 • 경쟁우위 요인 = 규모의 경제 + 원가우위	저가 경쟁 심화 → 가격 경쟁 시장 구조 형성
기술과 노하우	• 기술 성숙도 상승 → 추가 개발 효과 감소 • 기술/인터페이스 표준화 → 대량생산 가능 • 제품 모듈화→대량맞춤(mass customization) 가능 • 저비용 경쟁자에게 노하우 전이	기술 차별화 약화 → 모방 용이 → 비용 경쟁 가속

Key Insight

범용화 함정

기업은 비용효율을 높이고 생산성을 개선해도 얻을 수 있는 성과가 제한적이다. 효율성을 아무리 높여도 성장도 제한적, 이익도 낮은 상태에 머무르는 상황. 이것이 바로 범용화의 함정이다. 범용화가 진행되면 상품 간 차별성이 약화되어 고객은 브랜드보다는 가격을 기준으로 선택하게 된다. 그 결과 시장에서는 다음과 같은 현상이 나타난다.

(3) **범용화 함정이 기업에 미치는 부정적 영향**

① 가격경쟁 심화
② 시장 성장의 정체
③ 신규 수요 확보 어려움
④ 고객의 전환(이탈) 증가
⑤ 경쟁자 수 증가
⑥ 마진(이익률) 하락
⑦ 브랜드·제품 이미지가 평준화

2 경험경제와 서비스의 범용화

(1) **서비스에서도 범용화가 발생한다.**

차별화되지 않은 서비스가 반복적으로 제공되면 고객은 서비스 간의 차이를 인지하지 못하게 되고, 결국 서비스는 일반화된 상품처럼 취급된다.

(2) **서비스 범용화의 해법은 차별화된 고객경험 제공이다.**

고객이 서비스에서 느끼는 인상, 감정, 기억과 같은 경험의 질을 높이는 것이 서비스상품이 범용화의 함정에서 벗어나는 핵심 전략이다.

(3) **고객은 한정된 시간과 비용을 더 의미 있는 경험에 사용하려 한다.**

소비자는 단순한 소비보다 더 가치 있고 인상적인 경험을 원하며, '기억에 남는 경험'을 제공하는 서비스에 기꺼이 참여하고 지불하려는 성향을 가진다.

(4) **감각과 감정에 남는 경험을 설계하는 것이 높은 성장과 수익으로 이어진다.**

고객의 마음속에 풍부한 감각적·정서적 경험이 형성될 때, 서비스는 다시 차별성을 회복하며, 이는 높은 고객충성도, 성장률, 마진 향상으로 연결된다.

02 고객경험관리(CEM : Customer Experience Management)

1 고객경험관리의 정의

(1) 고객경험이란 고객이 상품을 구매하고 사용하기까지의 모든 접점에서 발생하는 접촉과 상호작용에 대해 고객이 인지하고 지각하는 느낌, 평가, 반응 전반을 의미한다.

(2) 고객경험은 단일 순간이 아닌 구매 전·구매 중·구매 후 전 과정에서 형성된다. 예를 들어, 탐색단계에서의 상품경험, 구매단계에서의 구매경험, 사용단계에서의 서비스 경험 등 고객과 브랜드가 만나는 모든 순간이 고객경험에 포함된다.

(3) 고객경험관리란 기업이 고객과 만나는 모든 접점에서 고객이 긍정적이고 만족스러운 경험을 체감하도록 경험을 설계하고 관리하는 과정이다. 이를 통해 고객의 구매의사결정, 재구매, 충성도 형성에 영향력을 행사하는 전략적 고객관리 프로세스이다.

2 고객경험관리의 목적 ✿✿

(1) **잠재고객을 신규고객으로 전환한다.**
긍정적 경험을 제공함으로써 관심 단계의 고객을 실제 구매 단계로 유도한다.

(2) **기존고객의 재구매를 증가시킨다.**
만족스럽고 기억에 남는 경험은 고객의 재방문과 반복구매를 촉진한다.

(3) **구매의사결정을 빠르게 한다.**
고객이 느끼는 불확실성을 감소시켜 구매를 망설이는 시간을 단축한다.

(4) **고객관계관리(CRM)를 보완한다.**
데이터 중심 관리인 CRM에 감정과 체험 요소를 더하여 관계의 질을 강화한다.

(5) **사용경험을 긍정적으로 형성하여 사용가치를 높인다.**
제품·서비스 사용 과정에서 감정적 만족과 효용이 상승하여 고객가치가 증대된다.

③ 고객관계관리(CRM) vs 고객경험관리(CXM) 등장배경 비교

구분	고객관계관리	고객경험관리
출현 시기	1990년 초	2000년 초
목적	만족한 고객의 재구매 및 추천 촉진	고객만족을 통한 재구매 + 경험개선을 통한 신규고객 유입
대상 고객	기존고객 중심	기존고객 + 잠재고객 모두 포함
핵심 개념	구매 및 사용 이후의 만족 관리	구매 전·중·후 전 과정의 경험 관리
중점 포인트	사후관리 중심	모든 접점에서의 긍정적 경험 설계
접점 예시	콜센터, A/S, 서비스 대응	온라인·오프라인 전체 접점(매장, 웹, 앱, SNS 등)

④ 고객경험관리의 필요성 ☆

(1) **경험 소비에 대한 욕구 증가**

고객은 단순한 제품 구매가 아니라 의미 있고 기억에 남는 경험을 기대한다. 따라서 고객경험관리의 중요성이 점점 더 커지고 있다.

(2) **고객경험의 질이 기업 성과에 직접적인 영향을 미침**

고객이 긍정적 경험을 할수록 재구매율, 충성도, 추천의도가 상승하여 기업의 매출과 이미지에 긍정적 영향을 준다.

(3) **CRM을 보완하는 전략적 수단으로 활용 가능**

기존 CRM이 '고객정보 관리' 중심이라면, 고객경험관리는 감정과 체감 요소를 강화하여 관계의 깊이와 만족도를 높이는 역할을 한다.

(4) **긍정적 경험은 빠른 구매 행동으로 연결됨**

고객이 강한 긍정 경험을 느낄수록 구매 결정을 망설이지 않으며, 즉각적인 구매 전환과 반응속도 증가로 이어진다.

5 고객경험관리의 실행

🔷 고객경험관리의 프레임워크

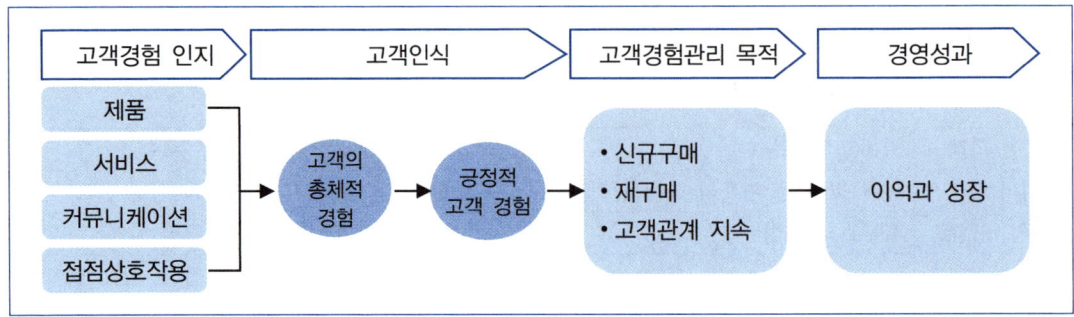

🔷 슈미트(Schmitt)의 5가지 경험 요인 ✿✿

감각 경험(SENSE)	시각, 청각, 촉각, 미각, 후각 등 오감을 자극하여 고객이 직관적으로 느끼는 감각적 만족과 분위기를 제공하는 경험요인이다. ex 매장 인테리어, 조명, 음악, 패키지 디자인 등
감성 경험(FEEL)	고객에게 감정적 공감과 감동, 친근한 정서를 느끼게 하는 경험이다. 브랜드와 고객 사이에 감정적 연결을 형성하여 친밀감을 높인다. ex 따뜻한 응대, 감성 스토리 전달, 감정적 메시지
인지 경험(THINK)	고객의 호기심과 사고를 자극하여 새로운 관점, 의미, 지적 자극을 제공하는 경험이다. ex 문제해결 컨셉, 창의적 아이디어 제안, 지적 체험형 콘텐츠
행동 경험(ACT)	고객의 행동방식, 습관, 라이프스타일에 변화를 유도하는 경험이다. 직접 참여하고 활동하도록 설계되는 것이 특징이다. ex 참여형 이벤트, 체험 활동, 사용 방식 변화 유도 프로그램
관계 경험(RELATE)	개인의 경험이 사회적 소속감·연대감·정체성과 연결되도록 하는 경험이다. 고객과 브랜드, 그리고 고객과 고객 간 공동체적 관계를 형성한다. ex 멤버십, 팬덤, 커뮤니티, 공유문화 형성

슈미트(Schmitt)의 고객경험관리 5단계

단계	명칭	핵심 내용	주요 포인트
1단계	고객경험 과정 분석	제품, 서비스, 커뮤니케이션, 사람 등 모든 접점에서 고객이 경험을 어떻게 지각하는지 조사·분석	고객이 어디서 어떤 감정을 느끼는지 파악
2단계	고객경험 기반 확립	제공해야 할 경험의 우선순위, 자극의 역치, 차별화 요소를 설정	경험의 방향성과 기준 설정
3단계	고객경험 디자인	고객 피드백 반영, 고객 역할 변화 고려, 고객 상호작용이 발생하는 경험 요소 설계	직접 체감하는 경험을 구체화
4단계	고객 인터페이스 구조화	공간·시스템·직원응대 등 접점 디자인을 일관되게 구성하여 신뢰와 통합감 제공	편리성 + 기능성 + 미적 요소 + 일관성
5단계	지속적 혁신	고객의 경험 욕구 변화에 맞추어 지속적으로 개선·혁신 수행	고객이 원하는 경험 중심으로 진화

Chapter 05

고객포트폴리오 및 고객가치

01 고객포트폴리오

1 고객포트폴리오의 의미

(1) 기업이 거래하고 있는 모든 고객들의 구성 상태와 분포를 의미한다.

(2) 고객포트폴리오의 관리는 시장과 고객의 특성, 고객의 가치 수준을 분석하여 어떤 고객에게 자원을 집중하고 어떤 고객을 유지·육성할지 결정하는 과정이다.

(3) 고객포트폴리오 관리를 통해 기업은 내부 서비스역량과 비교하여 자사에 가장 적합하고 가치가 높은 고객을 식별하고, 최적의 고객구조를 유지할 수 있다.

2 고객포트폴리오 관리 방법 ✿

외부지향적 접근법	• 잠재고객이나 경쟁사 고객을 대상으로 새로운 고객을 확보하는 데 초점을 두는 관리방법이다. • 고객가치에 대한 분석 없이 시장 전체를 대상으로 접근하기 때문에 효율성이 낮아질 수 있다. • 그 결과 전략적 포지션이 약화되고, 확보한 고객 대비 사업수익성이 낮아지는 한계점이 존재한다.
수익지향적 접근법	• 고객을 매출과 이익 기여도 기준으로 평가하고 구분하여 관리하는 방법이다. • 우량고객을 선별하여 우량고객 전담조직 운영, 차별적 혜택 제공 등 집중관리 전략을 수행한다. • 그러나 중장기 관점의 성장전략이 부족할 경우, 목표와 자원의 방향성이 분산되어 조직 혼란이 발생할 수 있다.
가치지향적 접근법	• 서로 다른 가치와 특성을 지닌 고객을 구분하여 관리하는 방식이다. • 고객의 생애가치(LTV : Lifetime Value)를 기준으로 장기적 관점에서 적합고객을 식별하고 유지하는 전략이다. • 수익성과 지속적 성장을 함께 달성할 수 있다는 장점이 있으며, 사업 포트폴리오 확장에 따라 자원과 역량 투입이 증가하지만, 동시에 새로운 사업 기회가 발생하는 특징을 갖는다.

🔷 공헌이익과 매출 규모의 기준으로 고객포트폴리오 분류

전략적 집중	• 공헌이익이 크고 매출 규모도 큰 고객으로, 기업의 핵심가치와 수익에 직접적으로 기여하는 최우량 고객군이다. • 지속적 관계 강화와 전략적 관리, 장기적 파트너십 유지가 중요하다.
효율적 유지	• 공헌이익은 크지만 매출 규모가 상대적으로 작은 고객으로, 유지관리 비용 대비 수익효과가 높은 고객군이다. • 관리효율을 높이며 안정적인 거래 유지와 점진적 성장 유도가 필요하다.
잠재성 개발	• 매출 규모는 크지만 공헌이익이 낮은 고객으로, 가격·수수료·비용 구조 개선, 서비스 업셀링 등을 통해 수익성을 개선할 여지가 있는 고객군이다. • 관리전략은 가치전환 및 잠재력 실현에 초점을 둔다.
디마케팅	• 공헌이익과 매출 규모가 모두 낮은 고객으로, 기업 자원 투입 대비 효율이 낮고 관리비용이 큰 고객군이다. • 서비스 제공을 축소하거나 거래를 정리하는 전략적 축소관리가 필요하다.

Key Insight

디마케팅(Demarketing) ☆☆

디마케팅은 고객의 수요를 의도적으로 감소시키거나 제한하기 위한 마케팅 전략이다. 즉, 기업이 모든 고객을 유지하는 것이 아니라 기업 가치에 부정적이거나 수익성이 낮은 고객을 조정·축소하는 전략을 말한다.

디마케팅이 발생하는 원인

① 브랜드 이미지와 상징성을 훼손시키는 고객층이 발생할 경우
② 고객을 관리하는 데 드는 비용이 수익보다 더 큰 고객이 존재할 경우
  ⇨ 기업은 고객 구조의 효율화를 위해 디마케팅을 고려하게 된다.

🔷 디마케팅의 종류

일반적 디마케팅	• 전체 고객의 수요를 감소시키고자 할 때 사용하는 전략이다. • 수요가 과도하게 증가하여 상품이나 서비스의 가치가 훼손되는 것을 방지하기 위한 목적이 크다. ex 카페에서 좌석 회전을 위해 주말 시간대에 노트북 사용 제한을 두어 공간 점유를 줄이는 정책
선택적 디마케팅	• 특정 고객층의 수요만을 감소 또는 조절하려는 전략이다. • 특정 고객층을 제한함으로써 핵심 고객의 만족과 소비 수준을 높이는 데 목적이 있다. ex 프리미엄 스파에서 '회원제 전용 시간'을 운영하여, 일반 고객의 이용 가능 시간을 조절하는 정책
표면적 디마케팅	• 외형적으로는 사용이나 소비를 줄이라고 말하지만, 실제 목적은 브랜드 이미지 강화와 수요 증가를 유도하는 전략이다. • 희소성, 프라이드, 브랜드 정체성을 강조하는 메시지가 활용된다. ex "이 제품은 기다림이 필요합니다. 천천히 만든 만큼 더 가치 있습니다."라는 메시지로 오히려 기다림 → 프레스티지 인식 → 구매 욕구 상승을 유도하는 경우

02 고객가치 이해

1 고객자산(Customer Equity)

(1) 기업이 보유하고 있는 모든 고객의 경제적 가치를 합한 것을 의미한다.

(2) 고객자산은 개별 고객의 생애가치(Lifetime Value, LTV)를 미래의 가치에서 현재가치로 할인하여 평가하고, 이를 전체 고객에 대해 합산하여 측정한다.

(3) 고객자산은 단순한 매출 총합이 아니라, 장기적 관계에서 발생하는 수익 가능성을 반영한 지표로서 기업의 미래 성장성과 경영전략의 방향성을 판단하는 기준이 된다.

구분	개념 정의	주요 원천 요소	특징 / 중요 상황
가치자산	고객이 지불한 비용 대비 얻는 혜택의 객관적 평가	품질, 가격, 편의성	제품 성능과 효용이 중요한 산업일수록 고객자산 형성에 가장 큰 기여
브랜드자산	제품의 객관적 가치 외에 브랜드에 대해 고객이 내리는 주관적 평가	브랜드 인지도, 브랜드 태도, 브랜드 윤리	감성적 요인이 중요하거나 제품 차별화가 약할수록 브랜드자산의 영향력 증가
관계자산	고객이 특정 브랜드에 애착을 가지고 지속적으로 거래하려는 성향	충성도 프로그램, 우대 혜택, 커뮤니티/회원제, 고객 지식관리	고객과의 관계·습관·충성도가 중요한 산업에서 장기 유지에 큰 역할

2 고객가치의 개념

(1) 고객가치(Customer Value)는 고객을 매출액과 수익성 기준으로 세분화하여 평가하는 개념이다.

(2) 고객가치를 평가하면 각 고객이 기업의 매출과 이익에 얼마나 기여하고 있는지를 파악할 수 있다.

(3) 이를 통해 기업은 어떤 고객에게 자원을 집중할지, 어떤 고객을 유지·육성할지를 결정하여 효율적인 고객관리 전략을 수립할 수 있다.

3 공정가치선

(1) 기업과 고객은 고객가치를 바라보는 관점이 다르다. 기업은 수익성과 효율성을 중심으로 가치를 평가하는 반면, 고객은 가격 대비 만족, 경험, 편익을 중심으로 가치를 판단한다.

(2) 이처럼 두 관점은 서로 밀접하게 연관되어 있으면서도 때로는 상충할 수 있다. 즉, 기업이 제공하는 가치와 고객이 지각하는 가치가 일치하지 않을 수 있다.

(3) 공정가치선(Fair Value Line)은 기업이 제공하는 가치 수준과 고객이 느끼는 가치 수준이 어느 쪽으로 치우쳐져 있는지 진단하고, 그 차이를 개선하기 위한 전략적 방향을 제시하는 기준이 된다.

📦 **공정가치선**

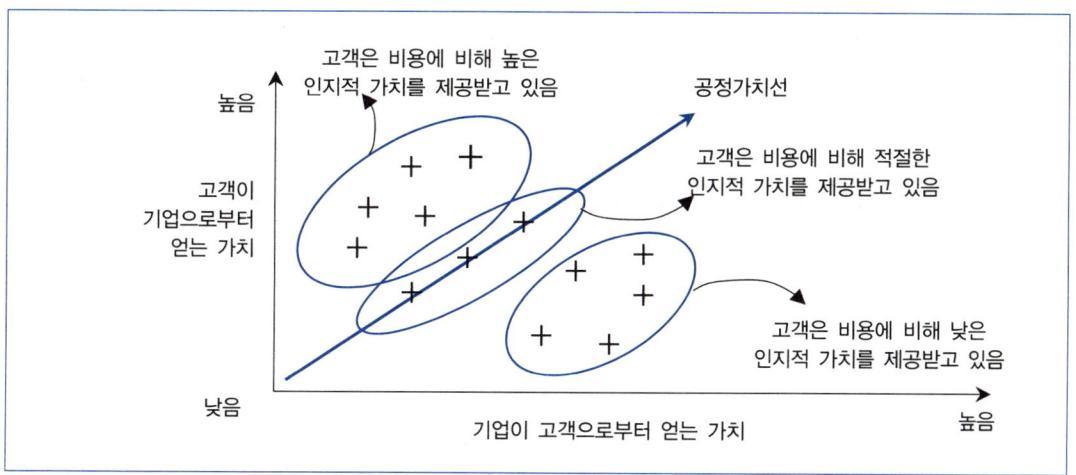

4 고객가치의 특성 ☆

동적성	고객가치는 구매 시점, 사용 경험, 시간의 흐름에 따라 지속적으로 변화한다.
주관성	고객가치는 고객 개인의 인식, 감정, 기대 수준에 의해 결정되는 주관적 판단이다.
상황성	고객가치는 고객이 처한 환경, 조건, 필요 상황에 따라 달라질 수 있다.
다차원	고객가치는 가격, 품질, 경험, 감정, 편의성 등 여러 요인이 복합적으로 작용하여 형성된다.

5 고객가치의 구성

구분	의미	핵심 포인트
감성적 측면	서비스 제공 과정에서 고객이 느끼는 정서적 만족, 감정적 반응	친절, 공감, 감동, 분위기 등 감정 경험 강화
사회적 측면	서비스 이용을 통해 자기 이미지, 소속감, 사회적 인정이 강화되는 효용	브랜드 이미지, 사회적 지위, 커뮤니티 소속감
기능적 측면	서비스 이용 과정에서 시간과 비용이 절감되는 실질적 효용	편리성, 접근성, 효율성, 절차 간소화
품질적 측면	고객이 기대한 서비스 품질과 실제 인지된 품질 간의 성과 차이	기대수준 대비 만족 여부, 서비스 일관성

03 고객가치의 측정 ✿

(1) 고객순자산가치(Customer Equity Value)는 고객이 기업에 제공하는 모든 재무적 기여를 현재 가치로 환산한 총합을 의미한다.

(2) 고객순자산가치는 개별 고객의 생애 동안 발생할 수익(LTV)과 고객이 다른 고객에게 미치는 추천 및 확산 효과까지 포함하여 측정한다.

(3) 따라서 고객순자산가치는 아래와 같은 관계로 표현된다.

> 고객순자산가치 = 전체 고객의 고객생애가치 + 전체 고객의 고객추천가치

1 고객생애가치(CLV : Customer Lifetime Value)의 추정

(1) 고객생애가치(CLV)는 한 명의 고객이 기업과 관계를 유지하는 전체 기간 동안 창출할 수 있는 기대 수익의 총합을 의미한다.

(2) 경쟁사로 이탈하지 않고 거래를 지속할수록 고객이 가져오는 가치가 증가한다.

(3) 고객생애가치는 고객이 기업과 거래하는 기간 동안 얼마나 안정적이고 반복적인 수익을 가져다 주는가를 평가하는 개념이다. 즉, 한 고객이 미래에 기여할 수익을 현재가치로 환산하여 측정한다.

(4) 기업은 단기적 1회 거래이익을 극대화하는 것보다, 고객과의 장기적 관계를 유지하여 고객생애 가치를 높이는 것이 더 바람직하다.

(5) 고객생애가치를 극대화하기 위해서는 신규고객 획득비용과 기존고객 유지비용을 적정 수준으로 관리해야 하며, 고객 충성도 향상을 통해 지속적 수익 흐름을 만들어야 한다.

> 고객생애가치 = 고객당 평균소비금액 × (평균구매횟수/년) : 거래연수

2 고객추천가치(CRV : Customer Referral Value)

(1) 고객추천가치(CRV)는 고객이 기업, 제품, 서비스에 대해 주변 사람에게 추천하거나 긍정적 구전(Word-of-Mouth)을 제공하는 가치를 의미한다.

(2) 고객추천가치는 고객생애가치(CLV)와 함께 고객이 기업에 기여하는 총 가치(고객순자산가치)를 평가할 때 중요한 또 하나의 축이 된다.

(3) 고객추천가치가 높을수록 기업은 추가적인 마케팅 비용을 적게 들이고도 신규 고객을 유입할 수 있으며, 이는 기업 성장성과 시장 확장에 직접적 영향을 미치는 전략적 가치가 된다.

3 고객순자산가치(CE : Customer Equity)

(1) 고객순자산가치(Customer Equity)는 전체 고객이 기업에 제공하는 재무적 기여의 총합을 의미한다.

(2) 고객순자산가치는 고객생애가치(CLV)뿐만 아니라 고객의 추천, 구전, 브랜드 확산과 같은 간접적 기여와 비재무적 가치까지 포함한다.

(3) 고객을 기업의 중요한 자산으로 간주하고, 고객과의 관계에서 발생하는 가치를 장기적 관점에서 평가하는 개념이다.

(4) 고객순자산가치에 따라 고객을 분류하면 어떤 고객에게 집중·유지·개발·축소 전략을 적용해야 하는지 전략적 고객관리 방향을 설정할 수 있다.

(5) **고객순자산가치에 따른 고객 분류**

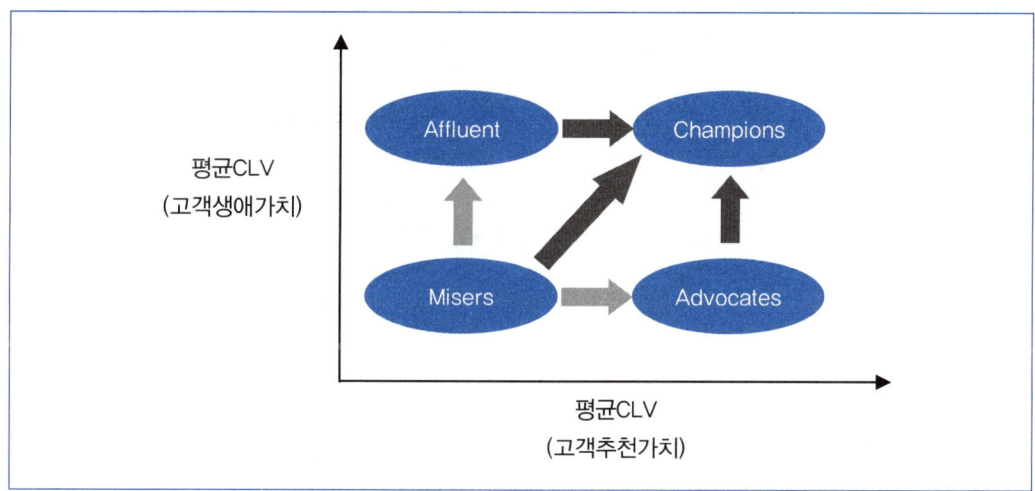

분류	CLV(생애가치)	CRV(추천가치)	특징	관리전략
Misers	낮음.	낮음.	고객순자산가치가 전반적으로 낮은 고객군	구매 및 추천을 유도할 수 있는 인센티브 제공 (체험 이벤트, 소량구매 혜택 등)
Affluent	높음.	낮음.	구매기여도는 높으나 추천활동이 적은 고객	구매 만족을 유지하되, 추천 유도 프로그램 제공 → Champions로 전환
Advocates	낮음.	높음.	구매는 적지만 구전·추천이 활발한 고객	CLV(구매기여) 상승 유도를 위한 업셀링 / 멤버십 혜택 제공
Champions	높음.	높음.	가치·충성·추천 모두 높은 핵심 고객군	VIP 등급 관리, 장기관계 유지 및 특별 경험 혜택 제공

4 고객가치측정의 구성요소

할인율	• 미래에 발생하게 될 고객가치를 현재가치로 환산하기 위해 적용하는 비율이다. • 고객가치 측정 시 모든 고객에게 동일하게 적용된다.
공헌마진	• 고객이 기업과 거래를 시작한 시점부터 현재까지 기업에 기여한 총 가치를 의미한다. • 고객별 실제 수익 기여도를 평가하는 중요한 기준이다.
고객구매력	특정 상품군(카테고리)에서 고객이 소비할 수 있는 총 구매 가능 금액을 의미한다. 즉, 고객이 가진 잠재적 구매력의 크기를 나타내는 지표이다.
고객점유율	• 고객이 소비하는 전체 제품 중에서 특정 기업 제품이 차지하는 비율을 의미한다. • 이는 기존 고객을 유지하고 관계를 강화하는 활동의 성과를 판단하는 데 활용된다.
RFM	• 고객가치를 평가하기 위해 최근성, 구매빈도, 구매액에 각각 가중치를 부여하여 산출하는 방법이다. • RFM(Recency, Frequency, and Monetary) 지수 = a × 최근성 + b × 구매빈도 + c × 구매액 여기서 a, b, c는 중요도에 따른 가중치이다.

04 고객가치평가의 전략적 활용

1 고객이탈률 감소 전략

(1) 고객이탈률 감소는 고객가치 유지의 핵심이다. 기업은 고객관계관리를 통해 기존고객이 이탈하지 않도록 지속적인 관계 유지와 관리 활동을 수행해야 한다.

(2) 고객이탈을 정확히 정의하고 원인을 파악해야 한다. 고객이 이탈하는 시점, 이유, 상황을 데이터 기반으로 분석하여, 이탈을 유발하는 서비스 문제·가격 문제·경험 약화 등의 요인을 확인해야 한다.

(3) 분석된 원인을 기반으로 이탈 방지 전략을 실행한다. 위험 고객군에 대한 사전 대응, 맞춤형 혜택 제공, 만족도 개선 프로그램을 운영하여 고객이 관계를 유지할 수 있도록 유도한다.

2 고객전환 전략

(1) 고객전환(Customer Conversion)이란 신규고객을 기업과의 관계가 안정적인 기존고객으로 전환시키는 과정을 의미한다.

(2) 고객전환은 단순히 한 번의 구매를 유도하는 것이 아니라, 반복 구매와 신뢰 형성을 통해 고객과의 관계 수준을 점차 강화하는 과정이다.

(3) 궁극적으로는 기존고객을 파트너 수준의 충성고객으로 발전시키는 것을 목표로 하며, 이를 위해 서비스 경험, 보상 프로그램, 개인화된 관리전략이 활용된다.

🔷 고객전환 전략의 개념적 모형

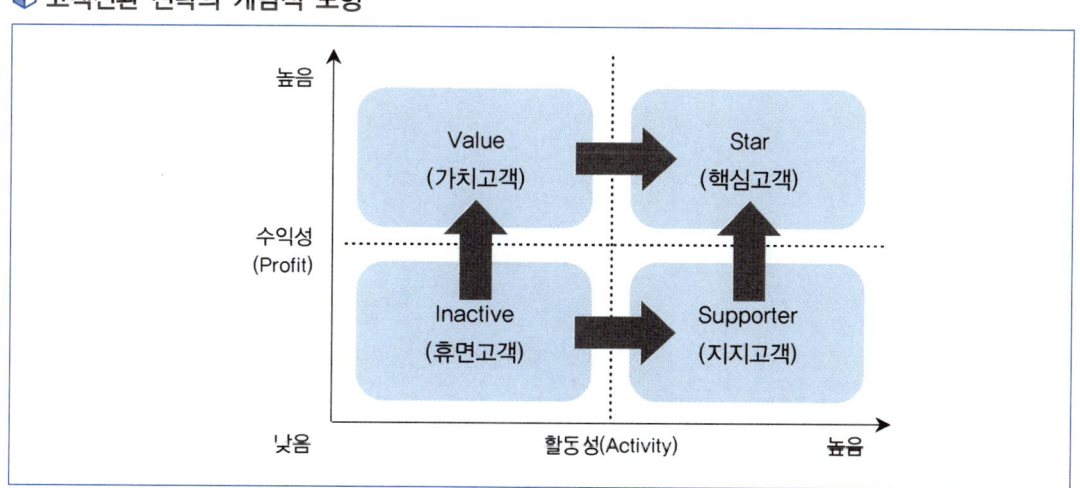

Key Insight

고객의 간접 기여 가치

① 간접 기여 가치란, 고객이 제품이나 서비스에 대해 긍정적 입소문(구전)을 제공함으로써 생기는 추가적인 가치를 의미한다.

② 이 가치로 인해, 기업은 별도의 마케팅 비용을 들이지 않고도 신규 고객을 확보할 수 있다. 즉, 기존고객의 추천과 경험 공유가 신규 고객 유입의 원천이 된다.

③ 따라서 간접 기여 가치는 고객추천가치(CRV)와 연결되며, 기업의 장기적 성장과 시장 확장에 직접적인 영향을 미치는 전략적 가치 요소이다.

PART 02   예상문제

일반형

01   CRM 활용에 대한 기대 효과를 설명한 내용 중 적절하지 <u>않은</u> 것은?

① 고객 충성도를 유지함으로써 우수 고객을 유치하고 이탈 고객을 줄일 수 있다.

② 틈새시장을 개척함으로써 가망 고객을 탐색하고 잠재 고객을 활성화시킬 수 있다.

③ 자료 분석을 통해 향상된 영업망을 형성함으로써 판매액 증가 가능성을 높일 수 있다.

④ 품질 개선과 고객 만족 증대를 동시에 달성할 수 있으며 재구매 가능성을 높일 수 있다.

⑤ 교차 판매의 가능성은 낮아지지만 고객 가치를 쉽게 파악하여 판촉 효율을 증가시킬 수 있다.

02   고객 가치 측정을 위한 데이터 수집 기술은 '양적' 데이터 수집과 '질적' 데이터 수집의 두 가지로 분류할 수 있다. 다음 중 '질적' 데이터 수집의 특성을 설명한 것으로 가장 적절한 것은?

① 구조적인 조사 방법이다.

② 수집된 자료의 분석이 용이하다.

③ 개요, 서술적 묘사, 요약 등으로 정리된다.

④ 정밀한 측정을 원할 경우 실시한다.

⑤ 평균, 표준편차와 같은 기술 통계치가 가장 중요하다.

03   CRM(고객 관계 관리)의 일반적인 실패 원인이 아닌 것은?

① 고객 중심 사고의 부족

② 데이터 통합의 과소평가

③ 최고경영층의 적절치 못한 지원

④ 빅데이터의 방대한 양이 주는 정보

⑤ CRM을 기술에 기반을 둔 방법론이라고 보는 시각

04 다음 중 기업이 '충성고객'에 대해 취해야 할 행동으로 가장 적합하지 <u>않은</u> 것은?

① 고객의 취향과 이용 패턴을 반영한 개인 맞춤형 서비스를 강화한다.
② 고객의 생활방식 변화에 따라 새로운 이용 가치를 제공하도록 서비스 범위를 확장한다.
③ 충성고객의 레버리지 효과가 발생할 수 있는 프로그램을 제공한다.
④ 대규모 마케팅비를 투입해 경쟁사 고객을 공격적으로 유치하는 데 집중한다.
⑤ 제품·서비스 개발 과정에 고객을 참여시켜 의견을 반영하는 시스템을 마련한다.

05 '범용화 함정(commodity trap)'에 대한 설명으로 적합하지 <u>않은</u> 것은?

① 고객은 제품/서비스에 대한 차별성을 인지하지 못하게 된다.
② 제품/서비스의 비용 구조가 고객에게 잘 드러나 있다.
③ 표준 기술이 정립되고, 진입장벽이 낮아진다.
④ 기술적 성숙도가 높아져 개발 효용성이 떨어진다.
⑤ 제품의 모듈화로 대규모 고객화(mass customization)가 불가능하다.

06 장기적이고 지속적인 거래 관계가 기업에게 주는 이점으로 가장 적절한 것은?

① 서비스 제공자에 대한 학습 비용 감소
② 신규 고객 확보를 위한 마케팅 비용의 감소
③ 서비스 요청 단계의 간소화
④ 고객과의 친밀감 형성으로 직무 만족도 증가
⑤ 고객 관계에 대한 이해 증가와 고객 갈등 요소 감소

07 다음 중 고객관계와 관련된 설명으로 가장 적절한 것은?

① 고객관계는 경제적인 교환의 성공에 의해서만 결정될 수 있는 것이다.
② 고객관계가 시작되는 최초의 구매단계에서 어떠한 구매경험을 하느냐에 따라 고객재구매의도에 영향을 받는다.
③ 기업은 고객과 장기적이고 대체불가능한 제공자가 되기 위해 공적 관계를 강화하려고 노력한다.
④ 서비스 접점의 교환관계에서 경제적 교환관계와 사회적 교환관계는 이분화되어 적용하게 된다.
⑤ 최초구매시점의 서비스 접점에서 경제적 교환관계만 긍정적이어도 고객은 긍정적인 서비스경험을 하게 된다.

08 고객 경험은 기업과 고객의 상호작용을 통해 고객이 직접 보고 듣고 겪으면서 그 기업의 제품이나 서비스가 어떠하다고 느끼고 알게 되는 모든 것을 의미한다. 아래의 문장은 그중 어떤 경험을 설명한 것인가?

> 기업이 응대를 하는 데 친절한 표정과 몸짓, 목소리와 내용은 모두 이 경험의 대표적인 것이다.

① 감성적 경험   ② 중립적 경험   ③ 수동적 경험
④ 물리적 경험   ⑤ 능동적 경험

09 서비스의 접점에서의 서비스 제공자와 고객과의 관계에 대한 설명으로 올바르지 <u>않은</u> 것은?

① 서비스제공자의 진실함과 진정성이 전달되어야 한다.
② 서비스 접점에서의 특별한 관심은 고객에게 부담을 줄 수 있으므로 삼간다.
③ 상호이해의 관계가 형성되면 고객만족의 좋은 결과를 얻을 수 있다.
④ 고객의 욕구에 대하여 적절하게 서비스를 제공하여 서비스 실패를 최소화한다.
⑤ 서비스제공자의 숙련도는 고객의 신뢰를 이끌어 내는 중요한 요인 중 하나이다.

10 고객 응대 전략 중 '디마케팅(Demarketing)' 전략의 대상 고객으로 가장 적절한 것은?

① 불만 고객
② 관심 고객
③ 저수익성 고객
④ 우호 소액 고객
⑤ 초우량 핵심 고객

11 고객 가치의 특성을 옳지 <u>않은</u> 것은?

① 고객 가치는 서비스 구매 단계 및 시간의 흐름에 따라 변한다.
② 고객 가치는 고객의 주관적 판단에 의해 결정된다.
③ 고객 가치는 항상 일정하며 외부 요인에 의해 크게 변하지 않는다.
④ 고객 가치는 처한 상황에 따라 판단이 달라진다.
⑤ 고객 가치를 결정하는 요인은 다양하고 단계적이다.

12 다음 중 고객 가치의 구성적 측면이 아닌 것은?

① 서비스 제공 과정에서 느끼는 정서 또는 감정
② 사회적인 개념을 증대시키는 서비스 효용
③ 서비스 이용에 따른 시간과 비용 절감 효과
④ 기대한 서비스 품질과 인지한 서비스 품질과의 성과 차이
⑤ 서비스 제공자의 개인적 호감도나 친분 관계

13 파워의 유형에 대한 설명으로 옳지 않은 것은?

① 보상적 파워 : 서비스 제공자가 고객에게 보상을 제공할 능력이 있을 때, 고객은 그 지시
나 요구에 협력하게 된다.
② 강제적 파워 : 서비스 제공자가 고객에게 몰랐던 정보를 제공하여 얻게 되는 영향력이다.
③ 준거적 파워 : 서비스 제공자가 매력적인 집단으로 인식되어 고객이 관계를 유지하거나
동일시하고자 할 때 나타나는 영향력이다.
④ 합법적 파워 : 번호표 발급 등 규정에 따라 고객에게 절차 준수를 요구할 수 있는 권한
에서 발생하는 영향력이다.
⑤ 전문적 파워 : 전문 지식과 전문성을 가진 서비스 제공자가 고객에게 발휘하는 영향력이다.

14 슈미트의 5가지 경험 요인 중 옳지 <u>않은</u> 것은?

① 소비 경험   ② 감성 경험
③ 인지 경험   ④ 행동 경험
⑤ 관계 경험

15 다음 중 경제적 교환관계에 대한 설명으로 옳지 <u>않은</u> 것은?

① 직원은 기업에게 가치있는 능력을 제공하고 정해진 시간동안 성실하게 근무해야 한다.
② 고객은 기업에게 비용을 지불하고 서비스를 받는다.
③ 기업은 고객이 지불한 비용에 적합한 제품 및 서비스의 결과물을 제공해야 한다.
④ 경제적 교환관계는 사회적 자본교환과 정보 및 커뮤니케이션의 흐름으로 형성된다.
⑤ 기업은 직원의 능력과 시간을 사용하는 것에 대한 적정한 보상과 급여를 지불해야 한다.

O/X형

[16~20] 다음 문항을 읽고 옳고(O), 그름(X)을 선택하시오.

16 관계 마케팅은 조직과 고객 간의 상호 편익을 위해 장기적인 유대 관계를 창출하고 유지·
강화함으로써 기업의 수익 증대를 도모하는 마케팅 활동이다.   (① O ② X)

17 마케팅은 정보 중심적인 전략에서 상호작용 중심적인 전략으로 변화하고 있다.
(① O ② X)

18 충성 고객은 기업과의 관계가 오래될수록 서비스 개선에 대한 불만을 잘 표현하지 않는
경향이 있다.   (① O ② X)

19 고객 경험 관리는 기업이 고객과 만나는 모든 접점에서 고객이 겪는 다양한 경험을 체계적
으로 관리하여 긍정적 인식을 형성하게 하고, 이를 통해 고객의 구매 의사 결정에 영향을
주려는 고객 관리 프로세스이다.   (① O ② X)

20 고객포트폴리오 관리는 시장과 고객에 대한 분석과 기업이 지닌 서비스 역량을 분석하여
불량 고객을 찾아내기 위하여 시행한다.   (① O ② X)

연결형

[21~25] 다음 설명에 적절한 〈보기〉를 찾아 각각 선택하시오.

┌─ 보기 ┐
① 고객경험관리   ② 데이터마이닝
③ 고객 포트폴리오 관리   ④ 해피콜
⑤ MGM 기법

21 기업이 고객과 만나는 모든 접점에서 고객이 체험하게 되는 다양한 경험을 관리하여 구매
의사 결정에 긍정적 영향을 주는 프로세스   (   )

22 시장과 고객에 대한 분석과 기업이 지닌 서비스 역량을 분석하여 최적의 고객을 찾아내기
위해 작성하는 것   (   )

23 기업의 경영 활동 결과로 축적된 방대한 고객 정보 중, 기업에 유용한 최적의 고객 정보나 고객 지식을 찾아내는 과정으로, 확보된 데이터 속 숨겨진 가치 있는 지식을 발견하기 위한 기술 　　　　　　　　　　　　　　　　　　　　　　　(　　　　　　)

24 특별한 목적이나 판매 권유 없이 고객 서비스 만족을 위하여 고객에게 전화를 거는 아웃바운드 형태의 전화를 말하며, 고객이 서비스를 이용한 후 전화를 걸어 만족도를 체크하는 등 고객 만족의 증진을 목적으로 진행되는 마케팅 방식 　　　　　　(　　　　　　)

25 기존 고객이 새로운 고객을 추천하도록 유도하여 고객 기반을 확대하는 마케팅 전략으로, 추천을 제공한 고객에게 보상이나 혜택을 제공하는 방식 　　　　　　(　　　　　　)

사례형

26 다음은 고객 단계에 따른 직원의 응대 전략이다. 다음 중 최초 구매 단계 고객에 맞는 전략은 무엇인가?

(A) 고객이 처음 방문했을 때, 제품 사용 방법과 장점을 쉽게 이해하도록 안내한다.
(B) 고객이 이탈하지 않도록 멤버십 전용 혜택을 강조하여 높은 충성도를 유도한다.
(C) 고객이 불안감을 느끼지 않도록 투명한 가격 안내와 절차 설명을 제공한다.
(D) 고객을 위해 맞춤형 업그레이드 옵션을 제안한다.
(E) 고객의 기대치를 정확히 파악하고, 약속한 내용을 일관되게 제공하여 신뢰를 구축한다.

① (A), (C), (E)
② (A), (D), (E)
③ (B), (C), (E)
④ (B), (D), (E)
⑤ (C), (D), (E)

27 다음은 전화로 실시되는 만족도 조사에 대한 사례이다. 다음을 읽고 담당자의 행동 중 적절하지 <u>않은</u> 점은 무엇인가?

> 담당자 : 고객님, 방금 이용하신 서비스에 대한 간단한 평가를 부탁드리고자 연락드렸습니다. 잠시 통화 가능하신가요?
> 고객 : 가능합니다. 시간이 얼마나 걸리나요?
> 담당자 : 총 3개 문항이며, 약 2분 정도 소요됩니다.
> 고객 : 지금은 시간이 없는데 다른 시간에 참여해도 될까요?
> 담당자 : 네, 곧 문자로 설문 링크(URL)를 보내드릴 텐데 편하신 시간에 접속해 응답해 주시면 됩니다. 가능하실까요?
> 고객 : 네, 회의가 끝나는 1시간 후에 참여하겠습니다.
> 담당자 : 감사합니다. 응답해 주실 때 좋은 평가를 부탁드립니다. 좋은 하루 되세요.
> — 통화 종료 —

① 담당자가 통화 종료 시 만족도 조사에 대해 특정 점수를 요구하는 발언을 했다.
② 담당자는 통화 외 다른 방식으로도 설문 참여가 가능함을 안내했다.
③ 담당자는 통화 시작 시 예상 소요 시간을 설명했다.
④ 담당자는 설문이 어떤 방식으로 진행되는지 설명했다.
⑤ 담당자는 통화 종료 시 적절한 인사로 대화를 마무리했다.

28 다음은 프리미엄 피트니스 센터 F사의 회원제 운영 방식에 대한 설명이다. 이를 읽고, 적절하지 <u>않은</u> 내용을 고르시오.

> 프리미엄 피트니스 센터인 F사는 오픈 초기부터 '정규 회원제'를 중심으로 운영해 왔다. 회원은 개인 트레이닝 상담, 시설 이용 시간 우선권, 포인트 적립, 무료 체형 분석 등 다양한 혜택을 제공받는다. 회원 데이터가 축적되면서 개별 고객의 운동 패턴 · 이용 시간 · 관심 프로그램 등을 분석해 맞춤형 운동 솔루션을 제공할 수 있게 되었고, 이는 회원 만족도와 재등록률 향상으로 이어졌다. 또한 F사는 회원 간 커뮤니티 활동을 적극 지원하여 입소문이 자연스럽게 확대되도록 하고 있으며, 이로 인해 신규 회원 유입도 꾸준히 증가하고 있다. 회원제 기반이 탄탄해지자 광고비는 줄었고 운영 비용도 효율화되면서 안정적인 수익 구조를 갖추게 되었다.

① 회원제는 고객의 운동 패턴과 선호도를 파악해 개인화된 서비스를 제공하는 데 유리하다.
② 회원제 운영은 다양한 고객 데이터를 기반으로 재등록률을 높이는 데 도움이 된다.
③ 회원 간 커뮤니티 형성은 자연스러운 입소문 효과를 통해 신규 회원 증가로 이어질 수 있다.
④ 일반 홍보 채널에 크게 의존하지 않아도 회원 기반만으로도 안정적 수익을 확보할 수 있다.
⑤ 회원제는 시설이나 프로그램 경쟁력이 부족할 때 고객 이탈을 막기 위해 억지로 유지되는 방식이다.

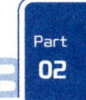

29 다음은 국내 취업포털 기업의 서비스 마케팅 사례다. 고객관계관리 측면에서 이 회사의 성공 요인과 거리가 먼 것은?

> J사는 150만 기업회원과 1000만 여명의 개인회원, 60%의 시장 점유율을 확보하고 있는 국내 취업포털 1위 기업이다. 하루 평균 33만 여명의 방문과 1일 평균 채용공고 등록건수가 1만 건 이상으로 경쟁사와는 비교되지 않을 정도로 가장 많은 채용정보를 제공하고 있다. 이처럼 막강한 경쟁력의 기반에는 높은 서비스 상품 품질과 차별화된 고객관계관리 등이 자리 잡고 있다. 고객 니즈를 파악하는데 상당한 투자를 하여 고객이 진정으로 원하는 새로운 서비스 상품을 경쟁사보다 한 발 앞서 선보임으로써 고객들의 좋은 반응을 얻고 있다. 고객이 가려운 곳을 찾아내 긁어주어 시원하게 해주니 반응은 항상 기대 이상이며 긍정적 구전 효과가 빠르게 나타난다. 그래서 이 회사가 새롭게 선보이는 서비스 상품마다 '업계 최초'라는 수식어가 붙는다. 경쟁사들은 J사의 구축된 서비스를 모방하는데 급급한 실정이다. J사의 경영진에서는 고객관계관리의 중요성을 실감하고 고객과 상호 만족하는 관계 형성을 하는데 자원을 집중하고 있다. 그 결과 J사의 충성 고객은 오늘도 계속 증가하고 있다.

① 불만 고객들의 컴플레인을 새로운 마케팅 기회로 삼은 점
② 고객 니즈 파악을 위하여 상당한 투자를 아끼지 않은 점
③ 경쟁사보다 우월한 서비스 상품을 한 발 앞서 출시한 점
④ 시장 선도자답게 업계 최초를 지향하는 마케팅 활동을 추진한 점
⑤ 고객의 기대 이상 반응으로 긍정적 구전효과가 빠르게 나타난 점

30 다음은 고객이 먼저 관심을 보이며 연락을 취해 온 상담의 경우이다. 대화에 관한 내용 중 옳지 <u>않은</u> 것은?

> 고 객 : 할인 조건만 좋으면 구매하려고 합니다.
> 상담자 : 지금은 본사 지침이 내려오지 않아서 할인 조건이 구체적으로 정해지지 않았습니다. 혹시 연락처를 남겨주시면 조건이 정해지는 대로 연락 드려도 괜찮을까요?

① 상기 대화는 고객이 먼저 관심을 보이며 연락을 취해 온 인바운드 상담의 경우로 이때 반드시 연락처를 받아놓은 것이 중요하다.
② 상담자는 우연적 변수로 인해 구매결정을 내리지 못하고 있는데 이를 실패로 규정하기보다는 잠재고객을 확보한 것으로 보는 태도가 필요하다.
③ 고객은 스스로 구매결정을 내리기보다 상담자에 의해 구매 결정하는 것을 선호하므로 상담자는 보다 적극적으로 고객을 설득해야 한다.
④ 상기 대화에서 고객이 연락처를 순순히 말하는 경우 이후 언제든지 구매권유를 다시 할 수 있으므로 상담자는 설반의 성공을 한 깃이다.
⑤ 상담자는 고객이 단 번에 구매결정을 내리지 않더라도 실망할 필요가 없으며, 위 대화에서도 고객이 구매할 수 있는 길을 열어놓았으므로 긍정적이다.

통합형

[31~32] 다음은 ○○통신사 고객센터에서의 불만 접수 내용이다.

고객 : 인터넷을 신규로 가입했는데 계속 끊어지고 ARS로 고장접수를 하려고 해도 전화 연결이 잘 안 돼요. 계속 단말기를 재부팅해야 하는데 불편해서 어떻게 사용하죠?

상담원 : 네, 고객님. 죄송합니다. 인터넷 사용 중에 자꾸 끊어지면 많이 불편하셨을 것 같은데 신속히 조치해 드리지 못해 죄송합니다. 게다가 전화 연결도 잘 안 되었으니 더 불편하셨을 것 같습니다.

고객 : 빨리 고쳐 주시거나 해지해 주세요.

상담원 : 죄송합니다. 빠르게 조치할 수 있도록 방법을 찾아보겠습니다.

고객 : ARS는 정말 문제가 많은 것 같아요. 고장접수를 하는 고객은 당장 불편한 상황인데 계속 안내 멘트만 나오면 어떡합니까?

상담원 : 죄송합니다. 말씀하신 것처럼 고장접수만큼은 가장 신속하게 처리될 수 있어야 하죠. 문제점을 지적해 주셔서 감사합니다. 우선, 고장 관련 문제는 오늘 가장 가까운 기사님께서 30분 이내에 전화 드리고 두 시간 내에 찾아뵙게 될 것입니다. 고객님의 상황을 기사님께도 전달해서 빠르게 서비스받으실 수 있도록 해 두겠습니다.

고객 : 알겠습니다.

상담원 : 고객님 다시 한 번 죄송하다는 말씀을 드리고, 이후 인터넷 서비스에 동일한 문제가 재발하지 않는지 기사님 방문 이후에 확인 전화를 다시 한 번 드리겠습니다. 혹시 그때 문제가 있으시면 저희에게 바로 말씀하실 수 있도록 하기 위해서입니다. 괜찮으시겠습니까?

고객 : 네, 그렇게 알겠습니다.

상담원 : (   )

31 **위 상담원의 고객 불만 처리 과정에 대한 설명으로 적절하지 <u>않은</u> 것은?**

① 상담원은 고객의 불편을 인정하고 반복적으로 공감 표현을 하여 감정 안정에 도움이 되도록 했다.

② 고객이 제기한 문제에 대해 신속한 조치 계획을 안내하며 서비스 회복 의지를 분명히 밝혔다.

③ 상담원이 직접 수행할 수 없는 서비스 품질 개선에 대해 언급하는 것은 적절치 않은 대응이다.

④ 상담원은 기사 방문 및 후속 확인 전화 등 사후 관리 절차를 제시하여 고객 불만이 재발하지 않도록 노력했다.

⑤ 고객이 지적한 문제점을 내부에 공유하겠다고 밝힘으로써 고객 의견을 존중하고 개선 과정에 참여시키는 긍정적 효과를 보였다.

32 상담원이 고객과의 통화를 마무리하며 마지막으로 할 말로 가장 적절한 것은?

① 기사님 방문 이후에도 문제가 지속되면 ARS로 다시 접수해 보시겠습니까?

② 문제 해결이 완료되면 바로 고객님께 다시 연락드려 재발 여부까지 꼼꼼히 확인해 드리겠습니다.

③ 현재 장애가 많아서 전체 고객이 불편을 겪고 계신 상황입니다.

④ 고객님 상황은 저희가 어쩔 수 없는 부분도 있다는 점 이해 부탁드립니다.

⑤ 우선은 단말기 전원을 자주 껐다 켜시면서 사용을 부탁드립니다.

SMAT
Module B
서비스 마케팅·세일즈

PART

03

VOC 분석/관리 및 컴플레인 처리

Part 03. VOC 분석/관리 및 컴플레인 처리

- VOC관리 시스템의 구조와 역할을 이해합니다.
- 고객 의견 분석을 통해 우수·불량 고객을 분류하는 방법을 학습합니다.
- 컴플레인의 개념과 처리 원칙을 익혀 대응 역량을 강화합니다.
- 문제 해결과 재발 방지 전략까지 실무형 사고를 적용해야 합니다.
- 최근 컴플레인 예방 전략이 중요 출제 요소입니다.

Chapter 01 · VOC 관리시스템

01 VOC 관리시스템의 이해

1 VOC의 정의

(1) VOC(고객의 소리 : Voice Of Customer)란 고객이 기업의 제품·서비스·브랜드 경험 과정에서 표현하는 모든 형태의 의견과 반응을 의미하며, 문의, 제안, 칭찬, 불만 등 직·간접적 피드백 전체를 포괄한다.

(2) VOC는 고객 기대 수준과 서비스 품질 간의 차이를 파악하는 핵심 정보원이 되며, 고객 요구를 정확히 이해하고 서비스 개선 방향을 설정하는 데 기초 데이터로 활용된다.

(3) VOC는 단순 불만 처리 수준을 넘어 상품 개선, 운영 프로세스 개선, 서비스 표준 수립, 고객경험(CX) 혁신, 신제품·신서비스 개발 전략의 근거 자료로 활용된다.

(4) 최근 기업들은 고객의 소리(VOC)를 독립적인 관리 체계로 구축하고, 이를 고객관계관리와 연계하거나 고객접점 정보와 통합 분석하여 데이터 기반의 고객경험 관리 전략 수립에 적극 활용하고 있다.

> **Key Insight**
>
> **고객만족도 조사**
> ① 고객의 만족 수준·평가·재이용 의향을 파악하는 조사
> ② 고객 기대 vs 실제 서비스 성과의 차이를 확인하는 목적
> ③ 조사 전 명확한 목적·대상·범위·방법을 설정해야 함.
> ④ 조사 결과는 서비스 개선, 직원 교육, 운영 전략에 반영
> ⑤ 고객만족 → 재구매 → 충성도 형성으로 이어지는 핵심 관리 지표

2 VOC의 중요성

(1) VOC는 고객만족 및 충성고객 형성의 핵심 자료이다.

(2) 불만 해결은 고객 이탈 방지와 관계 유지로 이어진다.

(3) 제품·서비스의 문제점과 개선 방향을 파악하는 근거가 된다.

(4) VOC는 신제품·서비스 개발을 위한 요구 정보를 제공한다.

(5) 시장 변화와 고객 선호도 파악에 유용한 전략 데이터이다.

(6) 신속하고 진정성 있는 대응은 신뢰 형성 및 긍정적 브랜드 이미지 구축에 기여한다.

(7) VOC 기반 대응은 경쟁 우위 확보와 고객 중심 전략 수립에 도움이 된다.

(8) 고객 요구는 친화도 분석으로 정리하면 체계적 관리와 가치 도출이 가능하다.

3 VOC 관리의 목적 ✿✿

(1) 고객 만족 및 니즈 파악
제품이나 서비스에 대한 고객의 만족 여부를 파악하고, 고객의 니즈와 기대를 분석하여 고객에게 적합한 서비스를 제공한다.

(2) 서비스 개선 및 혁신 반영
고객의 관점에서 제시되는 새로운 아이디어와 의견을 서비스 개선 및 운영 전략에 반영한다.

(3) 고객 관계 강화 및 충성고객 육성
고객과의 소통을 원활하게 하여 유대감을 강화하고, 장기적으로 충성고객을 육성하여 기업 성장의 파트너로 발전시킨다.

4 VOC와 고객충성도

구분	고객반응	고객충성도
Over the VOC	고객 자신도 미처 인식하지 못했던 잠재 니즈·창의적 요구까지 충족하여 고객만족을 넘어 고객감동 실현	높음.
The VOC	고객이 명확하게 표현하는 요구를 인지하고 이에 맞추어 대응하는 수준	보통
Under the VOC	고객이 당연히 받는다고 기대하는 기본 서비스 수준, 미충족 시 불만 발생	낮음.

5 VOC 관리시스템

(1) VOC 관리시스템의 등장 배경

환경적 요인	디지털 환경의 확산으로 고객-기업 간 실시간 소통이 가능해지고, 온라인/모바일 접점에서 고객 의견의 수집·확산 속도가 크게 증가함.
고객 요인	• 고객은 과거 수동적 소비자에서 능동적 참여자로 변화 • 고객 간 소통 강화로 부정적 경험의 파급력이 커짐. • 고객은 시장에서 의사결정에 영향력을 행사하는 주체로 부상 • 불만 대응 실패 시, 부정적 구전이 빠르고 크게 확산될 위험이 높아짐.
기업 요인	• 기업은 고객의 소리에 적극적으로 대응해야 할 필요성이 강화됨. • 불만고객의 95%는 이탈로 표현하며, 직접 항의조차 하지 않음. • 불만고객은 평균 8~10명 이상에게 부정적 경험을 공유, 신규고객 확보까지 악영향 • 부정적 정보는 긍정 정보보다 더 강하게 확산되는 경향이 있음. • VOC 관리는 단순 응대가 아니라 고객유지·브랜드 신뢰·시장경쟁력 확보의 핵심 전략이 됨. • VOC를 통해 서비스 개선·혁신·신사업 기회 탐색 등 기업 성장을 위한 데이터 기반 의사결정 가능

(2) VOC 관리시스템의 효과

VOC 관리시스템은 고객과의 쌍방향 소통을 활성화하여 고객유대와 만족도를 높이고, 고객의 의견을 기반으로 경영활동 전반을 개선·조정함으로써 기업가치를 극대화할 수 있다.

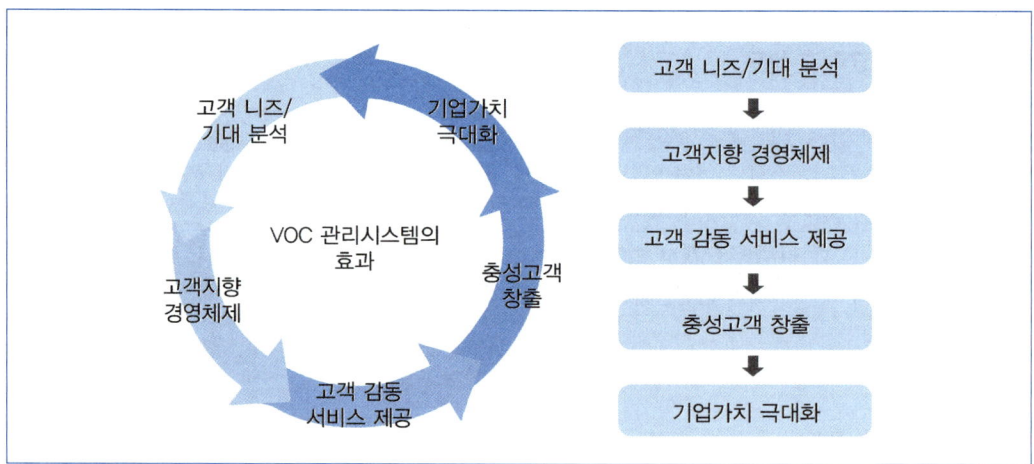

(3) VOC 관리시스템의 수립

① VOC 업무 흐름

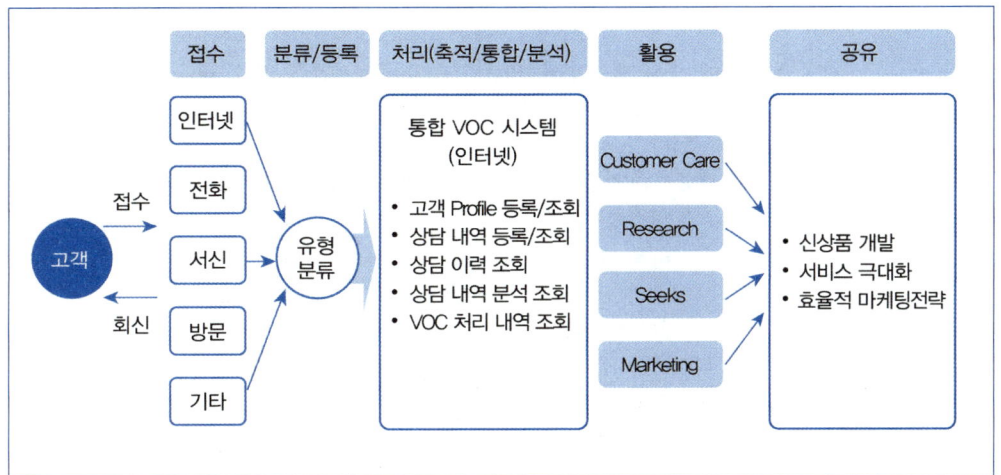

② VOC 처리프로세스 ✿

단계	핵심내용	주요 포인트
수집	고객의 의견을 다양한 접점에서 수집	전화, 이메일, 홈페이지, SNS 등 직·간접 채널 활용 / 정성·정량 정보 모두 확보 / 잠재 불편 요소도 선제적 파악
처리	접수 → 대응 → 해결 → 해피콜까지의 일련의 처리	고객 접점에서 1차 해결을 목표 / 처리시간·만족도 지표화하여 관리
분석	고객 접점에서 1차 해결을 목표 / 처리시간·만족도 지표화하여 관리	발생 패턴, 채널, 중요도 통계 분석 / 반복오류 예방 / 친화도 다이어그램을 활용한 니즈 구조화 / 서비스 개선·사업기회 발굴
공유	VOC 정보를 전사적으로 공유	VOC는 접점부서만의 문제가 아님 / 조직 전체가 대응하는 지식공유·협업 시스템 구축
반영	개선 내용 실행 및 고객에 피드백	VOC 기반으로 서비스·프로세스 실제 개선 / 개선 결과를 고객에게 안내·홍보 / 동일 VOC 재발 방지 조치

Key Insight

친화도법(Affinity Diagram)
① 동일 주제에 대한 다양한 의견·아이디어를 유사성에 따라 분류하여 구조화하는 기법
② 수집된 자료 속에서 개념 간 연관성과 의미 관계를 찾아 묶는 과정
③ 대량의 정성적 자료를 체계적으로 정리할 때 적합
④ 직관 + 논리적 분류를 통해 문제의 핵심 요인을 도출
⑤ VOC 분석, 고객 니즈 구조화, 서비스 개선 아이디어 도출에 유용

02 VOC 관리시스템의 중요 속성 ☆☆

서비스의 즉시성	• VOC에 즉시 대응할 수 있는 구조와 프로세스를 갖추어야 한다. • 고객의 소리에 빠르고 정확하게 반응하는 것은 서비스품질과 고객만족도를 높이는 핵심 요인이다. • 신속 대응은 고객만족에 가장 큰 영향을 미치므로, VOC 관리시스템에서 가장 중요한 속성으로 평가된다.		
수집 채널의 다양성	• 고객의 소리를 더 넓게·적극적으로 수집할 수 있도록 다양한 채널을 개설해야 한다. • VOC는 고객과 만나는 모든 접점(콜센터, 홈페이지, SNS, 오프라인 등)에서 접수·확인될 수 있어야 한다.		
	온라인 접점	인터넷 고객센터, 홈페이지 문의, 기업 SNS, 챗봇 등 디지털 기반 고객 소통 채널	
	오프라인 접점	콜센터 상담, AS·서비스 직원 방문, 매장·고객센터 방문 등 대면 및 음성 접촉 채널	
	내부적 측면	정기 고객만족도 조사, 서비스 모니터링, 내부 평가 등을 통한 조직 내 VOC 수집	
	외부적 측면	외부 웹사이트 리뷰, 신문·미디어 조사, 커뮤니티/카페 의견 등 기업 외부에서 발생하는 VOC 수집	
	미스터리 쇼퍼	고객으로 가장한 조사원이 현장에서 서비스 품질을 암행 평가하는 서비스 모니터링 기법	
정보시스템의 통합성	• 다양한 수집 채널에서 들어오는 VOC 데이터를 효율적으로 검색·분석할 수 있도록 시스템이 통합되어야 한다. • 온라인·오프라인 등 여러 접점에서 수집된 정보는 중앙 데이터베이스(Central DB)에 통합 저장되어야 한다. • 저장된 데이터는 고객 단위로 통합 조회되고, 개선결과가 피드백 가능하도록 연결되어야 한다. • 조직 내 각 부서에서 수집되는 VOC 정보를 일정 기준으로 표준화하여 통합 관리함으로써, 고객관리부서 및 경영진이 종합적 판단과 의사결정을 할 수 있도록 지원한다.		
고객 및 내부 프로세스 피드백	• 분석된 VOC 정보는 고객 응대 개선과 경영 프로세스 향상으로 연계될 수 있도록 고객과 내부 조직 모두에 피드백 되어야 한다. • 경영진 또한 고객의 목소리를 직접 이해할 수 있도록 고객 참여 프로그램을 지속 운영할 필요가 있다. • 고객 피드백은 VOC 회신, 해피콜, 만족도 확인 등을 통해 고객 반응을 재측정하여 개선 효과를 점검한다. • 내부 프로세스 개선은 서비스 제공 절차, 제도·규정 보완, 교육 및 정보 공유를 통해 조직 역량을 강화하고 성과로 연결한다.		

Chapter
02

VOC 분석 / 관리법

01 VOC 유형 분류

1 VOC를 제기하는 내용에 따른 분류 ✿✿

구분	내용 특징	목적 활용	추가 point
제안형 VOC	제품·서비스·절차 개선을 위한 고객 의견	고객 경험 향상 및 품질 개선 중심	불만이 아닌 "더 좋아지면 좋겠다"의 관점
불만형 VOC	서비스 실수, 제품 문제 등으로 인한 불만 제기	문제 해결 및 재발 방지 체계 필요	CCMS 도입하여 구조적 해결 및 개선 반영
만족형 VOC	서비스/상품 우수성에 대한 긍정적 피드백	우수사례 발굴 및 내부 공유	직원 동기부여 및 서비스 표준화 자료로 활용

2 불만을 제기하는 주체에 따른 분류

구분	정의	특징	예시
고객 VOC	고객이 기업에 직접 의견을 제기하는 VOC	• 제안형 VOC(개선/ 칭찬 등)과 불만형 VOC(클레임 등)를 모두 포함 • 서비스 접점에서 가장 즉각적으로 파악 가능	• "직원 안내가 불친절했어요." • "앱 예약 기능이 더 편리했으면 합니다."
직원 VOC	직원들이 고객의 입장에서 서비스 개선 필요사항을 제기하는 VOC	• 내부에서 발생하는 제안형 VOC 중심 • 실제 현장 개선으로 이어질 가능성이 높음. • 조직 내부의 서비스 민감도 평가 기준이 될 수 있음.	• "고객이 자주 길을 헷갈리니 안내 사인 보완이 필요합니다." • "결제 대기는 POS 업데이트가 필요해 보입니다."

③ VOC의 접수 채널에 따른 분류

구분	정의	특징	예시
대면 채널	고객이 서비스 접점(Front-line)에서 직접 의견을 제기하는 방식	• 즉각적인 대응 가능 • 감정 상태와 상황을 직접 확인 가능 • 직원의 응대 태도와 대화 능력이 중요	매장 방문, 프런트/카운터 응대, 현장 상담, 영업 · 방문 상담 등
비대면 채널	고객이 직접 방문하지 않고 다양한 매체를 통해 의견을 제기하는 방식	• 24시간 접수 가능 등 접근성이 높음. • 체계적인 기록화 및 데이터 축적 용이 • 응대 속도와 회신 품질 관리가 중요	고객센터 전화, 이메일 문의, 홈페이지/앱 게시판, SNS 메시지, VOC 서식 제출, 챗봇 상담 등

④ VOC 형성 장소에 따른 분류 ✿✿

구분	정의	특징	예시
내부형성 VOC	고객이 기업 내부 채널을 통해 직접 전달하는 VOC	• 기업이 직접 수집 · 관리 가능 • 처리 및 개선으로 즉각 연결 가능 • 정식 접수 기록으로 데이터 축적 용이	콜센터 문의, 매장 방문 시 불만 제기, 홈페이지 고객제안, 앱 리뷰 중 정식 접수된 VOC 등
외부형성 VOC	VOC가 기업 외부 환경에서 형성 · 확산되는 경우(기업에 직접 접수되지 않음.)	• 기업의 통제가 어려움. • 온라인 확산 시 기업 이미지에 큰 영향 • 기업이 모니터링 및 대응 전략 필요	소비자 커뮤니티, 동호회 게시글, SNS 불만 공유, 유튜브 후기, 언론 보도, 소비자 단체 제기 이슈, 경쟁사 비교 비난 등

⑤ VOC의 발생 원인별 분류

구분	세부 유형	정의	주요 특징	예시
인적 원인	직원의 실수	서비스 제공 과정에서 직원의 태도 · 언행 · 업무 실수로 인해 발생하는 VOC	교육, 서비스 매뉴얼 준수, 감정노동 관리 등이 개선 핵심	직원의 무례한 응대, 계산/예약 처리 오류, 안내 미흡 등
	고객의 실수	고객의 정보 부족, 오해, 과도한 기대에 의해 발생하는 VOC	안내 메시지 · 사전 정보 제공 · 고객 가이드 강화 필요	안내문을 읽지 않아서 생긴 오해, 서비스 범위 착각 등
비인적 원인	서비스 시스템 문제	프로세스, 장비, 환경, 제도 등 인력이 아닌 요소 때문에 발생하는 VOC	기업의 운영 · 시설 · 시스템 개선 노력이 중요	앱 오류, 장비 고장, 동선 불편, 메뉴/상품 구성 문제 등

02 VOC 빅데이터의 이해

1 빅데이터의 정의

(1) 디지털 환경에서 생성되는 방대한 데이터

① 빅데이터는 온라인·모바일·IoT 환경에서 지속적으로 생성되는 대규모 데이터를 의미한다.

② 데이터의 규모(Volume)가 매우 크고, 생성 속도(Velocity)가 빠르며, 형태(Variety)도 다양하다는 특징이 있다.

③ 여기에는 단순한 수치 데이터뿐만 아니라, 고객의 문자 의견, 소셜미디어 글, 사진 및 영상 데이터 등 비정형 데이터가 모두 포함된다.

(2) 정형·비정형 데이터의 집합 + 분석 기술

① 빅데이터는 대량의 정형 데이터(ex 매출, 수치정보)와 비정형 데이터(ex 고객 VOC 문장, SNS 게시글, 리뷰 텍스트, 음성·영상 등)를 모두 포괄하는 복합 데이터이다.

② 이러한 데이터를 수집 → 저장 → 분석 → 시각화하는 기술과 프로세스를 통해 의미 있는 가치와 인사이트를 도출하는 것까지 포함한다.

2 빅데이터의 등장배경

(1) 디지털 경제 확산

온라인, 모바일, IoT 등이 확산되면서 일상적인 모든 활동에서 방대한 정보와 데이터가 생성되는 환경이 조성되었다.

(2) 사용자 생성 콘텐츠 증가

이용자 스스로가 SNS 게시글, 댓글, 사진, 리뷰, 동영상 콘텐츠를 제작하면서 데이터는 수치 정보 중심에서 문자·이미지·영상 등이 포함된 비정형 데이터로 다양화되었다.

(3) 고객 기반 분석과 위치기반 서비스의 확대

기업은 이러한 데이터를 활용하여 고객의 행동 패턴, 이동 경로(동선), 선호 및 욕구를 분석하고 위치기반서비스(LBS : Location Based Services) 등을 통해 맞춤형 서비스 제공이 가능해졌다.

(4) 기하급수적 정보 증가에 대한 기술적 대응 필요

정보량의 폭발적인 증가에 효과적으로 대응하기 위해, 데이터를 수집·저장·분석할 수 있는 새로운 기술과 분석체계가 요구되었으며, 그 결과 빅데이터 기술이 발전하고 활용 범위가 확대되었다.

3 빅데이터의 특징과 기술의 의미

(1) 빅데이터의 특징

빅데이터의 특징은 일반적으로 3V(Volume, Velocity, Variety)로 설명한다. 최근에는 가치와 복잡성을 추가하여 확장된 개념의 빅데이터 특징으로 이해하고 있다.

구분	의미	설명	예시(서비스/VOC관점)
Volume (규모)	데이터의 양이 방대함.	일상 속 디지털 활동에서 대량의 데이터가 지속적으로 생성됨.	고객 상담 기록, 구매 이력, SNS 리뷰 등 수천~수백만 건 단위의 데이터
Velocity (속도)	데이터 생성·처리 속도가 매우 빠름.	실시간·상시적으로 데이터가 축적되고 즉각 분석이 가능해야 함.	실시간 고객문의 모니터링, 방문 패턴 실시간 분석
Variety (다양성)	데이터 형태가 다양함.	정형 데이터뿐 아니라 문자, 음성, 이미지, 영상 등 비정형 데이터 포함.	콜센터 통화 녹취, 사이트 댓글, 영상 리뷰 등
Value (가치)	데이터 분석의 목적은 의미 있는 가치 도출	방대한 데이터 중 경영·서비스 개선에 활용 가능한 정보를 추출해야 함.	VOC에서 반복 민원 유형을 분석하여 서비스 개선안 도출
Complexity (복잡성)	데이터의 구조 및 연관 관계가 복잡함.	데이터 간 상호 관계 및 해석 과정이 난이도 높음.	고객 세그먼트별 행동 분석, 고객 여정 데이터 통합 분석

(2) 빅데이터 기술의 의미

빅데이터 기술은 디지털 환경에서 생성되는 대규모 데이터를 수집·저장·분석·표현하는 기술을 의미한다. 기업은 다양한 형태의 고객정보를 통합적으로 분석함으로써 보다 정확하고 효과적인 서비스 대응과 의사결정을 수행할 수 있게 되었다.

① 대규모 데이터 처리 기술

빅데이터 기술은 데이터의 생성 → 수집 → 분석 → 시각화의 전 과정에서 대량 데이터를 효율적으로 다룰 수 있는 기술 역량을 포함한다.

② 다양한 형태의 고객정보 분석 가능

텍스트, 음성, 영상 등 정형·반정형·비정형 데이터를 모두 분석할 수 있어 고객 경험과 행동에 대한 더 깊은 이해가 가능하다.

③ 정확한 예측 능력 강화

기존 기술로는 분석하기 어려웠던 방대한 데이터 속 패턴과 의미를 도출하여 고객 니즈, 소비 변화, 서비스 리스크 등을 사전에 예측할 수 있다.

④ 사회 및 시장의 복잡성에 대응

빅데이터 기술을 활용하면 빠르게 변화하는 사회와 시장 환경을 정확하게 파악하고 기업·공공기관 등 조직 운영의 효율성을 높일 수 있다.

⑤ 개인 맞춤형 서비스 실현

　고객 개개인의 취향, 상황, 구매 이력에 기반해 개인화된 추천 서비스, 맞춤형 마케팅, 고객 관리가 가능해졌다.

4 빅데이터 수집

(1) 기존 VOC시스템의 한계

기존 VOC 시스템은 주로 기업 내부 접수 채널을 통해 들어오는 고객 의견에 초점을 맞추고 있었기 때문에 고객 전체의 경험과 시장의 변화를 충분히 반영하기 어렵다는 한계를 지닌다.

한계 요소	설명
기존 고객 중심의 정보 편중	VOC가 이미 기업과 거래 관계가 있는 고객에게서만 수집됨.
사후적 대응 중심	문제가 발생한 이후의 불만과 요구에 집중되어 선제적 대응이 어려움.
경쟁 고객 의견 미포착	경쟁사 제품/서비스를 이용하는 고객의 의견과 시장 반응을 분석하지 못함.
잠재 시장 및 신시장 정보 부족	새로운 고객층, 시장 변화, 트렌드 등 미래 기회 요인을 놓치기 쉬움.
신상품/신서비스 사전 기대 파악 한계	출시 전 고객의 반응, 기대, 관심도를 사전에 식별하기 어려움.
비정형 데이터 처리 한계	VOC 데이터의 약 80%가 텍스트·이미지·영상 등 비정형 데이터인데 기존 시스템은 이를 분석하지 못함.
영향력 있는 '빅 마우스(Big Mouth)' 모니터링 부족	SNS·커뮤니티에서 여론을 형성하는 핵심 영향자의 입장과 반응을 파악하기 어려움.

(2) VOC빅데이터 수집과 활용의 조건

VOC 빅데이터를 효과적으로 수집하고 활용하기 위해서는 데이터 접근성, 인프라, 분석역량, 조직체계가 함께 갖추어져야 한다.

조건 영역	내용 요약	상세 설명
VOC 데이터 접근성	외부 데이터와 내부 VOC의 결합·활용 가능성 확보	• 기업 내부 VOC뿐 아니라 SNS·커뮤니티·검색어 등 외부데이터와의 연계가 필요 • 이를 위해 개인정보 보호, 보안, 지적재산권, 법적 책임에 대한 사전 대비 체계 확립이 요구됨.
빅데이터 인프라 구축	클라우드 기반 통합 분석 체계 필요	• 전사적으로 분산된 데이터를 클라우드 기반으로 통합하여 공유/접근성 강화 • 데이터가 한 곳에서 분석 가능한 전사적 통합 데이터 체계가 필요

분석역량 확보	대용량 데이터 분석 및 실시간 의사결정 체계 필요	• 텍스트 마이닝, 감성 분석 등 비정형 데이터 분석 기술 확보 • 내부 DB와 결합하여 경보시스템(Warning System) 구축 • 실시간 결과 시각화와 즉각 대응 가능한 의사결정 지원 체계 필요
VOC 데이터 중심 조직 운영	전문 분석 조직 + 데이터 기반 의사결정 문화 필요	• VOC 분석을 전담하는 전문조직 및 전문 인력 양성이 필수 • 조직 전반이 데이터에 근거하여 의사결정하는 구조를 가져야 함. • VOC 빅데이터에 대한 통찰을 도출할 수 있는 전문가 확보 필요

5 빅데이터의 분석기법 ✿

(1) 분석기술

분석기법	개념 정의	활용목적	예시
텍스트 마이닝	비정형·반정형 텍스트 데이터를 자연어 처리(NLP) 기술로 분석하여 의미 있는 정보를 추출·가공하는 기술	고객의 언어 속에 숨겨진 주요 이슈·패턴·키워드 파악	VOC 코멘트에서 반복적으로 등장하는 불만 요인 추출
오피니언 마이닝	소셜미디어·리뷰 등 텍스트 데이터를 긍정·부정·중립 감성으로 판별하는 감성 분석 기술	고객의 감정 반응·평판 흐름을 수치화하여 파악	브랜드 리뷰에서 긍정·부정 비율 모니터링
소셜 네트워크 분석	소셜 네트워크상에서 사용자 간 관계와 연결 강도를 분석하여 영향력·확산 구조를 파악하는 기술	여론 확산 구조와 핵심 영향자(빅마우스) 식별	인플루언서, 커뮤니티 리더, 여론 주도자 탐색
군집 분석	유사한 특성을 지닌 데이터를 그룹으로 분류하는 분석 기법	고객을 세분화하여 맞춤 서비스 제공	'가격 민감 고객', '프리미엄 선호 고객' 등 고객군 도출

(2) 표현기술

표현 기술이란, 빅데이터 분석을 통해 도출된 의미와 가치를 사용자가 쉽게 이해할 수 있도록 시각적으로 표현하는 기술을 말한다.

① 복잡한 데이터를 차트, 그래프, 대시보드, 워드클라우드, 네트워크 맵 등의 형태로 시각화하여 인사이트를 직관적으로 전달할 수 있다.

② 데이터 시각화는 경영진 보고, 현장 직원 공유, 실시간 의사결정 지원 등에 활용되며 데이터 기반 의사결정을 강화한다.

6 빅데이터의 분석결과 종류

빅데이터 분석을 통해 기업은 고객의 행동, 감정, 선호, 사회적 반응 등을 다각도로 파악할 수 있으며, 이를 기반으로 서비스 개선, 상품 개발, 마케팅 전략 수립에 활용할 수 있다.

분석 유형	정의 및 내용	활용 목적
키워드 분석	특정 키워드와 관련된 내·외부 데이터의 연관 관계를 파악하는 분석	고객이 무엇을 언급하고 있는가 파악
트렌드 분석	키워드의 시기별·미디어별 변화를 비교하여 관심도, 패턴, 급증 세그먼트 등을 확인	시장의 흐름 및 이슈 발생 시점 파악
평판 분석	특정 제품·서비스·인물 등에 대한 긍정·부정·중립 감성 경향을 분석	브랜드 이미지, 고객 감정 및 반응 파악
빅데이터 분류, 군집분석	유사 특성을 가진 데이터를 자동으로 분류하거나 그룹화하는 분석	고객 세분화, 타깃 맞춤 전략 수립
지역정보 기반 분석	위치·지역 데이터를 활용하여 지역별 니즈, 동향, 수요 패턴을 분석	지역 맞춤형 상권 전략/서비스 전략 수립
빅데이터 네트워크, 영향력 분석	소셜 네트워크 내 정보 확산 구조, 핵심 영향자(빅마우스) 파악	여론 형성자·정보 전파 경로 이해 및 대응
특정 분야별 비교분석	분야·브랜드·키워드 간 차이를 상대적으로 비교	경쟁사 분석, 시장 포지셔닝 전략 수립

Key Insight

데이터 수집 기술 ★☆

구분	양적 데이터 수집	질적 데이터 수집
조사 방식	구조적 조사 방법(설문, 체크리스트 등)	비구조적 조사 방법(인터뷰, 관찰, 사례기록 등)
데이터 형태	숫자 데이터, 수치화 가능한 정보	언어·서술·상황·맥락 중심 정보
분석 방법	평균, 표준편차 등 기술통계 및 통계 분석 활용	내용 분석, 의미 해석, 주제 추출 등 서술적/해석적 분석, 요약
장점	분석이 용이하고 객관적 비교 가능	심층적 이해와 맥락 중심의 해석 가능
목적	정밀하고 객관적인 측정이 필요할 때	경험·감정·이유·동기를 깊이 이해할 때
표본 수	많은 표본 사용 → 일반화 가능	적은 표본 사용 → 심층적 정보 획득
소요 노력	상대적으로 수집·분석이 효율적	수집·정리·해석에 많은 시간과 노력 필요

Chapter 03

우수 / 불량고객 분류

01 불량고객 유형

1 불량고객의 개념

불량고객은 서비스 제공 과정에서 비협조적·부적절·공격적인 태도를 보이며 서비스 전달을 방해하거나 다른 고객과 직원에게 부정적 영향을 미치는 고객을 말한다. 불량고객이 많을 경우 다음과 같은 문제가 발생한다.

(1) 직원의 감정 소모 증가 → 감정노동 심화, 스트레스 및 근무 의욕 저하

(2) 다른 고객의 서비스 경험 악화 → 서비스 환경의 부정 분위기 확대, 만족도 하락

(3) 기업 이미지 및 신뢰도 하락 → 외부 구전/평판 악화 → 브랜드 가치와 재방문 의도 감소

2 제이커스터머

제이커스터머는 무단횡단자를 의미하는 제이워커(Jaywalker)에서 유래된 용어로, 서비스 과정에서 무례한 언행, 부적절한 요구, 과도한 클레임을 제기하여 기업, 직원, 그리고 다른 고객에게 부정적 영향을 미치는 불량고객을 말한다. 이들은 서비스나 제품을 의도적으로 잘못 사용하거나 왜곡된 방식으로 소비하여 기업의 약점을 공격하고 과도한 보상이나 혜택을 요구하는 특징을 가진다.

(1) 발생원인

구분	주요 요인	설명
고객 측면	개인적 성향(성격·태도)	고객의 성격, 감정 조절 능력 부족, 공격적/비협조적 태도 등이 원인이 될 수 있다.
	소비자 권리의식의 왜곡	소비자의 권리 주장 자체는 정당하나, 이를 과도하게 사용하거나 오용하여 부당한 요구로 이어지는 경우가 있다.
	과도한 기대 수준	서비스에 대한 기대가 비현실적으로 높을 경우, 기대 불일치가 불만과 공격 행동으로 나타난다.
기업 측면	과대약속 경향	홍보·광고 과정에서 과장된 약속을 제공하면, 고객은 실제 서비스가 부족하다고 느끼게 된다.
	부정확한 정보 제공 및 커뮤니케이션 오류	제품/서비스 설명이 정확하지 않거나 직원 안내가 불명확할 경우 오해와 오접점이 발생한다.
	판매 중심의 경영환경	고객 관계보다 매출 중심의 조직문화는 고객의 불신과 불만을 키울 수 있다.

사회적 측면	인터넷·SNS를 통한 정보 확산	고객 간 의견 공유 속도가 빨라지면서 불만이 집단적·확대적 형태로 확산될 수 있다.
	매스미디어의 영향	TV·유튜브·리뷰 콘텐츠를 통해 소비자의 영향력·특권 인식이 강화된다.
	시장 환경 변화(공급자 → 수요자 중심)	기업보다 고객의 선택권이 강해진 시장에서 고객은 더 큰 힘을 행사하려는 경향이 나타난다.

(2) 제이커스터머 유형

유형	개념 정의	특징	예시(서비스 접점 상황)
도둑형	대가 지불 의사 없이 제품이나 서비스를 이용·획득하려는 고객	고의적 무임승차, 악의적 환불 요구 등 사기성 행동	진료 후 진료비 미지불, 카페에서 주문 없이 자리만 사용 후 이탈 등
위법형	서비스 제공을 위해 마련된 규정·절차를 지키지 않는 고객	대기번호, 수용인원, 위생규정 등 이용 규칙 무시	"난 그냥 들어갈게요" 하며 대기열 무시하고 난입하는 경우
호전형	서비스 현장에서 소리치기, 욕설, 모욕, 위협 등 공격적 태도를 보이는 고객	감정 조절 부족, 직원·고객에게 공격적 언행	"내가 누군지 알아?"라고 고함·협박하는 상황
내분형	다른 고객과 다투거나 불편을 야기하는 고객	서비스 현장 분위기 악화, 타 고객 만족도 저하	식당에서 자리, 소음, 순서 문제로 타 고객과 말다툼
파괴형	기업의 물품·시설을 고의로 훼손하는 고객	감정 표출을 시설 파괴로 연결	식당 의자 발로 차기, 비품 부수기, 기계 파손 등
부랑자형	지불 능력 또는 지불 의사가 없으며 사용 후 사라지는 고객	호텔·식당 등에서 이용 후 무단이탈	객실 이용 후 계산하지 않고 도망가는 스키퍼(skipper)

(3) 제이커스터머 대응 방법

유형	대응 원칙	구체적 대응 방법
도둑형	사전 예방 중심	상품 태그 부착, 도난방지시스템 구축 등으로 부정행위에 대한 경각심과 제재 근거 마련
위법형	규칙의 명확성 & 고객 인지 개선	• 규칙이 필요한 이유를 명확히 안내 • 규칙이 고객에게 과도한 불편을 주지 않는지 검토 • 간결하고 직관적인 규칙 제시 및 사전 안내
호전형	직원 대응 역량 강화	• 직원 대상 상황별 응대 교육 및 훈련 실시 • 실제 사례 기반 대응 매뉴얼과 감정완화 스크립트 제공
내분형	상황 분리와 중재	• 타 고객에게 피해가 가지 않도록 즉시 분리 • 별도 공간에서 감정 진정 → 대화와 합리적 대안 제시 • 관리자·지원부서 참여 가능한 응급 대응 체계 구성
파괴형	증거 확보 & 명확한 조치	• CCTV 기록 확보 후 대응 • CCTV 설치 시 녹화 사실을 안내하여 억제 효과 강화
부랑자형	이용 전·후 관리 강화	선불제 도입, 보증금 제도, 서비스 종료 즉시 빠른 청구 등 사전 예방 시스템 구축

③ 무책임형 고객

무책임형 고객은 감정적으로 반응하고 비합리적인 사고방식을 바탕으로, 자기중심적인 행동을 보이며, 서비스 제공 과정에서 갈등과 충돌을 유발하기 쉬운 고객을 말한다.

(1) 감정적이고 비합리적으로 사고하고 행동하며, 자기중심적이다.

(2) 서비스 과정에서 불안정성과 실패, 충돌 위험이 높다.

(3) 타협과 조율이 어렵고, 타인의 의견을 잘 받아들이지 않는다.

(4) 안하무인식 태도로 상대를 낮추어 보거나 상하 관계를 강요하는 경향이 있다.

(5) 다른 고객에게 불편을 초래하거나 영업 행위 자체를 방해할 수 있다.

(6) 원칙·제도·정책·프로세스를 무시하고 자기 방식대로 행동하려 한다.

(7) 공익성과 사회성이 부족하며, 자만·과시 성향을 보인다.

④ 블랙컨슈머 ✿✿

(1) 보상을 목적으로 계획적이고 의도적인 악성 민원을 제기하는 소비자를 말한다. 단순한 불만 표현이나 서비스 요구가 아니라, 보상·환불·혜택 획득을 목표로 고의적으로 문제를 만들어내는 유형이다.

(2) 블랙컨슈머의 부당한 요구는 기업의 인력과 비용을 과도하게 소모시키며, 그 결과 정상적인 소비자에게 제공되어야 할 서비스 자원이 감소하게 되어 다른 소비자에게 손실을 초래한다.

(3) 블랙컨슈머는 서비스 갈등의 수준을 넘어 의도적·반복적·계획적 조작 행위를 포함하기 때문에 단순한 불량고객이 아니라 '범죄 행위'에 가까운 유형으로 분류하는 것이 보다 정확하다.

02 ▶ 우수고객 유형

① 화이트컨슈머 ✿

(1) 화이트컨슈머는 기업과 소비자의 관계를 상생의 관계로 이해하고, 소비자로서의 권리와 의무를 균형 있게 실천하는 소비자를 의미한다.

(2) 이는 소비자를 단순한 보호 대상이 아니라 소비 활동의 주체로 인식하는 관점의 변화에서 비롯된다. 즉, 소비자는 스스로 책임을 지고 올바른 선택과 요구를 해야 하는 존재로 본다.

(3) 화이트컨슈머는 자신의 소비 행동이 사회에 미치는 영향을 고려하여, 공정하고 책임 있는 소비자 역할을 수행하는 것이 핵심이다.

2 책임형 고객

(1) 책임형 고객은 서비스 과정에서 이성적·합리적·일관성 있게 참여하는 고객을 의미한다.

(2) 이들은 개방적이고 사교적이며 타협과 조율에 능한 태도를 보이는 동시에, 상황에 따라 정의감과 원칙에 기반한 엄격함을 유지할 수 있다.

3 책임형 고객의 행동 특징

특징	설명
가치 인정 태도	서비스 과정에서 발생하는 모든 요소들이 각자 나름의 가치가 있다고 보려는 태도를 가진다.
공동생산자로서의 참여	서비스 제공자와 함께 지식·경험·상식·양심을 바탕으로 자신의 역할을 성실히 수행한다.
공동체적 의미 추구	소비를 단순한 개인 만족이 아닌, 사회·문화적 의미가 있는 참여 행위로 바라본다.
지속가능성 고려	과소비·환경오염·자원 고갈 등의 문제를 의식하고 책임 있는 소비 행동을 실천한다.

4 올바른 고객의 특성

올바른 고객은 기업과의 관계 속에서 상호이익과 상생의 소비문화를 실천하는 고객을 의미한다. 이들은 책임 있는 소비와 올바른 커뮤니케이션을 통해 건강한 서비스 환경을 형성한다.

특성	정의 및 설명
순가치	고객이 기업에게 제공하는 가치가, 고객에게 서비스를 제공하는 데 드는 기업 비용보다 높은 상태
도덕성	서비스 이용 과정에서 법과 규칙, 사회적 기준을 준수하는 태도
절제된 소비	경제적 능력 범위 내에서 합리적으로 소비하는 태도
시간 엄수	예약·상담 등 기업과의 약속 시간을 정확히 지키고, 대금 지불 또한 성실하게 이행함.
커뮤니케이션 반응성	기업의 안내, 공지, 서비스 커뮤니케이션에 적절하게 반응하고 이해하려는 태도
건전한 습관	금연, 적정 음주, 타인에 대한 존중 등 건강하고 균형 잡힌 생활 태도
안전 준수	서비스 이용 과정에서 자신과 타인의 안전을 고려하는 소비 행동
권리와 책임	소비자의 권리뿐 아니라 의무와 책임 또한 균형 있게 수행하며 협력적 관계를 지향

정당한 불평	문제 상황 발생 시 정확하고 합리적인 불평 제기를 통해 서비스 개선에 기여
추천 의사	가치 있다고 판단될 경우 주변 사람에게 자발적으로 추천하는 행동
안정성	감정 기복이 적고 서비스 이용 행동이 예측 가능하며 일관된 고객

03 고객숙련도에 따른 고객 유형 분류

(1) 고객숙련도란 고객이 서비스 과정에서 자신의 역할을 얼마나 잘 이해하고 수행할 수 있는지를 의미한다. 고객의 숙련 정도에 따라 서비스 제공자에게 기대하는 지원 수준이 달라지며, 서비스 제공자는 고객의 숙련 수준에 맞추어 서비스 방식과 안내를 조정해야 한다.

(2) 고객숙련도가 높다는 것은, 고객이 서비스 과정에서 요구되는 지식, 경험, 태도 등을 충분히 갖추고, 서비스 성공을 위해 적극적으로 협력할 의지와 참여 태도를 지니고 있음을 의미한다.

🔷 고객숙련도에 따른 고객의 분류☆

구분	태도-우수	태도-불량
역량-유능	숙련고객	태도개발고객
역량-무능	학습지원고객	미숙련고객

유형	정의	특징	서비스 제공자의 대응방향
숙련고객	고객역할 수행에 필요한 역량과 태도가 모두 우수한 고객	• 서비스 성공을 위해 적극적으로 참여 • 서비스 절차를 잘 이해하고 협력적 행동을 보임.	• 더 많은 역할 수행 기회 제공 • 역할 수행에 대한 보상과 인정으로 동기 부여 • 향후 고객 역할 모델로 활용 가능
학습지원고객	태도와 의지는 있으나 역량 부족으로 인해 역할 수행이 어려운 고객	• 서비스 성공에 기여하고 싶은 의지는 높음. • 역할 수행 방법이나 정보가 부족함.	• 역량 개발을 위한 교육·안내·가이드 제공 • 불안감을 낮추는 친절한 설명과 단계별 지원
태도개발고객	역량은 충분하나 역할 수행 의지·태도가 낮은 고객	• 자신의 역할을 서비스 제공자에게 전가하려는 경향 • 역할 수행의 가치와 필요성을 체감하지 못함.	• 고객 역할의 의미·가치 설명 • 역할 수행 시 보상·편익 명확화 • 참여 유도 인센티브 제공
미숙련고객	역량과 태도 모두 부족한 고객	• 서비스 가치를 잘 이해하지 못함. • 불완전 판매 / 정보 부족 / 경험 부족에서 기인	• 태도 개발 → 역량 학습의 순서로 지원 • 고객 이해 수준에 맞춘 기초적 안내 제공

04 거래인식에 따른 고객 유형 분류

유형	거래관계인식	개념 정의	주요 특징	대표 행동
고객 시민행동	Win-Win (상생)	서비스거래를 상호이익 관계로 이해하고, 서비스 성공에 협력적으로 참여 하는 고객	• 서비스제공자에게 감 사하는 태도 • 자신의 역할을 성실히 수행 • 타 고객을 돕거나 긍 정적 분위기를 조성함. • 기업 발전을 위한 건 설적 제안 행동을 함.	자발적 추천, 직원 친절 칭찬, 고객 간 배려 행 동, 개선 제안
고객 노예행동	Win-Lose (빼앗으면 이득)	서비스제공자를 일방적 으로 이용·착취하려는 고객	• '많이 얻을수록 이득' 이라는 인식 • 필요하지 않은 서비 스나 혜택까지 요구 • 고객 권리의식이 과 잉·왜곡된 상태	과도한 환불/서비스 요 구, 반복적 민원 유도
고객 적대행동	Lose-Lose (상대도 손해 봄)	서비스 실패나 불공정성 을 인식했을 때, 기업· 직원·타 고객에게 보 복하려는 고객	• 서비스 가치보다는 보 복·응징 의도가 우선 • 공격적 언행, 부정적 구전, 기물 파손, 낭비 적 사용 가능 • 불공정성 인식이 적대 행동의 핵심 촉발 요인	악성 리뷰 확산, 의도적 물품 훼손, 타 고객 불 편 유발, 부정적 여론 조성

Part 03

Chapter
04 컴플레인의 개념 이해

01 서비스 실패(Service Failure) ✿✿

1 서비스 실패의 정의

(1) 서비스 전달 과정이나 결과에서 고객이 만족스럽지 못한 경험을 하게 되는 상황을 의미한다. 이는 서비스제공자가 인지한 경우는 물론, 인지하지 못한 고객의 모든 부정적 경험까지 포함한다.

(2) 동일한 수준의 서비스라 하더라도 대다수 고객에게는 문제가 없을 수 있지만, 특정고객에게는 심각한 서비스 실패로 인식될 수 있다. 이 경우 서비스 제공자는 해당 불만을 즉시 인지하지 못할 가능성이 높다.

(3) 따라서 서비스 실패에는 서비스제공자가 파악하지 못한 고객의 부정적 경험 또한 반드시 포함되어야 하며, 이는 고객만족, 서비스 개선, 문제 예방 관점에서 중요한 요소로 다뤄져야 한다.

2 서비스 실패의 유형

(1) 서비스 실패는 고객이 서비스 과정과 결과에서 공정성과 정의를 기준으로 판단할 때 발생하는 개념이다. 고객은 자신이 지불한 비용, 시간, 노력에 대해 정당하고 합리적인 서비스 품질을 제공받았는지를 중심으로 서비스의 성공 여부를 인식한다.

(2) 만약 고객이 지불한 가치에 상응하는 공정하고 정의로운 서비스 결과를 받지 못했다고 느낀다면, 서비스 제공자의 의도와 관계없이 고객은 이를 서비스 실패로 인식하게 된다.

3 서비스실패이론 – 공정성 이론(Equity Theory)

(1) 공정성 이론은 고객이 자신이 투입한 가치(시간, 비용, 노력)와 받은 보상(서비스 결과, 혜택, 만족)을 타인과 비교하여 그 비율이 동일하면 공정하다고 느끼고, 그렇지 않으면 불공정하다고 인식하는 이론이다.

(2) 만약 고객이 다른 고객이나 다른 상황과 비교했을 때, 자신이 받은 보상이 더 낮다고 판단하면 공정성이 깨졌다고 느끼며, 이는 서비스 실패로 인식된다.

공정성 유형	핵심질문	설명	예시
분배의 공정성	"결과가 공평했는가?"	고객이 받은 서비스 결과물이나 보상 수준이 적절하고 공평하다고 느끼는 정도	동일 상황에서 고객 간 혜택·보상 차별이 없었는가?
절차의 공정성	"과정이 공평했는가?"	서비스 제공 과정에서 사용된 절차·규칙·정책이 공정하게 적용되었는지 여부	대기 순서, 접수 절차, 처리 기준 등이 일관성 있게 운영되었는가?
상호작용의 공정성	"대우가 공정했는가?"	서비스 접점에서 이루어지는 직원과 고객 간의 의사소통과 대우의 적절성을 의미	직원의 태도, 말투, 공감, 설명 방식이 존중과 배려를 담고 있었는가?

④ 서비스 실패의 원인 ✿✿

구분	주요 원인	세부 내용
기업 측 원인	제품 문제	품질 불량, 수리 및 수선 미흡
	서비스 제공 문제	불만고객에 대한 인식 부족, 고객 감정 배려 부족, 무성의한 태도
	지식 및 역량 부족	업무·제품 지식 부족, 설명 및 의사소통 미흡
	운영 프로세스 문제	서비스 관리 소홀, 지원 시스템 부족, 내부 커뮤니케이션 미흡
	신뢰 저하 요인	교환·환불 지연, 약속 불이행, 단기간 이익 중심 운영
고객 측 원인	기대 수준 문제	고객의 과도한 기대, 제품·기업에 대한 잘못된 인식
	인지 및 판단 오류	기억 착오, 성급한 결론, 독단적 해석
	감정 및 태도 문제	고압적 태도, 감정적 반발, 심리적 불안정
	의도적 불만 제기	할인·보상 목적의 고의적 항의, 거래 중단 심리로 인한 불만

⑤ 서비스 실패의 영향

📦 서비스 실패의 영향

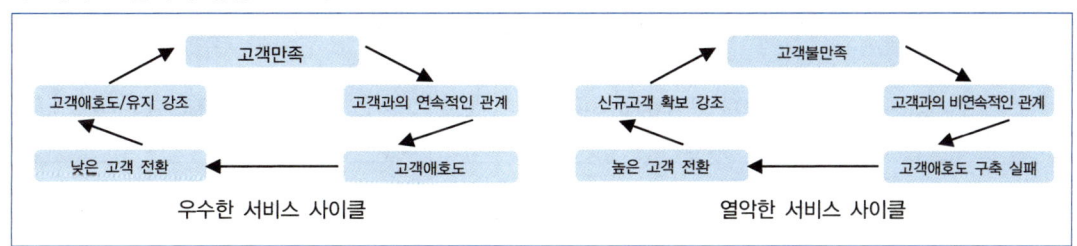

우수한 서비스 사이클   열악한 서비스 사이클

⑴ **부정적 구전 확산**

불만족한 고객은 자신뿐 아니라 주변의 잠재고객에게 부정적 경험을 전파하여 기업이 새로운 고객을 잃게 할 가능성이 높다.

⑵ **브랜드 기대치 하락**

부정적 경험은 기업의 제품과 서비스에 대한 기대를 낮추며, 기업 이미지 및 신뢰 형성에 부정적 영향을 미친다.

⑶ **부정 경험의 강한 지속성**

사람은 긍정적 경험보다 부정적 경험을 더 오래, 강하게 기억하기 때문에, 서비스 실패의 영향력은 더욱 크게 남는다.

⑷ **고객충성도 및 수익성 저하**

서비스 실패는 고객충성도 형성 실패로 이어지며, 이는 서비스품질 저하 → 수익률 감소 → 직원 이탈 증가로 연결되는 악순환을 초래한다.

⑸ **침묵 고객의 위험성**

서비스 실패 경험이 있어도 약 95%의 고객은 불평을 표현하지 않으며, 그 중 91%는 해당 기업을 재이용하지 않는다. 즉, 불만을 표현하지 않는 고객이 가장 위험한 고객이다.

6 고객불만을 야기하는 직원의 태도

유형	문제 태도의 예시	고객이 느끼는 감정 및 결과
고객과 함께 흥분하기	"고객님, 제가 그런 뜻으로 말씀드린 건 아니잖아요. 제 얘기는요…"	직원이 감정을 통제하지 못한다고 느껴져 갈등이 더 증폭됨.
고객을 의심하기	"고객님이 잘못 사용하신 거 아닌가요?"	고객은 책임을 전가받는다고 느끼며 모욕감과 불신 증가
정당화하기	"저희도 어쩔 수 없는 부분이라서요…"	기업이 변명한다고 느껴 서비스 품질 신뢰 하락
개인화하기	"누가 처리했는지는 모르겠지만, 제 생각에는…"	조직 시스템 부재를 드러내며, 고객은 불안감과 혼란을 느낌.
응대의 로봇화 (감정 없는 기계적 응대)	(표정 없이) "다음 주에나 가능합니다."	고객은 무시당했다고 느끼며 감정적 불만이 심화됨.
응대 미루기	"급한 일 아닌 것 같으니까 잠시만 기다리세요."	고객의 시간과 가치를 존중받지 못함, 불만 가속
고객 무시하기	"확인해보니 고객님이 ○○하신 게 문제네요."	고객은 비난받고 폄하되었다고 느끼며 강한 적대 반응으로 연결 가능

7 서비스 실패에 대한 고객 반응 ✿

(1) 고객 불평행동

고객은 서비스 실패로 인해 불만족을 경험하면, 그 감정을 해소하기 위해 여러 형태의 불평행동을 보인다. 이때 고객의 반응은 직접 반응, 사적 반응, 제3자 반응으로 구분된다.

① 고객 불평행동의 유형

구분	의미	특징 및 예시
직접 반응	고객이 기업 측에 직접 문제를 제기하고 해결을 요구하는 행동	• 매장 방문하여 항의 • 콜센터/챗봇/게시판에 민원 제기 • 교환, 환불, 재처리 요청
사적 반응	주변 사람들에게 부정적 구전을 하며 불만을 공유하는 행동	• 가족·친구에게 "거기 가지 마"라고 말함. • SNS, 커뮤니티 등에 부정적인 후기 작성
제3자 반응	기업 외부 기관에 문제 해결을 의뢰하거나 고발하는 적극적 행동	• 소비자보호원, 공정거래위원회 신고 • 언론 제보, 법적 소송 제기 등

② 고객 불평행동의 이유

동기 유형	의미	설명 / 특징
보상의 획득	경제적·실질적 손실의 회복	고객은 서비스 실패로 인해 발생한 금전적 손해, 시간 손실, 불편을 보상받기 위해 불평을 제기한다.
분노의 표출	감정 해소 목적	고객은 자존감 손상·불쾌감·좌절감을 회복하기 위해 감정을 표출하며 불평을 한다(감정적 반응 강조).
서비스 개선 도움	건설적 피드백 제공	서비스에 관여도와 애착이 높은 고객은 서비스 품질 개선을 위해 적극적으로 의견을 제시하며 불평을 한다(관계 유지 의지).
다른 고객을 위한 배려(이타주의)	동일 피해 예방	다른 고객이 같은 문제를 겪지 않도록 공익적 목적으로 불평을 제기한다. 문제 해결 시 보람과 만족을 느낀다.

(2) 무(無)불평

① 불만이 있어도 기업에 직접 표현하지 않고 조용히 관계를 단절하는 고객이다.

② 이탈 고객의 약 75%가 부정적 구전을 발생시키며, 이는 잠재 고객의 구매 의사에까지 부정적 영향을 준다.

③ 불평이 없다고 해서 만족한 것이 아니다. 해피콜, VOC 모니터링, 사후관리를 통해 숨은 불만을 조기에 파악해야 한다.

🔷 **서비스 실패에 따른 고객 불평행동**

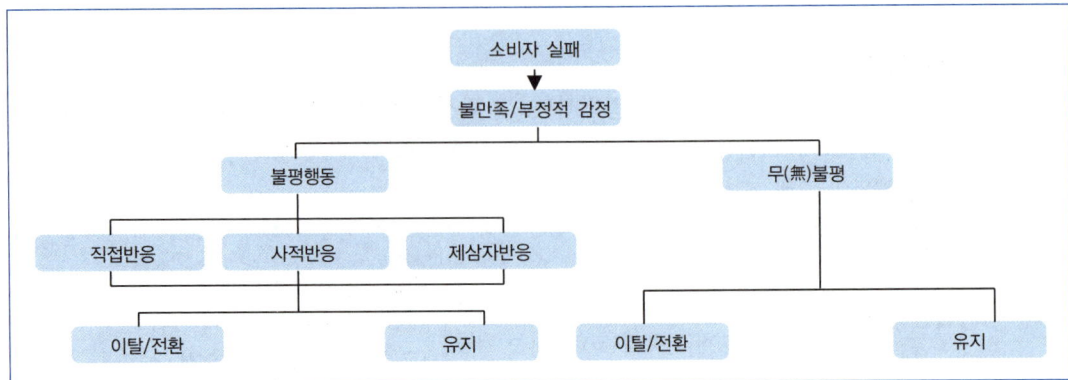

(3) 귀인이론(Attribution Theory)

① 어떤 사건이나 행동이 왜 발생했는지 그 원인을 추론하는 심리 과정을 말한다.

② 고객 반응 경향

　　㉠ 만족 시 : 고객은 성공의 원인을 자신(내적 귀인)에 두는 경향이 있다.

　　㉡ 불만족 시 : 고객은 실패의 원인을 기업·직원 등 외부(외적 귀인)로 돌리는 경향이 있다.

③ 서비스 실패를 외적 귀인으로 인식할수록 고객은 더 큰 불만을 느끼며 서비스 만족도가 크게 하락하고, 불만 표출 강도도 높아지는 경향이 있다.

내적 귀인	• 행동의 원인을 개인의 내적 요인(기질, 성격, 태도 등)에 있다고 판단하는 것 • 서비스 이용 후 발생한 결과의 원인을 본인 스스로에게 돌리는 것을 의미함. • 불만족이 생겼을 때 자신의 선택, 취향, 결정 또는 실수 때문이라고 생각하는 경향
외적 귀인	• 행동의 원인을 상황이나 외부 환경 요인(타인, 제도, 운 등)에 있다고 판단하는 것 • 서비스 이용 후 발생한 결과의 원인을 통제 불가능한 외부 요인에 돌리는 것 • 불만족의 원인을 서비스 기업, 직원, 환경 등 외부 대상에 귀속시키며 자기보호적 해석을 하는 경향

02 　 컴플레인(Complain)의 이해

1 컴플레인의 정의

(1) 컴플레인은 사전적으로 '불평하다, 불만을 표현하다'라는 의미를 가진다.

(2) 고객이 상품 구매 과정 또는 구매 후 품질, 서비스, 불량 등의 문제로 불만을 제기하는 행위를 말한다.

(3) 컴플레인은 단순한 객관적 품질 문제뿐 아니라 고객의 주관적 만족 수준, 심리적 기대 충족 여부까지 포함한다.

2 컴플레인의 의의 ✫✫

(1) 고객의 컴플레인은 상품이나 서비스의 결함을 조기에 파악하여 문제 확산 전에 신속한 개선을 가능하게 한다.

(2) 고객이 불만을 기업에게 직접 표현하도록 유도하면, 제3자에게 전파되는 부정적 구전효과를 줄일 수 있다.

(3) 불만을 표현하지 않는 고객은 조용히 이탈하지만, 컴플레인을 제기하는 고객은 기업에 개선과 관계 회복의 기회를 제공한다.

(4) 컴플레인은 고객이 서비스 품질 향상에 도움이 되는 실제적이고 유용한 정보를 제공하는 역할을 한다.

(5) 성의 있는 컴플레인 처리는 고객에게 큰 만족을 주며, 고객이 지속적 구매고객(충성고객)이 될 가능성을 높인다.

(6) 적극적이고 진심 어린 컴플레인 대응은 기업의 신뢰도를 향상시키고, 고객과의 장기적 관계 유지에 도움이 된다.

Key Insight

클레임(Claim)의 정의
- 사전적으로 '주장하다', '요구하다', '제기하다'라는 뜻을 가진다.
- 고객이 객관적으로 확인 가능한 문제점에 대해 정당하게 이의를 제기하는 행위를 말한다.
- 계약조건이나 표시된 상품 내용과 일치하지 않는 점(품질 불량, 손상, 계약위반 등)에 대해 손해배상이나 시정을 요구하는 고객의 공식적 요구를 의미한다.

◈ 컴플레인과 클레임의 차이 ✫✫

구분	컴플레인(Complain)	클레임(Claim)
성격	객관적 + 주관적 요인 모두 포함	객관적 사실에 기반
내용	불평, 불만, 항의 중심	주장, 요구, 청구 중심
정서적 속성	감정적 표현이 강함.	합리적·사실적 근거 중심
요구 수준	감정 속에 사실적 요구가 섞여 있음.	법적 근거나 규정에 따라 명확히 요구
예시	"서비스가 마음에 안 들어요."	"계약 내용과 다르니 교환 또는 보상 요구합니다."

③ 컴플레인의 처리 원칙

우선 사과의 원칙	불만을 제기한 고객에게는 감정 진정이 우선이므로, 상황 설명 이전에 정중하고 진심 어린 사과를 먼저 표현한다.
우선 파악의 원칙	고객이 불만을 느낀 원인과 배경을 정확히 파악한다(컴플레인인지, 클레임인지 성격 구분 포함).
신속 해결의 원칙	문제 해결은 시간이 길어질수록 불만감이 증폭되므로, 가능한 한 빠르고 명확한 해결책을 제시한다.
비논쟁의 원칙	고객과의 논리적 승부나 책임공방은 상황을 악화시키므로, 말다툼을 피하고 공감·배려 중심으로 대화를 진행한다.

03 서비스 보증

① 서비스 보증의 개념

(1) 보상 약속의 의미

서비스가 약속된 수준에 미치지 못할 경우 교환, 환불, 재이용 등의 보상을 제공하겠다는 기업의 약속을 말한다.

(2) 서비스 회복 및 품질 향상 효과

명확하고 체계적으로 설계된 서비스 보증은 서비스 실패 상황에서 신속한 회복을 가능하게 하고 지속적인 서비스 품질 개선을 촉진한다.

(3) 서비스 보증의 목적

고객을 지속적으로 유지하고, 시장에서의 경쟁력을 확보(시장점유)하며, 서비스 품질을 장기적으로 향상시키는 데 목적이 있다.

② 서비스 보증의 기능

(1) 서비스 품질 향상에 기여

서비스 보증은 기업이 일정 수준 이상의 품질을 지속적으로 유지하도록 내부 관리 기준을 강화하게 한다.

(2) 고객의 기대와 욕구 파악에 도움

고객이 무엇을 중요하게 생각하는지 보증 과정에서 구체적으로 확인할 수 있다.

(3) 명확한 서비스 기준 제시가 가능

서비스 수준과 제공 범위가 명확히 정리되어 고객에게 제시된다.

(4) 서비스 개선활동을 촉진

고객이 제기하는 피드백을 바탕으로 지속적으로 개선 활동을 수행할 수 있다.

(5) 서비스 실패 원인 파악 기회 제공

서비스 실패가 발생했을 때 원인을 분석하고 이를 바탕으로 재발 방지 방안을 마련할 수 있다.

(6) 서비스 제공자에 대한 동기 부여

서비스 목표와 기준이 명확히 설정되므로, 직원들은 성과에 대한 책임감과 동기부여를 갖게 된다.

3 서비스 보증의 설계

(1) 무조건적인 보증

고객이 불만을 제기했을 때 조건을 따지지 않고 보상이 이루어질 수 있어야 한다.

(2) 이해와 소통이 쉬운 보증

보증 내용과 절차는 명확하고 간단하여 고객이 쉽게 이해할 수 있어야 한다.

(3) 고객에게 중요한 보증

고객이 실제로 중요하게 여기는 핵심 가치(품질, 시간, 정확성 등)를 중심으로 보증해야 한다.

(4) 요청하기 쉬운 보증

고객이 보상을 부담없이 요청할 수 있도록 복잡한 증빙이나 절차를 최소화해야 한다.

(5) 받기 쉬운 보증

고객이 신속하고 편리하게 보상을 받을 수 있어야 하며, 처리 과정이 번거롭지 않아야 한다.

(6) 확실한 보증

보상 내용과 방식이 명확하게 규정되어 있어야 하며, 실제로 지켜질 수 있는 수준이어야 한다.

④ 서비스 보증의 분류

보증 유형	핵심 개념	특징	예시
단일 속성 수준의 구체적 보증	하나의 핵심 속성만 보증	고객이 가장 중요하게 여기는 단일 요소에 대해 명확한 기준과 보상 제시	"30분 안에 피자 배달 보증. 지연 시 다음 주문 무료"
다 속성 기준의 구체적 보증	여러 중요한 속성을 동시에 보증	속성의 범위 확대. 보상 기준 또한 구체적으로 명시	"호텔 서비스에서 청결 + 응대 + 식음료 품질 모두 일정 기준 미달 시 무료 숙박권 제공"
완전 만족 보증	모든 서비스 속성을 예외 없이 보증	고객이 만족하지 않으면 무조건 보상. 기업 입장에서는 위험도 높음.	"이용 후 만족하지 않으면 전액 환불"
결합된 보증	완전 만족 + 구체적 속성 보증의 장점 결합	고객 신뢰도가 가장 높아짐. 보상 기준이 명확하면서도 고객 중심	"서비스 전반 불만 시 전액 환불 + 지연 발생 시 쿠폰 제공"

컴플레인의 처리 원칙

Chapter 05

01 서비스 회복(Service Recovery)

1 서비스 회복의 정의

(1) 서비스 제공 과정에서 문제나 오류가 발생했을 때, 이를 해결하고 정상 상태로 돌려놓기 위한 서비스 제공자의 활동을 말한다.

(2) 서비스나 상품이 고객의 기대에 미치지 못해 불만이 생긴 고객을, 다시 만족 상태로 전환하는 과정이다.

(3) 서비스 실패로 인해 고객이 입은 손해를 보상하거나 완화하고, 고객과 기업의 관계를 회복하기 위한 모든 노력과 행동을 의미한다.

2 서비스 회복에 대한 이해 ✿✿✿

(1) **서비스 회복은 새로운 수익 기회**
기업은 서비스 회복을 단순한 문제 해결이 아니라 고객 충성도를 높이고 관계를 강화할 수 있는 수익 창출의 기회로 보아야 한다.

(2) **서비스 회복의 역설은 '첫 번째' 실패에서만 가능**
첫 번째 서비스 실패 상황에서 성공적인 회복이 이루어지면 고객충성도가 오히려 높아질 수 있다. 그러나 두 번째 실패가 반복되면 회복의 역설 효과는 사라진다.

(3) **서비스 관리 역량 강화 효과**
서비스 회복 과정은 기업이 서비스 전달 시스템·절차·교육 등을 재점검하는 계기가 되어 효율적인 서비스 운영 능력을 높이는 데 기여한다.

(4) **즉각적인 대응 필요**
서비스 실패가 발생했을 때는 시간이 지체될수록 고객 불만이 확대되므로 지체 없는 신속한 회복이 중요하다.

(5) **공정성에 대한 기대 충족**
고객은 회복 과정 전반에서 절차적·상호작용적·결과적 공정성을 기대한다. 서비스 실패의 유형에 따른 차별적 회복이나 불명확한 대응은 부정적 인식을 강화시키며, 고객은 "회복되었다."고 체감하지 못하고 있다.

3 불만 관리와의 차이 ✫✫✫

구분	서비스 회복	불만 관리
기준	모든 서비스 실패를 대상으로 함 (표현된 불만 + 표현하지 않은 불만 포함).	겉으로 드러난 불평/컴플레인을 대상으로 함.
대상 고객	불만을 표현하지 않는 고객까지 포함하여 대응	불만을 말로 표현한 고객 중심으로 대응
시점	서비스 실패가 발생한 즉시 기업이 선제적으로 대응	서비스 실패를 기업이 인지한 후 뒤늦게 대응
목표	고객을 만족 상태로 회복하고 관계 유지 강화	고객의 불평을 해결하고 부정적 확산 방지
접근 방식	선제적, 적극적, 관계 중심	사후 대응, 문제 해결 중심

4 서비스 회복의 서비스 철학

구분	거래에 초점을 둔 서비스 회복	관계에 초점을 둔 서비스 회복
핵심 관점	단일 거래 순간(MOT)을 만족시키는 것에 초점	고객과의 장기적 관계 유지에 초점
목적	서비스 실패가 발생한 그 순간의 만족을 보장하기 위한 수단	서비스 실패의 재발 방지 + 고객 평가 강화 + 충성 고객 관계 구축
접근 방향	문제를 즉각적으로 해결하는 데 집중	문제 원인 개선 + 고객 신뢰 형성 + 지속 관계 관리에 집중
특징	단기적·거래 중심	장기적·관계 중심
예시 표현	"이번 건은 바로 해결해드리겠습니다."	"앞으로 같은 일이 없도록 절차를 개선하고, 고객님의 경험을 더 좋게 만들겠습니다."

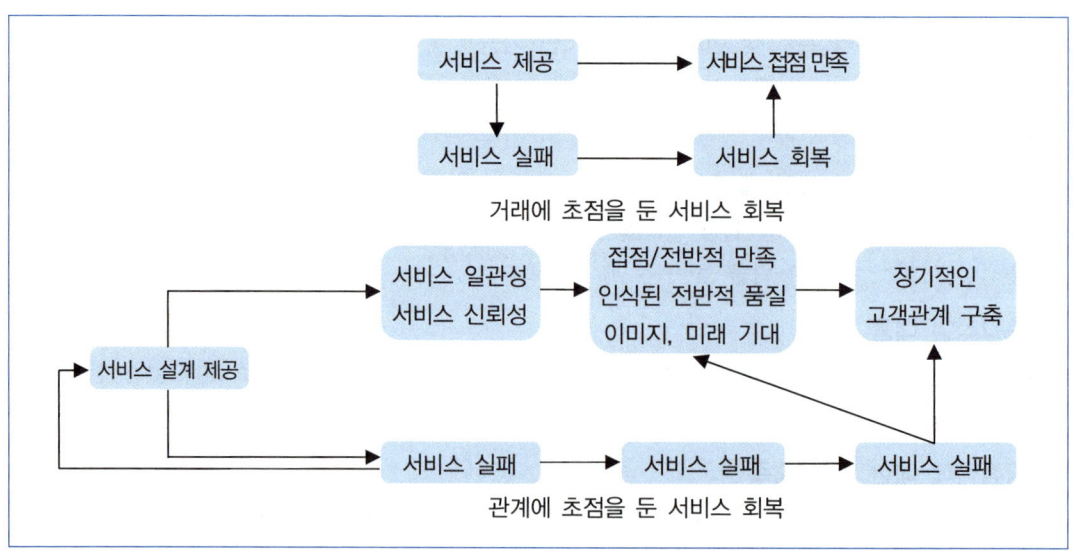

거래에 초점을 둔 서비스 회복

관계에 초점을 둔 서비스 회복

5 서비스 회복의 중요성 ✿✿

불만 고객을 만족 고객으로 전환	• 서비스 회복을 통해 불만족 고객을 만족 고객으로 바꾸는 것이 가능하다. • 회복 과정에서 만족을 경험한 고객의 70% 이상은 기업과의 관계를 계속 유지한다.
고객 유지율 증가	• 고객 불만이 만족스럽게 처리될 경우 85%가 재방문한다. • 서비스 회복은 단순 문제 해결이 아니라 고객 유지 전략의 핵심 수단이다.
고객과의 지속적인 협력 관계 형성	• 효과적인 회복 대응은 기업 정책과 시스템에 대한 고객·직원의 신뢰를 강화한다. • 고객은 서비스 실패를 어떻게 처리하는가를 기준으로 기업을 평가하며, 이는 고객의 충성도와 참여를 높이는 계기가 된다.
서비스 실패의 사전 관리 기능 강화	• 회복 과정에서 수집된 VOC는 향후 서비스 실패를 예방하는 관리 자료가 된다. • 불만이 잘 해결된 고객은 긍정적 구전으로 기업 이미지를 확산시킬 가능성이 높다.
고객 관계 재설정의 기회 제공	• 정상적 서비스 제공보다 실패 후 훌륭한 회복이 더 큰 감동을 줄 수 있다. • 서비스 회복 성공 고객은 기업에 대한 호의적 인식과 충성도를 강화하게 된다.
비용 절감 효과	• 기존 고객 유지 비용 < 신규 고객 획득 비용(약 5배 차이) • 고객 유지율이 20% 향상되면 약 10%의 운영 비용 절감 효과를 기대할 수 있다.

6 서비스 회복 전략의 구성요소 ✿

구분	개념적 정의	핵심 내용	예시
서비스 회복 수단	고객에게 직접 제공되는 회복 결과물	보상, 재수행, 사과 등 무엇을 줄 것인지에 대한 내용	재수행, 환불·보상, 사과·해명
서비스 회복 과정	회복 수단을 어떻게 전달할 것인가에 대한 절차	속도, 태도, 담당자 등 어떤 방식으로 처리할 것인지	회복 주체, 회복 속도, 회복 태도

7 서비스 회복 프로세스

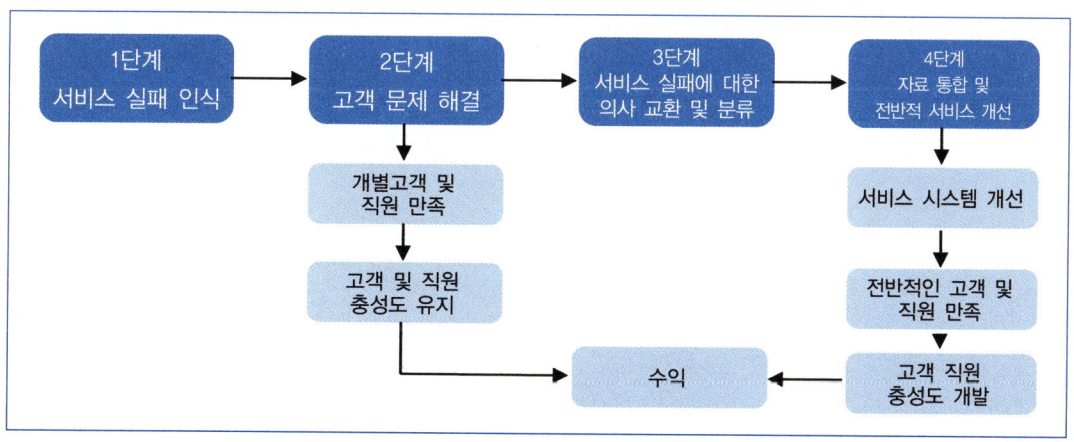

8 적절한 보상수준의 결정요인

기업 이미지	고객이 해당 기업의 서비스가 고급·프리미엄 가치를 가진다고 인식할수록 서비스 회복 시 제공되는 보상 수준은 일반 기업보다 더 높아야 한다(브랜드 가치가 높을수록 보상 기대치도 높아짐).
서비스 실패의 심각성 정도	• 보상은 실패의 규모와 손해 정도에 비례해야 한다. • 너무 과도한 보상은 기업의 비용 부담을 초래할 뿐 아니라 오히려 고객이 보상의 정성·동기를 의심하게 할 수 있다(즉, 적정 수준의 균형이 중요).
고객 상태	• 장기 고객, VIP 고객, 지출 규모가 큰 고객, 영향력이 높은 고객 등 • 기업에 기여도가 높은 고객일수록 보다 세심하고 높은 수준의 보상을 제공하는 것이 바람직하다.

9 서비스 회복 수단의 유형

보상 방식	핵심 개념	설명	예시
사과	감정적 회복	사과의 진정성·태도·전달 방식에 따라 효과가 크게 달라짐.	정중한 사과 + 공감 표현
시정	문제 바로 잡기	서비스 실패가 경미할 경우 즉시 바로잡아 해결하는 방법	음식이 식었을 때 즉시 새로 제공
시정 + α	시정 + 추가 보상	실패가 심각할 경우, 시정 조치에 추가적 혜택을 제공하는 방식	음식 재제공 + 무료 디저트 제공
환불	금전 보상	결제 금액을 되돌려 주는 방법, 고객 수용도는 보통 수준	전액 환불
할인	가격 인하 보상	다음 구매 또는 해당 서비스에 대해 가격을 내려 보상	다음 방문 시 20% 할인 쿠폰
교환	재공급 보상	손상·결함 서비스를 새 제품/서비스로 바꿔 주는 방식	객실 불만 → 상위 객실로 교체
관여	전문가 또는 관리자 중재	관리자 또는 숙련된 직원이 직접 개입하여 문제 해결을 돕는 방식	매니저 직접 상담 및 후속 확인 연락

> **Key Insight**
>
> **서비스 회복의 역설(Service Recovery Paradox)**
>
> ① 개념
>   서비스가 처음부터 아무 문제 없이 제공된 고객보다, 서비스 실패를 경험한 뒤 기업이 이를 '적절하고 만족스럽게 회복'해 준 고객이 오히려 더 높은 만족도와 충성도를 보이는 현상
> ② 핵심 의미
>   서비스 실패는 단순한 위기가 아니라 고객 신뢰를 더욱 강화할 수 있는 기회가 될 수 있음.
> ③ 나타나는 효과
>   ㉠ 재구매 의도 증가
>   ㉡ 긍정적 구전 강화
>   ㉢ 기업에 대한 정서적 신뢰 및 선호도 상승
> ④ 중요한 조건
>   ㉠ 이 효과는 첫 번째 실패에서 회복이 성공했을 때만 가능
>   ㉡ 동일한 실패가 반복될 경우 역설 효과는 사라지고 오히려 불만과 이탈 가능성이 증가함.

Part 03

02 불만 관리(Complain Management)

1 불만 관리의 대두

(1) **기존 고객만족 경쟁 방식의 한계**
   과거에는 고객만족을 위해 경쟁사보다 더 친절하게 서비스를 제공하는 것에 초점을 두었다.

(2) **서비스 경쟁 패러다임의 변화**
   최근에는 단순한 친절보다 고객 불만 요소를 사전에 줄이고, 불만 발생 시 신속하고 효과적으로 처리하는 능력이 새로운 기업 경쟁력으로 인식되고 있다.

(3) **불만 관리의 효과**
   기업은 불만 관리를 통해
   ① 부정적 구전 최소화
   ② 고객 유지율 향상
   ③ 기업 이미지·신뢰도 개선
   ④ 서비스 개선에 필요한 VOC 확보 등의 효과를 얻을 수 있다.

단계	구분	내용
1단계	새로운 서비스 경영 아이디어 확보	고객 불만 사례와 VOC를 통해 서비스 개선 및 혁신 방향을 찾아낸다.
2단계	신(新) 경영 전략 개발	수집된 아이디어를 기반으로 운영 프로세스, 서비스 표준, 직원 교육 등의 전략을 재정비한다.
3단계	고객만족 실현	개선된 전략을 서비스 현장에 반영하여 고객이 체감하는 만족 경험을 만든다.
4단계	고객충성도 향상(충성고객 확보)	만족을 지속적으로 제공하면 고객과의 장기적 관계가 강화되고, 충성 고객으로 발전하게 된다.

2 불만 관리가 서비스 직원에 미치는 영향

(1) 전문성 인정

불만 고객 응대는 난이도가 높은 업무이기 때문에 이를 효과적으로 해결한 직원은 서비스 전문 가로서의 가치를 인정받을 수 있다.

(2) 직무 성장과 자기 개발 기회

불만 고객을 응대하고 해결하는 과정에서 직원은 문제 해결력, 감정 조절, 의사소통 능력 등 직 무역량을 발전시킬 수 있다.

(3) 감정 관리와 긍정적 자기보상이 필요

불만 관리 후 직원은 감정 노동으로 소진될 수 있으므로, 자신에게 작은 보상을 하나 부정적 감정을 정리하여 긍정적인 자기 만족감을 회복할 수 있어야 한다.

03 불만고객 응대원칙 ☆☆☆

1 컴플레인 해결을 위한 5가지 기본 원칙

원칙	핵심개념	실무적용포인트
피뢰침의 원칙	고객의 분노는 '나'가 아닌 '상황·제도'에 대한 불만	감정이 "나에게 향한다" 생각하지 않기. 감정적 방어를 멈추고, 고객 감정을 흡수·완충하는 역할 수행
책임 공감의 원칙	고객은 '누가 잘못했는지'보다 '누가 해결할 수 있는지'를 봄.	담당 여부를 따지지 말고 문제 해결 중심의 태도 유지. "제가 해결 도와드리겠습니다." 한 문장이 핵심
감정 통제의 원칙	감정은 직무 능력의 일부	고객의 감정에 끌려가지 않기. 감정은 '상대 중심'이 아닌 내가 주도해야 함. 침묵·호흡·중립 언어 사용
언어 절제의 원칙	말보다 경청이 우선	고객이 말할 "공간"을 열어줘야 불만이 해소됨. 말 많이 하는 직원일수록 불만을 키움. 핵심은 경청 → 공감 → 명확화
역지사지의 원칙	고객 관점에서 문제를 바라보기	• 고객은 규정·절차에 관심 없음. • "고객의 정당성 욕구"를 인정해주어야 문제 해결이 가능 • "고객 이해 → 신뢰 형성 → 해결 동의" 순

2 고객불만 관리의 성공 포인트

구분	핵심 개념	실행 전략	성과지표 예시
첫 응대 품질 구조화	Warm - Solve - Warm 구조	인사 → 문제정의 → 해결 → 감사로 스크립트 정형화	응대만족도(CSAT), 감정점수(Empathy Score)
신속·정확·최초 해결(FCR)	한 번에 해결되는 경험	상담사 권한 확대, 후선 승인 프로세스 단축	FCR(최초해결률), 재접촉률 감소
셀프서비스 + 상담사 지원 AI	고객은 스스로 해결하고, 상담사는 AI로 빠르게 판단	FAQ·챗봇 해결률 개선, 상담요약/답변추천 적용	셀프해결률, 상담 평균시간(AHT) 단축
재접촉(재민원) 차단	불만 증폭 고리 예방	정책 조정, 후선 SLA 설정, 클로징 체크. "더 필요한 건 없으신가요?"	재민원률, NPS(재추천 의향) 회복
사전 공지·리스크 커뮤니케이션	분쟁 가능 영역 선제 안내	배송·환불·A/S 고빈도 이슈에는 명확한 공지와 선택지 제공	CS채널 불만 비중 감소, 클레임 유형 단순화
VOC 통합과 전사 공유루프	분석보다 '닫는 루프'가 핵심	주간 VOC 브리핑, 개선 발표, 릴리스노트에 반영항목 표기	VOC → 개선 반영 리드타임 단축
공정한 보상·책임 원칙	"사과 + 선택지 + 후속 확인"	감정적 사과 → 구체적 해결 옵션 → 사후 만족 확인	감정케어 만족도, 부정 구전 차단율
옴니채널 일관성	채널별 상이한 답변을 제거	성책/데이터 통합, 동일한 기준과 언어 사용	채널 일관성 점수, 고객 불확실성 감소

Chapter
06

컴플레인의 해결 및 예방법

01 불만 고객 처리 단계

단계	명칭	핵심 목적	구체 실행 내용	현장 예시 문장
1단계	경청	감정 진정 · 상황 파악	• 완충 표현으로 시작 • 말 끊지 않기 • 선입견 없이 전체 맥락 수집 • 감정과 사실을 구분해 메모	"말씀 불편하셨을 상황이 충분히 예상됩니다. 말씀 그대로 끝까지 듣겠습니다. 편하게 말씀해주세요."
2단계	공감과 감사인사	고객 감정의 정당성 인정	• 고객 감정을 그대로 인정 • 비언어적 수용 신호(고개 끄덕임, 부드러운 톤) • 문제 제기 자체에 대한 감사 표현	"그 상황이었다면 누구라도 속상하셨을 거예요. 문제를 말씀해주셔서 정말 감사합니다."
3단계	진심 어린 사과	방어가 아닌 책임의 태도 전달	• 변명 금지 • 잘못/불편 자체를 먼저 인정 • 책임 주체는 '회사/조직'으로 표현	"이번 일로 불편을 드린 점, 진심으로 사과드립니다. 말씀해주신 부분은 저희의 부족함 맞습니다."
4단계	원인분석과 해결방안 모색	해결 가능한 상태로 구조화	• 사건 흐름 재정리 • 필요한 추가정보 질문 • 내부 담당자/정책 확인 • 고객 기대치 명확화	"정확히 해결하려면 ○○ 부분을 한 번만 더 여쭤보겠습니다. 당시 상황은 ○○가 맞으실까요?"
5단계	설명하고 해결 약속	고객이 납득하는 해결안 선택	• 해결안은 선택형으로 제시 (고객에게 통제감 부여) • 불가 시 사유 + 대안 설명 • "누가"보다 "어떻게 해결되는가" 명확히 안내	"현재 상황에서는 두 가지 방법으로 해결이 가능합니다. 고객님께 더 적합한 방향을 선택해 주시면 그에 맞춰 바로 진행하겠습니다."
6단계	신속한 처리	신뢰 회복의 골든타임 확보	• 우선순위 상향 처리 • 진행 상황 중간 공유 • '보이지 않는 노력'도 설명	"지금 바로 처리 시작하겠습니다. 진행되는 대로 10분 내에 문자로 중간 안내 드릴게요."
7단계	처리 확인과 재사과	경험을 긍정 기억으로 전환	• 문제 해결 완료 확인 • 고객 만족도 확인 • 재사과 + 고객 의견에 대한 감사 재표현	"말씀 주신 내용은 ○○로 처리 완료되었습니다. 다시 한 번 불편 드려 죄송합니다. 알려주셔서 감사합니다."
8단계	미래 개선 방안 수립	재발 방지/ 조직학습	• 불만 사례 공유 • 개선안 반영 여부 점검 • 매뉴얼 업데이트 및 교육 반영	(내부 커뮤니케이션 문구) "이번 VOC는 서비스 기준서 4-2항에 즉시 반영합니다."

02 불만 고객 응대 기법 ✰✰

1 MTP기법

MTP기법은 기존 일부 현장 교육 및 실무 자료에서 사람(Man), 시간(Time). 장소(Place)의 조정 기법으로 설명되기도 하였으나, 최근 서비스 커뮤니케이션 관점에서는 Message, Tone, Process 중심의 고객 응대 기법으로 재해석되어 활용되고 있다.

단계	의미	핵심설명	현장 적용 포인트	예시
M(Message)	전달내용	고객에게 전달하는 말의 내용과 메시지	• 변명·책임전가 금지 • 해결 중심 메시지 • 고객관점 언어 선택	• "불편을 겪으신 점은 충분히 이해했습니다." • "이 문제는 이렇게 해결될 예정입니다."
T(Tone)	전달태도	말투·목소리·표정 등 감정 전달 방식	• 차분함 유지 • 공감과 존중의 어조 사용 • 방어형·명령형 금지	• "말씀주셔서 감사합니다." • "고객님 입장에서는 충분히 불편하셨을 것 같습니다."
P(Process)	처리과정	불만을 어떻게 해결하는지에 대한 절차	• 처리단계 명확화 • 선택권 제공 • 진행 상황 공유	• "지금 접수→확인→처리→결과 안내 순으로 진행됩니다." • "0시까지 결과를 안내드리겠습니다."

2 고객에게 맞장구치는 방법

핵심 포인트	설명	실제사용 표현예시	주의할 점
타이밍 맞추기	고객이 말하는 호흡의 끝에 맞춰 짧게 반응	"아, 네." / "그렇군요." / "그렇죠."	너무 빠르게 맞장구하면 가볍거나 성의 없어 보임.
멈출 타이밍 알기	고객이 감정이 올라가 있을 때는 맞장구를 줄이고 경청에 집중	(표현 최소화 + 고개 끄덕임)	감정이 커진 상태에서 맞장구를 반복하면 오히려 고객 감정 자극으로 이어짐.
짧고 감정 실린 맞장구	긴 문장 ×, 짧고 진정성 있는 반응. 음성 톤은 부드럽고 낮게	"아… 그 부분이 불편하셨겠어요." "예, 충분히 이해됩니다."	기계적/반복형 어휘는 금지 ex "예예예예예…"
긍정 방향 유도형 맞장구	고객이 냉정해진 순간 긍정 언어를 강조하여 대화 흐름을 해결 쪽으로 유도	"맞습니다. 그래서 저희가 이렇게 해결해드릴 수 있습니다."	고객이 아직 분노·억울 상태일 때 해결 유도형 맞장구를 하면 거부감 발생

03 불만 고객 응대 후 자기 관리

구분	핵심 개념	내용 요약	실무 적용 팁
자기 만족을 가져라	성취감 인정	어려운 불만 고객 응대를 해결한 것 자체가 이미 전문성의 증명이다. 스스로 긍정적 평가를 해야 한다.	사례 노트 기록
자신에게 보상하라	외재적 동기 부여	감정 소모가 큰 업무 후 작은 보상을 통해 정서 회복 및 다음 업무 의욕을 높인다.	좋아하는 커피 / 산책 / 짧은 휴식
스트레스 등 부정적 기억은 지워라	감정 디톡스	불쾌한 기억을 그대로 두면 다음 고객에게 영향을 미친다. 의도적으로 '감정 종료'를 연습한다.	"지금 상황 종료" 마음 속에서 선언
자신을 객관적으로 들여다보라	피드백 루틴	내가 감정적이진 않았는지, 절차는 충분히 지켰는지 '사후 점검'이 필요하다.	응대 매뉴얼과 비교 점검

04 상황별 고객 응대법

1 서비스 제공 과정에서 발생한 컴플레인 응대

(1) 문제인지
① 서비스 과정에서 발생한 문제임을 즉각 인정하고 사과
② 감정적 사과 + 책임의식 표현

(2) 원인 파악 & 해결 주도
① 문제의 원인을 정확히 파악하고 해결 방안을 제시
② 고객 앞에서 확인 과정은 간결하게

(3) 후속 이행 & 보상
① 해결방안을 즉시 이행하고, 필요 시 보상 제공
② 약속은 반드시 지키기
③ 고객이 "해결되었다."라고 느끼게 마무리 멘트 제공

(4) 응대 시 유의사항
① 문제를 인정하지 않으려는 태도 ⇨ 불신 심화
② 해결을 미루거나 소극적으로 보이는 태도 ⇨ 갈등 확대

2 고객의 무리한 요구로 발생한 컴플레인 응대

(1) 고객 요구에 대한 공감 태도 유지

요구를 바로 거절하더라도 최선을 다하려는 태도를 보여 신뢰를 유지

> ex "말씀 주신 부분 충분히 이해합니다."

(2) 수용 불가 사유를 명확하고 합리적으로 설명

왜 요청을 전부 수용할 수 없는지 구체적·논리적으로 안내. 규정, 정책, 안전, 공정성 등 근거를 제시

(3) 약속 관리 및 책임 회피 금지

지키지 못할 약속은 하지 않고, 책임을 전가하는 태도를 피함.

> ex "확인 후 다시 안내드리겠습니다."

(4) 응대 시 유의사항

① 바로 "안 됩니다"로 응대 ⇨ 방어/대립 구조로 악화
② 직원 개인 의견으로 대응 ⇨ 조직 방침의 일관성 약화
③ 과잉 약속 ⇨ 향후 신뢰 붕괴

3 고객이 서비스 제공 과정에 비협조적인 경우의 컴플레인 응대

(1) 문제 상황 정확히 확인

① 서비스 제공 과정에 실전 문제가 있었는지 사실 기반으로 점검
② 절차, 설명 과정, 직원 대응 등을 빠르게 검토

(2) 정중하고 명확한 안내

① 고객이 상황을 이해할 수 있도록 차분히 설명하고 양해를 구함.
② 공손한 말투, 짧고 명확한 설명

(3) 현장 분위기 안정 및 제3자 피해 방지

① 비협조 상황이 다른 고객에게 영향을 주지 않도록 현장을 정리하고 감정 확산을 방지
② 대화 장소 분리(조용한 공간 / 측면 이동)

Key Insight

컴플레인 마케팅

고객 불만을 적극적으로 듣고, 즉시 시정하거나 개선 데이터를 축적하여 서비스 품질 및 운영 전략에 반영하는 마케팅 방식으로 불만을 위기 아닌 기회로 전환하는 전략

🔷 컴플레인 마케팅 활용 사례

기업/브랜드	실행 내용	핵심 포인트
스타벅스 – '마이 스타벅스 리뷰'	고객 불만, 제안, 칭찬을 온라인으로 상시 접수하고 메뉴/동선/서비스 개선에 즉시 반영	고객 제안 ≠ 불만 → 제품 개발의 출발점으로 활용
맥도날드 – 드라이브스루 대기 시간 VOC 개선	"대기 시간이 길다" VOC 분석 → 조리 프로세스 단순화 + 인력 배치 재조정	불만 데이터 → 운영 프로세스 혁신 사례
호텔업(체인 호텔) – 객실 불만 대응 후 '사후 감사 메시지' 실행	객실 불만 해결 후 고객에게 개별 맞춤 감사 메시지 + 업그레이드 혜택 제공	단순 해결이 아니라 관계 회복 → 충성화 전략
항공사 – 지연·취소 안내 투명화	지연 발생 시 실시간 알림 + 쿠폰/마일리지 제공 + 상황 설명	불만의 핵심은 지연이 아니라 "정보 부재"임을 VOC로 확인
외식 브랜드 – 리뷰 모니터링 전담 운영	부정 리뷰를 단순 대응이 아니라 레시피/조리 매뉴얼 표준화 개선 데이터로 환류	불만 데이터 → 브랜드 일관성 품질 유지 도구

---

05 컴플레인 유형별 분류 및 해결 방법 ☆☆☆

신중하고 꼼꼼한 유형	특징	• 실용성과 기능에 대해 질문을 많이 한다. • 망설임이 많고, 조근조근 논리적으로 따진다. • 이미 알고 있는 사실도 반복 확인한다. • 과도한 친절이나 긴 설명은 오히려 의심을 유발한다.	
	응대 핵심 원칙	• 근거·데이터·사실 중심으로 설명한다. • 과잉 설득이나 과도한 정보 제공을 해서는 안 된다. • 스스로 판단할 수 있는 시간을 제공한다.	

		실행 방법	설명
신중하고 꼼꼼한 유형	구체적 응대 요령	차분하고 성의 있게 답변하기	초조함이나 서두르는 태도는 신뢰를 떨어뜨림.
		사례 및 타 고객 경험 제시	실제 사용 예를 통해 고객의 판단을 도움.
		스스로 비교·검토할 수 있는 여유 제공	"천천히 보시고 결정하셔도 괜찮습니다."와 같은 표현 사용
		핵심만 간결하게 설명	길어지면 오히려 의심과 피로를 유발함.
		증거·수치·기능 근거 제시	객관적 정보로 확신을 느끼게 함.
		자신감 있는 태도 유지	직원이 흔들릴수록 고객도 불안해짐.

성격이 급하고 신경질적인 유형	특징	• 대기 상황을 참지 못하고 끼어들거나 재촉하는 경우가 많다. • 여러 요구를 한꺼번에 말하며 상황을 빠르게 해결하려 한다. • 사소한 부분에도 민감하게 반응하여 감정이 쉽게 표출된다. • 기다림이나 단계적 절차에 대해 조급함을 보인다.	
	응대 핵심 원칙	• 신속함과 정확함을 동시에 보여주는 응대가 중요하다. • 감정적 대응이나 규정 강조는 갈등을 심화시킬 수 있다. • 말투, 표정, 태도는 차분하고 안정된 톤을 유지해야 한다.	
	구체적 응대 요령	**실행방법**	**설명**
		인내심을 가지고 차분하게 대응	고객의 빠른 템포에 휩쓸리지 않는다. 직원이 흔들리지 않을수록 고객의 속도도 안정됨.
		언어 + 행동 모두에서 '신속함'을 표현	"네, 바로 처리하겠습니다." + 빠른 손동작, 명확한 안내 동선
		불필요한 말 줄이고 핵심만 전달	절차 설명은 간결하게, 안내는 짧고 명료하게
		지연이 발생할 경우 즉시 사유 설명 후 양해 요청	"현재 ○○ 확인 중이며, 약 ○분 소요될 예정입니다. 기다리게 해드려 죄송합니다."
		언짢은 표정, 한숨, 규정 강조는 금물	고객은 '속도'를 문제로 제기하는 것이지, 규정을 알고 싶어 하는 것이 아님.
		상황을 신속히 정리하여 해결 중심으로 마무리	결과를 빠르게 제공하는 것이 신뢰 회복의 핵심
빈정거리며 무엇이든 반대하는 유형	특징	• 열등감과 허영심이 공존하며, 겉으로는 자부심이 강한 태도를 보인다. • 문제의 본질보다 말 한마디, 표현 방식, 억양 등 사소한 요소에 집착한다. • 상대의 말을 꼬투리 잡고 반박하는 데 초점을 두며, 대화가 쉽게 감정 방향으로 흐를 수 있다. • 논리적 해결보다는 '자신이 우위에 서 있는 느낌'을 얻는 것이 더 중요하게 작용한다.	
	응대 핵심 원칙	• 고객의 자존심과 체면을 보존해 주는 태도가 핵심이다. • 대화의 초점을 감정 → 해결 주제로 계속 되돌리는 대화 유도 능력이 필요하다.	
	구체적 응대 요령	**실행방법**	**설명**
		고객의 감정과 자존감을 먼저 인정	"그 부분을 예리하게 보셨네요." "말씀 주신 포인트가 중요한 지점입니다."
		사소한 표현 논쟁으로 끌려가지 않기	단어·표현 해석 싸움은 절대 금물. 해결 주제로 다시 유도
		대화의 초점을 주제 중심으로 재정렬	"말씀의 핵심은 ○○ 문제 해결이 맞으실까요?"
		빈정거림을 가볍게 수용하되 과도한 반응금지	정색·감정 반응 → 갈등 증폭 / 가볍고 안정된 톤 유지
		해결 가능 선택지를 제시하여 고객이 선택하도록 유도	고객이 '결정 주도권'을 느끼게 하는 것이 중요
		직원이 이기려고 하거나 논리로 압박하지 않기	이 유형은 논리로 설득이 아니라 체면 보존이 설득의 핵심

쉽게 흥분하는 유형	특징	• 문제 해결 방식이 **본인이 정해둔 단 하나의 방법**만 가능하다고 믿는다. • 타인의 의견이나 안내를 **받아들이려 하지 않는 경향**이 있다. • 표면적으로는 **공격적·호전적**으로 보이지만, 실제로는 **불안·두려움**이 감정의 근원일 수 있다. • 직원이 위축되거나 방어적으로 대응할 경우 **감정이 더 증폭**될 위험이 있다.
	응대 핵심원칙	• **개인적 감정 개입 금지 + 감정 소진을 기다림 + 차분히 주도권 회복** • 목표는 고객을 '설득'하는 것이 아니라, **고객이 스스로 감정을 가라앉힐 수 있는 환경을 만들어주는 것**

	실행방법	설명
쉽게 흥분하는 유형 (구체적 응대 요령)	개인 공격으로 받아들이지 않는다.	"지금 고객님의 불편사항을 회사 차원에서 정확히 듣고자 합니다."
	논쟁·맞대응 절대 금지	감정의 힘이 더 강해져 갈등이 확대된다. 직원은 감정 대신 안정성을 보여주는 축이 되어야 한다.
	감정을 충분히 표현하도록 '공간과 시간' 제공	"말씀 편하게 계속 들을게요." → 감정 소진에 도움이 된다.
	고객의 주의를 부드럽게 다른 방향으로 전환	조용한 자리로 이동, 상황 정리 문장 활용: "핵심을 정확히 확인해서 바로 해결하고 싶습니다."
	설명·사실 안내는 감정 안정 후에 진행	감정이 높은 상태에서 정보 제공은 무의미하고 갈등을 유도한다.
	부드러운 말투 + 웃음 섞인 톤은 금지	부드럽되 가볍지 않게, 진중한 태도로 안정감 전달
	직접 '진정하세요'라고 말하지 않기	대신 우회적 화법: "말씀 속에서 중요한 포인트를 확인해보고 싶습니다." "제가 정리해서 해결될 수 있도록 도와드릴게요."

전문가이고 거만한 자기 과시 유형	특징	• 자신이 **전문가이며 더 잘 알고 있다는** 인식이 강하다. • 본인의 판단과 확신을 **쉽게 바꾸지 않고** 설득에 잘 응하지 않는다. • 말투와 태도는 **겸손한 듯** 보이나, 내면에는 **강한 우월감**이 존재한다. • 상대에게 **권위적 인상**을 주며 주도권을 쥐려는 행동을 보인다. • 직원보다 **책임자나 상위직**을 요구하는 경향이 있다.
	응대 핵심 원칙	• **자존감 인정 → 관계 형성 → 해결 대화로 유도** • 직원이 **전문성 경쟁**을 시도하거나 반론을 제기하면 갈등 심화 → 핵심은 **고객의 우월감**을 보존하며 '문제 해결'로 초점 이동

		실행방법	설명
전문가이고 거만한 자기 과시 유형	구체적 응대 요령	먼저 고객의 능력·지식 수준 인정	"경험에서 나온 말씀이시군요." "상황을 깊이 이해하고 계시네요."
		자존심을 자극하거나 반론하지 않기	논리로 이기려는 태도 → 갈등 급상승
		직원의 전문성 과시 금지	"저도 잘 압니다." "제 경험으로는요."와 같은 표현은 금물
		해결 중심 대화로 자연스럽게 전환	"말씀하신 부분을 반영해서 가장 실현 가능한 방법을 안내드리겠습니다."
		대안 제시시 '선택권'을 고객에게 부여	고객이 통제력을 잃었다고 느끼면 갈등 발생 → 선택지 방식으로 우월감 유지
		책임자를 찾을 때는 과도한 긴장없이 연결하되 상황의 객관 기준은 유지	"책임자 연결해드리겠습니다. 다만 안내가 동일할 수 있는 점 먼저 말씀드립니다."
소리 지르는 유형	특징	• 크게 말하고 고성을 내는 것이 해결 속도를 높인다고 믿는다. • 때로는 욕설·과격한 표현을 사용하며 문제 해결을 압박한다. • 감정 폭발 자체가 '통제하려는 시도'일 수 있다. • 상대가 위축될수록 더 큰 소리로 반복할 가능성이 있다.	
	응대 핵심 원칙	• 직원이 감정의 속도·톤을 낮추는 조절자 역할을 해야 한다. • 상황을 즉시 진정시키려 하기보다 환경과 대화 흐름을 바꾸어 감정 감쇄를 유도한다.	
		실행 방법	설명
	구체적 응대 요령	직원의 목소리 톤을 의도적으로 낮추기	조용하고 천천히 말할수록 고객은 상대적으로 자신의 목소리가 과도하게 높다는 것을 인식하게 된다.
		말 속도 느리게, 문장 짧게	감정 속도를 낮추는 가장 직접적인 방법은 말의 길이와 속도 조절이다.
		언성이 계속 높을 경우 '공간 전환' 시도	"조용한 곳에서 정확히 정리해드리겠습니다." → 장소 이동은 대화를 잠시 끊고 감정을 리셋하는 효과
		주변 고객·현장 분위기 보호 우선	공개 공간에서의 감정 확산을 막는 것이 1차 안정 조치
		논리적 설득·정당성 설명은 감정 안정 후 진행	흥분 상태에서는 정보 제공이 효과가 없고 오히려 갈등 심화 가능

Part
B
03

얌전하고 과묵한 유형	특징	• 감정을 직접 표현하지 않아 속마음을 파악하기 어렵다. • 한 번 신뢰를 형성하면 장기적 거래 고객이 될 수 있으나, 실망하거나 오해가 생기면 말없이 관계를 끊는 경향이 있다. • 말수가 적지만 내면에서는 상황 해석과 감정 반응이 활발하게 일어날 수 있다. • 불만이 있어도 직접적으로 항의하지 않고 마음속에 쌓아두는 특징이 있다.
	응대 핵심 원칙	• 조용함 = 만족이 아니다. • 따라서 직원의 세심함, 정확함, 정중한 표현이 핵심이다. • 말보다 표정, 눈맞춤, 말투, 태도가 고객의 신뢰와 만족에 직접 영향을 준다.

	실행 방법	설명
구체적 응대 요령	말이 적어도 만족했다고 단정하지 않기	"혹시 더 필요하신 부분 있으실까요?"와 같은 확인 질문이 중요
	온화하고 정중한 태도로 차분한 진행	과묵한 고객은 태도와 분위기를 유심히 봄.
	작은 표현·말씨에 세심하게 신경쓰기	단어 선택, 어조, 말의 길이 모두 신뢰에 영향
	반드시 눈을 보며 대화하기	시선 회피는 무관심 또는 불친절로 해석될 수 있음.
	다른 고객 응대 태도도 일관되게 유지	이 고객은 직원의 전체적인 서비스 태도를 하나의 인상으로 평가

깐깐한 유형	특징	• 말수가 많지 않으며 예의를 갖추고 정중하게 행동한다. • 그러나 서비스 과정에서 작은 실수나 절차 누락도 정확히 지적한다. • 겉으로는 부드러우나 내면의 자존심이 매우 강하다. • 직원의 태도·말투·표정 등 세부적인 서비스 완성도를 중요하게 여긴다. • 한 번 신뢰하면 안정적으로 유지되지만, 신뢰가 깨지면 관계 회복이 어렵다.
	응대 핵심 원칙	• 반론 금지 + 감사 표현 + 사전 예방 • 실수에 대한 지적은 직접적인 공격이 아니라 관계 유지의 신호로 이해한다. • 직원이 겸손한 태도로 책임을 인정하고 조치 의사를 명확히 보여주는 것이 중요하다.

	실행 방법	설명
구체적 응대 요령	정중하고 친절한 태도 유지	• 깐깐형 고객은 태도에서의 미세한 변화도 감지 • 일관성이 중요
	지적을 받았을 때는 반론이나 설명 대신 '수용'과 '감사' 표현	"말씀 주셔서 감사합니다. 바로 수정하겠습니다."
	문제의 원인은 간결하게, 해결만 명확히 제시	원인 장황 설명은 변명으로 들릴 위험
	사전 공지·확인·점검으로 불만 가능성을 미리 차단	예방이 가장 효과적인 대응
	기록 및 피드백 공유로 재발 방지	깐깐형 고객은 반복 오류를 가장 민감하게 인식

예상문제

일반형

01 다음 중 VOC에 대한 설명으로 옳은 것은?

① 고객 만족 서비스 교육을 위한 교육 과정 중의 하나이다.
② 콜센터에서 고객의 모든 소리를 저장해 두는 시스템을 말한다.
③ 불만 고객의 소리를 선별하여 저장해 두는 저장 시스템이다.
④ 고객의 소리를 뜻하는 것으로 고객의 불만 접수 통로이다.
⑤ 고객의 승리라는 뜻으로 고객의 권리와 이익이 우선적으로 고려되어야 한다는 소비자 보호와 관련된 것이다.

02 다음 중 기업의 서비스 회복 전략에 대한 설명으로 올바르지 <u>않은</u> 것은?

① 조직은 서비스 회복을 통한 경험적 학습이 가능하다.
② 소비자의 불평·불만 사항은 최대한 빨리 해결해야 한다.
③ 서비스 실패 자체가 처음부터 발생하지 않도록 주의를 기울여야 한다.
④ 소비자의 서비스 관련 불평·불만 사항과 발생 과정을 복합적으로 이해하고 이를 해결해야 한다.
⑤ 서비스 회복 행위는 고객, 서비스, 시간 등의 중요 정도에 따라 차등하여 적용하는 편이 좋다.

03 다음 중 고객 컴플레인 대응 원칙으로 가장 적절하지 <u>않은</u> 것은?

① 고객의 불만을 경청한 후, 문제 상황을 정확히 파악하고 해결 절차를 안내한다.
② 고객 불만은 감정적으로 격해지기 전에 빠르게 종료하는 것이 최우선이므로, 내부 규정에 따라 고객 접점을 최소화하고 불필요한 상담은 생략한다.
③ 처리 과정에서 고객에게 공감의 표현과 사과를 전하며, 필요한 경우 상호 이해할 수 있는 설명을 한 다음 문제를 신속히 해결하도록 한다.
④ 유사 불만이 반복되는 경우, 내부 교육 및 프로세스 개선을 통해 재발을 방지한다.
⑤ 처리 결과를 고객에게 신속하게 안내하고, 고객의 수용 여부를 확인한 뒤 감사의 뜻을 전한다.

04 다음 중 서비스 회복 시스템에 대한 설명으로 옳지 <u>않은</u> 것은?

① 서비스 실패에 대한 회복 계획은 사전에 개발되어 있어야 한다.

② 고객 불평이 일어나기 전에 서비스 회복에 대한 준비는 항상 되어 있어야 한다.

③ 적절한 수준의 권한은 매뉴얼에 준비되지 못한 서비스 실패에 대한 대응을 높여 준다.

④ 고객에게 보상을 제공할 때에는 실패의 심각성에 관계없이 가능한 관대한 보상을 해 주어야 한다.

⑤ 고객이 서비스 품질에 높은 프리미엄이 있다고 인식하고 있다면 서비스 회복과 보상은 일반 수준에 비해 높아야 한다.

05 다음 중 고객 불만을 야기하는 직원의 태도로 볼 수 <u>없는</u> 것은?

① 정당화하기

② 고객 무시하기

③ 고객 의심하기

④ 고객과 같이 흥분하기

⑤ 고객의 이야기 경청하기

06 다음 중 고객의 불평과 불만을 피드백 받기 위한 VOC의 성공조건으로 가장 적절하지 <u>않</u>은 것은?

① 고객 만족 관리 임원들만 VOC 이용

② 고객으로부터의 피드백 발생 시 반드시 기록

③ 고객 불평의 추세판단을 위한 통계보고서 작성

④ 고객으로부터의 피드백을 분류하여 신뢰성 제고

⑤ 제품과 서비스의 수명주기를 통해 적극적으로 추구

07 다음 중 서비스 회복에 대한 설명으로 옳지 <u>않은</u> 것은?

① 서비스 회복을 통해 비용을 절감할 수 있다.

② 고객은 서비스 회복보다 정상적인 서비스에 더욱 의미를 부여한다.

③ 서비스 회복 과정을 통해 수집한 정보는 경영에 유용하게 활용한다.

④ 서비스 회복으로 만족한 고객은 적극적인 참여와 협조를 하게 된다.

⑤ 서비스 회복을 통해 만족한 고객은 서비스 실패를 경험하지 않은 고객보다 기업에 더 호의적이다.

08 다음의 설명 중 '컴플레인(Complain)의 의의'라고 할 수 <u>없는</u> 것은?

① 기업에게 직접 불평하도록 유도하여 부정적 구전 효과를 감소시킨다.
② 상품의 문제점을 조기에 파악하여 문제 확산 전에 신속히 해결할 수 있다.
③ 서비스를 어떻게 개선할 수 있는가에 대한 중요한 자료로 활용할 수 있다.
④ 컴플레인을 제기한 고객의 불만을 회복할 수 있는 기회를 주어 고객 이탈을 방지한다.
⑤ 불만이 있어도 침묵하는 고객을 만들어 고객 이탈을 가속화한다.

09 다음 중 고객 측의 서비스 실패 원인으로 적절한 것은?

① 무리한 판매의 권유
② 원활하지 못한 내부 커뮤니케이션
③ 서비스 지향적인 조직문화의 구축 실패
④ 서비스 프로세스 및 지원 시스템의 결여
⑤ 할인·거래 중단·교환 등을 이유로 고의로 제기하는 불만

10 다음 제시된 고객의 소리(VOC) 관리 시스템에 대한 설명 중 ( ) 안에 들어갈 내용으로 적절하지 <u>않은</u> 것은?

> 이메일을 비롯해 전화, 팩스, 엽서 등 다양한 채널을 통해 들어오는 고객의 불만이나 요구 사항을 통합 접수하고, 이를 효율적으로 처리할 수 있도록 관리해 주는 시스템이다. ( )을/를 문장화해 내용을 분석하고 이를 관련 부서에 전달해 향후 고객 관리나 마케팅에 반영할 수 있도록 해 준다.

① 서비스 예약 시스템에 대한 의견
② 새로운 제품이나 서비스에 대한 의견
③ 나를 응대하고 있는 직원의 권한 범위
④ 제공받은 서비스나 제품에 대한 불만
⑤ 오늘 만난 직원 중 칭찬하고 싶은 직원

11 다음 중 클레임에 해당하는 것은?

① 제기하다·요구하다의 의미로, 배상이나 보상을 강하게 요구하는 행위를 말한다.

② 콜센터로 접수되는 일반적인 불만 사항을 의미한다.

③ 고객의 주관적 관점에서 나타나는 불만 표현을 말한다.

④ 컴플레인보다 약한 의미로, 고객이 부정적 감정을 드러내는 것이다.

⑤ 불평하거나 호소하는 행동으로, 고객의 불만족 감정을 표현하는 것이다.

12 다음 중 빅데이터의 처리 기법에 대한 설명으로 옳지 않은 것은?

① 빅데이터의 처리 기법은 크게 분석 기술과 표현 기술로 구분된다.

② 군집 분석은 유사한 특성을 가진 개체들을 묶어 최종적으로 비슷한 특성의 군을 식별하는 데 활용된다.

③ 표현 기술은 빅데이터 분석 결과의 의미와 가치를 시각적으로 표현하는 기술이다.

④ 소셜 네트워크 분석은 네트워크 구조와 연결 강도 등을 기반으로 사용자의 영향력과 명성을 측정하는 기술이다.

⑤ 오피니언 마이닝은 비·반정형 텍스트 데이터를 자연어 처리 기반으로 분석해 유용한 정보를 추출·가공하는 기술이다.

13 다음 중 불만 고객이 기업에 중요한 이유로 적절하지 않은 것은?

① 고객의 교환 및 환불 유도

② 문제점의 조기 파악과 해결 방안 모색

③ 고객과의 유대 강화로 인한 충성 고객으로 전환할 수 있는 기회 발생

④ 부정적인 구전 효과의 최소화

⑤ 기업에 유용한 정보 제공

14 미국의 최대 할인점이었던 K마트의 몰락은 성의 없는 고객 서비스, 불성실한 최저가격 보장 정책, 이름뿐인 고객 중심 정책 등의 이유가 주요 원인이라고 한다. 이와 관련한 고객 불만 관리의 성공 포인트로 적절한 것은?

① MOT를 관리하라

② 고객 서비스에 대한 오만을 버려라

③ 고객의 기대 수준을 뛰어넘어라

④ 고객 만족도에 직원 보상 연계하라

⑤ 고객 불만 관리 시스템을 도입하라

15 다음 중 최근 활용도가 높아지고 있는 VOC에 대한 설명으로 적절하지 <u>않은</u> 것은?

① 정성적 자료와 정량적 자료를 모두 활용함으로써 고객이 원하는 요구 사항을 정리할 수 있다.

② 고객 요구 사항을 친화도로 정리하면 체계적으로 고객 가치를 정리할 수 있다.

③ VOC 자료는 인터뷰나 설문을 활용하여 직접 고객이 응답한 자료만 수집하여야 가치를 유지할 수 있다.

④ 고객의 소리를 활용하면 기업의 비전도 정립시킬 수 있고, 기업의 효과적인 운영에도 기여할 수 있다.

⑤ VOC를 통해 얻은 자료는 빅데이터 분석을 통해 고객이 원하는 요구 사항을 정리하여 전략에 반영한다.

O/X형

[16~20] 다음 문항을 읽고 옳고(O), 그름(X)을 선택하시오.

16 쉽게 흥분하는 유형의 고객을 응대할 때는 분명한 근거나 증거를 제시하여 스스로 확신을 갖도록 유도한다. (① O ② X)

17 컴플레인을 해결하기 위한 기본 원칙 중 하나인 피뢰침 원칙은 고객이 직원 개인에게 감정이 있어 화를 내는 것이 아니라 회사나 조직의 규정·제도에 대한 항의로 보아야 한다는 관점을 의미한다. (① O ② X)

18 서비스 회복은 서비스 실패가 발생했을 때 그에 대한 회사의 즉각적인 반응에 초점을 둔다는 점에서 불평관리와 의미가 구별된다. (① O ② X)

19 클레임은 고객이 상품을 구매하는 과정이나 구매한 상품에 관하여 품질, 서비스, 불량 등을 이유로 불만을 제기하는 것이다. (① O ② X)

20 군집 분석은 비슷한 특성을 지닌 개체를 합쳐 가면서 최종적으로 유사 특성군을 발굴하는 분석 기술을 말한다. (① O ② X)

연결형

[21~25] 다음 설명에 적절한 〈보기〉를 찾아 각각 선택하시오.

┌─ 보기 ─┐
① 미스터리 쇼퍼   ② 화이트컨슈머   ③ 블랙컨슈머   ④ 서비스 보증   ⑤ MTP기법

21 서비스에 만족하지 못해 항의하는 일반적인 고객이 아니라, 보상금을 목적으로 의도적으로 악성 민원을 제기하는 소비자   (   )

22 불만 고객 응대 시 사람(Man), 시간(Time), 장소(Place)를 바꾸어 컴플레인을 처리하는 방법   (   )

23 서비스 모니터링의 한 방법으로, 고객처럼 가장하여 암행 감사 방식으로 서비스 현장의 품질을 평가하는 방법   (   )

24 기업과 소비자의 관계를 대립적인 관계가 아닌 상생의 관계로 보고 소비자로서의 권리와 의무를 명확히 지켜 나가는 고객   (   )

25 서비스가 일정 수준에 이르지 못하는 경우 손쉬운 교환, 환불, 재이용 등의 보상을 약속하는 것   (   )

26 다음은 피트니스 센터 회원이 센터 팀장에게 담당 트레이너 교체 문제로 컴플레인을 제기하는 전화 내용이다. 팀장의 컴플레인 대응 방법 중 적절하지 <u>않은</u> 것은?

> 고 객 : 제가 등록한 지 한 달밖에 안 됐는데, 담당 트레이너가 그만둔다고 들었습니다. PT 일정이 많은데 이렇게 자꾸 바뀌면 어떻게 하라는 건가요?
>
> 팀 장 : 불편을 드려 정말 죄송합니다. 드릴 말씀이 없습니다.
>
> 고 객 : 지난달에는 괜찮았는데, 갑자기 무슨 일이 있는 건가요?
>
> 팀 장 : 최근 신규 트레이너분들이 업무 적응에 어려움을 느껴 이직이 잦아 담당 변경이 발생하고 있습니다.
>
> 고 객 : 여기가 유명한 센터라 믿고 등록했는데 실망스럽네요.
>
> 팀 장 : 내부적인 구조 문제라 당장 명확한 해결책을 드리긴 어렵습니다. 죄송합니다.
>
> 고 객 : 그렇다고 기다리고만 있을 수는 없죠. 다른 센터를 알아봐야겠네요.
>
> 팀 장 : 조금만 더 기다려 주시면 본사 차원의 보강 대책이 곧 시행될 예정입니다.
>
> 고 객 : 팀장님 말씀, 정말 믿어도 되는 건가요?
>
> 팀 장 : 네, 한 번만 저를 믿고 기다려 주십시오.

① 현재 근무 중인 트레이너를 설득하여 이직을 최대한 막아본다.
② 구조적인 문제이므로 본사에서 해결책을 제시할 때까지 독촉하면서 기다린다.
③ 경쟁 센터에서 퇴사한 트레이너 중 채용 가능한 인력을 찾는다.
④ 센터 직원들과 함께 문제 해결을 위한 현실적인 방안을 모색한다.
⑤ 본사 대책이 마련될 때까지 트레이너 자격증을 가진 팀장이 임시로 1:1 지도를 제공한다.

27 다음 상황을 읽고 가장 적절하지 못했던 김 대리의 컴플레인 대응 방법을 고르시오.

> 고　객 : (불만 섞인 말투로) 김 대리님, 제가 주문한 맞춤 소파, 도대체 언제 오는 겁니까? 주문할 때는 "늦어도 2주면 됩니다"라고 해놓고 벌써 한 달이 지났어요!
>
> 김 대리 : (당황한 표정) 죄송합니다, 고객님. 현재 공장 생산이 많이 밀려 있어 배송이 늦어지고 있습니다. 저도 최대한 빨리 진행하려고 하고 있지만, 상황이 여의치 않아 정말 죄송합니다.
>
> 고　객 : 그래서 제가 이렇게 직접 찾아온 겁니다. 계속 기다리기만 하고 전화만 하라고 하면 제가 얼마나 불편하겠습니까? 제 입장도 좀 이해해 주세요.
>
> 김 대리 : 고객님 말씀 충분히 이해합니다. 불편을 드린 점 다시 한번 진심으로 사과드립니다.
>
> 고　객 : 그럼 확실히 언제 받을 수 있는지 말 좀 해보세요.
>
> 김 대리 : 일주일만 더 여유를 주신다면 어떤 방법을 써서라도 꼭 배송까지 완료해 드리겠습니다.
>
> 고　객 : 진짜 일주일 안에 가능하다는 겁니까?
>
> 김 대리 : (목소리를 가다듬으며) 네, 가능합니다. 제 이름을 걸고 약속드립니다.
>
> 고　객 : 그렇게 말씀하니 저도 마지막으로 믿어보겠습니다.
>
> 김 대리 : (안도한 목소리로) 저를 믿어주셔서 감사합니다! 꼭 지켜내겠습니다.

① 불가피한 상황을 설명하며 이해를 구하려 했다.
② 진심을 담아 고객의 감정을 진정시키려 노력했다.
③ 고객과의 약속을 지키지 못한 점에 대해 정중하게 사과했다.
④ 어려운 상황을 모면하기 위해 지나치게 큰 약속을 하며 해결을 확신시켰다.
⑤ 고객의 입장을 고려하며 공감하려는 태도를 보였다.

28 다음 사례의 질문별로 적절한 질문 유형은?

가.

현재 사용 중인 보험 상품에 얼마나 만족하고 계십니까?

기존 보험에서 가장 유용하다고 느끼는 혜택은 무엇입니까?

갱신 시 불편했던 점이 혹시 있으셨습니까?

나.

현재 보험료에서 부담되는 부분은 어디인가요?

어떤 보장이 부족하다고 느끼십니까?

혹시 기존 보험과 관련해 문제될 만한 사항을 여쭤봐도 될까요?

다.

보장 부족으로 인해 예상치 못한 의료비가 발생한다면 얼마나 부담이 될까요?

갑작스러운 사고 시 가족 생활비에도 영향이 있겠지요?

보험 공백이 길어질수록 위험도 커진다는 점 공감하시나요?

라.

보장을 강화하면 통원·입원 시 어떤 도움이 될까요?

고객님께서는 보장 업그레이드가 왜 필요하다고 느끼십니까?

여러 보장 문제를 한 번에 해결할 수 있다면 검토해 보시겠습니까?

---

① 가. 상황 질문 − 나. 문제 질문 − 다. 해결 질문 − 라. 확대 질문

② 가. 문제 질문 − 나. 상황 질문 − 다. 확대 질문 − 라. 해결 질문

③ 가. 상황 질문 − 나. 문제 질문 − 다. 확대 질문 − 라. 해결 질문

④ 가. 확대 질문 − 나. 해결 질문 − 다. 문제 질문 − 라. 상황 질문

⑤ 가. 해결 질문 − 나. 확대 질문 − 다. 상황 질문 − 라. 문제 질문

29 어느 자동차 회사에서 컴플레인 유형별 분류와 해결 방법에 대한 교육을 받은 직원의 노트를 보니 여러 가지 사항이 기록되어 있었다. 다음의 내용 중 '성격이 급하고 신경질적인 유형의 고객'에 대한 응대 요령에 해당되는 사항들로만 구성된 것은?

> 가. 그 어느 유형보다 인내심이 요구되므로 "참는 자에게 복이 온다"라는 심정으로 참는다.
> 나. 고객 자신이 혼자 생각할 수 있는 시간적 여유를 주고, 결과가 있을 때까지 기다린다.
> 다. 다른 제품과 비교 설명하면서 무엇이 잘못된 것인지 고객 스스로 이해할 수 있게 한다.
> 라. 고객의 감정이 더 이상 고조되지 않도록 말씨나 태도에 주의하면서 신속하게 처리한다.
> 마. 불필요한 대화를 줄이고 회사 규정과 같은 원리·원칙만 내세우지 않고 유연하게 응대한다.

① 나 - 다 - 라
② 가 - 다 - 마
③ 가 - 나 - 다
④ 가 - 나 - 라
⑤ 가 - 라 - 마

30 다음은 백화점에서 고객 만족도 조사를 위해 전화한 직원과 고객의 통화 내용이다. 대화를 읽고, 이에 관한 내용으로 가장 옳은 것을 고르시오.

> [전화 통화 내용]
> 직원 : 고객님, 안녕하세요. 지난주에 저희 백화점을 방문해 주시고 만족도 조사에도 응해 주셔서 감사합니다. 이용하셨던 브랜드 매장에서 기억에 남는 직원이 있으실까요?
> 고객 : 네, 남성복 매장의 '재성'이라는 직원이 정말 친절했어요.
> 직원 : (당황한 듯) 잠시만요… 저희 남성복 매장에는 '재성'이라는 직원이 없습니다. 혹시 이름을 잘못 들으신 건가요?
> 고객 : 아니요, 분명히 그분이 '재성'이라고 했어요. 아주 잘 응대해 주셨거든요.
> 직원 : (단호한 말투로) 기록상 없는 직원입니다. 정확하게 기억하지 못하신 것 같은데 다시 생각해 보시겠습니까?
> 고객 : …그렇다면 더 드릴 말이 없네요.

① 직원의 만족도 조사가 오히려 고객에게 불만족 경험을 남긴 사례다.
② 고객이 직원 이름을 잘못 말했다면 고객이 기억해 낼 때까지 반복해서 확인하는 것이 좋다.
③ 고객이 확신하는 정보가 기록과 다를 때에는 직원이 우선적으로 고객의 실수를 지적해야 한다.
④ 고객이 제공한 정보가 시스템과 다르면 고객의 감정보다 시스템 기록을 우선으로 안내해야 한다.
⑤ 직원은 반드시 고객의 발화 오류를 바로잡고 정확한 정보를 이끌어내야 만족도 조사가 가능하다.

통합형

[31-32] 다음은 어느 고객의 고객 불만 상담 내용 중 일부이다.

> 저는 지난 주말에 가족과 함께 ○○영화관을 방문했습니다. 프리미엄관이라고 해서 좌석·음향 등이 훨씬 좋을 거라 기대했는데, 광고에서 본 것과는 사뭇 달라 실망했습니다. 좌석은 낡아 있었고, 스크린 주변 조명이 반사되어 화면도 흐릿해 보이더군요. 영화 시작 전에 직원에게 이 부분을 말씀드렸는데 "자리마다 편차가 좀 있어요. 다 그런 건 아닙니다."라며 마치 제 불만이 과한 것처럼 들리게 답하더군요. 해결을 기대한 것도 아니고 단순히 안내 차원에서 말씀드린 건데, 그런 태도를 보이니 더 기분이 상했습니다. 영화가 끝난 뒤 고객센터에 문의해 보려고 했지만 전화 연결도 잘 되지 않았고, 영화관에서 보내준 만족도 조사 알림도 오지 않았습니다. 이번 경험에 대해 영화관은 어떤 조치를 취할 예정인지 궁금합니다.

31 다음 중 위 사례의 고객 컴플레인에 대한 설명으로 적절하지 **않은** 것은?

① 고객이 기대했던 수준에 미치지 못하는 서비스 제공으로 인해 서비스 실패가 발생했다.

② 고객 서비스 실패의 가장 큰 원인은 불만족을 즉시 해결할 수 있는 실질적·구체적 방법이 없었던 점에 있다.

③ 고객은 실제와 다른 홍보 사진이 판매 목적이라고 의심하게 되면서 불만이 증폭되었다.

④ 고객 컴플레인이 매장에서 완화될 기회가 있었으나 직원의 부적절한 응대로 오히려 증폭되었다.

⑤ 이 고객은 영화관 방문을 단순 소비가 아닌 특별한 경험으로 여겼기 때문에 더 큰 불만을 느낄 수 있었다.

32 다음은 영화관에서 고객 불만 접수 후 적용할 수 있는 다양한 서비스 회복 방법이다. 이 중 효과적인 서비스 회복을 위한 응대로 가장 적절하지 **않은** 것은?

① 문제를 제기한 고객이 영화관 전반의 서비스 품질을 의심하고 있다면, 영화관이 직접 고객에게 연락하여 사과하고 적절한 보상을 제공해 고객의 불안감을 완화하도록 한다.

② 고객이 예민하게 반응하고 있을 뿐이므로, 고객의 감정적 표현보다 객관적인 시설 점검 결과와 내부 기준을 중심으로 설명하며 응대한다.

③ 장기 이용 고객이거나 프리미엄관을 주로 이용하는 고객에게는 일반 고객보다 보상 수준을 조금 더 높여 제공한다.

④ 직원 응대 문제, 좌석·조명 점검 내용 등 회복 조치 진행 상황을 고객에게 투명하게 안내하면서, 향후 개선 계획도 함께 전달한다.

⑤ 고객이 관람한 상영관의 문제로 불편을 겪었을 경우, 해당 고객에게 차기 관람 시 사용할 수 있는 무료 관람권 또는 동급의 혜택을 제공한다.

SMAT
Module B
서비스 마케팅·세일즈

서비스유통관리

Part 04. 서비스유통관리
- 서비스 유통경로의 의미, 기능, 구조를 학습합니다.
- 서비스 전달 과정에서의 시간·장소 관리가 핵심 내용입니다.
- 유통경로 유형과 관리 전략, 전자채널 운영을 익혀야 합니다.
- 고객 경험을 좌우하는 물리적 증거의 중요성도 다룹니다.
- 디지털 채널 확대로 관련 시험 비중이 높아지고 있습니다.

Chapter 01 · 서비스유통경로의 이해

01 상권의 기본적 이해

서비스는 생산과 소비가 동시에 이루어진다는 비분리성의 특징을 지니며, 이는 고객이 존재하는 순간에 서비스가 생산되고 즉시 소비됨을 의미한다. 특히 고객과 직접 대면하여 서비스를 제공하는 경우에는 고객이 얼마나 쉽게 서비스 장소에 접근할 수 있는가, 즉 접근성이 매우 중요한 요소로 작용한다. 따라서 서비스 산업에서는 고객의 이동 동선, 접근 용이성, 주변 상업 환경 등 상권에 대한 기본적 이해가 필수적이며, 이는 서비스 제공의 효율성과 고객 만족도를 결정하는 중요한 기반이 된다.

1 상권과 상권 분석

점포	점포란 고객에게 제품이나 서비스를 제공하기 위해 운영되는 서비스 지점 또는 판매 공간을 의미. 즉, 고객이 방문하여 상품을 구매하거나 서비스를 이용하는 장소
상권	상권은 특정 점포가 고객을 유인하여 흡인할 수 있는 지역적 범위 즉, 해당 점포에 방문하는 고객이 주로 거주하거나 활동하는 지리적 영역으로, 고객의 이동 거리·시간·교통 접근성 등이 상권의 크기와 형태를 결정
상권 분석	• 상권 분석은 점포의 입지를 선정하거나 운영 전략을 수립할 때 선행적으로 수행하는 조사·분석 과정 • 인구 특성, 유동 인구, 경쟁 점포, 교통 여건, 소비 패턴 등을 체계적으로 파악함으로써 해당 위치가 점포 운영에 적합한지를 판단하는 중요한 절차

2 상권분류

지역상권	• 지역상권은 도시의 행정구역과 거의 일치되는 넓은 범위의 상권으로, 도시 내 다양한 서비스 기업들이 함께 형성하는 상권을 의미 • 도시 전체의 서비스업체가 결합하여 하나의 상권을 구성 • 동일 지역상권 내의 같은 업종들은 고객 흡인을 위해 경쟁 관계 • 하나의 지역상권은 여러 개의 지구상권을 포함 　ex 서울 지역상권, 대구 지역상권, 대전 지역상권

지구상권	• 지구상권은 지역상권 내에서 더욱 세분화된 상권으로, 대형 백화점·유명 전문점의 존재, 점포의 집적도 등에 의해 상권의 규모가 달라짐. • 지구상권은 서로 중복될 수 있으며, 인근 구매자를 중심으로 지역상권을 구분 • 서울지역상권은 안에는 강남지구, 명동지구, 동대문지구, 신촌지구 등 여러 지구상권 존재 • 중소도시에는 지역상권과 지구상권이 거의 일치하는 경우가 많아, 중심 지구상권이 지역 전체 소비자를 흡인
개별점포상권	• 개별점포상권은 지역상권·지구상권 안에서 각 점포가 독자적으로 형성하는 상권 • 모든 점포는 위치와 규모에 따라 자체 상권을 가짐. • 일반적으로 대형점포일수록 더 넓은 상권을 형성 • 중소 규모의 점포라 하더라도 유명 전문점의 경우 경쟁점포보다 상권이 확대되는 경향

<table>
<tr><td rowspan="3">개별점포상권</td><td>1차 상권</td><td>• 점포 이용고객의 50~70%를 흡인하는 핵심상권
• 고객의 밀집도가 가장 높으며, 고객 1인당 매출이 가장 큰 지역
• 점포와 가장 인접한 핵심 고객층이 집중된 범위</td></tr>
<tr><td>2차 상권</td><td>• 1차 상권의 외곽에 위치하며, 점포 이용고객의 20~25%를 흡인하는 지역범위
• 고객 밀집도가 1차 상권보다 낮고, 방문 빈도도 다소 감소
• 점포에 대한 중간 수준의 충성도를 보이는 고객들이 포함됨</td></tr>
<tr><td>한계상권</td><td>• 1차·2차 상권에 포함되지 않은 잔여 고객층이 위치한 범위
• 일반적으로 고객 수와 구매 빈도가 가장 낮음.
• 2차 상권의 외곽에 위치하며, 점포로부터의 접근성이 가장 떨어지는 영역</td></tr>
</table>

Part 04

02 입지선정 과정과 매력도 분석

1 입지선정 과정(Location Selection Process) ✩

신규 점포의 상권은 지역상권 – 지구상권 – 개별점포상권을 모두 포함하는 포괄적 개념이기 때문에, 서비스 점포의 입지 매력도를 평가하기 위해서는 다음과 같은 단계별 분석 과정이 필요하다.

단계	분석 내용	주요 평가 요소	예시 (프리미엄 베이커리 카페)
후보지 분석	광역 지역 단위에서 시장 가능성 평가	• 고객수요 • 소득 수준 • 경쟁 강도 • 소비 성향	서울 서초구, 부산 해운대구, 경기 분당구 중 비교 → 분당구가 프리미엄 소비 잠재력이 높아 후보지로 선정
최적 지구 선정을 위한 분석	후보 지역 내 지구별 상권 특성 비교	• 유동 인구 • 역세권 여부 • 점포 집적도 • 경쟁 카페 현황	분당구 내 정자동 카페거리, 서현역 수내역 비교 → 정자동 카페거리가 타깃 이미지와 가장 일치
최적 부지 선정	실제 운영할 수 있는 부지(site) 중 최적 조건 평가	• 가시성 • 접근성 • 보행자 동선 • 임대료 · 건물조건	정자동 내 A · B · C 부지 비교 → 메인거리 코너 1층 A부지가 가시성 · 동선 최적 → 최종 결정

2 매력도 분석

신규 점포의 입지 매력도를 평가할 때에는 수요 요인, 공급 요인, 지역의 경제적 기반을 종합적으로 분석해야 한다. 이 세 가지 요인은 상권의 성장 가능성과 경쟁 환경을 객관적으로 판단하는 핵심 기준이 된다.

(1) 수요의 측정

① 소매포화지수(IRS : Index of Retail Saturation) ✩

소매포화지수(IRS)는 특정 지역 시장의 수요 잠재력을 종합적으로 측정하는 데 가장 널리 활용되는 지표이다. IRS는 한 지역 내 특정 소매업태가 단위 매장 면적당 확보할 수 있는 잠재 수요 규모를 의미한다.

㉠ IRS가 높다. – 단위 면적당 잠재수요가 크며, 신규 점포 출점의 가능성이 높음.

㉡ IRS가 낮다. – 수요 대비 점포 공급이 많아 시장 포화도가 높고 신규 진입에 불리함.

② 점포포화의 개념

한 지역시장에서 기존 점포들만으로도 고객 수요를 거의 충족시키는 상태를 점포 포화라고 한다. 즉, 수요가 아무리 높더라도 기존 점포 간 경쟁이 지나치게 치열하여 신규 점포가 진입하기 어려우므로, 그 지역의 시장 매력도는 낮아질 수 있다. 따라서 수요가 높다고 해서 무조건 매력적인 상권이 되는 것이 아니라, 반드시 수요 대비 공급 수준, 즉 경쟁 강도까지 함께 고려해야 한다.

$$IRS = \frac{수요}{공급} = \frac{지역\ 시장의\ 총가구\ 수 \times 가구당\ 특정\ 업태에\ 대한\ 지출비}{특정\ 업태의\ 총매장\ 면적}$$

높은 IRS (High IRS)	• 공급보다 수요가 상대적으로 많은 것을 의미 • 시장의 포화도가 낮아 경쟁이 비교적 완만 • 따라서 신규 점포 출점의 기회가 높고, 시장 잠재력이 크다고 판단
낮은 IRS (Low IRS)	• 수요보다 공급이 상대적으로 많아 초과 공급 상태임을 의미 • 기존 점포만으로도 시장이 이미 포화되어 경쟁이 매우 치열 • 그 결과, 신규 점포의 시장 진입 가능성은 낮고, 시장 잠재력도 제한적

③ 소매포화지수의 한계점

분석대상 측면	• IRS는 현재 시점의 수요와 공급만을 기준으로 분석 • 따라서 향후 인구 증가, 도시 개발, 소비 패턴 변화 등 미래 성장 잠재력을 반영하지 못함. • 결과적으로 장기적 관점에서의 상권 변화 가능성을 충분히 고려하기 어려움.
점포역량 측면	• IRS는 기존 점포의 운영 능력·서비스 수준·경쟁력을 반영하지 못함. • IRS가 낮게 나타났더라도, 이는 공급 과잉 때문이 아니라, 기존 점포들이 고객의 욕구를 제대로 충족시키지 못하고 있기 때문일 수 있음. ex 집 근처에 카페가 있어도 소비자들이 더 멀리 있는 유명 프랜차이즈 카페를 찾는 경우처럼, 점포의 수행능력을 반영하지 못하는 점이 IRS의 대표적 한계

(2) **공급의 측정과 시장매력도 분석**

① 공급 측정의 한계

소매포화지수(IRS)는 지역시장의 수요 측면만 반영하는 지표로, 공급 수준이나 향후 시장이 어떻게 성장할지를 충분히 고려하지 못한다. 그러나 실제 지역시장 매력도는 현재의 공급 구조뿐 아니라 미래의 성장잠재력에 의해서도 크게 영향을 받기 때문에 IRS만으로는 시장을 종합적으로 판단하기 어렵다.

(3) **시장매력도 분석**

① 시장성장잠재력(MEP : Market Expansion Potential)

시장성장잠재력(MEP)은 지역시장이 향후 새로운 수요를 창출할 수 있는 가능성을 반영하는 지표이다.

㉠ 거주자들이 지역 내에서 구매하시 않고 외부 지역에서 지출하는 소비금액을 추정하여 계산한다.

ⓒ MEP값이 크다는 것은 거주다들이 다른 지역에서 구매하는 비율이 높다는 의미로, 이는 해당 지역 시장 내에서 충족되지 않은 잠재적 수요가 존재함을 시사한다.

ⓒ 따라서 MEP가 클수록 미래의 시장성장 잠재력이 크다고 해석할 수 있다.

② 시장매력도 분석 매트릭스

구분	MEP 높음	MEP 낮음
IRS 높음	고매력 시장 • 현재 수요도 높고 • 미래 성장잠재력도 큰 시장	평균 시장 • 현재 수요는 높지만 • 미래 성장잠재력은 낮음.
IRS 낮음	평균 시장 • 현재는 포화지만 • 미래 신규수요 발생 가능성은 있음.	저매력 시장 • 현재 수요도 낮고 • 미래 성장잠재력도 낮음.

③ 시장매력도 유형 ✿

고매력 시장	• 현재 시장의 수요와 공급 구조가 안정적이고 매력적이다. • 시장성장잠재력(MEP) 또한 높아 향후 성장 가능성이 매우 크다. • 신규 점포의 진출이 가장 적합한 시장으로, 적극적으로 투자와 출점이 권장된다.

평균 시장	현재 매력도(IRS)와 미래 성장잠재력(MEP) 간에 불일치가 존재하는 시장이다.
	① IRS 낮음 + MEP 높음
	   ⓒ 현재는 경쟁이 매우 치열하여 포화 상태처럼 보이지만, 주민들이 외부 지역에서 많이 구매해 미래 잠재수요가 큰 시장이다.
	   ⓒ 기존 점포로부터 매출은 전환시킬 전략적·공격적 접근이 필요하다.
	② IRS 높음 + MEP 낮음
	   ⓒ 현재 수요 대비 경쟁이 적어 당장은 안정적이지만, 미래 성장잠재력이 낮아 시장의 장기 매력도는 제한적이다.
	   ⓒ 단기 성과는 가능하나, 장기 전망은 신중히 검토해야 하는 시장이다.

저매력 시장	• 현재의 수요·공급 구조가 모두 불리하고, 시장성장잠재력 또한 낮아 미래 성장 가능성도 기대하기 어렵다. • 특별한 전략적 이유가 없다면 신규 점포 진입이 적합하지 않은 시장이다.

④ 경제적 기반 측정

특정 지역의 시장매력도는 주로 소매포화지수(IRS)와 시장성장잠재력(MEP)을 통해 평가되지만, 이와 더불어 해당 지역이 가진 경제적 기반 역시 중요한 판단 요소가 된다. 경제적 기반은 점포 출점 이후 지속적인 운영이 가능한 지역인지, 성장 잠재력을 내포한 지역인지에 대한 전반적 환경을 파악하는 데 필수적이다. 다음은 지역시장의 경제적 기반을 평가할 때 고려해야 할 주요 요인들이다.

ㄱ 미래의 경제 활성화 정도

해당 지역의 경제가 앞으로 활성화될 가능성이 있는지, 즉 산업 성장, 인구 유입, 일자리 증가 등 지역 경제의 미래 성장성을 평가한다.

ㄴ 광고 매체의 이용 가능성과 비용

지역 내 광고·홍보 매체(버스·지하철, 지역방송, 온라인 플랫폼 등)의 접근성 및 비용 수준을 파악하여 마케팅 활동의 효율성을 판단한다.

ㄷ 서비스직원의 이용 가능성과 비용

점포 운영에 필요한 서비스 인력 확보의 용이성, 인건비 수준, 근로환경 등을 고려하여 운영 비용의 적정성을 평가한다.

ㄹ 지역정부의 경제 활성화 노력

지역경제를 활성화하기 위한 지방정부의 정책, 지원 프로그램, 지역 상권 개선 사업 등 행정적 지원 정도를 분석한다.

ㅁ 지역시장에 대한 정보의 법적 규제

상권 형성에 영향을 미칠 수 있는 법적·행정적 규제(영업시간 제한, 상생 규제, 개발 제한 등)를 확인하여 점포 운영에 미칠 영향을 평가한다.

(4) 서비스점포를 개설할 때 고려할 점 ☆

서비스 점포를 개설할 때에는 서비스의 특성, 고객 접점 방식, 운영 구조 등을 종합적으로 고려해야 한다. 다음은 입지·운영·서비스 구조 측면에서 중요한 판단 요소들이다.

접근성격	• 서비스는 생산과 소비가 동시에 이루어지므로 고객과 기업 간 접근 방식이 중요하다. • 고객이 서비스 장소로 이동하는 형태인지, 기업이 고객에게 직접 이동하여 서비스를 제공하는 형태인지에 따라 입지 전략이 달라진다.
장비/설비 의존도	• 서비스 제공 과정에서 장비나 설비에 대한 의존 정도를 고려해야 한다. • 장비·설비 중심의 서비스(병원 CT, 피트니스 기구 등)는 고정된 입지 요건이 중요하다. • 반면 인적 서비스 중심(컨설팅, 강의 등)은 접근성보다 인력 전문성이 핵심 요소가 된다.
수혜자	제공되는 서비스의 대상이 사람인지, 또는 사물(제품, 장치 등)인지에 따라 점포 위치와 운영 방식이 크게 달라진다. ex 반려동물 병원(사물 / 동물 대상), 미용실(사람 대상)
제공자 형태	서비스를 사람이 직접 제공하는지, 기계 설비를 통해 자동으로 제공되는지에 따라 인력구조·교육·설비투자 방향이 달라진다. ex 무인 스터디카페(자동 제공), 헤어살롱(인력 제공)
전문성 요구 정도	• 서비스 제공자가 고도의 전문성, 기술, 자격, 숙련도가 필요한지 고려한다. • 전문성이 높을수록 인력 확보와 교육 비용이 커지고, 입지보다 전문 인력과 장비 확보가 더 중요해진다.
자원 통제 수준	• 본사, 프랜차이즈, 대리점, 유통점 등 다양한 운영 구조에서 서비스 자원(지식, 교육, 설비, 장치 등)에 대한 통제권이 어느 수준인지 평가해야 한다. • 사원 동세력이 높을수록 서비스 품질 표준화가 가능하고, 낮을수록 점포별 성과 격차가 발생할 수 있다.

03 유통경로(Distribution Channel)

1 유통경로의 이해

(1) 유통경로(Distribution Channel)는 고객이 제품이나 서비스를 사용·소비하는 과정에 참여하는 상호의존적인 조직들의 집합체를 의미한다. 즉, 생산자 − 중간상 − 소비자로 이어지는 모든 참여자들의 네트워크이다.

(2) 또한 유통경로는 제품과 서비스가 생산자로부터 최종 소비자에게 전달되기까지 거치는 경로와 단계를 뜻한다. 이 경로를 통해 제품은 이동하고, 소유권이 이전되며, 정보와 서비스가 함께 전달된다.

(3) 유통경로의 필요성
① 수요 측면에서의 필요성
　㉠ 소비자를 위한 가치 창출
　　유통경로는 소비자가 필요로 하는 시간·장소·형태의 가치를 제공함으로써 제품을 더욱 편리하게 이용할 수 있도록 한다.
　㉡ 탐색 과정의 촉진
　　소비자가 원하는 제품을 더 쉽고 빠르게 찾을 수 있도록 탐색 비용과 시간을 줄여준다.
　㉢ 분류기능 ✿✿
　　생산자와 소비자가 원하는 제품 구색의 차이를 중간상이 조정하는 기능이다. 예를 들어, 생산자는 대량 단일품목을 공급하지만, 소비자는 여러 품목을 소량으로 구매하는 경우가 많다. 유통경로의 중간상은 이러한 차이를 분류·조합하고 적정한 구색을 구성하여 생산자 − 소비자 간 불일치를 해소한다.

등급	• 다양한 공급원에서 들어온 이질적인 상품들을 성질, 품질, 규격 등에 따라 동질적인 집단으로 구분하는 기능이다. • 이를 통해 중간상은 상품의 품질을 안정적으로 분류하고, 소비자에게 일관된 수준의 제품을 제공할 수 있다.
수합	• 여러 공급자에게서 소규모 단위로 들어온 동일한 상품을 모아 대량 공급이 가능한 규모로 축적하는 기능이다. • 생산자는 소량 공급하더라도, 유통경로에서는 대량 판매가 가능해져 거래 효율성이 높아진다.
분배	• 수합된 대량의 동질적 상품을 소비자가 원하는 소규모 단위로 나누어 공급하는 기능이다. • 이를 통해 소비자는 필요한 만큼만 구매할 수 있으며, 소매상도 다양한 단위로 재판매가 가능해진다.
구색화	• 상호 관련성이 있는 여러 상품을 다양한 공급처로부터 조합하여 일정한 상품 구색을 갖추는 기능이다. • 예를 들면, 하나의 매장에서 빵·커피·샌드위치를 함께 진열하는 것처럼, 소비자가 다양한 품목을 한 곳에서 편리하게 구매할 수 있게 한다.

② 공급 측면에서의 필요성

　㉠ 반복 거래의 가능성과 비용 절감

　　유통경로는 생산자와 중간상 간의 반복적인 거래를 안정적으로 가능하게 하여, 거래 비용·물류 비용·관리 비용 등을 절감하는 데 기여한다.

　㉡ 교환 과정의 효율성 제고

　　유통경로는 상품 이동, 재고 관리, 주문·결제 등의 교환 과정을 체계화함으로써 생산자와 소비자 모두에게 운영 효율성과 시간 절감 효과를 제공한다.

③ 유통경로의 효용

유통경로가 수행하는 분류기능은 제품의 부가가치를 높여 소비자가 얻는 효용(편익)을 증대시키는 역할을 한다. 이를 통해 소비자는 필요한 상품을 적절한 구색과 수량으로 편리하게 구매할 수 있으며 제조업자 입장에서는 제품 판매가 촉진되어 시장 접근성과 매출 증가에 긍정적 영향을 미친다.

🔷 유통경로의 효용

시간효용	• 생산 시점과 소비 시점이 일치하지 않는 경우, 유통경로는 재고·보관·배송 시스템을 통해 시차를 극복한다. • 이를 통해 소비자는 필요한 시기에 제품을 쉽게 구매·사용할 수 있는 편의를 얻는다.
장소효용	• 지역적으로 분산된 재화와 서비스를 소비자가 접근하기 쉬운 장소로 이동·공급함으로써 원하는 장소에서 편리하게 구매할 수 있도록 한다. • 즉, 유통경로는 제품을 소비자가 있는 곳 가까이 가져다 놓는 역할을 한다.
소유효용	• 제품이 생산자에서 소비자에게 전달되는 과정에서 소유권이 이전되는 기능을 말한다. • 결제, 계약, 교환 절차 등을 통해 소비자는 제품에 대한 합법적 소유권과 사용 권리를 확보하게 된다.
형태효용	• 대량 생산된 상품을 소비자가 원하는 수량·형태로 적절하게 분배하여 사용 편의를 높이는 기능이다. • 이를 통해 소비자는 필요한 만큼, 필요한 형태로 제품을 구매할 수 있다.

④ 경로배열원칙

　㉠ 경로배열의 기본 원칙은 경로구성원은 배제할 수 있어도, 유통경로의 기능은 배제할 수 없다는 것이다. 즉, 유통경로를 구성하는 중간상·도매상·소매상 등은 상황에 따라 제거되거나 다른 구성원으로 대체될 수 있지만, 이들이 수행해야 하는 유통기능(물류·정보·프로모션·재고관리 등) 자체는 반드시 유지되어야 한다.

　㉡ 따라서 특정 경로구성원이 제거되면, 그 구성원이 담당하던 기능은 경로의 전방(소비자 쪽)또는 후방(생산자 쪽)의 다른 구성원에게 이전된다. 예를 들면, 도매상이 제거되면 도매상이 수행하던 재고관리·보관·분배 기능은 소매상이나 생산자가 직접 수행해야 한다.

2 유통경로의 전략 ✿

유통경로의 전략적 결정은 기업에게 비용을 절감시켜주고, 소비자에게 더욱 빠르고 편리하게 상품 배송이 가능하게 하는 것을 일반적 목적으로 한다. 유통경로의 전략은 1~3단계로 결정하게 된다.

단계	내용	세부 전략 / 특징
1단계 유통범위 설정	일정 상권에서 자사 제품을 취급할 소매점·도매점의 범위 결정	• 개방적(집약적)유통: 희망하는 모든 소매점이 취급 → 생필품·편의재 중심 • 선택적 유통: 이미지·입지·능력 기준으로 선별 공급 → 패션·가전 등 브랜드 관리 중요 상품 • 전속적 유통: 특정 소매점에 독점권 부여 → 명품·고급 브랜드·수입차 등
2단계 유통경로 길이 설정	유통경로가 몇 단계로 구성될지 결정	• 긴 경로(중간상 多): 표준화·비부패성 상품 소량·빈번 구매 상품 유통비용 장기적 안정 • 짧은 경로(중간상 多): 부패성·신선 식품 구매단위 크고 빈도 낮은 상품 유통비용 불규칙→최적화 필요
3단계 통제수준 결정	제조업자의 유통경로 관리 강도 결정	• 통제수준 높음: 수직적 통합, 직영체계, 강한 관리 → 애플스토어, 직영 편의점 • 통제수준 낮음: 독립 도매상·소매상 활용 → 프랜차이즈, 계약경영, 합자 방식 등

3 유통범위 전략의 특징

전략	전속적 유통	선택적 유통	개방적/집약적 유통
소매/중간상 수	단일 또는 매우 소수	지역 내 다수의 선별된 점포	가능한 많은 점포(거의 모든 판로)
판매경로	판매 통제를 위해 단일판로 이용	정해진 기준을 충족하는 제한된 판로 이용	영역 내 모든 판로에 상품 비치
적합 상품	특수품, 고관여품, 명품, 수입차 등	가전제품, 전자제품, 패션 브랜드 등	편의품, 저관여품, 생필품 등
통제가능성	매우 높음(브랜드 이미지 유지 용이).	일정 수준 통제 가능	낮음(광범위한 유통으로 통제 어려움).

03 서비스유통경로의 구조

1 전통적 유통경로

전통적 유통경로는 서비스제공자가 중간 단계를 거치지 않고 고객에게 직접 서비스를 전달하는 '직접경로(direct channel)' 형태를 말한다. 즉, 생산자와 소비자 사이에 별도의 중간상이 존재하지 않아, 서비스가 제공자 → 고객으로 즉시 전달되는 가장 단순한 유통경로 구조이다.

2 수직적 마케팅 시스템(VMS : Vertical Marketing System)

수직적 마케팅 시스템(VMS)은 생산자 – 도매상 – 소매상이 하나의 통합된 시스템처럼 협력하며 운영되는 유통 구조를 말한다. 각 단계가 독립적으로 움직이는 것이 아니라, 수직적으로 통합 또는 조정된 형태로 기능하여 유통 효율성을 높이고 전체적인 경로 관리가 체계적으로 이루어진다.

관리형 VMS	• 소유권 통합없이 경로 구성원 간의 조정과 협력을 통해 운영되는 형태이다. • 생산자 · 도매상 · 소매상 중 규모가 크거나 영향력이 강한 구성원(파워 리더)이 다른 구성원을 자연스럽게 조정한다. • 통합 수준은 VMS 중 가장 낮지만, 그만큼 각 구성원의 자율성이 가장 높다.

계약형 VMS	• 경로 구성원들이 계약을 통해 공식적으로 유통 활동을 통합·조정하는 시스템이다.
	• 소유권 통합없이 법적 계약을 통해 협력 구조를 유지하며, 규모의 경제·마케팅 효율성을 확보한다.
	• 대표 유형
	  – 도매상이 후원하는 체인(Wholesaler-sponsored chain)
	  – 소매상 협동조합(Retailer cooperative)
	  – 프랜차이즈 조직(Franchise organization)
	• 프랜차이즈, 에이전트, 브로커 등도 계약형 VMS에 속한다.

기업형 VMS	• 생산자 – 도매상 – 소매상 등 모든 경로 구성원이 하나의 기업 소유 아래 통합되어 운영되는 형태이다. • 기업이 모든 단계를 직접 소유하고 관리하며, 완전한 수직적 통합이 이루어진다. ex 대기업 직영점, 대형 소매기업의 자체 물류센터 · 지점 운영 등

③ 수평적 마케팅 시스템(HMS : Horizontal Marketing System)

수평적 마케팅 시스템(HMS)은 동일한 유통경로 단계에 위치한 두 개 이상의 기업이 대등한 입장에서 협력하여 공동의 목표를 달성하는 유통 시스템이다. 각 기업은 독립성을 유지하면서 자원·기술·마케팅 프로그램을 공유하여, 단독으로는 얻기 어려운 공생과 공동 성장의 시너지(공영)를 추구한다. 예를 들어, 서로 다른 브랜드의 소매점이 공동 프로모션을 하거나, 경쟁 관계에 있는 기업이 특정 프로젝트를 위해 연합하는 형태 등이 HMS에 해당한다.

구분	정의	특징	예시
공생마케팅	같은 경로 단계의 동종 업계 기업들이 유통·마케팅 활동을 공동으로 추진하는 방식	• 동일 업종 간 협력 • 고객 기반 공유 • 공동 프로모션 및 비용 절감 가능	전국 지역 서점들이 통합 멤버십 운영 ex 서울 A서점·부산 B서점·대구 C서점이 하나의 포인트 프로그램을 공동 운영
결합마케팅	이종 업종 간 자원·마케팅 활동을 결합하여 새로운 고객 가치를 창출하는 방식	• 업종 간 시너지 • 교차수요 창출 • 복합적 고객 경험 제공	카페 + 서점 제휴 프로모션 도서 구매 시 음료 할인, 카페 이용 시 서점 쿠폰 제공 또는 헬스장 + 단백질 브랜드 공동 이벤트

서비스유통 시간 / 장소 관리

Chapter 02

01 유통경로 설계의 이해

1 유통경로 설계의 정의

유통경로 설계란 누가, 어떤 방식으로 상품이나 서비스를 표적시장(Target Market)에 전달할 것인가를 결정하는 과정을 말한다. 즉, 상품을 고객에게 가장 효율적이고 효과적으로 공급하기 위한 경로구성 전략의 핵심 의사결정이다.

2 유통경로 설계에 포함되는 요소

유통경로 설계는 다음과 같은 다양한 구성 요소를 포함한다.

(1) 유통경로의 길이 : 직거래·간접경로 등 단계 수 결정

(2) 경로구성원의 수 : 소매상·도매상 수의 규모

(3) 경로구성원의 형태 : 직영, 프랜차이즈, 중간상 등

(4) 경로구성원의 선정 : 어떤 중간상을 선택해 협력할지 결정

(5) 경로조직의 형태 : VMS·HMS 등 유통조직 방식 결정

3 유통경로 설계에 영향을 미치는 요인

유통경로 길이와 조직 형태는 다음 요인에 의해 크게 좌우된다.

(1) **서비스의 표준화 정도**

표준화된 서비스일수록 경로를 단순화하거나 길게 운영할 수 있으며, 고객 맞춤성이 높을수록 짧고 직접적인 경로가 요구된다.

(2) **고객의 차이(고객 특성)**

고객의 구매 방식, 요구 수준, 접근성 등에 따라 경로 구조가 달라진다.

(3) **서비스 상품의 수요·공급 특성**

수요가 집중적이거나 공급 제약이 크면 특정 경로가 유리하며, 이 특성은 유통비용 구조와 경로 유형 선택에도 영향을 미친다.

4 유통경로에 대한 선호

요인	의미	선호 채널 유형	사례
고위험 서비스	경제적·사회적·신체적 위험이 큰 서비스	인적채널(대면 상담·직원 서비스)	보험 가입 시 FP(재무설계사) 상담을 선호함. / 고난도 의료 시 대면 전문의 상담 선호
서비스복잡성	기술적 복잡성·전문지식 요구	인적채널	세무신고, IT 보안 서비스 등은 전문가와 직접 상담을 원함.
고객 확신	지식·경험·확신이 높음.	비인적·셀프서비스 채널	모바일뱅킹 경험 많을수록 앱으로 송금·대출 조회 이용 증가
기술수용태도	기술·디지털에 대한 수용성	디지털·셀프서비스	기술친화 고객은 키오스크 주문, 무인 체크인/아웃, AI 상담 챗봇 적극 활용
기능적 추구	효율·속도·간편성 중시	편리한 채널(온라인·모바일)	바쁜 고객은 쿠팡 로켓배송/모바일 증명서 발급처럼 빠르고 간단한 채널 선호
사회적 동기	상호작용·대화·관계를 즐김.	인적채널	관계를 중요시하는 고객은 단골 미용실 원장, PT 트레이너에게 계속 방문
편리성 추구	시간·접근성·이동 거리 중시	가장 편리한 채널 선택	집에서 가까운 편의점 택배, 모바일 주문 후 매장 픽업(스타벅스 사이렌오더) 선호

02 서비스 전달을 위한 접촉 유형 ☆☆

1 서비스 전달을 위한 접촉 유형

서비스가 고객에게 전달될 때 고객·서비스 제공자·서비스 설비 중 어느 요소가 이동하거나 접촉하느냐에 따라 다음 세 가지로 구분한다.

구분	단일지점 서비스	복수지점 서비스
고객이 기업으로 방문	극장, 미용실, 전문 병원, 고급 레스토랑	버스정류장, 패스트푸드 체인점, 대형마트 지점, 편의점 체인
기업이 고객에게 방문	주택 수리, 이동 세차, 출장 미용, 방문 간호	우편 배달, 은행 지점망, 수도검침·전기 검침 서비스, 방문 택배망
원격으로 서비스 제공	신용카드 회사(콜센터), 온라인 교육, 모바일 뱅킹	통신회사(전국 네트워크 기반), 인터넷 쇼핑몰, 프랜차이즈 콜센터 운영

(1) 고객이 서비스를 받기 위해 기업을 방문하는 경우

고객이 서비스를 이용하기 위해 직접 기업의 시설이나 점포로 이동하는 형태를 말한다. 이 방식은 서비스 제공에 필요한 전문 설비·시설·환경이 기업 내부에 집중되어 있거나, 고객이 기업에서 제공하는 전문적·고품질의 서비스 경험을 필요로 할 때 주로 이루어진다. 또한 고객이 기업을 직접 방문함으로써 대면 상호작용, 개인화된 서비스, 현장 경험 기반의 만족감을 제공할 수 있다는 장점이 있다.

장소적 접근성	• 고객이 서비스를 이용하기 위해 기업을 방문해야 하는 경우, 기업은 고객이 쉽게 접근할 수 있는 입지를 선택해야 한다. • 교통 편리성, 대중교통 연계성, 주차 편의성 등은 방문 의사에 큰 영향을 미친다.
시간적 접근성	• 고객의 생활 패턴과 니즈에 맞추어 편리한 운영시간을 제공해야 한다. • 출퇴근 시간대, 주말 이용 가능 여부, 점심시간·야간 운영 등은 고객이 서비스를 선택하는 주요 기준이 된다.

(2) 서비스를 제공하기 위해 기업이 고객을 방문하는 경우

기업이 자체 시설이 아닌 고객의 위치(가정·직장·현장 등)로 직접 이동하여 서비스를 제공하는 형태이다. 이 방식은 고객의 시간·노력 부담을 줄여 높은 편의성을 제공하며, 고객이 이동하기 어렵거나 서비스의 특성상 현장에서의 수행이 필요한 경우에 적합하다. 또한 서비스가 고객의 환경이나 상황에 맞추어 이루어지므로 보다 맞춤형 서비스 제공이 가능하다는 장점이 있다.

구분	설명	핵심 포인트
비용 문제	기업이 고객 위치로 이동할 때 시간·인건비·차량 운영 등 추가 비용 발생	• 방문 서비스는 비용 구조가 큼. • 추가비용 지불 의사 있는 고객 중심으로 제공
예약 및 운영관리	방문 서비스는 예약 기반 운영이 효율적이며, 이동·작업 동선을 최적화해야 함.	• 예약 시스템 필수 • 이동 경로 최적화(시간·거리 최소화) • 인력·장비 운영 계획 필요
수익 창출 기회	고객 현장에서 부가 서비스 제공 가능하여 추가 수익 창출이 용이	• 추가 서비스/업셀링 • 유지보수·장기 계약 기회 • 고객관계 강화 → LTV 상승

(3) 원격 서비스

원격 서비스는 서비스 제공자가 고객과 직접 대면하지 않은 상태에서, 기술·통신·디지털 채널을 통해 서비스를 제공하는 방식을 의미한다. 콜센터, 온라인 상담, 모바일, 웹 기반 서비스 등이 대표적이다.

항목	내용 정리
정의	고객과 직접 대면하지 않은 상태에서 기술·통신·디지털 채널을 통해 서비스를 제공하는 형태
특징	• 물리적 이동 없음. • 디지털 기반(전화, 앱, 웹, 챗봇, 온라인 플랫폼) • 표준화된 서비스 제공 용이
장점(단기효과)	• 인력·시설 등 운영비용 절감 • 빠른 처리 및 응답 가능 • 시간·장소 제약 없이 접근 가능
단점(장기위험)	• 대면 접촉 감소로 고객 관계 약화 • 추가 구매·업셀링 기회 감소 • 충성도 형성에 불리하고 사업 확장성 저해 가능
대표 사례	콜센터 상담, 모바일뱅킹, 온라인 강의, 앱 주문, 인터넷 고객센터, 챗봇 서비스

03 서비스유통 시간 및 장소의 결정

1 서비스유통 장소와 시간에 대한 의사결정 시 고려사항

구분	설명	의사결정 시 고려 포인트
고객의 기대	고객은 편리성·선호도·접근성을 중시	• 고객 편의를 위해 기업이 비용·효율을 일부 포기해야 할 수도 있음. • 고객 기대치 충족 = 서비스 선택의 핵심
경쟁자의 활동	경쟁자가 더 편리한 시간·장소 제공 시 고객 이탈 가능	• 경쟁자의 서비스 제공 수준을 모니터링 • 필요할 경우 동일 수준 또는 그 이상으로 확대
서비스운영 (고객중심 vs 기업중심)	운영 관점에 따라 유통 전략 상이	• 고객 중심 : 편리성·확장된 운영시간·쉬운 접근성 중점 • 기업 중심 : 비용·효율성·운영 안정성 중점
후방 서비스 요소 (Back-office 요소)	고객과 직접 접촉하지 않는 지원 서비스	입지 결정 시 비용·생산성·인력 접근성 중심 ex 물류센터·세탁공장·콜센터 위치 결정
전방 서비스 요소 (Front-office 요소)	고객 접점에서 이루어지는 서비스 전달 요소	• 고객 편의성 최우선 고려 • 기업의 효율성 vs 고객의 편리성 간 균형 필요 • 경쟁 상황에 따라 서비스 수준 조정

2 서비스유통의 장소들 ✿

유형	설명	특징	사례
지역적 제약을 가진 서비스	운영 특성상 특정 장소에만 입지가 가능한 서비스	• 규모의 경제 필요 • 자연·기후·지형적 요소에 영향 • 입지 선택에 높은 제약	공항, 스키 리조트, 해양 리조트, 관광지 기반 시설
미니점포	지리적 커버리지를 넓히기 위해 복수의 소규모 서비스 장소 설치	• 공간 임대 기반 • 대형 점포 내 소형 점포 입점 • 빠른 접근성 제공	자동화 키오스크, ATM, 대형마트 내 은행 점포, 편의점 내 택배기기
다목적시설	고객 거주지·근무지 등 접근성이 가장 높은 곳에 복합시설 설치	• 상업·사무·생산 기능이 결합된 복합 공간 • 고객 접근성 극대화 • 도심형 서비스에 적합	오피스 빌딩 내 은행·카페·세탁소, 복합 쇼핑몰, 지식산업센터 내 서비스시설

3 고객 접촉별 입지 및 운영계획 ✿

고려 사항	고접촉서비스	저접촉서비스
시설 입지	고객에게 가장 근접한 위치	원자재 공급원, 서비스 직원 등 운영 효율 중심 입지
설비 배치	고객의 물리적·심리적 니즈와 기대를 충족하도록 배치	작업 효율성을 우선하여 배치
전달 설계	서비스 스케이프·물리적 증거 필요	기능적 속성 중심 설계(효율·속도 중심)
과정 설계	고객 참여 고려, 고객 접점 중심 설계	고객과 분리된 내부 과정 중심 설계
일정 계획	고객 일정 고려한 스케줄 필요	고객은 결과(완료일)에만 관심
생산 계획	재고 불가 → 수요 즉시 대응 필요	재고·작업 조정 가능 → 평준화 생산 가능
직원 기술	인간관계능력, 커뮤니케이션 능력 필수	기능 중심·기술 중심 인력 필요
시간 표준	고객에 맞춰 유연한 시간표준 적용	작업 기준의 엄격한 시간표준 적용
능력 계획	최대 수요에 맞춰 용량 확보	평균 수요 기준 용량 계획
수요 예측	단기적·시간 단위 예측 중요	장기적·생산량 기준 예측

4 멀티마케팅 ✿✿✿

전략 유형	설명	장점	단점
멀티마케팅 전략	제품·서비스 전달 시 다수의 접근 방식(멀티 접근)을 동시에 활용하는 유통·마케팅 전략. 서비스·점포·표적시장 등 다양한 요소를 조합해 고객 접근성 강화	• 고객 접점 확대 • 다양한 시장 요구 대응 가능 • 전략 간 융합 가능	• 복잡성 증가 • 관리 시스템 필요
복수 점포 전략	여러 개의 점포를 개설하여 다양한 지역 또는 시장에 접근하는 전략	• 빠른 확장성 • 운영·관리 용이 • 접근성 향상	• 점포 증가 → 품질 통제 어려움. • 서비스 일관성 확보 부담
복수 시장 전략	동일한 시설·설비를 활용하여 복수의 지역·시장에 진출	• 시설 활용 극대화 • 지역별 매출 성장 확대 • 시장 다양화 가능	• 시장별 요구 차이 대응 필요 • 관리 복잡성 증가
복수 서비스 전략	기존 고객 및 신규 고객에게 다양한 서비스를 동시에 제공	• 기존 고객 만족·충성도 증가 • 신규 고객 확보 용이 • 교차판매로 매출 증가	다양한 서비스 운영으로 운영관리 부담 증가

Chapter
03

서비스유통경로의 유형과 관리 전략

01 서비스 유통경로

1 서비스유통경로의 유형

커뮤니케이션 과정

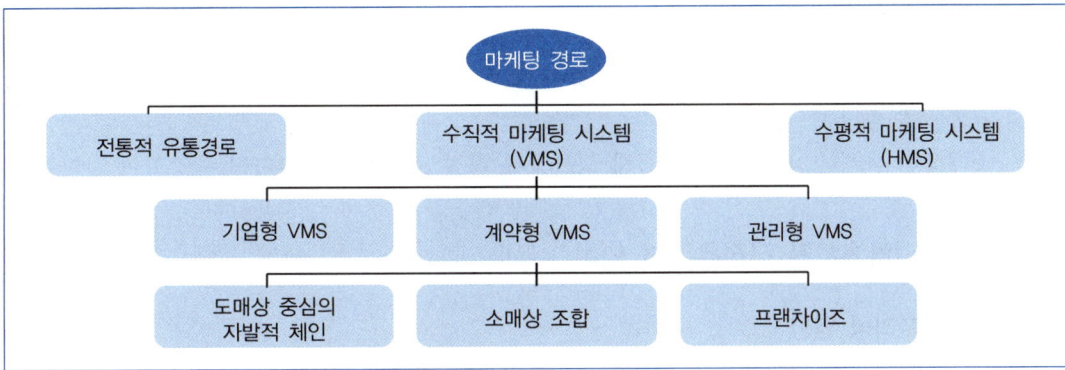

2 서비스경로설계에서 고려되어야 할 점

(1) **서비스점포의 입지 결정**

서비스가 제공되는 장소는 고객의 접근성, 교통 편리성, 주변 환경 등 서비스 이용 의사에 직접적인 영향을 주므로 입지 선정이 가장 핵심 요소이다. 고객이 쉽게 접근할 수 있는 위치 선정이 중요하다.

(2) **표적시장의 규모를 고려한 점포의 크기 결정**

표적시장의 규모(수요량, 방문객 규모, 소비력)에 따라 점포의 규모, 좌석수, 시설 규모 등을 적절하게 설정해야 한다. 수요 대비 과대·과소 설계를 방지하는 것이 핵심이다.

(3) **예상 고객의 특성에 따른 점포의 입지 결정**

고객의 라이프스타일, 이동 경로, 서비스 이용목적, 시간대별 방문 패턴 등 고객 특성에 맞춘 입지 전략이 필요하다.

ex 젊은 층 중심 → 도심·역세권 / 가족 고객 중심 → 주거지역·쇼핑몰

(4) **예상 고객의 서비스 구매 시점 및 구매 방법 파악**

고객이 언제(시점), 어떤 방식(온라인/오프라인/모바일)으로 서비스를 구매하는지를 파악함으로써 서비스 제공 방법, 운영시간, 예약 시스템, 채널 전략 등을 최적화할 수 있다.

ex 모바일 예약 선호 고객 → 예약 앱강화 / 출퇴근 시간 중심 서비스 → 운영시간 조정

02 전통적 서비스유통경로 : 직접유통

1 직접유통의 개념

(1) 직접유통은 생산자와 소비자 사이에 중간상이 전혀 개입하지 않고, 제품 또는 서비스가 직접 전달되는 유통 방식을 말한다.

(2) **직접유통이 필요한 이유**

① 중간상에 대한 불신 · 불만

생산자가 중간상이 제공하는 활동 수준이나 신뢰성에 불만을 느낄 경우 직접유통을 선택한다.

② 마케팅 시설 · 기술의 발달

온라인 채널, 예약 시스템, 앱 기반 운영 등 직접 판매가 용이해지면서 직접유통이 증가한다.

③ 소매상 측 촉진 요인

소매상의 한계나 비용 증가로 인해 생산자가 직접 고객에게 접근하려는 경향이 강화된다.

2 서비스 기업에서의 직접유통의 의미

(1) **서비스 비분리성 영향**

서비스는 생산과 소비가 동시에 발생하므로 중간 단계를 거칠 여지가 적어 중간상이 존재하지 않는 경우가 많다.

(2) **유통경로 길이가 짧음**

서비스는 유형재보다 유통경로가 단순하며, 제공자 → 고객으로 이어지는 짧고 직선적인 경로가 일반적이다.

(3) **소규모 서비스 기업의 직접 전달**

규모가 작은 서비스 기업(미용실, 카페, 학원 등)은 직접 고객과 대면하여 서비스를 생산하고 전달하는 방식이 대부분이다. 이는 고객과의 관계형성에도 중요한 요소가 된다.

3 직접유통의 장점과 단점 ✿✿

장점	• 통제 가능성이 높아 서비스 품질 관리에 유리하다. • 중간상이 존재하지 않아, 유통경로 관리 문제(갈등 · 조정 비용 등)가 발생하지 않는다. • 고객서비스에 문제가 발생할 경우 즉각적인 대응 조치가 가능하다. • 유통 단계가 단축되므로 사회적 유통비 절감 효과가 있다.
단점	• 직영 채널 운영을 위해 재무적 비용(시설, 인력, 장비) 부담이 크다. • 점포 수나 운영 범위에 한계가 있어 고객 접근성이 제한될 수 있다. • 중간상의 시장 · 고객 정보수집 기능이 없기 때문에 고객 · 시장 정보 확보에 한계가 있다.

03 중간상을 이용한 서비스유통경로 : 간접유통

1 프랜차이징(Franchising) ★★★

프랜차이징은 프랜차이즈 본부(Franchisor)가 계약을 통해 가맹점주(Franchisee)에게 일정 기간 동안 특정 지역에서 본부의 상표, 상호, 브랜드, 사업 운영방식(노하우, 매뉴얼 등)을 사용하여 제품이나 서비스를 판매할 수 있는 독점적 또는 제한적 권한을 부여하는 유통경로 조직이다. 가맹점은 이러한 권한과 지원의 대가로
① 초기 가입비(가맹비)
② 매출액의 일정 비율에 따른 로열티
③ 교육비, 관리비 등 기타 비용을 본부에 지급한다.

(1) 프랜차이즈 본사의 입장에서 장점과 단점

장점	• 직영점 확장에 필요한 투자비용을 크게 줄일 수 있음. → 점포는 가맹점주가 투자하므로 본사는 위험 부담이 감소 • 상품 및 서비스의 안정적인 판매망 확보가 가능 → 전국적으로 균일한 유통·판매 기반을 구축할 수 있음. • 규모의 경제 실현 → 대량 구매·공동 구매를 통해 원가 절감 효과가 커짐. • 서비스 표준화 및 운영 효율성 향상 → 매뉴얼 기반 운영으로 일관된 품질 제공 가능 • 브랜드 이미지를 전국적으로 일관되게 확장할 수 있음. → 표준화된 가맹점 확장은 고객에게 동일한 브랜드 경험 제공 • 가맹점으로부터 로열티 및 수수료 수익 확보 → 안정적·지속적 수익원 창출
단점	• 서비스 품질 유지를 위해 지속적인 지원·교육·모니터링이 필요함. → 총괄 관리 비용 및 조직 부담 증가 • 가맹점이 빠르게 늘 경우 통제·관리 어려움 증가 → 운영 기준 이탈 가능성 확대 • 본부의 통제력이 약화되면 브랜드 전체 이미지가 손상될 수 있음. → 일부 점포의 불량 서비스가 브랜드 전체 평가로 연결됨. • 일부 가맹점의 실패가 전체 프랜차이즈 시스템에 부정적 영향 → 매출 고착, 가맹 이탈, 브랜드 신뢰 하락 등 도미노 현상 발생 가능

(2) 프랜차이즈 가맹점의 입장에서 장점과 단점

구분	항목	내용
장점	본사 지원으로 초보 창업 가능	표준 운영 매뉴얼, 제조·서비스 지침 제공으로 경험이 없어도 창업 및 운영 가능
	브랜드 가치 활용	이미 구축된 브랜드 인지도와 신뢰를 활용해 초기에 고객 확보가 용이함.
	실패율 감소	검증된 비즈니스 모델과 본사 운영 시스템 적용으로 사업 안정성 향상
	교육 및 운영 지원	본사의 체계적 교육·물류 지원·운영 시스템 제공으로 효율적 관리 가능
	광고·마케팅 규모의 경제	전국 단위 광고를 본사가 시행하여 홍보비 부담 감소 및 효과 극대화
단점	높은 초기 창업 비용	가맹비·교육비·보증금·인테리어 등 초기 투자비가 비교적 높음.
	높은 운영 단가	본사 지정 원재료 사용, 로열티, 광고 분담금 등으로 운영비 상승 가능
	자율성 제한	메뉴·가격·이벤트·인테리어 등 본사 규정을 따라야 해 창의·자율 운영 어려움.
	지역 특성 반영 어려움.	지역 맞춤형 상품 개발이나 자체 프로모션 실행이 제한됨.

2 에이전트(Agent)와 브로커(Broker) ★★☆

에이전트와 브로커는 기업의 상품·서비스에 대한 소유권을 갖지 않으며, 기업을 대신하여 마케팅·판매 기능을 수행하는 간접유통 채널 구성이다.

(1) 에이전트(Agent : 대리점 혹은 대리인)

특정 기업 또는 고객을 지속적으로 대리하여 거래를 담당하는 존재이다. 기업 또는 고객 중 한 쪽 편을 대표하여 거래를 활성화한다. 판매·협상·정산 등 일정 범위의 권한을 위임받아 수행한다.

판매에이전트	• 기업(판매자)의 상품을 대신 판매하는 권한을 갖는 대리인 • 기업의 마케팅·영업 활동을 보조하며, 고객에게 직접 판매를 수행 • 일반적으로 특정 기업을 지속적으로 대리하며 판매 업무를 수행 ex 여행사(항공권·여행상품판매), 보험대리점(보험상품판매), 금융서비스 판매대행사
구매에이전트	• 고객(구매자)을 대신하여 상품을 평가·선정·구매하는 역할 • 특정 분야의 전문지식, 감정능력, 노하우를 바탕으로 고객을 대리 • 고객이 스스로 판단하기 어려운 고가·전문품목에서 많이 활용 ex 예술품 전문가, 골동품 감정가·구매 대행, 귀금속·보석 전문가가 고객을 대신해 평가 및 구매

(2) 브로커(Broker : 중개상 혹은 중개인)

구매자와 판매자 사이의 협상을 돕고 거래 성사를 중개하는 역할이다. 에이전트와 달리 특정 기업이나 고객을 지속적으로 대리하지 않는다. 거래가 성사될 때 수수료(수임료, 중개료)를 받는다. 재고 보유, 자금 조달 등 위험 부담을 지지 않는다.

구분	에이전트(Agent) ☆☆	브로커(Broker) ☆☆
소유권 보유 여부	없음.	없음.
주요 역할	특정 기업 또는 고객을 대리하여 지속적 판매·마케팅 수행	구매자와 판매자 간 협상·중개를 통해 거래 성사
대리 관계	특정 기업 또는 고객을 지속적으로 대리	특정 거래만 일회성으로 중개
보상 방식	기업 또는 고객과의 계약에 따른 수당·수수료	거래 성사 시 중개 수수료
위험 부담	특정 범위의 책임이 존재할 수 있음.	재고·자금 부담 등 위험 부담 없음.
예시 직종	여행 대리점, 항공사 판매대리점, 보험대리점	부동산중개인, 보험중개인, 증권중개인

(3) **에이전트와 브로커의 장점과 단점**

장점	• 기업의 판매비용·유통비용 절감 가능 • 전문지식과 기술을 기반으로 효율적 마케팅 대행 • 판매에이전트 : 다양한 공급자의 상품을 취급 → 고객 선택폭 확대 • 구매에이전트 : 여러 판매자 상품비교·평가 → 고객의 최적 구매 지원 • 지역시장에 대한 전문성을 바탕으로 시장 요구 파악 용이
단점	• 기업이 가격·프로모션 등 마케팅믹스에 대한 통제력 상실 가능 • 여러 공급자를 대리하기 때문에 경쟁사에 유리한 판매행위 발생 위험 존재

04 서비스 유통경로의 관리

1 성공적 유통경로의 특성

(1) **공동의 목표를 가진 고객지향성**

모든 경로 구성원이 동일한 고객가치를 목표로 하고, 고객 만족을 최우선으로 하는 방향으로 운영되어야 한다.

(2) **효과적이고 효율적인 커뮤니케이션**

경로 구성원 간 필요한 정보를 신속·정확하게 공유하여 서비스품질과 운영 효율을 향상시킨다.

(3) **공동 목표 달성을 위한 협조**

구성원 간 갈등을 최소화하고 협력적으로 문제를 해결함으로써 전체 경로의 성과를 극대화한다.

(4) **명확한 통제 시스템(보상제도 포함)**

권한·책임·평가·보상 기준이 명확하게 설정되어 구성원의 참여 의시를 높이고 관리 효율을 높인다.

Part **04**

2 유통경로 파트너 선정(공급자 관점)

구분	고려 요소
기본 역량	• 재정적 능력 • 판매능력 및 실적 • 제품·서비스 라인 적합성 • 명성(리더십·전문성·평판)
시장 커버 능력	• 지역·산업별 시장 커버리지 • 광고 및 판촉 전략 수행 능력
운영 및 관리 능력	• 판매쿼터 수용 의지 • 교육·훈련 프로그램 참여도 • 보상 및 급여체계의 적절성 • 장소·설비 등 물적 환경 • 주문처리 및 대금결제 서비스 • 판매 후 관리(A/S)능력
협력 가능성(파트너십)	• 개별 브랜드에 대한 투자 의도 • 공동 프로그램 협조 의지 • 정보 공유 의지

3 서비스 유통경로의 권력 관계 ✿

권력의 원천	정의	변형된 사례
보상력	중간상에게 보상이나 지원을 제공할 수 있는 능력	• 판매 목표 달성 시 리베이트 지급 • 교육비 및 판촉비 지원 • 공동 프로모션 비용 부담
강제력	중간상을 제재하거나 계약상 불이익을 줄 수 있는 능력	• 거래량 미달 시 물량 축소 • 광고 협조 거부 시 판촉지원 제외 • 품질 기준 위반 시 납품 제한
합법력	법적 권리를 기반으로 중간상을 통제하는 능력	• 독점 판매 계약을 통한 판매 구역 지정 • 브랜드 사용 및 진열 기준을 계약 조항으로 설정 • 영업 전략 변경 시 계약 갱신 제한
전문력	전문 지식 기반의 조언, 전략 제시 능력	• AI 수요 예측 기반 발주 시스템 제공 • 매장 레이아웃 및 동선 개선 컨설팅 • 카테고리 별 판매 전략 코칭
준거력	중간상이 모방하고 싶어 하거나 따르고 싶어 하는 영향력	• 업계에서 인정받는 '우수 파트너 기업' 이미지 보유 • 지속적인 ESG 경영 사례 공유 • 고객 만족도 1위 브랜드로서의 신뢰성
정보력	시장 정보를 분석하고 제공할 수 있는 능력	• 지역별 구매 패턴 분석 데이터 제공 • 경쟁사 비교 리포트 제공 • 성과 기반의 발주량 최적화 제시

05 유통경로의 갈등

1 유통경로의 갈등 원인

갈등 원인	설명	사례
목표와 수행의 충돌	서비스 전달 방식, 역할, 목표의 불일치로 발생	• 본사는 프리미엄 전략을 원하지만 중간상은 저가 할인 위주 판촉을 진행 • 동일 지역 내 중간상끼리 판매 경쟁 발생 • 기업의 캠페인 방향과 매장의 실행 방식이 어긋남.
소매점의 일관성과 품질통제 갈등	서비스표준 유지 어려움. / 길어진 경로로 통제가 약화	• 매장마다 응대 방식이 달라 고객 불만 증가 • 전문 서비스일수록 인력 교육이 통일되지 않음. • 점포 간 서비스 품질 편차가 커짐. ex 카페 체인점 맛·응대·청결 차이
권한부여와 통제의 갈등	자율성 vs 본사 지침 간의 갈등 (프랜차이즈에서 자주 발생)	• 가맹점주는 특색 있는 메뉴를 출시하고 싶지만 본사 기준 때문에 제한 • 지역별 맞춤 마케팅을 원하지만 표준 프로세스 때문에 시행 불가 • 본사의 지나친 통제가 '창업·사업가 정신'과 충돌
유통경로의 역할 모호함	역할 분장이 명확하지 않을 때 갈등 발생	• 마케팅조사를 누가 담당할지 명확하지 않아 책임 소재 논쟁 • 고객 불만 대응 조직이 중복되어 현장 혼선 발생 • 동일 서비스를 서로 다른 부서에서 수행해 혼란 초래

2 유통경로에 대한 갈등관리 방안

갈등 원인	핵심 키워드	한 줄 요약
목표와 수행 방식의 불일치	목표 불일치, 역할 충돌	"목표는 같으나 역할과 실행 방식이 다를 때 갈등이 발생한다."
일관성 없는 유통정책	표준화 부족, 정책 혼선	"유통정책의 일관성 결여는 서비스·가격·운영 편차를 초래한다."
권한과 통제 범위의 충돌	자율성 VS 본사 통제	"자율성과 통제 범위에 대한 인식 차이가 갈등을 유발한다."
역할 및 책임의 불명확성	책임 소재 불분명	"역할과 책임이 명확하지 않을수록 갈등은 구조적으로 반복된다."

Part
04

06 중간상 관리전략의 유형 ☆☆

구분/전략 요소	통제	권한부여	파트너십
전략 정의	성과 측정과 보상을 기반으로 한 통제 중심 전략	중간상에게 재량권을 부여하는 자율적 전략	수평적 협력·역량 공유 기반 전략
주요 내용	• 판매 목표 설정 및 실적 평가 • 계약 종료 / 비갱신 • 물량 제한 / 패널티	• 서비스 목표는 제시하되 실행은 재량에 맡김. • 교육/훈련 지원 • 고객 조사 및 의견 제안 기회 제공	• 공동 목표 설정 • 전략회의, 의사결정에 참여 • 정보/성과 공유 시스템 운영
적합한 공급자 유형	강한 경로 파워 보유 기업	통제력이 낮거나 협력적 운영이 필요한 기업	대등하거나 보완적 관계의 기업
장점	• 서비스 일관성 유지 • 경로 효율성 증대	• 갈등 완화 • 중간상 동기부여 강화	• 상호 신뢰 형성 • 시너지 효과 발생
단점	• 갈등 심화 가능성 • 자율성 제한 및 소극적 참여	• 서비스 편차 발생 위험 • 기준 이하 서비스 가능성	목표 불일치 시 갈등 확대 가능
실무 사례	• 프랜차이즈 표준 매뉴얼 강제적용 • 백화점 입점 브랜드 판매 기준 평가	• 매장별 특화메뉴 개발 권한 부여 • 현장 고객 분석 참여 제도	• 공동 마케팅 캠페인 • Co-creation 방식 신제품 개발

Chapter 04 전자채널

01 전자채널의 이해

1 전자채널의 개념과 효과

(1) 전자채널의 개념 ✿✿

① 전자채널은 생산자, 중개인, 소비자가 디지털 통신망과 다양한 온라인 플랫폼을 활용하여 대면 접촉 없이 상품과 서비스를 거래하는 유통경로를 의미한다.

② AI기술, 빅데이터 분석, 모바일 기반 소비 확산은 전자채널을 기존 유통경로의 '보조 수단'이 아니라 핵심 유통 시스템으로 전환시키는 데 중요한 역할을 하였다.

③ 기업은 전자채널을 통해 고객 맞춤형 서비스, 실시간 상담, 주문·결제·배송 추적 등 고객 경험을 향상시키며 유통비용 또한 효과적으로 절감할 수 있게 되었다.

④ 전자채널은 '국내 시장'의 한계를 넘어 글로벌 시장 진출, 무경계 유통과 같은 새로운 비즈니스 모델을 가능하게 하였다.

(2) 전자채널의 용도

① 상품 판매 및 플랫폼형 유통의 주요 수단

단순 판매를 넘어 D2C(Direct to Consumer), 구독서비스, 플랫폼 연계 운영 등 핵심 유통 채널로 활용된다.

② 기술지원 및 고객 경험 향상을 위한 수단

AI챗봇, AR 제품 체험, 마이크로 서비스 기술 등 CX 개선 도구로 활용된다.

③ 기존 서비스의 보완 및 서비스 기능 향상 수단

오프라인 서비스의 한계를 보완하며 디지털 트윈, 라이브 커머스, 예약 시스템등 기능 고도화를 지원한다.

④ 주문·결제·배송 처리의 자동화 수단

실시간 주문, QR결제, 무인 스토어 등 End-to-End 자동화 시스템 구축에 활용된다.

⑤ 정보 제공 및 데이터 기반 의사결정 수단

상품 정보 제공뿐 아니라 고객 데이터 분석·CRM·예측 시스템 등 전략적 의사결정에 쓰인다.

⑥ 고객과의 양방향 커뮤니케이션 활성화 수단

SNS 커머스, 커뮤니티 운영, 리뷰·라이브소통 등 소통 기반 관계 강화 도구로 발전한다.

2 전자채널의 효과

구분	정의	2026년 특징	서비스 사례
전자적 의사소통 효과	생산자와 소비자가 실시간으로 연결되어 정보교환 및 피드백 속도가 빨라지는 효과	• AI 챗봇 상담 • 데이터 기반 맞춤형 CX • O2O(온·오프라인 연계) 서비스	• 카카오 챗봇 고객 대응 • 라이브 커머스 실시간 채팅 • 앱 기반 VOC 수집 시스템
전자적 중개 효과	거래 상대방 탐색·추천·비교 과정이 자동화되어 매칭 효율이 높아지는 효과	• 자동 검색/추천 알고리즘 • 플랫폼 중심 거래 구조 • D2C(직접판매) 확산	• 쿠팡·네이버 스마트스토어 • 배달앱/숙박앱 필터링 시스템 • 무신사 스펙 기반 매칭
전자적 통합 효과	유통·생산·물류·고객관리 등 유통 시스템 전체가 디지털로 통합되는 효과	• ERP·CRM·SCM 연동 • 디지털 트윈·RPA 활용 • End-to-End 자동화	• POS 자동 발주 시스템 • CRM 기반 쿠폰 자동 발송 • 예측 발주형 공급망관리(SCM)

◈ 탈중간상화 현상

구분	내용
정의	• 디지털 플랫폼 및 인터넷 기반 유통 확산으로 기업가 소비자가 중간상을 거치지 않고 직접 거래하려는 현상 • D2C / CRM / 플랫폼 / AI 추천 / 고객경험 / 유통비용 절감 • 탈중간상화는 기업이 직접 고객에게 다가가는 유통구조 변화로, 디지털·AI·CRM 기반의 새로운 경쟁전략
주요 배경	• D2C(직접판매) 채널 증가 • 유통비용 절감 필요성 증가 • 고객 데이터 확보 목적 • 모바일·앱 소비 확대
기대 효과	• 유통 수수료 절감 • 고객 데이터 확보 및 CRM 활용 • 브랜드 통제력 강화 • 고객 로열티 및 LTV 증가
실무 사례	• 나이키 – 오프라인 중단 & D2C 전략 확대 • 스타벅스 – 자체 앱 주문으로 배달앱 회피 • 화장품 브랜드 – 라이브 커머스 직접 판매 • 명품 브랜드 – 자체 플랫폼 운영(디올 등)

③ 전자상거래와 전통상거래의 비교 ✫✫✫

구분	전자상거래(E-Commerce)	전통상거래(Traditional Commerce)
유통경로	• 기업 → 소비자(D2C / 플랫폼 기반) • 실시간·맞춤형·국경 없는 거래 방식	• 기업 → 도매상 → 소매상 → 소비자 • 공간 기반·직접접촉 중심 판매 방식
거래대상지역	글로벌 마켓 / 무경계 유통	지역 중심 로컬 마켓
거래시간	24시간, 실시간 주문·결제 가능	영업시간 내 제한된 거래
고객수요 파악방식	• 온라인 데이터 실시간 수집 • 재입력 과정 없이 자동 저장 • AI 분석 가능	• 현장 영업사원 정보 의존 • 수집 후 재입력 필요 • 정확성·속도 제약
마케팅 활동	• 쌍방향 커뮤니케이션 기반 • 1:1 맞춤 마케팅(CRM, AI 추천)	고객 의사와 무관한 일방향 마케팅 중심(대중 광고)
고객 대응	고객 문의에 즉각적 대응 가능 (챗봇·라이브상담·FAQ 등)	수요 파악이 늦고 대응이 지연되거나 제한됨.
판매 거점	사이버 공간 (온라인 플랫폼 / 앱 / SNS)	실물 매장, 판매 시설 필요

④ 전자적 유통경로의 장점과 단점 ✫✫✫

구분	장점	단점
공급자 측면	• 기업-고객 직거래로 유통비용 절감 • 유통경로 갈등 최소화 • 시간·공간 제약 없이 영업 가능 • 고객의 즉각적인 피드백 확보 • 고객정보 획득 및 CRM 수행 용이 • 데이터 기반 마케팅 자동화 가능	• 안전성 문제 　- 대금 결제의 보안 이슈 　- 개인정보 유출 가능성 • 물류체계 부담 　- 정보 전달은 가능하지만 실제 배송· 　　물류는 추가 비용 발생
소비자 측면	• 거래시간 단축 / 빠른 구매 가능 • 공급자 탐색이 편리함. • 정보탐색 시간·비용 절감 • 공간 제약 없는 정보수집 • 직접 소통하여 문제 해결 가능 • 공급자 비교를 통해 최적 선택 가능	• 품질 불일치 가능성 　- 이미지/설명과 실제 상품의 차이 　- 품질보증의 어려움. • 규격 표준화 한계 　- 표준화되지 않은 상품이나 사용경험이 　　없는 상품은 거래에 한계

02 오프라인 기업의 인터넷 경로 전략

전략 유형	개념 및 목적	적용 조건	전략 특징
경로 보완	기존 오프라인 유통경로의 부족한 부분을 보완하기 위해 온라인 채널을 활용하는 전략	• 경로갈등이 높음. • 인터넷 경로 적합도가 낮음.	• 기존 경로의 약점을 지원 • 온라인은 부수적 역할 수행
경로 차별화	오프라인과 온라인 경로 간의 기능을 명확히 분리하여 역할 중복을 제거	• 경로갈등이 높음. • 인터넷 경로 적합도가 높음.	• 별도 채널로 운영 • 오프라인 vs 온라인 역할 분담 • 경로갈등 해결 목적
경로 통합	모든 판매 활동을 온라인 유통경로로 통합하는 전략	• 경로갈등이 낮음. • 인터넷 경로 적합도가 매우 높음.	• 온라인 '주 채널' 전환 • 통합 플랫폼 운영 • 디지털 중심 구조로 재편

03 전자적 유통경로 갈등 ✧✧✧

1 전자적 유통경로에 의한 기업 내·외부의 갈등 유형

(1) 전자채널이 활성화되면서 기존 오프라인 판매원을 대체하거나 역할이 축소되어 기업 내부 판매 인력과의 이해관계 충돌이 발생한다. → 판매 수수료 감소, 업무 축소, 역할 불분명 등의 문제로 내부 갈등이 유발된다.

(2) 온라인 경로가 D2C(Direct-to-Consumer) 방식으로 운영되면서 기업 외부의 대리점·소매점 등 기존 유통 구성원과의 경쟁·갈등이 증가한다. → 판매권 침해, 가격 경쟁, 고객 유출 등으로 기존 경로의 반발이 나타나기도 한다.

2 전자 유통경로의 등장으로 인한 유통관리 이슈

(1) 온라인에서 상품을 검색하고 오프라인 매장에서 구매하거나, 반대로 매장에서 체험 후 온라인에서 구매하는 '채널 번들링(채널 결합)'의 형태가 지속적으로 증가하고 있다.

(2) 고객의 구매 여정이 다양해지면서 하나의 유통경로만으로 고객에게 접근하기 점점 어려워지고, 복합 경로 운영 능력이 중요한 경쟁력이 되었다.

(3) 전통적인 오프라인 경로와 디지털 기반의 새로운 온라인 경로 사이에서 '시너지 효과'를 창출하는 유통 경로 전략이 핵심 과제로 부각되고 있다.

③ 유통경로 간의 갈등에 대한 의사결정 원칙

(1) 유통경로 갈등의 대응은 단순 조정이 아니라, 각 채널의 수익성과 지속가능성을 기준으로 전략적으로 판단해야 한다.

(2) 각 유통경로에 대한 수익·비용 분석 결과를 토대로 투자 및 육성의 우선순위를 결정해야 한다.

(3) 비용 측면에서는 디지털 기반의 전자유통경로가 자동화·무인 시스템을 활용할 수 있어 상대적으로 유리한 경우가 많다.

(4) 수익 측면에서는 고객 경험(CX)과 관계 형성이 용이한 기존의 오프라인 유통경로가 여전히 경쟁력을 보이는 사례가 존재한다.

(5) 수익을 초과하는 비용이 발생하거나 채널 간 전략적 목적이 분명하지 않을 경우에는 디마케팅 또는 단계적 철수 전략을 신중히 검토해야 한다.

④ 온라인과 오프라인의 갈등 해결을 위한 방안

하이브리드 전략 유형	개념 / 특징	활용 목적
정보공유형 하이브리드 경로	한 채널에서 획득한 고객 정보를 다른 채널에서도 활용할 수 있도록 공유하는 방식	고객 데이터를 통합 관리하여 CRM 강화 및 마케팅 효율성 증대
역할 분리형 하이브리드 경로	온라인·오프라인 각각의 경로가 담당하는 기능과 역할을 명확하게 분리하여 운영하는 방식	경로별 경쟁을 최소화하고, 역할 차별화를 통한 시너지 창출

Part 04

Chapter
05
서비스 구매과정의 물리적 증거 이해

01 물리적 증거(Physical evidence)

1 물리적 증거의 개념

(1) 물리적 증거란 서비스가 실제로 존재하고 있음을 보여주는 모든 '비인적 요소'이며, 고객이 서비스 품질을 인식하는 중요한 단서가 된다.

(2) 서비스 제공 과정에서 기업은 사람뿐 아니라 기계, 설비, 도구, 공간 연출 등 다양한 물리적 요소에 의존하여 고객 경험을 형성하게 된다.

(3) 따라서 물리적 증거는 단순한 '환경이 아닌' 서비스의 이미지·신뢰·기대 수준을 결정짓는 핵심적 역할을 수행한다.

2 물리적 증거의 구분

(1) 물리적 증거는 무형적인 서비스를 실체 있게 전달하기 위해 활용되는 물리적 환경과 기타 유형적 요소로 구성된다. 즉, 고객이 '보거나 느낄 수 있는 모든 요소'가 서비스의 첫인상과 신뢰 형성을 좌우한다.

구분	내용	특징 / 역할
외부환경	건물의 디자인, 시설의 외형, 조형물, 외관의 청결 상태 등	신규 고객의 방문 의사를 결정하는 첫 관문 역할
내부환경	실내장식, 레이아웃, 가구, 조명, 안전성, 배경음악 등	고객과 직원의 만족도를 높여 서비스 생산성 및 체류시간 증가 효과
기타 유형적 요소	종업원의 유니폼, 외모, 행동, 안내 책자 등	

(2) 물리적 증거는 기능적 요소와 환경적 요소로 구분하여 이해할 수 있다.

구분	의미	예시	교육 포인트
기능적 요소	서비스가 원활히 생산·전달되도록 하는 기능 수행	ATM기의 작동, 시스템 정확성, 기계 안정성	"서비스 전달 기능"이 핵심
환경적 요소	고객이 직접 인지하는 미적·감성적 요소	ATM 인터페이스 디자인, 화면 구성, 조명, 사운드	"사용자 경험(UX)"이 핵심

(3) 물리적 증거의 역할 ✿✿

물리적 증거는 단순한 '환경'이 아니라, 서비스를 이해하고 경험하는 모든 접점의 총체이다. 서비스의 성패를 좌우하는 핵심요소이며, 다음 4가지 역할을 수행한다.

역할	핵심 개념	주요 효과	예시
패키지 역할	서비스의 외형적 포장	첫인상 형성, 서비스 품질 지각	호텔 로비 디자인, 유니폼, 메뉴판
편의제공 역할	기능적 지원/동선 설계	고객 편의 증진, 직원 업무 효율 향상	안내표지판, 키오스크 UI, 셀프바
사회화 역할	역할·행동·관계 안내	자연스러운 행동 규범 형성	은행 창구 위치, 좌석 배치
차별화 역할	경쟁사와 구분/포지셔닝	시장 세분화 & 가치 인식 변화	프리미엄 인테리어, 브랜드 색채

(4) 물리적 증거의 영향 ✿

① 일반적 영향
- ㉠ 기업에 대한 전반적 이미지를 형성한다. → 브랜드 이미지, 신뢰도, 전문성 등을 고객이 인식하게 됨.
- ㉡ 눈에 보이지 않는 서비스에 '유형성'을 제공한다. → 무형 서비스의 품질을 물리적 요소를 통해 판단하게 됨.
- ㉢ 고객과 종업원의 행동 및 관계에 영향을 준다. → 동선, 공간 설계, 안내 메시지 등에 따라 상호작용 방식이 달라짐.
- ㉣ 고객의 접근행동 또는 회피행동에 영향을 준다. → 매력적인 환경은 방문을 유도하고, 불편한 환경은 회피를 유발함.
- ㉤ 직원의 생산성 및 직무만족도에 영향을 준다. → 쾌적한 환경·기능적 설계는 업무 효율과 만족도 향상으로 연결됨.
- ㉥ 서비스 품질에 직·간접적으로 영향을 준다. → 고객이 체감하는 서비스 품질 수준과 평가에 큰 영향을 미침.
- ㉦ 고객의 구매 의사결정에 영향을 준다. → 매장 분위기, 브랜드 이미지, 시각적 단서 등에 의해 결정을 내리게 됨.

② 고객과 종업원의 행동에 미치는 영향
- ㉠ 내적 반응을 유발한다. → 고객과 종업원은 물리적 증거를 인식하면서 감정적·인지적·행동적 반응을 → ex 조명이 어두우면 불안감, 동선이 명확하면 신뢰감, 어수선하면 피로감
- ㉡ 행동 방식에 영향을 주는 '조절변수' 존재 → 동일한 환경이라도 사람마다 다르게 받아들일 수 있으며, 그 차이를 만드는 요인을 '조절변수'라고 함.

🔷 물리적 증거를 조절하는 변수

조절변수	핵심 개념	예시	교육 포인트
성격특성	개인의 성격에 따라 동일한 환경도 다르게 인식	내향형은 혼잡한 공간을 부담스러워함. / 외향형은 선호할 수 있음.	고객 세분화와 공간 설계에 활용 가능
상황요인	방문 목적·시간·긴급성 등 상황에 따라 인식 변화	급한 고객은 키오스크 / 여유 있는 고객은 인간 상담 선호	서비스 동선·대기시스템 설계 시 고려
무드	감정 상태가 공간 인식에 영향을 줌.	우울한 날엔 카페 조명만으로 위로를 받기도 함.	분위기·조명·음악의 중요성
개인적 기대	기대 수준에 따라 동일 공간도 다르게 평가됨.	고급 호텔 기대 고객 → 같은 시설도 낮게 평가	서비스 품질 지각과 직결됨.

③ 물리적 증거 인식에 따른 내적 반응에 의한 외적 행동

구분	정의	긍정적(접근행동)	부정적(회피행동)
카페 사례	공간 인식에 따른 고객 행동	편안한 인테리어로 더 오래 머물고 디저트 추가 주문	소음·복잡한 인테리어 → 식사만 하고 바로 떠남.
병원 사례	안내 및 환경에 따른 행동	동선이 명확하면 친절하고 협조적인 태도 보임.	안내 부족·불편한 의자 → 접수를 포기하거나 다른 병원 탐색
호텔 사례	서비스 환경에 대한 인식	청결과 향기 → 재방문 의사, SNS 후기 작성	불쾌한 냄새·복잡한 로비 → 짧게 머무르고 불만 제기
직원 행동	근무환경에 따라 업무 태도 변화	동선이 잘 설계되면 직무 몰입도 상승 & 실수 감소	휴게공간 부족 → 최소한의 역할만 수행, 직무 회피
핵심 인식	물리적 증거에 대한 내적 반응	"머무르고 싶다 / 더 하고 싶다"는 의도를 강화	"빨리 떠나고 싶다 / 피하고 싶다"는 의도를 강화

④ 물리적 증거의 영향에 대한 모델

비트너(Bitner)는 물리적 증거가 고객과 종업원의 행동과 태도에 어떤 여향을 미치는지를 설명하기 위해 다음과 같은 개념적 모델을 제시하였다. 이 모델은 서비스 환경이 개인의 인식 → 내적 반응 → 외적 행동으로 연결되는 과정을 시각적으로 설명한 구조이다.

🔷 물리적 증거의 영향에 대한 모델

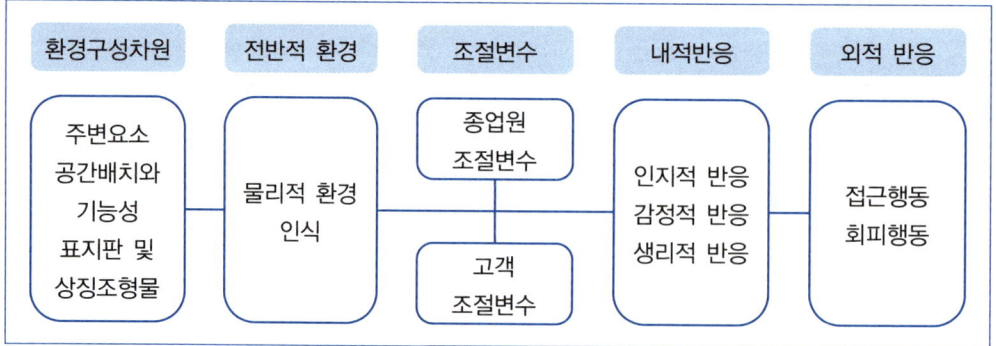

02 물리적 환경(서비스 스케이프 : Service scape)의 이해

1 물리적 환경의 정의

(1) Booms & Bitner(1981)는 서비스가 제공되는 과정 속에서 물리적 환경이 고객 경험과 서비스 품질에 미치는 영향을 설명하기 위해 '서비스 스케이프(Serice scape)모델'을 제시하였다.

(2) 물리적 환경(서비스스케이프)은 서비스 접점에서 고객과 직원이 인식하게 되는 모든 비인적 요소를 의미한다. 즉, 인적 서비스(직원) 외에 공간, 시설, 장비, 소리, 색감, 온도, 냄새 등 서비스 경험을 구성하는 환경적 요소들의 총체이다.

2 물리적 환경의 범주 ☆

(1) 베이커(Baker)의 물리적 환경 범주

구분	정의	대표 요소	고객 행동 영향
주변 요소	오감으로 인식되는 비가시적 환경 자극	온도, 습도, 조명, 향기, 소음	감정·기분 형성, 체류 시간 영향
디자인 요소	물리적, 기능적 공간 설계 요소	색채, 건축미, 레이아웃, 인테리어	품질 인식, 접근성, 행동 유도
사회적 요소	환경 내 존재하는 사람 관련요소	직원 수, 외모, 고객 밀도	혼잡감, 친절성지각, 만족도 영향

(2) 비트너(Bitner)의 물리적 환경 범주

구분	정의	대표 요소	고객 행동 영향
주변 조건	서비스 환경의 감각적 배경 조건	조명, 음악, 냄새, 온도	감정 반응, 접근/회피 행동
공간 배치 및 기능성	공간 구성과 설비의 기능적 효율성	동선, 가구 배치, 장비 배치	이용 편의성, 업무 수행 효율
표지·상징·유물	의미 전달 및 상징적 단서	표지판, 로고, 장식물, 사진	브랜드 이미지 인식, 행동 안내

예상문제

일반형

01 전자적 유통경로에 대한 설명으로 옳지 **않은** 것은?

① 인적 유통보다 더 효율적인 제공 수단이다.

② 직접적인 인간 접촉을 요구하지 않는 서비스 유통 형태이다.

③ 인적 상호작용과 마찬가지로 제공되는 서비스마다 다르게 바뀌어 전달된다.

④ 고객이 원하는 때와 원하는 장소에서 언제나 기업의 서비스에 접근할 수 있다.

⑤ 서비스 제공자로 하여금 많은 최종 소비자 및 중간상과 상호작용할 수 있게 해준다.

02 다음 중 멀티 마케팅 전략에 관한 설명으로 가장 적절한 것은?

① 복수 점포 전략은 전문적인 서비스에 적합하지 않다.

② 가격은 멀티 마케팅 전략의 중요한 다양화 대상에 포함된다.

③ 복수 서비스 전략은 기존 서비스에 새로운 서비스를 추가하는 전략이다.

④ 멀티 마케팅 전략에 포함된 전략들을 혼합하여 사용하는 전략은 바람직하지 않다.

⑤ 현재의 설비를 충분히 활용하지 못하고 있는 기업에게는 복수 점포 전략이 적합하다.

03 다음은 한 외식 브랜드가 성장 전략을 고민하며 여러 유통 경로 전략을 검토한 내용이다. 설명 중 적절하지 **않은** 것은?

① 복수 점포 전략은 빠른 지역 확장과 매출 증가가 가능하지만, 점포 수가 늘어날수록 품질 관리가 어려워질 수 있다.

② 복수 서비스 전략은 기존 고객에게 더 다양한 서비스를 제공할 수 있어 만족도를 높이는 데 효과적이다.

③ 복수 시장 전략은 시설의 효율적 활용이 쉬워지고 시장별 매출 성장 가능성이 높은 특징이 있다.

④ 복수 서비스 전략은 관리가 간단하고 품질 통제가 용이하다는 장점을 가진다.

⑤ 복수 점포 & 복수 서비스 전략은 매출 확대에 유리하지만, 고객 혼란 방지를 위해 서비스 품질 기준의 일관성이 중요하다.

04 다음 중 물리적 환경이 미치는 영향에 관한 설명으로 가장 적절한 것은?

① 서비스의 비분리성을 극복하도록 도움을 준다.
② 서비스 기업에 대한 이미지 형성에 미치는 영향이 크다.
③ 특정 서비스 기업에 대한 고객의 충성도를 향상시킬 수 있다.
④ 외부 고객에게 주로 영향을 미치며, 내부 직원에 대한 영향은 매우 적다.
⑤ 서비스 기업의 분위기에 영향을 미치지만, 고객의 구매 결정에 영향을 미치지 않는다.

05 다음 중 물리적 환경의 역할로 적절하지 <u>않은</u> 것은?

① 사회화 역할
② 패키지 역할
③ 편의 제공 역할
④ 차별화 역할
⑤ 이질화 역할

06 에이전트와 브로커에 대한 설명으로 적절한 것은?

① 브로커는 구매자와 판매자의 역할을 지속적으로 대리한다.
② 에이전트와 브로커를 통해 판매와 유통 비용을 절감할 수 있다.
③ 에이전트와 브로커는 서비스에 대한 소유권이 있다.
④ 브로커는 서비스 주인과 고객 간의 계약을 체결할 수 있는 권한을 위임받은 중간상이다.
⑤ 에이전트는 협상을 도와주면서 구매자와 판매자를 맺어주는 중간상이다.

07 다음 중 유통경로의 대표적인 기능에 해당하지 <u>않는</u> 것은?

① 고객의 구매를 유도하기 위해 설득적 커뮤니케이션을 전달하는 기능
② 제조업체와의 가격 및 조건에 대한 최종 합의를 시도하는 기능
③ 제품을 보관하고 고객에게 배송하는 기능
④ 유통 과정에서 발생할 수도 있는 위험을 부담하는 기능
⑤ 기업의 브랜드 이미지를 높이기 위한 광고 캠페인을 직접 기획·집행하는 기능

08 전통적 서비스 유통경로인 다이렉트 채널의 내용으로 가장 적절하지 <u>않은</u> 것은?

① 서비스 생산·판매·소비 현장을 완전히 통제할 수 있다.
② 직영 채널 운영에 많은 재무적 비용이 부담된다.
③ 고객 서비스에 문제가 생겼을 경우 즉각적인 대응이 가능하다.
④ 광고나 마케팅에서 규모의 경제를 추구할 수 있다.
⑤ 중간상이 없기 때문에 조직 간 경로 갈등 문제가 발생하지 않는다.

09 다음 중 유통경로 분류의 기능에 대한 설명으로 옳지 <u>않은</u> 것은?

① 탐색 과정은 소비자가 필요한 정보를 탐색하여 유용성과 유사성을 기준으로 분류하는
　과정을 말한다.
② 등급은 다양한 공급원으로부터 제공된 이질적인 상품을 상대적으로 동질적인 집단으로
　구분하는 것을 말한다.
③ 구색화는 상호 연관성이 있는 상품들로 일정한 구색을 갖추어 함께 취급하는 것을 말한다.
④ 분배는 수합된 동질적인 상품들을 구매자가 원하는 소규모 단위로 나누는 것을 말한다.
⑤ 수합은 다양한 공급원으로부터 소규모로 제공되는 동질적인 상품을 한데 모아 대규모
　공급이 가능하게 하는 것을 말한다.

10 프랜차이징에 대한 설명으로 적절한 것은?

① 사업성이 일정 부분 보장되어 실패율이 낮다.
② 노하우가 없이도 창업이 가능하다.
③ 표준화된 가맹점의 확장을 통해 소비자에게 일관된 이미지를 전달할 수 없다.
④ 상품과 서비스의 안정적인 판매망을 확보할 수 있다.
⑤ 서비스의 표준화와 운영의 효율성이 낮아진다.

11 유통경로의 효용에 해당하지 않는 것은?

① 시간 효용
② 장소 효용
③ 협상 효용
④ 형태 효용
⑤ 소유 효용

12 다음은 물리적 환경 범주 중 내용에 해당하는 것은?

> 고객이 즉각적으로 인지하지 못하며, 온도·조명·소음·향기 등과 같은 배경적 조건으로 구성된다. 이러한 요소들은 부족하거나 불쾌할 때에만 주의를 끌게 되는 특징이 있다.

① 주변 요소
② 디자인 요소
③ 사회적 요소
④ 공간 배치 요소
⑤ 외부 환경 요소

13 유통경로 간 갈등이 발생했을 때 이를 해결하기 위한 의사 결정 원칙으로 적절하지 <u>않은</u> 것은?

① 경로별 수익과 비용 분석 결과를 토대로 결정한다.
② 일반적으로 비용 측면에서 기존의 유통경로가 우수한 경우가 많다.
③ 수익을 초과하는 비용이 발생한다면 신중한 디마케팅 노력이 필요하다.
④ 새로운 경로를 단일 채널로 결정한다.
⑤ 유통경로 간 갈등 발생 시에는 수익성을 기준으로 의사결정을 한다.

14 다음 중 고접촉 서비스와 저접촉 서비스에 대한 설명으로 옳지 <u>않은</u> 것은?

① 저접촉 서비스는 고객을 분리하여 과정을 설계한다.
② 저접촉 서비스는 작업의 효율성 위주로 설비를 배치한다.
③ 고접촉 서비스는 수요 예측이 단기적이며 시간 기준으로 이루어진다.
④ 저접촉 서비스는 최대 수요와 일치하는 방향으로 능력 계획을 수립한다.
⑤ 고접촉 서비스는 서비스를 전달하는 데 서비스케이프와 물리적 증거도 중요하다.

15 다음 중 유통경로의 권력의 원천에 대한 내용으로 적절하지 <u>않은</u> 것은?

① 보상권력은 중간상에 대한 보상을 중재할 수 있는 능력이다.
② 정보적 권력은 해당 분야에 뛰어난 지식 혹은 통찰력을 말한다.
③ 강제적 권력은 중간상을 처벌할 수 있는 능력이다.
④ 합법적 권력은 중간상을 통제할 수 있는 법적 권리이다.
⑤ 준거적 권력은 중간상이 서비스 제공자를 따르고자 하는 욕구를 말한다.

O/X형

[16~20] 다음 문항을 읽고 옳고(O), 그름(X)을 선택하시오.

16 효율적인 유통관리를 위해서는 중간상에게 재량권을 부여하거나 수평적으로 협력하고 능력을 공유하는 전략이 효과적이기 때문에 강압적이고 통제를 가하는 유통전략은 불필요하다. (① O ② X)

17 유통경로는 고객이 제품이나 서비스를 사용하고 소비하는 과정에 참여하는 상호 의존적인 조직들의 집합체를 말한다. (① O ② X)

18 유통경로에의 분류기능에는 등급, 수합, 분배, 탐색이 있다. (① O ② X)

19 VMS는 생산자 − 도매상 − 소매상이 수직적으로 통합된 시스템을 의미한다. (① O ② X)

20 프랜차이즈는 기업이 직영의 지점들을 빠른 시간에 확대시키는 데 따른 높은 투자 비용을 부담할 필요없이 복수의 지점들을 통해 서비스 콘셉트를 전달하는 데 효과적인 서비스 채널 유형이다. (① O ② X)

21 기업이 서비스 성과의 표준을 개발하여 중간상의 서비스 품질과 성과를 측정한 다음 성과 수준에 따라 보상과 처벌을 제공하는 것을 통제 전략이라고 한다. (① O ② X)

연결형

[22~26] 다음 설명에 적절한 〈보기〉를 찾아 각각 선택하시오.

┤ 보기 ├
① 프랜차이즈 　　　　　　　　　② 다이렉트 채널
③ 옴니채널 　　　　　　　　　　④ 시장성장잠재력(MEP)
⑤ 소매포화지수(IRS) 　　　　　　⑥ 탈중간상화

22 기업의 지점들을 확대하는 데 따른 높은 투자비용을 부담할 필요 없이 복수의 지점들을 통해 서비스 콘셉트를 전달하는 데 효과적인 서비스 채널 유형　　　　　(　　　　　　)

23 전통적 서비스유통경로로, 서비스제공자가 중간상을 거치지 않고 직접 고객 접촉점을 소유·관리하는 형태　　　　　　　　　　　　　　　　　　　　　(　　　　　　)

24 온라인·오프라인·모바일 등 여러 경로에서 동일한 고객 경험을 제공하여, 고객이 어떤 채널을 이용하든 하나의 매장을 이용하는 것처럼 느끼게 하는 통합형 유통전략
(　　　　　　)

25 지역시장의 수요잠재력을 총체적으로 측정할 수 있는 지표　　　　　(　　　　　　)

26 지역시장이 미래에 신규수요를 창출할 수 있는 잠재력을 반영하는 지표
(　　　　　　)

27 인터넷을 통한 유통경로가 구성됨에 따라 기업과 고객은 모두 중간상을 배제하고 싶은 욕구를 가지는 현상　　　　　　　　　　　　　　　　　　　(　　　　　　)

사례형

28 다음 건강식품 회사인 K사의 고객 관계 관리에 대한 내용으로 가장 적절하지 <u>않은</u> 설명은?

창업 20주년을 맞이한 건강식품 회사인 K사는 '회원제'라는 남다른 고객 관계 관리를 하고 있어서 주목받고 있다. 경쟁사들이 일반 유통 채널을 활용하여 마케팅 활동을 하고 있는데 반해, 이 회사는 회원을 대상으로 하는 직접 판매를 고수하고 있다. 현재 K사는 40~60대 연령층의 80만여 명의 회원을 확보하고 있으며, 그 숫자는 계속 늘어나고 있다. 그중 약 70만 명 정도가 구매 활동을 활발히 하고 있다. 회원들의 재구매율이 90%에 이르고, 매출과 영업이익 모두 동종 업계 선도자 위치를 차지하고 있다.

회원제는 동질적 욕구를 가진 집단으로 형성되기 때문에 고객 관리가 쉽고, 다른 유통 단계를 거치지 않아서 효율이 높다. 물론 이 회사도 설립 후 5년간 상당히 고전한 적이 있다. 경쟁사에 비해 인지도가 낮아 회원 확보가 제대로 되지 않았던 것이다. 회사 내에서는 회원제만 고집할 것이 아니라 경쟁사와 같이 백화점, 대형마트 등과 같은 일반 유통 채널을 이용하자고 했지만, 사장의 의지는 확고했다. 건강식품은 결국 재구매가 성패를 좌우하는데, 이를 위해서는 회원제가 가장 좋은 방법이라고 믿고 사장이 직접 나서서 직원들을 설득했다. K사의 회원제는 회원들에게 주는 혜택이 매우 크기 때문에 거의 이탈하지 않고 있으며, 회원들을 통한 구전 마케팅은 시간이 지날수록 빛을 발하고 있다. 앞으로도 K사는 회원제를 통한 직접 판매 방식만을 고집스럽게 이어 나갈 계획이다.

① 회원제는 회원들의 정보 수집과 활용이 가능해서 밀착 관리가 쉽다.
② 회원제는 타사에 비해 제품력이 부족할 때 재구매율을 높이기 위해 활용된다.
③ 회원제는 타사 대비 강력한 브랜드 파워를 가지고 있을 때 더 효율성이 높다.
④ 일반 유통 채널을 활용할 경우 여러 유통 단계를 거치므로 제품 가격이 오를 수 있다.
⑤ K사는 구매 사이클의 '인지 단계'의 벽을 넘는 데 5년 정도 투자하여 회원 확보에 공을 들였다.

29 여러 멀티마케팅 전략들 중 다음 사례들에 등장하는 전략은?

> (A) 한 대형 서점은 고객 체류 시간을 늘리기 위해 매장 내부에 카페, 소규모 강연 공간,
>   문구·음반 코너 등을 설치하여 책 이외에 다양한 서비스를 함께 제공하고 있다.
> (B) 한 정수기 렌탈 회사는 기존의 정수기 관리 서비스 외에 공기청정기·비데 관리, 필터
>   교체 방문서비스, 소형 가전 렌탈까지 제공하며 고객의 생활 편의를 위한 부가 서비스
>   를 확대하고 있다.
> (C) 한 헬스장은 운동 PT 외에 체형 교정 클리닉, 영양 상담, 식단 배송 서비스 등을 함께
>   운영하여 회원들의 건강관리 요구를 폭넓게 충족시키고 있다.

① 복수 점포 전략 　　　　　　　② 복수 시장 전략
③ 복수 서비스 전략 　　　　　　④ 복수 점포 / 복수 서비스 전략
⑤ 복수 서비스 / 복수 시장 전략

30 ○○보험회사에서 추가로 고려해야 하는 요소들을 잘 설명한 것은?

> ○○보험회사는 전국적으로 더 많은 고객 접점과 상담 편의성을 제공하기 위해 서비스 유통
> 채널을 확대하는 방안을 검토하고 있다.
>
> 〉전국 사업소의 개설
> – 고객 DB의 안정적 확보
> – 업소당 개설비용과 종업원 인건비 등 고정비 고려
>
> 〉대리점 사업주 모집
> – 점진적으로 전국망 확보 가능
> – 저비용/독립 사업주이므로 고객 DB의 통제권 등이 본사에 없음.
>
> 〉개인 에이전트 도입
> – 서비스 품질 권한과 의무는 본사에 있고 성과 수수료만 지급하는 구조
> – 저비용 / 서비스 규정의 준수 및 고객 DB 등에 대한 신뢰도 등의 리스크 존재

① 직영 사업소 개설은 서비스 품질을 일관되게 유지하고 고객 관계를 직접 관리할 수 있다
　는 장점이 있는 전통적인 서비스 유통 경로로, 다이렉트 채널로 이해할 수 있다.
② 대리점 사업주 모집 방식은 본사가 고객 DB를 완전히 통제할 수 있어 정보 보안 리스크
　가 거의 없다.
③ 개인 에이전트 도입 방식은 서비스 품질이 본사와 동일하게 유지되므로 별도의 관리 체
　계가 필요 없다.
④ 직영 사업소 개설은 초기 투자비용이 거의 들지 않아 단기간에 전국망 구축이 가능하다.
⑤ 개인 에이전트 방식은 고객 DB가 대부분 본사에 자동으로 귀속되므로 고객 정보 신뢰
　도 문제가 발생하지 않는다.

통합형

[31-32] 다음은 K 가전 서비스 기업의 서비스 유통관리에 대한 내용이다. 읽고 물음에 답하시오.

> K 가전 서비스 기업은 전국 약 600개의 A/S센터를 독립 대리점 형태로 운영하고 있다. 최근 A/S 수준이 지역마다 크게 차이가 나고 고객 불만이 증가하자 본사는 대리점 관리 방식을 전면적으로 개편하기로 했다.
>
> 우선, 본사는 서비스 표준화 강화를 위해 새로운 서비스 품질 평가체계를 도입하였다.
>
> 이 평가는
> – 방문 시간 준수율
> – 고객 응대 스크립트 준수
> – 부품 재고 관리 적정성
> – 고객 만족도 점수
> 등을 기준으로 분기별로 실시된다.
>
> 본사는 평가 결과에 따라 대리점에 큰 폭의 차등 보상 체계를 적용한다.
>
> 우수 대리점 → 추가 인센티브 지급, 광고·마케팅 지원, 우선 배정 혜택
> 미흡 대리점 → 지원금 축소, 페널티 부과, 서비스 교육 의무 참여
>
> 본사는 현장 점검팀을 신설하여 각 대리점의 운영 상태를 정기적으로 확인하고 규정 미준수 시 즉시 시정 요구를 할 수 있도록 하였다. 고객 불만이 반복되는 대리점은 계약 연장 제한, 경고 조치, 재교육 명령을 받는다.
>
> 본사는 이러한 관리 강화가 단기적으로는 부담이 될 수 있지만 장기적으로 브랜드 신뢰 회복과 서비스 수준의 일관성 확보를 위해 필수적인 조치라고 판단하고 있다.

31 위 사례에서 본사가 중간상에게 행사하고 있는 유통경로 권력 원천은?

① 강제적 권력   ② 보상적 권력
③ 합법적 권력   ④ 전문가적 권력
⑤ 정보적 원천

32 위 사례에서 본사가 취하고 있는 중간상 관리 전략 유형으로 가장 적절한 것은?

① 파트너십 전략   ② 권한부여 전략
③ 통제 전략   ④ 협상 전략
⑤ 자율관리 전략

MEMO

SMAT
Module B
서비스 마케팅·세일즈

05

코칭/교육훈련 및
멘토링/동기부여

Part 05. 코칭/교육훈련 및 멘토링/동기부여

· 성인학습 이해를 바탕으로 직원 교육훈련 개념을 학습합니다.

· 서비스 코칭 방법과 실행 전략을 익혀 실무 적용 능력을 강화합니다.

· 정서적 노동 이해와 동기부여 이론을 함께 다룹니다.

· 멘토링 활용을 통해 조직 내 학습과 성장을 촉진합니다.

· 현장 중심 인적자원 개발 능력이 중요한 평가 요소입니다.

Chapter 01

성인 학습의 이해

01 ▷ 내부마케팅의 개념

1 내부마케팅의 의의

(1) 내부마케팅은 직원을 '내부 고객'으로 인식하는 경영 철학이며 조직 내부에서 수행되는 마케팅 활동이다.

(2) 교육 · 동기부여 · 커뮤니케이션 등을 통해 직원 만족과 서비스 품질을 향상시킨다.

(3) 직원만족 → 고객 지향적 태도 형성 → 외부 고객 만족으로 이어지는 구조를 만드는 것이 최종 목표이다.

2 내부마케팅의 등장 배경

(1) 현대 기업의 경쟁우위는 유형 재화보다 무형 서비스의 차별화에서 결정되며, 서비스는 직원(내부고객)에 의해 창출된다.

(2) 따라서 조직 내부 역량 강화(자원 · 역량 · 교육 · 몰입)는 기업 경쟁력을 높이는 핵심 전략으로 인식된다.

(3) 이러한 흐름 속에서 직원을 내부 고객으로 관리하는 내부 마케팅의 필요성이 강조되며 등장하게 되었다.

3 내부 마케팅의 역할

조직 내에서 서비스 문화의 창조와 유지	직원 참여와 자기 개발을 촉진하여 유연한 서비스 문화를 형성한다.
서비스품질의 향상과 유지	직원에게 고객 의식과 서비스 역량 강화를 위한 동기를 부여한다.
조직적 통합	전 직원이 조직의 목표를 공유하며 창의성과 열의를 가지고 일할 수 있도록 지원한다.

🔷 서비스-이윤 가치 사슬

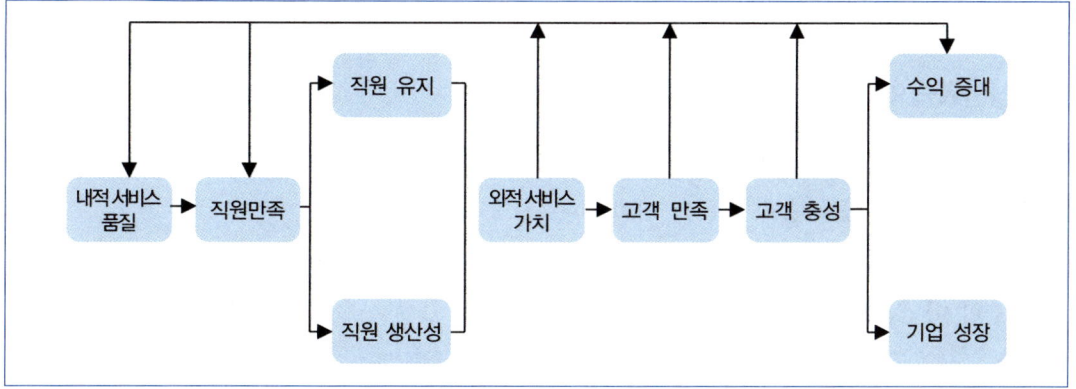

[자료출처] Schlesinger & Heskett(1991)의 '서비스 이윤 고리': 고객의 만족은 직원의 만족에서 온다.

4 내부마케팅의 성공 전략 ✿✿

직원의 역할과 중요성 인식	직원만족(ES : Employee Satistaction)은 서비스 품질 향상으로 이어지며, 이는 고객 만족(CS : Customer Satisfaction)과 직접 연결된다.
직원의 만족도 측정	직원만족도는 품질지향적 경영 전략의 핵심요소이며, 정기적인 평가가 중요하다.
통합적인 인적 자원의 관리	인력의 선발·교육·평가·보상 등 인사과정을 통합적으로 관리해야 한다.
경영층 지원	경영층은 직원에게 재량권을 부여하여 고객 요구에 신속 대응하도록 지원하고 주인의식과 책임감을 바탕으로 상호작용할 수 있도록 환경을 조성해야 한다.

5 내부마케팅의 주요 요소

복리 후생 제도	직원의 생활 안정과 건강 유지를 지원하는 임금 외 보조급부로, 직무만족과 조직충성도를 높이는 역할을 한다.
교육훈련	기업의 전략·비전을 이해시키고 업무 능력과 변화 적응력을 향상시켜 조직 몰입과 성과를 극대화한다.
내부 커뮤니케이션	조직과 구성원 간의 지속적 정보 교환 수단으로, 서비스 전달의 효율성과 조직 효율성을 높이는 기능을 수행한다.
보상 제도	임금·상여금 등 대가 지급 시스템으로, 공정하고 동기 유발적인 보상이 이루어져야 조직성과 향상으로 연결된다.

02 성인학습의 개념

1 성인학습의 의의 ✿✿

(1) 성인학습은 다양한 경험과 특성을 지닌 성인을 대상으로, 그들의 욕구·흥미·문제 해결을 지원하는 융통성 있는 교육 활동을 의미한다.

(2) 교육 목표부터 교수방법, 시간·장소, 평가 방식까지 유연한 접근이 필요하며, 학습은 강제적 교육이 아닌 자발적인 변화 노력으로 이해된다.

2 성인학습의 특성

(1) 성인학습은 자발적인 참여와 자기주도적 학습이 강조되며, 학습이 삶의 실제 문제 해결과 직결되는 실용성을 지니게 된다.

(2) 또한 교육의 방식·시간·장소에 유연성과 상황 적응성이 요구되며, 개인의 경험이 핵심 학습 자원으로 활용되게 된다.

(3) 성인 학습이 효과적으로 이루어지기 위해서는 학습 참여를 유도하는 환경과 분위기가 조성되어야 한다.

(4) 또한 문제 해결을 위한 방법과 기술이 제공되어야 하며, 학습 욕구를 충족시킬 자료·태도·지원 체계가 마련되어야 한다.

3 성인학습자의 이해

성인 학습자는 청소년이나 아동과는 달리, 이미 다양한 생활 경험과 역할을 가진 상태에서 학습에 참여한다. 따라서 성인 학습의 목적과 동기는 단순한 지식 습득이 아니라 문제 해결, 자기 개발, 실질적 효용성을 중심으로 형성된다.

(1) **자아실현을 위한 학습동기**
성인은 자신의 잠재력을 개발하여 자아실현을 이루고자 하는 욕구 속에서 학습에 참여한다. 학습은 삶을 더욱 의미있게 만들기 위한 성장 과정으로 인식 된다.

(2) **과업 중심·문제 해결 중심의 학습**
성인은 과업 수행이나 직무 문제 해결 등 현실적인 필요에 따라 학습 목표를 설정한다 즉, 실생활과 업무에 직접 활용할 수 있는 지식을 선호한다.

(3) **자기주도적 학습 성향**

성인 학습자는 학습 목표 설정부터 학습 방법 선택까지 스스로 조절하려는 경향이 강하다. 자신이 선호하는 방식으로 학습을 계획하고 실행하려는 '자기주도식 학습(Self-Directed Learning)' 특징을 지닌다.

(4) **자아개념과 자존감의 유지**

성인은 이미 확립된 자기 신뢰(자기효능감), 자존감, 자아개념을 유지하려는 심리적 욕구가 강하다. 이러한 요소가 손상되는 상황에서는 학습 의지가 저하될 수 있기 때문에 존중 기반의 학습 환경이 매우 중요하다.

(5) **비용과 시간을 직접 투자하는 적극적 학습 태도**

필요하다고 판단되면 성인은 자신이 비용과 시간을 지불해서라도 학습에 참여한다. 이는 학습의 효용 가치와 결과 기대치가 분명할 때 더욱 강하게 나타난다.

(6) **풍부한 생활 경험과 학습 효과**

성인은 이미 다양한 경험을 갖고 있기 때문에, 경험과 연결된 학습일 때 높은 몰입과 학습 효과가 나타난다. 즉, 학습 내용을 실제 생활과 연결할 수 있을수록 이해도와 적용 능력이 향상된다.

4 성인학습자의 특성 ✿✿✿

성인 학습자는 생애 주기의 특성상 신체적 변화, 심리적 특성, 사회적 역할과 책임 속에서 학습에 참여하게 된다. 따라서 교수·학습 설계 시 성인학습자의 특성을 정확히 이해하고 반영하는 것이 중요하다.

신체적 특성	• 성인은 신체 기능이 점차 변화하기 시작하며, 그에 따라 학습 환경의 배려가 필요하다.
	• 시력·청력 등 감각 기능이 점차 저하되고 반응 속도가 느려질 수 있다.
	• 유동적 지능-수리 능력, 공간 지각 능력, 새로운 정보 처리 능력 등은 감소하는 경향이 있으나, 결정적 지능 경험 기반 판단력, 지혜는 오히려 향상되기도 한다.
	• 노화가 학습을 제한하는 것은 아니지만, 효율적인 학습 환경 조성이 필요하다.
	• 따라서 교육 현장에서는 다음과 같은 조치가 요구된다.
	  － 조명은 밝고 일정하게 유지한다.
	  － 발음은 또렷하고 천천히, 목소리는 적절히 크게 전달한다.
	  － 가독성 높은 자료(큰 글씨체, 명확한 색 대비)를 활용한다.

심리적 특성	• 성인의 심리적 특성은 학습 참여 방식과 태도에 큰 영향을 미친다. • 나이가 들수록 내향성·조심성·경직성이 증가할 수 있으며, 새로운 시도에 대한 두려움(학습불안)이 나타날 수 있다. • 학습 실패가 자존감에 영향을 줄 수 있으므로, 고양적·촉진적 태도가 요구된다. • 충분한 학습 시간 제공, 긍정적 피드백, 작은 성공 경험의 축적이 중요하다. • 학습자에게 익숙한 상황·사물·경험과 연결된 학습 방식이 효과적이다. → 경험기반학습

Part
05

사회적 특성	• 성인 학습자는 다양한 사회적 역할을 동시에 수행하며, 학습 역시 역할 수행의 연장선에서 이루어진다. • 직장인, 부모, 배우자, 조직 구성원 등 사회적 책임과 역할이 동시에 존재한다. • 성인학습은 단순한 지식 습득보다는 역할 수행 능력 행상, 경력 개발, 업무 문제 해결을 위한 실용적 필요에서 이루어지는 경우가 많다. • 즉, 성인학습은 책임을 더 잘 수행하기 위한 과정으로 이해될 수 있다.

5 성인 학습자의 학습 참여 동기

성인 학습자는 단순히 지식을 습득하기 위해 학습하는 것이 아니라, 목적·활동·학습 지향성에 따라 다양한 동기 요인을 가지고 학습에 참여한다. 다음은 성인의 학습 참여 동기를 세 가지 관점으로 구분한다.

목적 지향성	개념	실질적인 목적 달성 및 지위 향상을 위한 학습 동기
	외부적 기대	직장·가족·조직 등 타인의 기대에 부응하거나 요구 조건을 충족시키기 위해 학습한다. ex 승진 요건 / 자격증 취득 / 면허 갱신
	전문성 향상	변화하는 직무 환경 속에서 경쟁력을 유지하거나 높은 지위를 확보하기 위해 학습한다. 실무 역량 강화를 위한 학습 동기이다.
활동 지향성	개념	학습의 사회적 교류 기능과 심리적 휴식 기능에 초점을 두는 유형
	사회적 관계	교류, 네트워킹, 대인관계 확장을 위해 학습에 참여한다. 우정, 정서 교류, 친목 등이 목적이다.
	도피와 자극	지역사회·공동체·봉사활동에 기여할 수 있는 역량을 기르기 위한 학습이다. 사회적 책임과 연대 의식이 바탕이 된다.
	사회적 복지	인류에 봉사할 수 있는 능력과, 공동체 작업에 참여할 수 있는 능력을 향상 시키기 위하여 학습한다.
학습 지향성	개념	학습 자체에서 만족감을 얻고, 지식 습득을 즐기는 유형
	인지적 흥미	학습 자체에 대한 흥미와 지식을 추구하고 알고 싶어 하는 마음을 충족 시키기 위한 것이다. 이는 지식을 탐구하는 데 중점을 둔 참여 동기이다.

Key Insight

전문성	지식과 준비의 힘 • 교육자는 해당 분야에 대한 정확한 지식과 최신 정보를 갖추어야 한다. • 교육 내용뿐 아니라 사례, 현장 트렌드 등까지 사전에 철저히 준비해야 한다. • 성인은 강사의 전문성 수준에 따라 학습 몰입도와 신뢰도가 달라진다. → 최신 자료 준비, 질문 대비 자료, 실무 중심 예시 활용
명확성	내용과 언어 조직의 힘 • 성인 학습자는 '왜 이 내용을 배우는가?'를 즉시 이해해야 참여한다. • 언어의 명확성, 교재 구성, 설명의 단계성이 중요하다. • 개념보다 사례와 도식화된 설명을 선호하므로 논리적 정리 능력이 필요하다. → 핵심 메시지 강조, 단계별 설명, 쉬운 용어 사용
감정이입	이해와 동정의 힘 • 성인은 다양한 역할과 책임 속에서 학습하기 때문에 심리적 부담·시간 제약·경험차를 이해하는 자세가 필요하다. • 교육자는 학습 실패에 대한 두려움을 감소시키며 '할 수 있다'는 감정적 지지(Emotion Support)를 제공해야 한다. → 경험 공유 질문, 공감형 피드백, 실수 허용 분위기 조성
열정	헌신과 감정 표현의 힘 • 교육자의 열정은 성인 학습자의 동기와 참여도를 결정하는 핵심 요인이다. • 감정 표현과 수업 몰입은 전문성을 더욱 강화하며, 교육 자체에 대한 진심은 빠르게 전달되어 학습 의지 상승을 유도한다. → 에너지 있는 음성 전달, 사례에 감정 적용, 학습자 격려
문화적 감수성	존중과 사회적 책임의 힘 • 성인 학습자는 다양한 직업, 세대, 문화적 배경을 갖고 있다. • 교육자는 수업 내 편견·차별적 표현을 경계하며, 세대 간·성별 간·직무 간 갈등을 중재할 수 있는 태도가 필요하다. • 특히 서비스 교육에서는 '문화 감수성' 자체가 고객 응대 능력과 연결된다. → 존중 기반 언어 사용, 사례·질문 배경 고려, 다양성 인식 태도

03 성인학습의 이론

1 앤드라고지(Andragogy) ✯✯

(1) '성인(andros)'과 '이끄는·지도하는(agogus)'이라는 그리스어의 합성이다.

(2) 즉, 성인을 이끄는 교육, 또는 성인을 위한 교수법이라는 의미이다.

(3) 좁은 의미에서는 성인을 돕는 기술·방법을 뜻하며, 넓은 의미에서는 성인 학습의 정책, 제도, 실시 과정 전체를 체계적으로 연구하는 학문을 의미한다.

(4) 학습자의 발달 단계와 생활 단계에 맞게 학습을 도와주는 기술을 체계화하는 것이 목적이며, 성인의 특성과 동기, 학습 목적에 따라 학습 방법은 달라져야 한다는 이론이다.

(5) 사회 변화가 급속히 진행되면서, 기존의 아동 중심 교육 개념만으로는 성인의 다양하고 실제적인 학습 요구를 충족할 수 없다는 인식에서 출발하였다.

(6) 따라서 성인에 적합한 새로운 교육 패러다임이 필요하게 되었고, 그 결과 '앤드라고지'라는 성인 중심 학습 이론이 발전하게 되었다.

Key Insight

페다고지(Pedagogy)

그리스어의 '아동(paid)'과 '지도하다(agogos)'가 결합된 합성어이다. 문자 그대로 '아동을 이끄는 교육', 즉 아동을 위한 교수법을 의미한다. 페다고지는 아동을 가르치는 과학과 기술을 뜻하며, 학습자가 아닌 교사가 중심이 되어 지식을 전달하는 방식이다. 전통적 교육 형태의 기반이 되었으며, '교사 중심 교육(Teacher-Centered)'이라는 특징을 지닌다.

---

2 관점 전환과 개조주의 학습

관점 전환 학습	• 경험을 기반으로 비판적 사고, 반성, 반추를 통해 학습자의 기존 관점이나 사고방식이 변화되는 과정을 중시하는 학습 이론이다. • 즉, 기존의 관점이 재구성되는 과정을 학습의 핵심으로 이해하며, 성인이 기존의 인식 특에서 벗어나 새로운 시각을 형성하는 데 목적을 둔다.
개조주의 학습	• 개조주의 학습은 관점 전환 학습보다 더 넓은 의미를 가진 개념으로, 개인의 관점 변화가 사회적 수준의 변화로 확장된다는 점을 강조한다. • 익숙한 관습이나 고정된 사고방식에서 벗어나 새로운 문제 해결 방법을 학습하고, 이를 사회적 관계망 등 다른 사람과 공유하며 확산시키는 학습 형태를 의미한다. • 즉, 개인의 변화 → 사회적 변화로 이어지는 학습을 강조한다.

---

3 경험 학습 이론 ☆

(1) 경험 학습 이론은 학습자가 가진 경험 자체를 중요한 학습 자원으로 보고, 학습 과정에 적극적으로 참여하도록 촉진하는 이론이다.

(2) 경험은 단순한 체험이 아니라, 성찰과 자기개발을 위한 촉진 요인으로 인식된다.

(3) 학습자는 자신의 구체적인 경험을 스스로 이론화하고, 이를 다시 실제 상황에 적용(실천)하는 과정을 순환적으로 반복한다.

(4) 즉, 경험 → 성찰 → 개념화 → 적용 → 새로운 경험으로 이어지는 경험 기반 학습의 순환 구조가 특징이다.

(5) 모든 경험이 학습으로 이어지는 것은 아니므로, 학생의 경험 수준에 적합한 내용과 방법을 고려한 교수 전략이 필요하다.

(6) 경험이 발달과 성장으로 연결될 수 있도록 교육자는 경험 분석, 토의, 성찰 활동 등을 설계해야 한다.

🔷 Kolb의 경험 학습 이론 모형

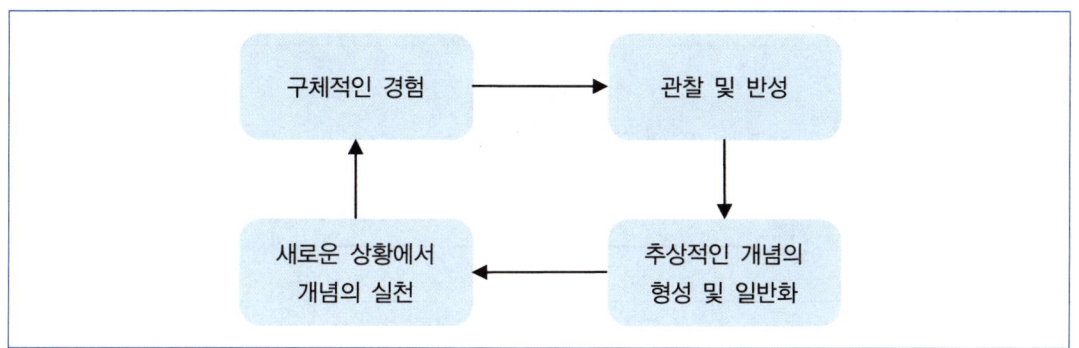

🔷 Kolb의 Learning Cycle(경험학습의 4단계)

1단계: 구체적 경험	• 실제 상황에서 직접 경험하거나 체험을 통해 학습이 시작되는 단계 • 학습자가 "무엇인가를 해본 경험"을 기반으로 학습 동기가 형성됨 ex 고객 응대 실습, 실제 프로젝트 수행, 현장 방문 등
2단계: 반성적 관찰	• 경험을 되돌아보며 의미를 해석하고 문제점을 분석하는 단계 • "왜 이런 결과가 나타났을까?"라는 성찰(reflection)이 핵심 ex 실습 후 토론, 피드백 회의, 자기평가 활동
3단계: 추상적 개념화	• 반성 과정에서 얻은 통찰을 이론·개념·원리로 정리하는 단계 • 경험을 단순히 기억하는 것이 아니라 논리화·개념화하는 과정 ex 이론 정리, 서비스 매뉴얼 구성, 전략 수립 등
4단계: 행동적 실험	• 학습한 이론이나 개념을 다시 현장 적용·실천하는 단계 • 실제 문제 해결이나 의사 결정에 활용함으로써 새로운 경험으로 다시 순환한다. ex 새로운 고객 응대 방식 적용, 개선된 서비스 제공 등

④ 자기주도학습 ☆

(1) 자기주도학습은 학습자가 학습 환경·과정·결과 전반에서 주체적인 역할을 수행하는 학습 이론이다.

(2) 학습의 중심이 교사가 아니라 학습자 라는 관점에 기반한다.

(3) 학습자는 자율적으로, 지속적으로 학습에 참여하는 존재로 이해되며, 자신의 필요와 동기에 따라 학습을 진행한다.

(4) 즉, 학습을 촉진하는 힘이 외부가 아닌 내부에서 발생한다는 것이 핵심이다.

(5) 학습자는 학습 목표를 스스로 설정하고, 학습에 필요한 자료·방법·자원을 선택하며 학습의 계획 → 실행 → 평가까지 전 과정을 자율적으로 수행한다.

(6) 자기주도학습은 단순한 자기관리 활동이 아니라, 학습 전체 흐름을 설계하고 실행하는 능력을 강조하는 이론이다.

◈ 자기주도학습의 3요소

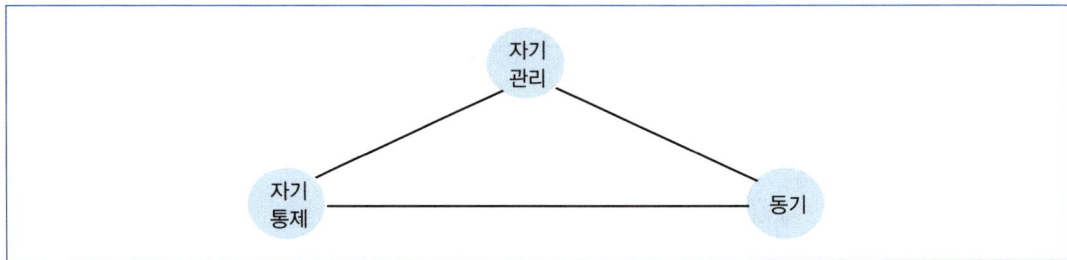

5 조직학습

(1) 조직학습은 조직 전체가 직면한 문제를 해결해 나가는 과정을 의미하며, 그 결과로 조직 구조나 성과에 변화가 발생하는 학습 활동을 뜻한다.

(2) 조직 학습이 진행되면 구성원들의 통찰력과 문제 재구성 능력이 향상되며, 이를 기반으로 조직의 성과와 구조를 새롭게 설계하거나 개선하는 변화가 일어난다.

(3) 즉, 조직의 경쟁력 강화와 혁신을 위한 학습 과정이라고 볼 수 있다.

(4) 공개적 성찰 → 의미 공유 → 공동 계획 → 협동과 실천의 흐름 속에서 이루어진다.

(5) 구성원 간의 공유와 협력, 실행 중심 학습이 강조된다는 점에서 오픈 커뮤니케이션과 협업 문화의 형성이 필수적이다.

Key Insight

학습 조직(Learning Organization)
조직 전체 차원에서 지식이 창출·공유·활용되며 환경 변화에 적응하고 경쟁력을 높이는 조직 형태이다. 구성원들은 끊임없이 학습하며 역량을 확장하는 존재로 인식된다. 단순한 조직이 아니라 '계속해서 배우는 시스템' 자체가 조직의 본질이 된다.

구분	설명
학습은 조직의 생존 전략	빠르게 변화하는 환경에 대한 대응력 강화
구성원 전체가 학습자	리더뿐 아니라 전 구성원이 학습 주체
실패도 학습자원	실수조차 새로운 전략의 기회로 전환
공유된 비전이 필요	개인 → 조직으로 확장되는 목표 설정
보상 시스템 중요	학습을 장려하는 제도와 구조 필요

Chapter 02

교육훈련의 종류와 방법

01   교육훈련의 이해

1 교육훈련의 의의 ✿

(1) 인적자원은 기업의 핵심 자산 기업은 직원의 역량이 곧 경쟁력이 되므로, 지속적인 교육훈련을 통해 인적 자원의 가치를 높여야 한다.

(2) 교육훈련은 투자이며 효용을 창출한다. 교육은 비용이 아니라 기업과 직원 모두에게 장기적 효용을 제공하는 투자 활동이며, 생산성 향상 · 전문성 강화에 기여한다.

(3) 불확실한 환경 속 고용 안정성 확보 경제 변화가 큰 상황에서 교육훈련은 직원의 고용 만족과 안정성을 높이고, 조직의 지속 가능성을 강화하는 핵심 수단이 된다.

2 교육훈련의 목표

(1) 인재 육성과 기술 축적 조직의 핵심역량을 강화하기 위해 전문 인재를 육성하고 업무 기술과 노하우를 체계적으로 축적하는 데 목적이 있다.

(2) 원활한 의사소통 부서 간 협력과 팀워크 향상을 위해 커뮤니케이션 능력을 강화하고 조직 내 소통 구조를 개선한다.

(3) 자기발전 욕구 충족과 동기 부여 직원의 성장 욕구와 자기계발 의지를 충족시켜 업무 몰입도와 동기 수준을 높이는 효과를 지닌다.

3 교육과 훈련의 차이

구분	목표	기대되는 효과
교육 (Education)	인간적 · 보편적 역량을 기르는 장기적 목표 (기본 이론, 소양, 태도 등)	이론적 이해와 기본 소양 강화 → 장기적인 성장 가능성
훈련 (Training)	직무 수행을 위한 단기적 목표 (직무 지식, 기술, 기능 등)	실무 능력 향상과 기술 숙달 → 즉각적인 업무 성과

4 교육훈련의 목적 ☆☆

구분	교육훈련의 목적
기업의 측면	• 핵심 인재의 확보 및 역량 강화 • 잠재 능력과 현재 능력의 개발을 통한 경쟁력 확보 • 기능 향상에 따른 생산성 향상과 비용 절감 • 직무 특성에 맞는 인력 배치의 유연성 확보 • 차세대 리더 양성과 내부 인력 활용도 증대 • 외부 인력 의존도 축소 및 조직 자립성 강화 • 부서 간 협업과 원활한 커뮤니케이션 촉진 • 경영 문제에 대한 분석력 및 해결 능력 강화 • 조직 목표와 개인 목표의 방향을 일치시키는 전략적 지원 • 지속적 학습 문화를 통한 기업 이미지 향상
직원의 측면	• 자기개발 및 성장 욕구 충족 • 경력 개발과 승진 기회 확대 • 노동시장 경쟁력 및 고용 안정성 확보 • 변화하는 기술·환경에 대한 적응 능력 향상 • 실무 역량 강화 및 역할 수행 능력 확대 • 창의성 개발과 책임 있는 역할 수행 기회 제공 • 능력 향상에 따른 공정한 보상 기회 확보 • 소통 능력 및 인간관계 역량 향상 • 조직 가치와 문화에 대한 이해 및 공유 • 직무 만족도와 조직 몰입도의 향상 • 자기실현과 심리적 안정감 확보

02 교육훈련의 종류

분류 기준		종류	특징
대상	신분별	신입 직원 교육훈련, 경력 직원 교육훈련, 임시직 교육훈련	입사 적응, 직무 이해, 기본 소양 및 업무 수행 능력 강화
	계급별	작업자 교육훈련, 감독자 교육훈련, 경영자 교육훈련	
실시 장소	사내 교육훈련	직장 내 교육훈련(OTT)	실제 현장에서 실습 중심(OJT), 또는 외부 전문가 활용형(Off-JT) 프로그램
		직장 외 교육훈련(Off-JT)	
	사외 교육훈련	대학·공공기관·전문교육기관 연계	
내용	신입 사원	입직 훈련, 기초 직무 교육훈련	직무 능력 + 조직 이해 + 태도 및 커뮤니케이션 능력까지 포함되는 종합형 교육
	경력 사원	직무 교육훈련: 실습·도제·직업학교 등	
		교양 교육훈련: 기초 교양·직업 소양·일반 교양 강좌	

1 직장 내 교육훈련(OJT : On the Job Training) ☆☆☆

(1) 직장 내 교육훈련(OJT)은 실제 업무 현장에서 선배 직원이나 상사가 과업 수행 방법을 시범으로 보여주고, 피교육자가 직접 실행 연습을 하며, 그 결과에 대해 피드백을 제공받는 실무 중심 훈련 방식이다. 즉, 일을 하면서 배우는 실습형 훈련 기법이다.

구분	내용
장점	• 실제 업무와 직결되어 학습 내용이 현실적임. • 교육훈련과 직무 수행이 동시에 이루어짐. • 별도의 장소 이동이 없어 비용과 시간 절약 • 상사 및 동료와의 협력·소통을 강화 • 각 구성원의 역량 수준에 따라 맞춤 훈련 가능
단점	• 상사 또는 근무 환경이 교육에 적합하지 않을 가능성 • 교육이 업무 수행에 일시적 부담을 줄 수 있음. • 여러 직원을 동시에 훈련하기가 어려움. • 교육자의 역량 차이로 인해 훈련 수준이 통일되지 않음. • 전문성이 부족할 경우 체계적·표준화된 교육이 어려움.

⑵ **직장 내 교육 훈련 시 유의사항**

① 최고경영자의 인식

OJT의 효과를 높이기 위해서는 최고 경영자가 직장 내 교육훈련의 전략적 중요성을 충분히 이해하고 지원해야 한다.

② 조직 구성원의 공감대 형성

OJT의 목적과 기본 방침에 대해 전 직원이 공감하고 인식하도록 교육적 분위기를 조성해야 한다.

③ 관리자 · 감독자의 계획 지원

감독자와 관리자가 구체적인 OJT계획을 수립할 수 있도록 제도적 · 행정적 지원이 필요하다.

④ 교육이 가능한 조직 분위기 조성

실무 중심 교육이 자연스럽게 이루어질 수 있도록 학습을 장려하는 조직 문화와 환경을 구축해야 한다.

⑤ 평가 및 보상 체계 연계

OJT 실시는 인사평가(HR평가) 항목으로 연계하여 훈련 참여에 대한 동기 부여와 보상 체계를 마련해야 한다.

2 직장 외 교육훈련(Off-JT : Off the Job Training) ✦✦✦

Off-JT는 OJT 외의 모든 사내 교육훈련을 의미하며, 업무 현장을 벗어나 별도의 장소 또는 프로그램에서 이루어지는 교육 방식이다. 전문 교육기관, 대학, 컨설팅 기관, 사내 아카데미 등에서 많이 활용된다.

구분	내용
장점	• 여러 직원에게 동시에 통일된 교육 실시 가능 • 현업에서 벗어나 교육훈련에 집중할 수 있는 환경 조성 • 전문가에 의한 체계적인 지도 및 지식 습득 • 참가자 간 경쟁과 상호 자극이 학습 효과를 높임.
단점	• 업무 현장에서 즉시 적용하기 어려운 경우가 많음. • 현업 중단에 대한 부담이 발생 • 교육 장소 및 강사 활용 등으로 비용이 증가할 가능성

03 집단 특성에 따른 교수법 ☆☆

1 신입사원 교육훈련

목적	• 새로운 환경에 대한 적응과 회사에 대한 친근감 형성 • 직무에 대한 흥미 유발과 자신감 지원 • 회사의 경영 이념, 조직문화, 분위기를 이해할 기회 제공 • 직무 수행 능력 및 기본 역량 향상 • 직장 생활에 대한 장기적 성장 가능성과 비전 제시
내용	• 조직의 기본 목표와 가치 이해 • 조직이 기대하는 역할과 역할 행동 • 조직 내 규칙, 규범, 비공식 문화 파악 • 상사·동료·고객과의 매너 및 대인관계 교육 • 직업 생활에 필요한 공통적 기본 지식 • 조직 몰입도 향상 및 협업 의지 강화
기법	• 멘토링 시스템 – 선배 사원이 멘토가 되어 적응과 실무 학습 지원 • 강의식 방법 – 기초 이론, 조직 문화, 규칙 등을 체계적으로 전달

2 작업자 교육훈련

목적	• 작업자에게 부여된 직무를 성공적으로 수행할 수 있는 능력과 기본적인 실무 역량을 확보하는 것이 핵심 목표이다. • 재직자의 생산성 향상과 업무 정확성·안정성 확보를 위한 교육적 기반을 마련한다.
내용	• 작업자 교육은 실제 업무 수행에 필요한 지식·기능·태도를 중심으로 진행된다. • 직무 관련 지식 • 수행 능력에 필요한 기능 • 직업윤리, 협업, 책임감 등의 태도 　→ 직무 역량(KSA)을 종합적으로 강화하는 것이 특징이다.
기법	• 실습 훈련 – 실제 환경에서 경험 중심 학습 진행 • 직업 학교 훈련 및 대학 학위 위탁 교육제 – 전문 지식 습득 및 자격증 취득 가능 • OJT(On the Job Training) – 현장에서 실무 중심 교육 실시 • 강의식 방법 – 기초 이론 및 표준 절차 전달

3 관리자 교육훈련

관리자 교육훈련은 조직 경영과 관련된 의사결정을 수행하고, 부여된 권한과 책임을 적절히 행사할 수 있도록 하며, 부하 직원의 관리·감독 능력을 향상시키는 데 목적이 있다.

목적	관리자 교육훈련은 조직 경영과 관련된 의사결정을 수행하고, 부여된 권한과 책임을 적절히 행사할 수 있도록 하며, 부하 직원의 관리·감독 능력을 향상시키는 데 목적이 있음.	
내용	하위 관리자 교육훈련	•작업 지휘 및 작업 방법 개선 등 기술적 능력 중심 교육 •기본적인 대인관계 및 직장 내 소통 능력 강화
	중간 관리자 교육훈련	•보다 광범위한 경영 문제를 다루며 전략적 시각을 요구 •경영 원칙과 관리 기술에 대한 체계적인 지도 •하위 관리자보다 인간관계 능력에 대한 교육 비중이 높음.
	최고 경영층 교육훈련	•중간 관리자보다 개념적·전략적 사고 능력에 중점을 둠. •기업 비전, 리더십, 변화관리 등 조직 방향 설정 역량이 요구됨.
기법	모의 훈련(Simulation)	경영 상황을 가상으로 재현하여 의사결정 연습
	역할 연기법(Role Playing)	실제 상황을 시연하며 리더십·소통 능력 강화
	세미나(Seminar)	토론 중심의 전문성 강화 및 시각 확장
	사례연구법(Case Study)	현장 사례 분석을 통한 문제 해결 능력 향상
	행동 모델법 (Behavior Modeling)	우수 관리자 행동을 학습하여 행동 변화 유도
	감수성 훈련 (Sensitivity Traning)	자기 인식 및 인간관계 능력 강화 훈련

04 롤플레잉(Role Playing) 교육훈련 ☆☆

1 롤플레잉 교육훈련의 정의

(1) 롤플레잉은 특정한 역할을 설정하고 실제 상황처럼 수행하는 실연식 훈련기법으로, 고객이나 서비스 직원의 역할을 교환하여 수행해봄으로써 상대방의 관점을 이해하고 자신을 객관적으로 성찰하며 문제 해결 능력을 기르는 학습 방법이다.

(2) 서비스 직종에서는 신입 직원이라도 고객 접점에서는 전문가의 역할을 수행해야 하므로 실제 현장과 유사한 상황을 가정하여 서비스 상황·고객 유형·응대 방식 등을 실습하고 학습할 수 있어야 한다. 이를 통해 실제 서비스 현장에서 요구되는 대응력과 감정이입 능력을 강화할 수 있다.

2 롤플레잉의 장점과 단점

구분	내용
장점	• 실제 서비스 현장과 유사한 상황을 통해 실무 지식 습득이 가능하다. • 다양한 고객 상황을 경험하며 고객에 대한 이해력이 증대된다. • 커뮤니케이션 능력과 감정이입 능력이 강화되어 서비스 역량 향상에 직접 기여한다. • 참여형 학습 방식으로 교육생의 관심과 몰입도가 높다. • 훈련 결과를 즉시 확인할 수 있어 피드백 중심 학습이 가능하다.
단점	• 상황 설정이 부정확하거나 미흡할 경우 현장성과 현실성이 떨어질 위험이 있다. • 교육자의 지도 역량에 따라 학습 효과의 편차가 크게 발생할 수 있다. • 일부 학습자는 역할 수행에 대한 심리적 부담을 느낄 가능성이 있다. • 잘못된 역할 연기나 피상적인 수행은 오히려 왜곡된 응대 방식을 학습할 위험이 있다. • 준비 시간 및 시나리오 설계가 필요하여 교육 운영 비용과 시간이 증가할 수 있다.

3 롤플레잉 진행 방법

단계	구분	내용
1단계	동기 유발	롤플레잉의 필요성과 목적을 설명하여 교육 참여의 의미를 인식시키고, 직원 간 공감대와 참여 의지를 형성한다.
2단계	진행 절차 확정	• 총 소요 시간, 참여 인원, 역할 분배, 개선이 필요한 요소를 사전에 확정한다. • 상황에 따라 그룹 구성 및 역할 배정을 실시한다.
3단계	실습 준비	• 실제 시연에 앞서 연습 시간을 제공한다. • 신입 직원이거나 실무 경험이 부족한 인원이 있을 경우 롤플레잉 형식에 적응할 수 있도록 사전 연습이 효과적이다.
4단계	프레젠테이션	• 고객의 상황·배경·역할 정보를 미리 공유하여 발표의 정확성을 높인다. • 노력한 과정과 결과를 인정함으로서 직원들이 적극적으로 참여할 수 있는 분위기를 조성한다.
5단계	피드백	• 교육 효과를 극대화하기 위해 전체 구성원 → 발표 직원 → 교육자 순으로 피드백을 진행한다. • 모든 참여자가 의견을 나누면서 개선 방향을 함께 도출하는 것이 중요하다.

05 교육훈련의 방법

구분	교육방법	개념 및 특징	교육효과 / 적합목적
전통적 교육	강의식 방법	교육자가 일방향으로 강의하는 방식	지식 전달, 기본 개념 교육에 적합
	통신 훈련 방법	인쇄물·강의록 등을 활용한 자기 주도학습	시간·장소 제약없이 학습 가능
	시청각 훈련 방법	영상·자료 등 시청각 매체 활용	이해도·몰입도 향상
	회의식(토의)방법	주제를 두고 의견 교환 및 토론	사고력·참여도 향상
토론·참여형	사례연구법	실제 사례 분석 및 토론 기반 학습	문제 해결 능력 강화
	역할연기법	역할 수행을 통한 체험형 교육	고객 응대·감정이입 훈련에 효과
	브레인스토밍	자유로운 아이디어 창출 방식	창의력 발휘, 아이디어 발굴
	실습방법	실물·현장 기반의 실습 교육	경험 기반 학습, 직무 이해도 상승
현장 적응형	인턴 사원제	수습 기간을 통한 직무 적응 및 평가	조직 적합성·직무 이해도 향상
	멘토 시스템	선임 직원이 신입 직원 지도	조직문화 적응, 직무 기준 습득
	모험 학습	극기 훈련 형태의 체험 학습	리더십·팀워크·위기 대응 능력 강화
제도 기반	대학 학위 위탁 교육제	학위 취득을 지원하는 조직 제도	전문성 강화, 장기적 인재 육성
	교육 이수 학점제	직급별 필요한 교육 학점 설정	성과관리·승진 기준으로 활용
디지털 학습	온라인 학습	웹 기반 가상 강의실 형태	비대면, 자기주도 학습에 효과

Key Insight

💎 교육훈련 과정에서의 동기 부여

동기 부여 방법	구체적 설명
학습의 중요성 강조	교육을 통해 해결할 수 있는 문제, 현장에서의 필요성을 구체적으로 제시한다.
교육의 이점과 기대 효과 제시	학습 결과가 직무 능력 향상·경력 개발·성과 향상 등에 어떻게 연결되는지 설명한다.
기존 경험과 연결하여 시작	교육생이 이미 알고 있는 내용이나 경험을 기반으로 화제를 꺼내어 자연스럽게 교육에 몰입하도록 유도한다.

Chapter 03

서비스 코칭의 이해 / 실행

01 서비스 코칭의 이해

1 서비스 코칭의 의의 ✿✿

(1) 서비스 코칭이란 관리자나 상사가 직원의 성과 관련 문제를 해결하거나 역량을 개발하기 위해 이루어지는 상호작용 중심의 지도 방식이다.

(2) 현재의 서비스 환경에서는 인적 자원이 경쟁력의 핵심이 되므로, 코칭은 핵심 인재를 육성하는 데 매우 효과적인 방법으로 활용되고 있다.

(3) 급변하는 사회에서는 단순 지시보다 스스로 사고하고 행동할 수 있는 인재가 필요하며, 이러한 인재를 양성하기 위한 관리 방식으로 코칭의 중요성이 점점 강조되고 있다.

(4) 따라서 관리자는 직원의 능력을 촉진하고 성장하도록 지원하기 위해 격려, 질문, 학습 지원이 포함된 새로운 관리 역량, 즉 코칭 스킬을 갖추어야 한다.

2 조직 내에서 서비스 코칭의 이점 ✿✿

직원을 진실되게 만든다	• 직원이 현재의 위치와 역할, 그리고 무엇을 왜 하고 있는지를 스스로 탐구하도록 돕는다. • 자신의 행동과 선택이 어떤 결과를 가져오는지를 깨닫게 함으로써 진정성 있는 태도를 형성하도록 한다.
전체적인 맥락을 이해하도록 도와준다	• 업무와 관련된 복잡한 관계나 상황에 대해 적절한 질문과 대화를 통해 전체적인 관점에서 문제를 파악하게 한다. • 다양한 이해관계자 간의 관계를 보다 객관적으로 바라보고 개선 방향을 찾는 데 도움을 준다.
직원을 좀 더 새롭게 만들 수 있다	• 적절한 피드백을 통해 일의 의미와 삶 속에서의 역할을 재해석 할 수 있도록 돕는다. • 직원이 자신 안의 잠재력을 인식하고 적극적으로 사용할 수 있도록 변화의 계기를 제공한다.
미래 지향적이다	과거의 잘못을 지적하거나 비판하기보다는 앞으로의 변화와 발전에 초점을 맞춘다.
행동 변화를 중시한다	단순한 개선을 넘어 보다 나은 방향으로의 행동 변화와 새로운 시도를 적극적으로 추구하게 한다.

Part
05

3 서비스 코칭 활동의 어려움

시간적 제약	코칭의 필요성과 효과를 인식하고 있음에도 불구하고, 당장 처리해야 하는 업무나 긴급한 현안에 집중되면서 코칭 활동을 실행할 여유가 부족한 경우가 많다.
관리자의 태도 문제	많은 관리자들은 기존의 지시·감독 중심의 방식에 익숙해져 있어, 직원과 상호작용하는 코칭의 역할에 대해 부담감을 느끼거나 부정적인 태도를 보일 수 있다.
경직된 조직 문화	조직 내에서 직원 육성과 코칭 활동에 대한 보상 체계가 부족하기 때문에, 관리자가 코칭을 적극적으로 활용하려는 동기가 약해지는 경우가 많다.

4 코치의 역할 ✿✿

후원자	직원이 개인적인 성장이나 경력 목표를 달성할 수 있도록, 어떤 업무나 기회가 도움이 되는지를 함께 결정하고 지원해 주는 역할을 수행한다.
멘토	특정 분야에서 경험과 신뢰를 갖춘 조언자로서, 조직 내 정치적 역학 관계를 이해하고 효과적으로 대처하는 방법을 알려준다. 또한 영향력과 파워를 형성하는 방법도 조언해준다.
평가자	특정 상황에서 직원의 성과를 관찰하고 분석하며, 그에 대한 피드백과 지원을 제공하기로 약속한 역할이다. 공정하고 균형 잡힌 평가를 통해 성장의 방향을 제시한다.
역할 모델	기업의 가치와 리더십을 행동으로 보여주는 사람으로, 직원들이 조직문화에 맞는 태도와 리더십을 학습할 수 있도록 실천적 기준을 제시한다.
교사	직원이 업무를 효과적으로 수행할 수 있도록 비전, 전략, 서비스, 제품, 고객 관련 정보 등을 제공하며, 지식과 기술을 전달하는 역할을 수행한다.

02 서비스 코칭의 실행

1 코칭의 5가지 스킬 ☆

스킬	핵심개념	주요내용	코칭 포인트	예시
질문스킬	사고확장질문	목적, 상황에 맞는 질문을 통해 직원의 사고방향과 관점을 전환시키는 기술	• 정답 유도 금지 • 열린 질문 활용 • 자기 성찰 유도	• "이 상황에서 가장 중요하다고 느끼는 점은 무엇인가요?" • "만약 다시 선택한다면, 어떻게 해보고 싶나요?"
경청스킬	공감적 경청	적극적, 공감적 경청을 통해 심리적 안정감과 신뢰 관계를 형성	• 끼어들지 않기 • 감정 반영 • 판단 배제	• "그만큼 부담이 컸다는 말씀이군요." • "그 상황에서 많이 고민하셨을 것 같습니다."
직관스킬	흐름 감지	코치의 직관과 감각을 활용해 상황의 맥락과 감정 흐름을 읽고 대응	• 과도한 개입 금지 • 자연스러운 반응 • 타이밍 중시	• "지금은 해결책보다 감정을 정리하는 게 먼저인 것 같네요." • "조금 더 이야기해도 괜찮을까요?"
자기관리스킬	자기통제	코치 스스로의 감정·태도·언행을 관리하여 안정감과 일관성 유지	• 감정적 반응 자제 • 일관된 태도 유지 • 모범적 행동	• "제 감정보다 상황을 먼저 정리해보겠습니다." • "차분하게 하나씩 짚어보죠."
확인스킬	실행점검	현재·과거·미래의 관점에서 목표·현 위치, 진행상황을 명확히 확인	• 목표 명확화 • 책임 인식 강화 • 행동 계획 점검	• "지금 위치를 기준으로 다음 단계는 무엇일까요?" • "이번 주에 실행해 볼 한 가지를 정리해볼까요?"

2 적극적 경청

(1) 상대방의 이야기에 집중하고 있음을 표정, 고개 끄덕임, 반응어("네", "그렇군요")등 외형적 표현을 통해 보여주는 경청 태도를 말한다.

(2) 이러한 적극적 표현은 상대방에게 내 이야기를 진심으로 듣고 있구나 라는 인식을 주어 호감과 신뢰를 형성하며, 말하는 사람이 이해받고 있다는 느낌을 갖도록 하여 열린 대화와 소통을 가능하게 한다.

(3) 잘못된 경청의 예

구분	개념 설명	문제점	예시
여과하여 듣는 경청	개인의 문화적 기준 경험, 편견이라는 여과장치를 통해 상대의 말을 선택적으로 해석하는 경청 방식	상대방의 의도 전체를 이해하지 못하고, 듣고 싶은 부분만 받아들임.	• "결국 가격이 문제라는 말씀이시죠?" • "이전에도 그런 유형의 고객이 많았습니다."
평가하면서 듣는 경청	상대의 말을 들으며 옳고 그름, 좋고 나쁨을 먼저 판단하는 경청 방식	대화의 목적이 이해가 아닌 평가·충고로 전환됨.	• "그건 고객님 판단이 잘못된 것 같습니다." • "보통 그렇게 생각하지는 않는데요."
정형화된 경청	사례·유형·매뉴얼에 지나치게 의존하며, 대화를 정해진 틀에 맞춰 해석하는 경청 방식	개별 상황과 감정을 놓치고 기계적인 대응으로 흐름.	• "아, 이건 전형적인 컴플레인 유형입니다." • "이 경우에는 항상 이 절차로 진행됩니다."
다 듣기 전에 가로막는 경청	상대방의 말을 끝까지 듣지 않고 말을 끊거나 중간에 개입하는 경청 방식	대화의 주도권을 빼앗고 방어적·감정적 반응 유발	• "아, 그건 제가 이미 알고 있습니다." • "잠깐만요. 그건 이렇게 하시면 됩니다."

03 GAPS 코칭 모델

1 코칭의 실행 1단계 – 목표 설정하기(Goal setting)

(1) '목표 설정하기'의 개념
① 구성원이 스스로 목표를 설정할 수 있도록 질문과 대화를 통해 유도하며, 동시에 목표의 방향을 명확하게 제시하는 역할이 필요하다.
② 개인의 목표는 단순 업무 과제에 그치지 않고 개인의 비전과 업무의 방향성까지 연결되어야 한다는 점에서 중요하다.

(2) SMART 목표 설정하기 ✯✩

	요소	의미	확인 질문
S	Specific	구체적인 문제를 다루고 있는가?	무엇을 개선하거나 달성해야 하는가?
M	Measurable	측정 가능한가?	성과를 수치나 기준으로 평가할 수 있는가?
A	Achievable	달성 가능한 목표인가?	현재 역량과 자원으로 실현 가능한가?
R	Relevant(Realistic)	현실적이며 업무와 관련이 있는가?	조직의 비전 및 프로젝트 방향성과 연결되는가?
T	Time Bound	시간 제한이 있는가?	언제까지 달성해야 하는가? 마감 기한은 명확한가?

(3) 질문하기

코칭 과정에서 질문은 직원의 사고를 확장시키고 행동 변화로 이끌어내는 핵심 도구이다. 효과적인 코칭 질문을 위해서는 아래와 같은 기준에 따라 질문의 방향을 전환할 필요가 있다.

구분	기존 질문 방식	효과적인 질문 방식
과거 중심 질문	"왜 그렇게 했나요?"	미래 중심 질문 → "앞으로는 어떻게 하면 좋을까요?"
부정적인 질문	"왜 실패했나요?"	긍정적 질문 → "무엇을 개선하면 더 나아질까요?"
폐쇄형 질문 (예 / 아니오)	"알고 있나요? 했나요?"	개방형 질문 → "어떤 방식으로 접근했나요?"

(4) 경청하기

경청은 코칭 과정의 핵심 요소로, 단순히 듣는 것이 아니라 상대방의 의도와 감정을 이해하려는 적극적인 태도를 의미한다. 경청을 통해 신뢰 관계가 형성되며, 정확한 문제 인식과 감정 공감이 가능해진다.

(5) 말하기(커뮤니케이션 전달 스킬)

① 의도한 메시지가 제대로 전달되었는지 확인한다.
  ㉠ 내가 전달한 말이 상대방에게 정확하게 이해되었는지, 혹은 오해가 없었는지 확인해야 한다.
  ㉡ 코칭의 목적은 '말하는 것'이 아니라 '상호 이해'이므로 상대방의 반응을 확인하는 과정이 반드시 필요하다.
② 자신의 말이 상대방에게 미치는 영향을 인식한다.
  ㉠ 말하기는 단순한 정보 전달이 아니라, 상대의 생각과 감정에 영향을 미치는 행위임을 인식해야 한다.
  ㉡ 코치는 자신의 말투, 표현, 태도가 어떤 결과를 초래하는지를 고려하면서 신중하고 책임 있는 방식으로 말해야 한다.

(6) 관찰하기

관찰은 상대의 언어적 표현뿐만 아니라 비언어적 행동(표정, 자세, 성향, 분위기 등)까지 살펴보는 능력이다. 이를 통해 말로 표현되지 않는 감정이나 이해 수준을 파악할 수 있으며, 보다 정확한 코칭 방향을 설정할 수 있다.

2 코칭의 실행 2단계 – 현재 진행 과정 평가하기(Assessing current progress)

(1) '현재 진행 과정 평가하기'의 개념

① 구성원이 수행한 결과를 진지하고 공정하게 평가하고 피드백한다.

② 건설적인 피드백을 통해 행동 실행 과정과 결과, 개선점을 확인하고 구성원 스스로 마무리 하도록 이끈다.

(2) 다양한 시각에서 자료를 수집한다.

(3) 구성원에게 적절한 피드백을 제공한다.

(4) 성과 달성 여부에 대한 이유를 탐색한다.

Key Insight

피코치(Coachee)가 성과를 내지 못하는 숨겨진 이유

피코치가 성과를 발휘하지 못하는 경우, 단순히 노력 부족으로 판단해서는 안 된다. 실제로는 다양한 숨겨진 요인이 성과를 제한하고 있을 수 있으며, 코치는 아래의 이슈들을 구체적으로 확인해야 한다.

역량 이슈	• 자신의 능력 수준을 정확히 파악하지 못한 채 업무량이 과다한 상황에 놓일 수 있다. • 시간 관리 능력 부족으로 인해 효율적인 업무 수행이 어려운 경우도 포함된다.
능력 이슈	• 업무 수행에 필요한 지식이나 스킬을 충분히 보유하지 못한 상황을 의미한다. • 이 경우에는 교육, 훈련, 실습 등 역량 개발 과정이 반드시 뒤따라야 한다.
태도 이슈	• 개인적인 문제나 다른 업무가 도전 과제에 대한 태도와 마음가짐에 영향을 미치는 경우이다. • 내면의 좌절감·분노·동기 저하의 원인을 파악하는 것이 중요하다. 해당 업무가 피코치에게 적합하고 동기부여가 되는지도 확인해야 한다.
자원 이슈	• 피코치가 업무를 수행하기 위한 시간, 비용, 인력, 도구 등을 충분히 보유하고 있는지 확인해야 한다. • 실행에 필요한 자원이 부족하면 성과를 기대하기 어렵기 때문에, 필요 자원의 지원 여부를 점검할 필요가 있다.
문제 구성 이슈	• 코치와 피코치가 문제를 다르게 정의하거나 구성하는 경우이다. • 코치는 개입하기 전에 "우리가 해결하려는 문제는 같습니까?"라는 확인이 필요하며, 문제의 초점이 다르면 해결 방향도 달라질 수 있다.

---

3 코칭의 실행 3단계 – 다음 단계 계획하기(Planning the next steps)

(1) '다음 단계 계획하기'의 개념

① 목표를 수정할 것인지, 더 많은 지원을 할 것인지에 대해 논의한다.

② 발전되지 않은 원인과 대안 전략을 도출하기 위해 브레인스토밍을 실시한다.

(2) 다음 단계에서 무엇을 할 지와 어떻게 할 지에 대해 고려하고 계획한다.

(3) 현재 상태를 점검한다.

(4) 가능한 대안에 대해 브레인스토밍한다.

(5) 선택 가능한 대안의 폭을 좁혀 현재의 상황이나 문제를 해결할 수 있는 최적의 대안을 고려한다.

(6) 행동 변화가 필요한 시기이므로 지시나 조언, 제안 등을 적절히 제공한다.

4 코칭의 실행 4단계 – 변화 행동 지원하기(Supporting the action)

(1) '변화 행동 지원하기'의 개념

    ① 개발은 구성원의 재능, 역량, 기술 등을 향상하여 더 높은 성과를 올릴 수 있도록 도와주는 것이다.

    ② 코치는 구성원에게 배우는 환경을 조성해 주고, 정보나 자료를 제공해 주어야 하며, 필요한 지식을 잘 가르쳐 주어야 한다.

(2) 지원의 수준과 방향을 결정한다.

(3) 피코치를 이해하고 있음을 표현한다.

(4) 역할 모델이 되어 준다.

Part 05

04 GROW 코칭 모델 ☆☆☆

1 GROW 모델 개념

GROW 모델은 성공적인 코칭을 위해 필요한 4단계 질문 프로세스를 제시한 대표적인 코칭모델이다. 코치는 단계별 질문을 통해 피코치가 스스로 목표를 설정하고, 현실을 인식하며, 실행 가능한 대안을 찾고 행동으로 옮길 수 있도록 지원한다.

🔷 GROW 모델의 4단계

단계	핵심 내용	코칭 포인트
G–Goal	목표 설정(코칭 주제 설정)	상대방이 자신의 목표를 스스로 발견하고 구체화할 수 있도록 돕는다.
R–Reality	현실 점검(현재 위치 파악)	문제의 원인과 현 상황을 객관적으로 보도록 질문한다.
O–Option	대안 탐구 (실행 가능한 대안 브레인스토밍)	다양한 선택지를 찾고, 가능한 방법들을 폭넓게 탐색한다.
W–Will	실행 의지 확인(실천 계획 수립)	최적의 대안을 선택하고 실제 행동 계획으로 연결한다.

◆ GROW 모델의 단계별 질문 예시

Goal	**목표를 명확히 설정하는 단계** 향후 방향성, 도전 과제, 성취하고 싶은 지점을 스스로 정의하도록 돕는 단계이다. • 앞으로 어떤 모습이 되기를 원하십니까? • 목표를 이룬 후의 모습을 구체적으로 설명해주시겠습니까? • 최근 관심을 두고 있는 주제나 도전하고 싶은 분야가 있습니까? • 최근 새롭게 시도해 본 것이 있다면 무엇입니까?
Reality	**현재 위치와 현실 파악 단계** 현재 상황을 객관적으로 돌아보고, 변화가 필요한 지점을 인식하도록 돕는다. • 현재 본인의 위치를 어떻게 평가하고 계십니까? • 목표 달성을 어렵게 만드는 장애 요인은 무엇이라고 생각하십니까? • 지금 가장 열정을 느끼는 활동이나 즐거움을 주는 일은 무엇입니까?
Option	**실행 가능한 대안 탐색 단계** 다양한 해결 방안을 열어두고, 선택지를 넓히는 과정이 중요하다. • 현실적인 해결책에는 어떤 것들이 있을까요? • 여러 해결책 중에서 가장 우선적으로 시도할 방법은 무엇입니까? • 실행을 위해 어떤 지원이나 지원이 필요하다고 생각하십니까?
Will	**실행 의지를 점검하고 행동을 약속하는 단계** 선택한 대안을 실제 실행 계획으로 연결시키는 단계이다. • 어떤 대안을 언제까지 실천해 볼 수 있을까요? • 실행 과정에서 도움이 필요하다면 어떤 지원이 필요하십니까? • 목표 달성 여부를 어떻게 확인할 수 있을까요?

05 상황별 서비스 코칭 전략

1 피코치가 저항하는 이유

코칭 과정에서 피코치가 변화나 실행을 거부하거나 수용하지 않으려는 태도를 보이는 경우가 있다. 이러한 저항은 단순한 반발이 아니라, 내면의 불안·두려움·조직 분위기 등에서 비롯되는 복합적인 신호일 수 있다. 따라서 유형을 파악하고 적절한 접근 전략을 사용해야 한다.

(1) 피코치 저항의 유형

구분	저항 요소	특징 / 핵심 내용
개인적 요인	거만함 또는 고집	자신의 방식만을 고수하며 변화 필요성을 받아들이지 않음.
	변화 필요성 인식 부족	현재 방식이 문제라고 인식하지 못함.
	자기 개념에 대한 거부	정체성과 관련된 조언에 방어적 태도
	과도한 작업량	변화보다 기존 업무 수행에 압박감을 느낌.
	두려움	새로운 시도에 대한 실패 불안·심리적 부담
	오해	의사소통의 불균형으로 코칭의 의도를 잘못 해석
	불편감	낯선 방식에 대한 거부감 또는 스트레스
코치/관리자에 대한 인식 요인	코치의 능력에 대한 인식	코치의 전문성이나 경험에 대한 신뢰 부족
	코치의 가용성 판단	코치가 바빠 보이거나 충분히 지원해 줄 수 없다고 판단
	접근 가능성 인식	코치에게 쉽게 다가가기 어렵다고 느끼는 상황
	코치의 태도	코치가 진심으로 관심을 갖고 있는지에 대한 의심
	다른 코치에 대한 선호	특정 코치에 대한 비교 또는 선호로 인해 저항 발생
조직 문화 요인	코칭 제도 미정착	코칭이 조직문화와 자연스럽게 연결되지 않은 경우
	경쟁·생존 중심 문화	실수나 학습이 허용되지 않는 문화일 때 저항 심화
	위험 감수 분위기	실패에 대한 책임이 과도하게 존재하는 문화
	자원의 부족	시간·인력·예산 등 지원 자원이 부족한 상황
	비학습 조직 문화	학습과 성장이 조직 내에서 가치로 인정되지 않음.

(2) 코치의 대처 스킬

① 피코치 저항의 근본 원인을 이해하려고 노력한다.
② 코치가 자기중심적 시각을 내려놓고, 피코치에게 적합한 코치인지 성찰한다.
③ 피코치 특성에 따라 코치의 접근 방식을 조정할 항목을 선택한다.
④ 피코치의 이슈가 코칭에 적합한 주제인지를 확인한다.
⑤ 코치가 적합하고, 이슈 역시 코칭 대상일 경우 창의적인 접근 전략을 적용한다.

2 동료 코칭 ✿✿

동료 코칭의 특징	• 상호 지원 관계를 형성하며 함께 성장할 수 있음. • 비슷한 압력과 도전 과제를 경험하여 높은 공감 가능 • 협력 관계이면서도 잠재적 경쟁 관계일 수 있음.
코치의 대처 스킬	• 코칭의 필요한지, 나를 코치로 받아들일 의향이 있는지 개인적 접근을 통해 파악 • 고민과 도전 과제를 편안히 공유할 수 있도록 관계 형성 • 자연스러운 만남의 기회를 만들어 심리적 거리 축소 • 상대방이 도움을 받을 의사가 있는지 직접 확인 • 코칭의 목적 및 기대 효과를 명확히 설명 • 코치는 자신의 경험과 생각을 먼저 공유하여 신뢰 구축

3 상사 코칭 ✿✿

상사 코칭의 특징	• 조직 구성원 누구나 코칭이 필요함을 인식해야 함. • 특히 상사가 코칭을 받을 수 있는 환경 조성이 중요 • 조직에서 성공하려면 상사가 더 잘할 수 있도록 지원하는 방법을 찾는 것이 효과적인 전략
코치의 대처 스킬	• 상사가 잘하고 있는 점을 먼저 인식시키는 피드백 제공 • 개선 제안이나 피드백은 상사의 강점·목표와 연결하여 제시 • 부정적 피드백은 중요성·실행 가능성·행동 변화 방향까지 고려해야 함. • 상사가 피드백을 얼마나 수용할 수 있는지 사전 파악 필요 • 상사가 스스로 아이디어를 생각한 것처럼 자연스럽게 유도하는 것이 이상적임.

Chapter 04 정서적 노동의 이해 및 동기 부여

01 ▶ 감정 노동

감정 노동은 서비스 직무에서 매우 중요한 개념으로, 직원들이 고객과의 접촉 과정에서 자신의 감정을 관리하고 조직이 요구하는 방식으로 표현해야 하는 노동 형태를 의미한다.

1 감정노동의 의의 ✤

(1) 감정 노동의 개념은 Hochschild(1983)의 저서 『The Managed Heart』에서 처음 등장했으며, 감정을 하나의 노동 유형으로 인식한 것이 특징이다.

(2) 고객에게 보이는 표정·말투·몸짓 등 외적으로 관찰 가능한 행동을 만들기 위한 감정 관리 활동을 포함한다.

(3) 조직이 요구하는 감정을 표현하기 위해 노력, 계획, 통제와 같은 심리적 에너지가 투입된다.

(4) 고객 접점에서 감정을 적절히 관리하지 못하면 경영자 또는 관리자에 의해 통제를 받게 되는 특성도 존재한다.

(5) 감정 노동은 특히 고객과 대면하거나 음성으로 교류하는 직무에서 많이 나타나며, 대표 직종으로는 서비스업 종사자, 간호사, 경찰관, 소방관 등 타인을 돕는 직무를 수행하는 직업군이 포함된다.

2 감정 노동의 구성요인 ✤

감정 노동은 단순히 '감정을 숨기거나 표현하는 행위'가 아니라 조직이 요구하는 감정 표현 기준에 맞추기 위한 지속적인 노력과 심리적 에너지 투입 과정을 포함한다. 감정 노동의 구성요인은 다음과 같이 네 가지로 구분할 수 있다.

감정 표현의 빈도	• 조직이나 직무에서 고객에게 표현해야 하는 감정이 구체적으로 규정될수록, 직원은 그 기준을 따르기 위해 반복적인 감정 표현을 요구받게 된다. • 기업은 고객에게 긍정적인 경험을 제공하기 위해 감정 표현의 빈도를 높이려는 경향을 보이며, 이는 기업 성과와도 연결될 수 있다.
요구되는 감정 표현 규범의 강도	• 규범의 강도가 높다는 것은 어떤 감정을 어느 정도 수준으로 표현해야 하는지가 명확하다는 의미이며, 이 경우 직원은 더 많은 에너지와 노력을 들이게 된다. • 감정 강도는 실제 감정과 표현되는 감정의 강렬함 정도를 의미하며, 이는 고객의 행동이나 태도 변화에도 중요한 영향을 미친다.

요구되는 감정 표현 규범의 다양성	• 감정 표현 기준이 **상황별·고객 유형별로 다양하게 요구될 경우**, 직원은 각 상황에 맞는 감정을 선택하고 표현하기 위한 추가적인 노력이 필요하다. • 규범이 많아지거나 복잡해질수록 **감정 노동 수준이 높다고 지각될 가능성**이 크다.
감정적 부조화	• 감정적 부조화란 **직원 본인의 실제 감정과 조직에서 요구하는 감정 사이의 차이**로 인해 발생하는 심리적 불편함을 의미한다. • 이 차이가 클수록 감정 노동에 더 많은 에너지가 필요하며, 장기적으로는 **스트레스·소진·이직 의도** 등 부정적 결과로 이어질 가능성이 높다.

3 감정 노동의 결과

구분	내용	핵심 키워드
감정 노동의 긍정적 결과	안면 환류 가설 – 표정을 의도적으로 지으면 실제 감정도 긍정적으로 변화할 수 있음.	표정 → 감정
	불쾌한 상황에서 심리적 거리를 두어 스트레스가 감소할 수 있음.	스트레스 완화
	고객 응대 성공 경험을 통해 만족감이 증가할 수 있음.	만족감 상승
감정 노동의 부정적 결과	소외 가설 – 지속된 감정 부조화는 '거짓된 자아'를 인식하게 만들며, 감정을 표현하기 두려워하고 타인과의 관계 형성이 어려워짐.	자기 소외 / 감정 억압
	감정적 부조화가 누적되면 감정적 고갈을 야기함.	소진 / Burnout
	장기적으로 정신적·신체적 문제를 초래할 수 있음.	우울감 / 불면 / 두통
	직무 만족과 조직 몰입도가 감소하게 됨.	만족도↓ / 몰입도↓
	직무 스트레스 수준이 상승하며 업무 효율 저하가 발생	스트레스↑ / 능률↓

4 감정 노동의 관리 ✿

감정 노동은 적절하게 관리될 경우 서비스 품질을 유지하는 중요한 역할을 하지만, 관리되지 않으면 직무 스트레스와 소진으로 이어질 수 있다. 따라서 조직과 개인 차원에서 체계적으로 접근하는 것이 필요하다. 감정 노동의 효과적 관리는 다음의 세 가지 방향으로 정리할 수 있다.

(1) 조직 내 커뮤니케이션 기반의 유대감 형성

① 직원 간의 대화를 활성화하여 **정서적 지지와 공감대를 형성하는 것**이 중요하다.
② 동료와의 소통은 긴장감을 완화하고 **감정 노동의 부담을 자연스럽게 분산**시켜 준다.

(2) 조직 문화 및 직무 환경의 개선

① 감정 노동을 완화하기 위해서는 **명확한 기준과 일정 수준의 자율성**이 균형을 이루는 조직 분위기가 필요하다.
② 이를 위해 다음과 같은 지원 체계를 마련할 수 있다.
　㉠ 감독자 지원 및 동료 간 상호 지원 강화
　㉡ 교육훈련 및 상담 제도 운영

③ 또한 직무 특성에 맞추어 감정 요구 수준, 시간 압력, 직무 책임감 등에 유연성을 부여하고, 감정 표현 규칙을 명확하게 설정하는 것이 중요하다.

(3) 개인의 감정 관리 능력 강화

① 감정 노동을 수행하는 개인의 성격적 특성 및 감정 조절 능력을 적절히 관리할 필요가 있다.
② 이를 위해 다음과 같은 접근이 필요하다.
  ㉠ 감정을 스스로 조절하는 능력과 자아 통제력 향상
  ㉡ 자신의 역할에 대한 진정성 회복 및 심리적 안정감 확보
③ 개인의 정신적 회복력(Resilience)을 높이는 교육 또한 감정 노동의 부정적 영향을 줄이는 데 효과적이다.

02 직무 스트레스

1 직무 스트레스의 개념

(1) 직무 스트레스의 의의

① 스트레스란 원하는 결과가 중요하지만 그 결과가 불확실할 때 경험하는 심리적 긴장 상태를 말한다.
② 업무 요구 수준이 근로자의 능력, 혹은 개인의 기대와 일치하지 않을 때 직무 스트레스가 발생한다.
③ 직무 스트레스는 직무 내용, 조직 구조, 작업환경 등의 영향을 받아 정서적·인지적·행동적·생리적 반응 패턴으로 나타나는 특징이 있다.

(2) 직무 스트레스의 양면성

직무 스트레스는 항상 부정적인 것만을 의미하지 않는다. 그 작용 방식에 따라 조직과 개인의 성장을 촉진하는 긍정적 스트레스와 기능을 저하시키는 부정적 스트레스로 구분할 수 있다.

유스트레스 (eustress)	긍정적·건설적 스트레스 • 스트레스가 개인과 조직의 복리 향상, 성장성, 적용성을 촉진하는 역할을 할 때 나타난다. • 적절한 긴장은 높은 성과와 목표 달성을 위한 동기가 되며, 조직의 정상적인 기능 유지에도 도움이 된다.
디스트레스 (distress)	부정적·파괴적 스트레스 • 스트레스가 역기능적인 결과를 유발할 때 나타나는 형태이다. • 장기적으로는 신체 질환, 우울, 결근 증가, 업무 효율 저하 등 개인 및 조직 모두에 부정적 영향을 미친다.

🔷 Yerkes & Dodson의 곡선

Yerkes와 Dodson(1908)은 스트레스 또는 각성 수준이 성과에 미치는 영향을 연구하여, 적정 수준의 긴장이 있을 때 최고의 성과가 나타난다는 법칙을 제시하였다. 이 법칙은 U자형이 아닌 '역U자형(Inverted U-shaped)' 곡선을 나타낸다.

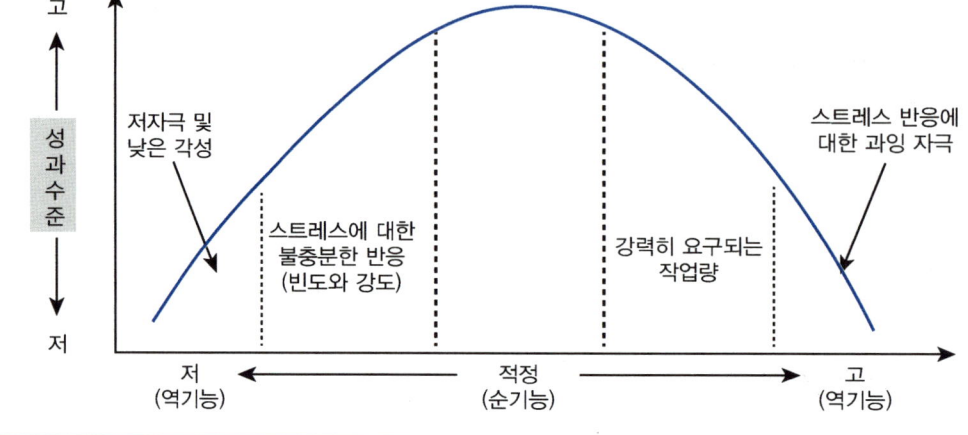

(3) 스트레스의 모델

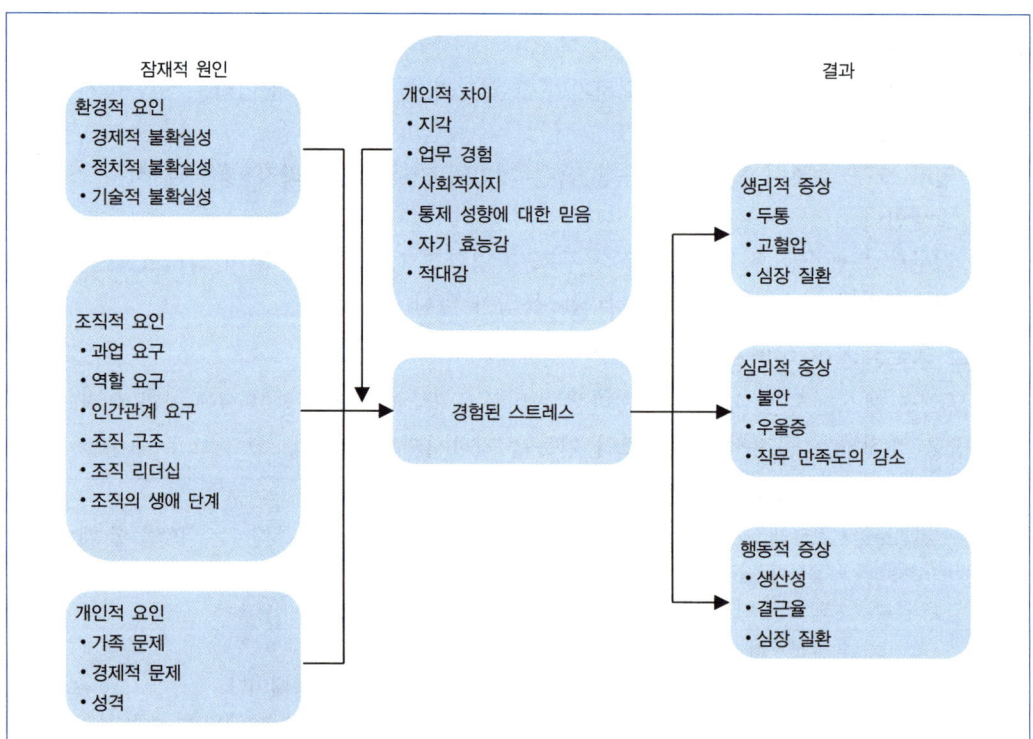

2 직무 스트레스의 관리

구분	관리방법	주요 내용
개인적 접근	시간 관리 기법	업무 우선순위 설정, 일·생활 균형 유지
	신체적 운동	규칙적인 운동을 통한 긴장 완화
	긴장 완화 트레이닝	명상, 호흡법, 이완요법 등 심리 안정 훈련
	사회적 지원 네트워크	가족·동료 등과의 관계 속 정서적 지지 확보
조직적 접근	직원 선발·배치 및 직무 재설계	직무 적합성과 업무 부담 조절
	교육·훈련 프로그램	스트레스 인식 및 대처 능력 향상
	구체적·도전적 목표 설정	업무 방향성 명확화 및 동기 부여
	직원 참여 확대	의사결정 과정 참여 → 통제감 향상
	조직적 의사소통 강화	상하 간 소통 체계 확립으로 갈등 감소
	복리후생 프로그램 운영	금연·운동·식습관 개선 등 건강 워크숍 제공

03 동기 부여

1 동기 부여의 개념

(1) 동기 부여란 목표를 달성하기 위해 개인이 집중하고 행동하며, 그 행동을 지속하게 만드는 심리적 과정을 의미한다. 다시 말해, 목표를 향해 움직이는 집념·방향성·지속성을 설명하는 개념이다.

(2) 동기 부여(motivation)는 라틴어 movere에서 유래한 단어로, "움직이다(to move)"라는 뜻을 가진다. 따라서 동기 부여는 마음과 행동을 '움직이게 만드는 힘'이라는 의미를 포함한다.

(3) 동기 부여는 개인의 목표와 조직의 목표를 달성하기 위해 자신과 타인을 움직이게 하는 영향력으로 볼 수 있으며, 사람들의 행동을 유발시키고 유지시키는 작용을 한다.

2 동기 부여의 중요성 ✿

동기 부여는 단순히 '열심히 하게 만드는 도구'가 아니라 자발성과 창의성을 촉진하여 인적 자원을 효과적으로 활용하는 핵심 관리 전략이다. 특히 서비스 산업에서는 동기 부여 수준이 곧 성과와 직결되기 때문에 그 중요성이 더욱 강조된다.

(1) 인적 자원의 효과적 관리

① 동기 부여는 직원이 창의적이고 자발적으로 직무를 수행할 수 있도록 격려하는 핵심 수단이 된다.

② 조직을 유효하게 운영하기 위해서는 직원의 참여 의지와 '일하고자 하는 마음'을 자극할 수 있는 동기 부여 전략이 필수적이다.

(2) 업무 성과 향상

① 동기 부여는 목표 지향적 행동을 강화하는 역할을 하므로, 동기가 부여된 직원은 그렇지 않은 직원보다 더 높은 수준의 업무 성과를 위해 노력하게 된다.

② 특히 서비스 현장에서는 동기 부여 수준이 고객 만족이나 서비스 품질로 직접 연결되는 경향이 있다.

◈ 동기 부여의 기본 모형

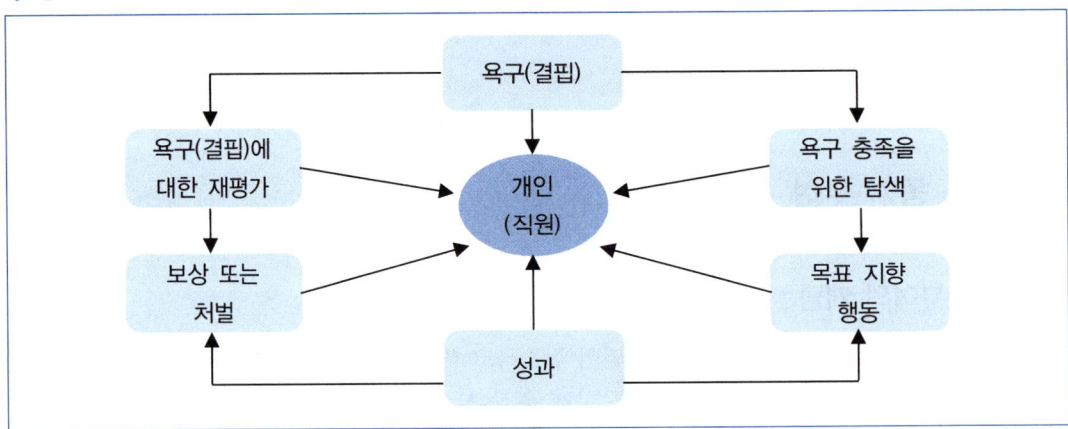

3 매슬로우 욕구 5단계 이론 ✮✮✮

매슬로우는 인간의 행동은 내면의 욕구에 의해 동기화된다고 보았으며, 욕구가 단계적으로 충족될 때 다음 단계의 욕구가 활성화된다고 설명하였다. 이를 욕구 위계 이론이라고 한다.

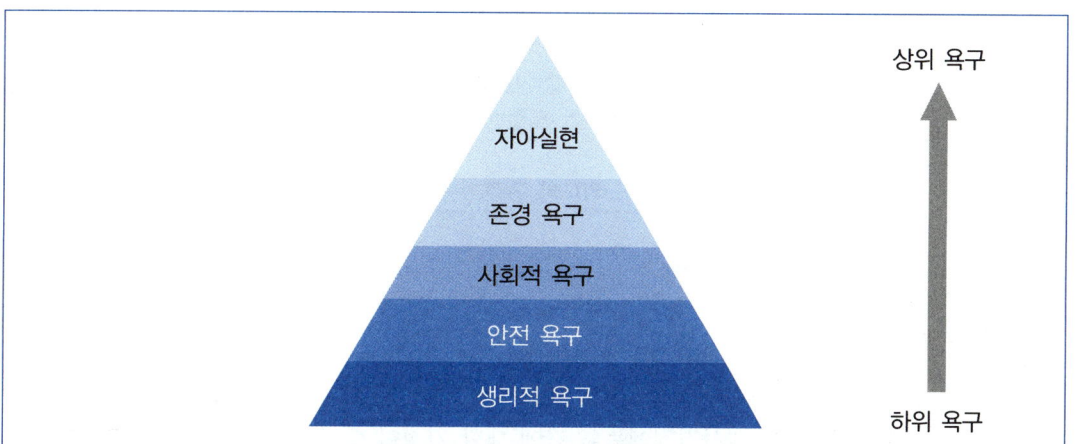

단계	욕구명	설명
1단계	생리적 욕구	• 배고픔, 수면, 갈증, 거주, 성적 욕구 등 생존을 위한 가장 기본적이고 절대적인 욕구 • 인간의 생존이 달려 있기 때문에 가장 강력하게 작용하는 욕구 수준
2단계	안전 욕구	• 물리적 위험과 정신적 위협으로부터 보호받고자 하는 욕구 • 안전한 주거, 직업 안정성, 위협으로부터 자유로움 등 심리적 안정을 포함
3단계	사회적 욕구	• 인간관계, 소속감, 우정, 애정, 인정 등 관계 형성과 소속을 바라는 욕구 • 외식, 레저, 취미 활동 등은 사회적 욕구와 연관된 행동으로 자주 나타남.
4단계	존경 욕구	• 자존심, 성취감, 자율성 등 내적 존중 욕구와 명예·칭찬과 같은 외적 존경 욕구로 구성 • 자신의 능력과 존재를 타인으로부터 인정받고 존중받고자 하는 욕구
5단계	자아실현 욕구	• 자신의 가능성과 잠재력을 실현하고자 하는 성장 지향적 욕구 • '내가 되고자 하는 나'에 도달하려는 최종 가치와 자기 충족을 추구함.

4 Herzberg의 2요인 이론(Two-Factor Theory) ✮✩

허츠버그(Herzberg)는 인간의 동기 부여 요인이 두 가지 범주로 구분된다고 주장하였다. 하나는 직무 만족과 성과를 높이는 요인(동기요인), 다른 하나는 불만족을 감소시키는 요인(위생 요인)이다. 즉, 만족을 높이는 요인과 불만족을 줄이는 요인은 서로 다르며, 직원 동기를 효과적으로 이끌어내기 위해서는 두 요인을 구분하여 이해해야 한다.

구분	정의 및 특징	주요 예시
동기 요인	• 충분할 경우 직무 만족과 동기를 높이는 요인 • 부족하다고 불만을 유발하지는 않음. • 직무만족·태도·성과 향상에 직접적 영향	성취감, 도전감, 인정과 칭찬, 성장과 발전
위생 요인	• 부족할 경우 강한 불만을 유발하는 요인 • 충분하더라도 만족을 높이는 역할은 제한적 • 직무 스트레스 및 이직 의도와 관련	작업 환경, 급여, 회사 정책 및 제도, 감독 방식

5 X이론 & Y이론 ☆☆

MIT대 교수 더글러스 맥그리거(Douglas McGregor)는 『기업의 인간적 측면(The Human Side of Enterprise)』에서 "모든 경영 의사결정에는 인간에 대한 가정이 깔려 있다"는 전제를 바탕으로 X 이론과 Y 이론을 제시하였다. 그는 Y 이론이 X 이론보다 더 효과적인 동기 부여와 성과 향상으로 이어진다고 주장하였다. 특히 서비스 조직에서 참여적 의사결정, 도전적 직무 부여, 책임감, 인간적 관계 형성 등이 중요하다고 설명하였다.

구분	X이론(Theory X)	Y이론(Theory Y)
인간관	인간은 일을 싫어하고 게으르며 책임을 회피한다.	인간은 일을 좋아하고 책임감을 가지고 성장하려 한다.
기본가정	직원은 통제·감시해야 한다.	직원은 존중·개발해야 한다.
관리방식	강압적 / 지시 중심 / 단기 성과 중심	참여적 / 자율 기회 부여 / 장기 성과 중심
직원역할	통제의 대상	조직의 자산
핵심 키워드	통제	개발 / 신뢰

6 Alderfer의 ERG 이론 ☆☆

Alderfer는 인간의 행동을 유발하는 욕구를 세 가지 범주로 구분하였다.

(1) **욕구는 동시에 존재할 수 있다.**
　① 매슬로우 이론처럼 '단계별'이 아닌, 동시적으로 여러 욕구가 활성화될 수 있다.
　② 인간은 한 단계씩 성장하는 것이 아니라, 여러 욕구를 동시에 경험하고 조절한다.

(2) **욕구는 후퇴할 수도 있다.**
　상위 욕구가 충족되지 않으면, 하위 욕구로 다시 회귀될 수 있다.

(3) **실제 조직 환경에서 활용도가 높다.**
　복합적인 동기 요인을 분석할 수 있어 HRM, 서비스 조직 관리에 활용된다.

구분	내용 요약	특징
존재 욕구	• 인간의 생존과 존재를 보장하는 기본적 욕구 • 생리적 욕구와 안전 욕구, 돈·물질적 자원에 대한 욕구	생존 기반 욕구 / 기본적 안정 추구
관계 욕구	• 의미 있는 인간관계 형성 및 감정 교류 욕구 • 소속감·애정·존경 등 대인관계 상에서 충족되는 영역	타인과의 연결감 / 사회적 상호작용
성장 욕구	• 자신의 능력을 개발하여 자율성과 성공을 추구하는 욕구 • 자아 개념 및 존재의 의미를 찾으려는 욕구를 포함	자기개발 / 성취·자아실현 중심

🔷 욕구 단계 이론과 ERG 이론과의 차이점

구분	욕구 단계 이론(Maslow)	ERG 이론(Alderfer)
욕구 작동 방식	특정 시점에 한 가지 욕구가 지배적으로 작동	여러 욕구가 동시에 활성화될 수 있음.
욕구 충족 과정	하위 욕구 충족 후 상위 욕구로 이동하는 단선적 구조	상하 간 이동이 가능하며 후퇴(regression)도 가능
진행 방향	아래 → 위로 단계적 상승(계층 구조)	수평적·상하 이동 가능(유연한 구조)
이론의 적용 방식	상대적으로 이론적·이상적 구조	실제 조직·현장 환경에 적합한 현실적 구조
욕구 범주	5단계(생리·안전·사회·존경·자아실현)	3단계(존재·관계·성장)

7 목표 설정 이론

목표 설정이론은 개인이 어떤 행동을 하고, 그 행동에 동기를 가지게 되는 가장 중요한 출발점이 '목표'라고 설명한다. 즉, 목표가 명확하게 설정되면서 사람은 그 목표를 달성하기 위해 행동하고, 그 과정에서 동기 부여가 이루어진다는 것이다.

(1) 목표는 행동의 방향성과 동기를 결정하는 기준이 된다.

(2) 구체적이고 측정 가능한 목표일수록 행동을 유발하는 힘이 크다

(3) 달성하기 쉬운 목표보다 약간 어려운 목표가 더 높은 성과를 만들어낸다.

8 강화 이론

강화 이론은 개인의 행동은 '목표'보다는 그 행동 이후에 나타나는 '결과'에 의해 결정된다고 설명하는 이론이다. 즉, 사람은 자신의 행동이 어떤 결과를 가져 왔는지를 경험한 후, 그 결과가 긍정적이었는지(보상), 부정적이었는지(처벌)에 따라 이후의 행동을 조정한다.

🔷 목표설정이론과의 차이점

구분	목표 설정 이론	강화 이론
행동의 기준	목표(Goal)	결과(Result)
동기 발생 시점	목표 설정 이전	행동을 수행한 이후
강조점	"목표가 행동을 결정한다."	"결과가 행동을 결정한다."

9 공정성 이론

공정성 이론은 종업원이 자신이 투입한 노력(input)과 그에 대한 보상(output)을 다른 동료와 비교하여 '공정한지 여부'를 판단한다고 설명하는 이론이다. 즉, 사람은 자신이 받은 보상이 공정하다고 느낄 때 동기부여가 유지되고, 반대로 불공정하다고 느끼면 행동·태도·성과가 달라진다는 관점이다.

(1) 자신의 투입(input) : 노력, 시간, 경험, 자격증, 책임감 등

(2) 자신의 산출(output) : 급여, 승진, 기회, 인정, 보상, 교육 기회 등

(3) 다른 동료와 비교하며 내가 공정하게 대우받고 있는가?를 판단한다.

비율 비교	견해
해당 종업원 〈 관련된 종업원	보상을 제대로 받지 못하므로 불공정성 지각
해당 종업원 = 관련된 종업원	공정성 지각
해당 종업원 〉 관련된 종업원	보상을 과하게 받으므로 불공정성 지각

(4) **불공정하다고 인식할 때 직원들의 행동**

직원이 자신의 투입(input)에 비해 산출(output)이 적다고 판단하면, 즉 O/I비율이 불공정하다고 느끼면, 다양한 행동 변화가 발생한다. 이를 공정성 회복 행동이라고 하며, 크게 행동 조정 / 인재 조정 / 탈출 행동으로 나타난다.

유형	구체적 행동	특징
노력 축소	필요 이상의 노력을 하지 않는다.	투입(Input) 감소
성과 조절	품질 낮은 결과물을 많이 생산한다.	산출(Output) 조정
자기 왜곡	"나는 더 열심히 일했다"라고 과대평가	인지적 조정
타인 왜곡	다른 사람의 능력이나 성과를 폄하	비교 대상의 평가를 낮춤.
비교 대상 변경	다른 동료 또는 집단과 비교 기준을 바꾼다.	심리적 대체 전략
이직	직장을 떠나는 '탈출 전략'	가장 극단적 행동

(5) 공정성의 분류

공정성 유형	비교 대상	판단 기준	대표적인 질문
내부 공정성	같은 회사의 동료 직원	동일 조직 내에서 업무 대비 보상 수준이 적절한가?	"우리 팀 동료와 비교했을 때 나는 공정하게 대우받고 있는가?"
외부 공정성	동종 업계의 타 기업 직원	업계 평균 수준과 비교했을 때 보상이 적절한가?	"다른 회사 직원들과 비교했을 때 나의 급여는 공정한가?"
절차 공정성	회사의 평가 및 결정 방식	승진·보상 과정이 공정하고 투명하게 이루어지는가?	"평가와 보상 절차는 객관적이고 공개적으로 이루어지는가?"

10 기대이론

기대이론은 노력 → 성과 → 보상 → 만족의 연계 과정을 통해 개인의 동기부여가 이루어진다고 설명하는 이론이다. 즉, 직원이 열심히 노력하면 좋은 성과를 얻고, 그 성과가 보상으로 이뤄질 것이라고 믿을 때 비로소 강한 동기가 생긴다는 관점이다.

🔷 기대 이론 모형

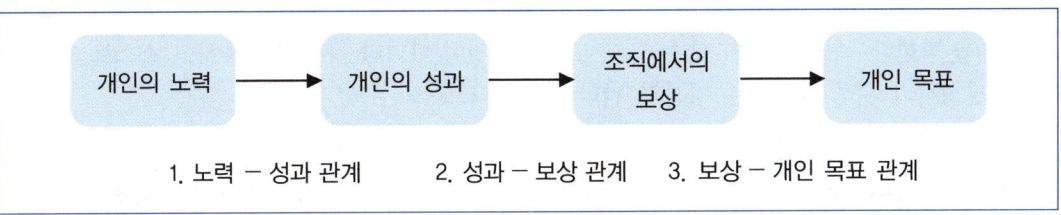

1. 노력 – 성과 관계   2. 성과 – 보상 관계   3. 보상 – 개인 목표 관계

구분	관계	설명	핵심질문
노력 – 성과 관계	Effort → Performance	일정한 노력이 실제 업무 성과로 연결될 것이라고 믿는 정도	"열심히 하면 성과를 낼 수 있을까?"
성과 – 보상 관계	Performance → Reward	성과가 나면 보상과 인정으로 이어질 것이라는 믿음	"성과를 내면 보상을 받을 수 있을까?"
보상 – 개인 목표 관계	Reward → Personal Goal	보상이 개인의 욕구·목표를 만족시킬 수 있는가?	"그 보상은 나에게 가치가 있는가?"

11 동기 부여 시 유의사항

(1) 개인차를 인정해야 한다.

(2) 목표 설정과 피드백을 적극적으로 활용해야 한다.

(3) 구성원을 의사 결정 과정에 참여시켜야 한다.

(4) 보상과 실적을 연계해야 한다.

(5) 공정성 확보를 위해 제도를 점검해야 한다.

04 동기 부여의 실행

1 목표 관리(MBO : Management by Objectives)

(1) **목표 관리의 개념**

목표 관리란, 직원의 능력을 최대한 발휘할 수 있도록 성과 책임을 분명히 하고, 향후 방향성과 노력 수준에 대한 기준을 제시하여 관리 원칙에 따라 스스로 통제하며 업무를 수행하는 관리 방식을 말한다. 즉, 구성원이 단순히 지시를 받는 것이 아니라 목표를 이해하고 스스로 그 목표를 달성하기 위해 행동하는 자율적 관리 과정이라고 볼 수 있다.

(2) **목표 관리의 핵심 요소**

목표 관리(MBO)가 효과적으로 실행되기 위해서는 다음 네 가지 요소가 반드시 포함되어야 한다. 이는 목표 설정뿐만 아니라 수행 과정・평가・피드백까지 이어지는 체계적인 관리 기준이 된다.

핵심 요소	설명	의미
목표 특수성	목표가 무엇인지 구체적으로 진술하는 것	"어떤 성과를 내야 하는가?"를 명확히 해야 함.
참여적 의사 결정	관리자와 직원이 함께 목표를 설정하고 기준에 합의	직원의 몰입과 책임감을 높이는 요소
명시적 기간	목표를 달성해야 하는 기간을 구체적으로 설정	"언제까지 해야 하는가?"에 대한 기준 제시
성과 피드백	목표 수행 과정에 대한 지속적인 점검과 패드백 제공	필요한 보완 조치를 빠르게 할 수 있음.

2 직원 인정 프로그램

구분	유형	설명
유형	개인적인 배려	직원의 상황과 특성을 고려한 맞춤형 격려 및 지원
	관심 표현	업무 과정과 성과에 지속적으로 관심을 보이고 반응하는 것
	인정과 칭찬	성과를 공개적으로 인정하거나 공식적으로 칭찬하는 방식
효익	직원의 욕구 충족	인정받고 싶은 욕구를 만족시켜 조직에 대한 몰입감을 높임.
	행동의 지속 유도	원하는 행동이나 성과가 반복될 수 있도록 강화 효과 제공
	팀워크 강화	그룹 또는 팀의 응집력을 향상시키며 협력 분위기를 조성
	개선 아이디어 제안 촉진	직원이 제안 활동에 참여하도록 유도하여 비용 절감 및 프로세스 개선에 기여

🔷 **MBO Cycle**

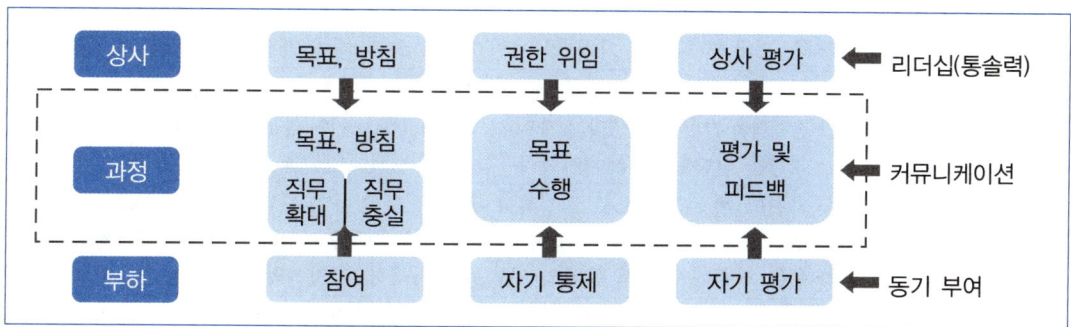

3 임파워먼트(Empowerment)

(1) 임파워먼트의 개념

① 권한의 부여

조직 구성원에게 일정 수준의 의사결정 권한과 책임을 분배하여 스스로 업무를 추진할 수 있도록 힘을 실어주는 과정이다.

② 조직 내 파워의 배분

관리자 중심의 통제 방식에서 벗어나 권력을 구성원에게 공유하며 구성원이 스스로 영향력과 통제력을 가지고 있다고 느끼도록 만드는 것이 핵심이다.

③ 자기 효능감의 향상

구성원의 무력감이나 수동적 태도를 줄이고, "나는 할 수 있다."는 심리적 자신감과 능력에 대한 믿음을 높이는 과정으로 이해할 수 있다.

(2) 임파워먼트의 목적

① 최선의 의사결정 방법을 찾아내기 위함

임파워먼트는 단순히 의사결정에 참여시키는 수준을 넘어, 구성원이 스스로 가장 효과적인 의사결정 방식을 발견하도록 유도하는 것에 목적이 있다.

② 문제 해결력과 창의적 아이디어 향상의 촉진

직원 간의 상호작용을 통해 문제를 해결하고 새로운 아이디어를 창출하는 능력을 키우는 것을 목표로 한다.

③ 사명의식 강화

구성원이 본인의 역할이 조직 내에서 매우 중요하다는 인식, 즉 사명감과 책임감을 가질 수 있도록 돕는 것이 핵심이다.

④ 자율성과 성취감 향상

담당 업무에 대해 스스로 의사결정권을 갖게 함으로써, 업무 동기와 성취감을 강화하도록 만드는 것이 임파워먼트의 중요한 목적이다.

(3) 임파워먼트의 구성

의미성	• 수행하는 과업이 개인의 신념·가치·태도와 일치할 때 발생한다. • 개인에게 의미 있는 업무일수록 목적의식과 열정이 생기며, 높은 몰입을 유도한다. • 즉, 업무가 '나에게 가치 있는 일'이라고 느낄 때 임파워먼트가 강하게 작동한다.
역량	• 업무를 수행할 수 있는 능력이 있다고 믿는 자기 확신을 의미한다. • 잠재력을 발휘할 수 있다는 자기효능감(self-efficacy)이 높을수록 성과 향상이 가능하다. • 역량은 단순한 기술이 아니라 "할 수 있다"는 믿음을 기반으로 한다.
자기 결정성	• 자신의 행동을 스스로 결정하고 통제할 수 있다고 느끼는 상태를 말한다. • 업무의 방향, 방법, 추진 방식 등을 자신이 선택하고 있다는 자각이 존재해야 한다. • 이는 직원에게 내적 동기와 자율성을 자극하며, 지속적인 노력을 가능하게 한다.
영향력	• 자신의 행동과 의사결정이 조직의 성과나 목표 달성에 실제 영향을 미친다고 느끼는 정도를·의미한다. • 구성원이 "내 행동이 조직에 의미 있는 변화를 주고 있다"고 인식할 때 책임감과 업무 몰입도가 크게 향상된다.

(4) 임파워먼트의 수준 ✫

임파워먼트는 단순히 개인에게 권한을 주는 차원을 넘어, 개인→집단→조직 전체로 확장될 수 있는 다층적 개념이다. 수준에 따라 적용 방식과 목적이 달라지므로 구분하여 이해하는 것이 중요하다.

개인 임파워먼트	• 조직 구성원들이 무력감에서 벗어나 자기효능감(self-efficacy)을 가질 수 있도록 만드는 과정이다. • 임파워먼트가 된 개인은 자신의 업무와 책임에 주도적으로 참여하며, 직무 수행에 필요한 역량과 자신감을 갖추게 된다.
집단 임파워먼트	• 두 사람 이상의 상호작용이 있을 때 형성되는 개념이다. • 구성원들 간의 협력과 상호작용을 통해 문제 해결 능력과 의사결정 능력이 함께 향상된다. • 집단 내 무력감을 줄이고, 상호 의존적 파워를 강화하는 데 초점이 있다.
조직 임파워먼트	• 조직 전체의 변화와 혁신을 통해 경쟁력을 강화하려는 경영 전략이다. • 이를 위해 교육·훈련, 제도 개선, 구조 혁신 등이 필요하며 • 조직이 변화하는 환경에 적응할 수 있도록 새로운 지식·가치·능력을 창출하는 과정이다.

(5) 임파워먼트의 실천 방법

1단계 정보 공유	구성원이 조직의 상황을 이해하도록 정보를 투명하게 제공하는 단계이다. → 신뢰 형성과 자기관리(Self-monitoring)의 기초가 된다.	• 조직 성과 및 사업 관련 정보 공유 • 구성원이 조직을 이해할 수 있도록 지원 • 핵심 정보의 공유를 통해 신뢰감 증진 • 자기 점검이 가능한 환경 조성
2단계 구조화를 통한 자율성 증진	조직의 비전·목표·역할을 명확히 설정하여 자율적 행동이 가능하도록 만드는 단계이다. → 관리 방식이 '지시 중심'에서 '참여 중심'으로 변화한다.	• 비전과 세브 계획의 명확화 • 목표와 역할을 공동으로 설정 • 새로운 의사결정 절차 확립 • 성과 관리 방식의 재구성 • 교육·훈련의 강화
3단계 팀제 도입	팀 기반 운영을 통해 상호작용과 협동을 강화하는 단계이다. → 관리자의 통제는 줄이고, 구성원이 공동 책임을 지도록 유도한다.	• 팀 중심의 업무 운영 방식 도입 • 변화 수용을 위한 훈련 지원 • 관리자의 통제 점진적 축소 • 리더십 부재 상황에서도 작업 수행 • 불안과 두려움 요소를 인정하고 수용

B Chapter 05

서비스 멘토링 실행

01 멘토링(Mentoring)

1 멘토링의 개념

'멘토(Mentor)'라는 용어는 그리스 서사시 '오디세이(Odyssey)'에서 유래된 말이다. 이타카(Ithaca)의 왕 오디세우스가 트로이(Troy) 전쟁에 출정할 때, 자신의 아들 텔레마커스(Telemachus)를 믿을 만한 친구인 멘토(Mentor)에게 맡겨 지도를 부탁하였다. 20년 후 전쟁에서 돌아왔을 때, 텔레마커스는 지혜롭고 리더십을 갖춘 인물로 성장해 있었다. 이후 '멘토'라는 단어는 지혜를 가진 조언자, 또는 사람을 바른 방향으로 이끌어 주는 안내자라는 의미로 사용되기 시작했고, 오늘날 조직에서는 경험이 많은 사람이 후배나 구성원을 지도하고 성장시키는 관계를 '멘토링(Mentoring)'이라고 부른다.

멘토(Mentor)	• '스승', '교수' 또는 경험 많은 조언자의 포괄적 개념 • 지식·경험을 전수하고 조언을 제공하는 사람 • 멘티의 경력 개발, 대인관계 형성, 성과 향상을 위해 후원·지시·피드백 제공 • 조직 내 경험이 풍부한 구성원으로, 멘티에게 성장과 진로 방향을 제시하는 지도자
멘티(Mentee)	• 멘토에게 지도와 조언을 받는 학습자 또는 후배 • 멘토와의 관계 속에서 학습, 태도 개선, 적응, 성장을 추구 • 멘토의 조언과 피드백을 수용하며 발전 가능성을 지닌 피교육자
멘토링(Mentoring)	• 경험 많은 멘토가 조직 생활 초기를 맞이한 멘티를 지원하는 특별한 지도 관계 • 공식·비공식적으로 조직 규범에 적응하도록 돕고 업무 문제 해결 역량을 키워줌. • 감정적 유대와 책임감에 기반한 지속적인 상호 관계 • 일대일 멘토링(1:1), 팀 멘토링, 다대다 멘토링 등 다양한 형태 존재

02 멘토링(Mentoring)의 유형별 실행 방법

1 경력 개발을 위한 멘토링 ✩✩✩

(1) 공식적 멘토링 프로그램 운영 경력 개발형 멘토링은 공식 프로그램 형태로 실시되는 경우가 많으며, 조직의 인적자원 개발(HRD) 수단으로 활용된다.

(2) 역할 수행과 승진 준비 지원 멘티가 자신의 역할을 효과적으로 수행할 수 있는 요령과 지식을 습득하도록 돕고 승진 또는 경력 발전을 위한 사전 준비를 지원한다.

(3) 지식·훈련 제공을 통한 역량 개발 멘토는 멘티에게 업무 관련 지식과 노하우를 전수하고 경력 개발에 필요한 훈련 기회를 제공함으로써 실질적인 역량 향상을 돕는다.

후원하기	• 멘티가 조직 내에서 중요한 역할을 수행하고 승진할 수 있도록 직무 기회를 제공하거나, 승진 의사결정자에게 영향력을 행사하는 기능이다. • 멘티의 성과가 좋을 경우, 멘토의 판단 역시 인정받게 되어 멘토에 대한 조직의 신뢰도도 상승한다. • 멘티를 후원함으로써 멘토는 만족감과 자부심을 얻을 수 있다.
노출 및 소개하기	• 멘티가 조직 내 핵심 인물들과 문서상 또는 직접적인 접촉 기회를 가질 수 있도록 연결해주는 기능이다. • 이를 통해 멘티는 조직의 구조와 운영 방식을 이해하고, 더 높은 수준의 조직 문화를 학습할 수 있는 기회를 갖게 된다.
지도하기	• 멘티가 업무를 성공적으로 수행하고 인정받을 수 있도록 필요한 지식과 기술을 교육하는 기능이다. • 조직에서 요구하는 행동 기준, 비공식적 규범, 업무 처리 방식 등을 전달하고 멘티의 업무 스타일에 대해 피드백을 제공하는 역할을 수행한다.
보호하기	• 멘티가 부정적인 영향에 노출되거나 시기상조의 접촉을 하는 상황을 예방하는 기능이다. • 멘티가 조직에 안정적으로 적응할 때까지 불필요한 위험이나 평판 손상 요인을 최소화해 준다.
도전적인 업무 부여	• 실질적인 업무 수행 기회를 제공하여 능력 향상과 성취감을 경험하도록 돕는 기능이다. • 특히 성과 피드백과 실무 훈련을 통해 실제 업무 처리 능력을 직접적으로 강화해 준다는 점에서 승진을 위한 준비 기능과 구분된다.

2 심리사회적 안정을 위한 멘토링 ✩✩✩

(1) 심리적 안정감과 상담 기능 멘토는 멘티가 조직 생활을 할 때 안정감을 느낄 수 있도록 정서적 지지와 상담 역할을 수행한다. 개인적인 고민뿐 아니라 자아 정립과 긍정적 자기 인식을 형성하도록 돕는 기능을 포함한다.

(2) **관계의 질에 따른 기능의 차이**

멘토와 멘티 사이의 감정적 거리 · 관계의 질에 따라 심리사회적 기능의 강도가 달라진다. 친밀한 관계일수록 상담 · 격려 · 정서적 지원이 더 적극적으로 이루어진다.

(3) **신뢰 수준에 따른 영향**

서로 간의 신뢰가 높을수록 보다 깊은 대화를 나누고 멘토링 효과가 증가한다. 신뢰의 정도에 따라 상담의 깊이와 멘티의 변화 가능성이 달라진다.

(4) **심리사회적 기능에 영향을 주는 요인**

관계의 유대감, 유사성, 친밀감, 멘토에 대한 존경과 만족, 그리고 멘토의 상담 기술 등이 심리사회적 멘토링의 효과를 좌우한다.

수용 및 확인하기	• 멘티가 업무를 수행하면서 저지른 실수나 문제를 비난하지 않고 해결 방안을 제시해 주는 기능이다. • 멘토는 멘티를 하나의 인격체로 존중하고 인정하여 자아의식과 자신감을 높여 준다.
상담하기	• 멘티의 고민이나 갈등 상황에 대해 멘토의 경험을 기반으로 해결 방향을 제시하는 기능이다. • 멘티의 이야기를 진정성 있게 들어주고, 생각과 관심을 교환함으로써 심리적 안정과 만족감을 회복하도록 돕는다.
우정 형성하기	• 조직을 넘어 비공식적이고 사적인 관계로 발전하며 정서적 유대감을 형성하는 기능이다. • 서로를 이해하고 지지하는 관계를 통해 업무 스트레스 해소 및 수행 능력 향상에 도움이 된다.
역할 모형제시하기	• 멘토는 조직 내에서 적절한 행동, 태도, 가치관을 보여주는 역할 모델이 되어야 한다. • 멘티는 멘토의 행동을 관찰하며 조직 적응 방법, 대인 관계, 업무 처리 방식 등을 학습하게 된다. • 이는 멘티가 바람직한 기준을 설정하고 조직에 빠르게 적응하도록 돕는 기능이다.

03 멘토링의 효과 ☆☆☆

구분	주요효과	세부 내용	종합 정리
멘토에게 나타나는 효과	역량 및 관계확장	• 새로운 지식과 기술을 확보함. • 다양한 인간관계를 형성함. • 리더십 역량을 강화하고 경력을 향상함. • 조직으로부터 인정과 보상을 받음. • 자신의 지식과 정보를 재확인하고 점검할 기회를 가짐.	멘토는 멘티를 지도하는 과정에서 리더십을 강화하고 조직 내 영향력을 확장함.
멘티에게 나타나는 효과	성장 및 적응 촉진	• 실무지식과 전문성을 습득함. • 회사생활에 대한 자신감이 향상됨. • 경력개발에 대한 관심과 열망이 증가함. • 폭넓은 대인관계를 형성함. • 멘토와의 관계를 통해 안정감과 심리적 지지를 얻음.	멘티는 빠른 조직 적응과 실무 역량 향상을 통해 성장 가능성을 높임.
조직 차원의 효과	조직 경쟁력 강화	• 조직의 비전·가치·문화를 강화함. • 핵심 인재를 육성하고 유지함. • 학습 촉진과 지식 이전을 통해 경쟁력을 향상함. • 신입 사원의 빠른 적응을 유도함. • 개인 목표와 조직 목표를 통합한 이직률을 감소시키고 생산성을 향상함. • 조직 내 의사소통을 개선함.	멘토링을 조직 문화 전수와 인재개발을 위한 핵심 관리 도구로 활용함.

Part
05

Key Insight

리더십의 유형

거래적 리더십	• 하위자에게 책임과 기대되는 행동 기준을 명확히 제시한다. • 행동에 따른 보상 또는 대가를 합의하며 행동을 유도하는 방식이다. • 규칙과 성과 중심의 '교환 관계 리더십'이라고 할 수 있다.
변혁적 리더십	• 강한 카리스마와 지적 자극을 통해 구성원의 인식 변화를 이끌어낸다. • 구성원이 문제를 스스로 해결하고 높은 목표를 추구하도록 동기 부여한다. • 개인별 특성과 능력을 고려하여 개별적 배려(individual consideration)를 제공한다.
서번트 리더십	• 섬기는 리더십'으로, 타인을 위한 봉사와 헌신을 강조한다. • 종업원과 고객의 욕구를 최우선으로 고려하며, 커뮤니티 중심 경영을 실천한다. • 리더는 뒤에서 지원하는 존재로서 역할한다.
자유 방임형 리더십	• 리더가 권력을 거의 행사하지 않고 구성원의 자율성을 극대화하는 리더십이다. • 구성원의 능력이 높고 업무가 전문적인 경우 효과적이다. • '간섭하지 않는 리더십'으로 볼 수 있다.
권위형 리더십	• 조직의 정책이나 방향을 리더가 독단적으로 결정하고 부하는 따르도록 하는 방식이다. • 위기 상황(전쟁·경제 위기)이나 전통적 문화 환경에서 효과적이다. • 빠른 결정이 필요할 때 활용될 수 있다.
민주형 리더십	• 의사 결정 과정에 부하의 참여를 적극적으로 허용한다. • 구성원의 창의성과 근무 의욕을 높이는 장점이 있다. • 현대의 민주적·개인주의적 조직 문화에 적합한 방식이다.

예상문제

일반형

01 다음 중 코치의 코칭 스킬로 적절하지 **않은** 것은?

① 피코치 스스로 목표를 설정하기 어렵기 때문에 코치가 적절한 목표를 제시해야 한다.

② 피코치의 현재 진행 과정에 대한 자료를 다양한 시각으로 수집해야 한다.

③ 피코치의 행동 실행 과정이나 결과를 확인하고 피코치 스스로 마무리하도록 이끌어야 한다.

④ 코치는 자기중심적인 시각을 버리고, 피코치에게 잘 맞는 코치인지 생각한다.

⑤ 피코치가 더 높은 성과를 올릴 수 있도록 다양한 정보나 자료를 제공해 주어야 한다.

02 다음의 멘토링의 효과 중 조직이 얻는 효과로 적절하지 **않은** 것은?

① 조직의 의사소통 향상

② 성장 가능성이 높은 핵심 인재의 육성 및 유지

③ 조직 구성원과 조직 목표의 통합

④ 정보를 재확인하거나 점검할 수 있는 기회

⑤ 구성원들의 지식 이전을 통한 경쟁력 강화

03 다음 중 성인 학습자의 사회적 특징을 고려한 내용으로 적절한 것은?

① 성인 학습자는 자신감을 높여주는 촉진적인 자세가 필요하다.

② 성인 학습자의 노화의 진행에 따라 적절한 학급 환경 조성이 필요하다.

③ 성인 학습자를 교육할 때 친근한 사물이나 상황, 도구를 활용해야 한다.

④ 성인 학습자는 경직성, 내향성 등의 경향이 있어 새로운 시도에 두려움이 있음을 고려해야 한다.

⑤ 성인 학습자는 사회적 책임을 이행해야 할 의무가 있음을 고려해야 한다.

04 다음 중 Kolb의 경험학습 이론 모형의 4단계 '행동적 실험'의 단계를 잘 설명한 것은?

① 학습자가 실제적으로 경험하는 구체적 경험의 단계이다.
② 학습자가 다양한 관점에서 경험을 반추하고 관찰하는 단계이다.
③ 학습자가 경험을 관찰한 것을 이론으로 통합시킬 수 있도록 원리를 창출하는 단계이다.
④ 학습자가 경험한 것에 대해 논리적으로 통합하는 단계이다.
⑤ 학습자가 문제 해결과 의사 결정을 위해 개념화한 이론이나 학습을 활용하는 단계이다.

05 다음 중 직장 외 훈련(Off the Job Training, OFF-JT)의 장점으로 옳지 <u>않은</u> 것은?

① 경제적인 부담이 적은 교육훈련이다.
② 많은 직원들에게 동시에 통일적인 교육이 가능하다.
③ 전문가의 교육 진행으로 교육훈련에 전념이 가능하다.
④ 참가한 교육생 간 선의의 경쟁으로 교육효과가 증가한다.
⑤ 직무 부담에서 벗어나 교육훈련에 전념할 수 있다.

06 성인 학습자의 특성을 반영하지 <u>않은</u> 교육방법으로 가장 적절한 것은?

① 성인 학습자가 자발적으로 참여할 수 있도록 다양한 촉진 도구를 활용한다.
② 직무 수행에 활용할 수 있는 교육 내용을 암기시키는 방식으로 행동을 유도한다.
③ 풍부한 경험을 보유하고 있으므로, 학습자의 경험을 충분히 존중하여 교육을 운영한다.
④ 교육 이후에도 내용을 복습할 수 있도록 요약 자료를 제공한다.
⑤ 직무에 직접 적용할 수 있도록 실제 직무 상황과 유사한 교육환경을 조성한다.

07 다음 중 임파워먼트에 대한 설명으로 옳지 <u>않은</u> 것은?

① 구성원에게 자신이 맡은 업무가 중요하다는 사명감을 인식하도록 한다.
② 일에 대한 의사결정권을 갖게 함으로써 업무에 대한 열정과 성취감을 높인다.
③ 구성원을 조직의 의사결정 과정에 참여하도록 유도하는 것이 주 목적이다.
④ 직원 상호작용을 통해 문제를 해결해 나가도록 이끌어준다.
⑤ 구성원이 자신의 업무를 스스로 판단하고 결정할 수 있도록 권한을 부여하는 것이다.

08 직무 스트레스에 대한 설명 중 올바르지 <u>않은</u> 것은?

① 직무 스트레스 관리를 위해서 긴장 완화 트레이닝은 도움이 될 수 있다.

② 디스트레스는 다양한 질병, 높은 결근율과 같은 역기능적 결과를 포함할 수 있다.

③ 스트레스는 부정적 측면이 강하므로 항상 최저 수준이 되도록 관리하여야 한다.

④ 조직적 의사소통을 향상시키는 것은 직원들의 직무 스트레스 관리에 도움이 될 수 있다.

⑤ 직무 스트레스는 업무상의 요구사항이 직원의 바람, 능력, 자원 등과 일치하지 않을 때 발생할 수 있다.

09 매슬로우(Maslow)는 직원이 가진 5단계 욕구를 충족시킴으로써 동기부여가 가능하다고 보았다. 다음 중 매슬로우가 제시한 단계별 욕구가 바르게 연결된 것은?

① 1단계 : 생리적 욕구 − 2단계 : 안전 욕구 − 3단계 : 사회적 욕구 − 4단계 : 존경 욕구 − 5단계 : 자아실현의 욕구

② 1단계 : 생리적 욕구 − 2단계 : 안전 욕구 − 3단계 : 존경 욕구 − 4단계 : 사회적 욕구 − 5단계 : 자아실현의 욕구

③ 1단계 : 생리적 욕구 − 2단계 : 사회적 욕구 − 3단계 : 안전 욕구 − 4단계 : 존경 욕구 − 5단계 : 자아실현의 욕구

④ 1단계 : 안전 욕구 − 2단계 : 생리적 욕구 − 3단계 : 사회적 욕구 − 4단계 : 존경 욕구 − 5단계 : 자아실현의 욕구

⑤ 1단계 : 안전 욕구 − 2단계 : 생리적 욕구 − 3단계 : 존경 욕구 − 4단계 : 사회적 욕구 − 5단계 : 자아실현의 욕구

10 다음 중 직장 내 교육훈련의 장점에 대한 설명으로 가장 거리가 먼 것은?

① 비용이 감소한다.

② 교육훈련과 업무가 직결되어 있다.

③ 상사나 동료 간의 이해와 협동 정신이 강화된다.

④ 직무 수행과 동시에 실시하므로 내용이 현실적이다.

⑤ 참가자 간 선의의 경쟁을 통해 교육 효과가 증대된다.

11 다음 중 코칭에 대한 설명으로 옳지 <u>않은</u> 것은?

① 코칭은 직원을 중요한 존재로 이끌어주는 역할을 한다.
② 코칭은 상사와 직원과의 관계를 돈독히 하여 성과 향상에 기여한다.
③ 코치는 개인의 잠재력 실현을 위한 학습과 성장의 관점에서 코칭을 해야 한다.
④ 코치는 급격하게 변화하는 환경에서 피코치가 스스로 생각하고 적응할 수 있도록 코칭 해야 한다.
⑤ 코치는 개인의 성장을 위해서 조건이 좋지 않은 피코치보다는 조건이 좋은 피코치를 선 발하는 것이 중요하다.

12 피코치의 행동의 변화를 지원할 수 있는 코치의 코칭 스킬로 적절하지 <u>않은</u> 것은?

① 점검해야 할 사항을 명확하게 한다.
② 피코치가 가장 필요로 하는 지원이 무엇인지를 확인한다.
③ 코치는 항상 피코치에게 도움을 줄 수 있는 곳에 있어야 한다.
④ 코치의 분야가 아닌 문제에 대한 지원은 코칭의 범위에서 제외한다.
⑤ 직접 피코치를 지도할 수도 있고, 구체적인 역할 모델이 되어 줄 수도 있다.

13 다음 중 관리자 교육훈련에 대한 설명으로 적절한 것은?

① 광범위한 경영 문제와 관련한 교육훈련
② 직업생활상의 공통적 일반 지식에 관한 교육훈련
③ 조직에 존재하는 규칙 및 규범에 관한 교육훈련
④ 상위 관리자로부터 지시받은 직무의 성공적인 수행을 위한 교육훈련
⑤ 직장생활을 통한 장래의 발전 가능성에 대한 희망 부여를 위한 교육훈련

14 다음 중 내부 마케팅의 목적과 개념에 대한 설명으로 가장 적절하지 <u>않은</u> 것은?

① 내부 직원에게 서비스 조직의 가치를 이해시키고, 고객지향적 태도를 형성하도록 지원 한다.
② 서비스 품질 향상을 위해 직원 교육, 동기부여, 조직문화 강화 등의 활동을 포함한다.
③ 내부 구성원을 기업의 '내부 고객'으로 인식하고, 그들의 만족을 중요한 경영 요소로 본다.
④ 내부 고객이 만족해야 외부 고객에게도 일관된 서비스 품질을 제공할 수 있다는 관점을 기반으로 한다.
⑤ 내부 마케팅의 최종 목표는 조직 내부 직원들의 만족만을 극대화하는 데 있다.

15 직무스트레스를 관리하기 위한 접근 방법 중 조직적 접근 방법으로 적절하지 <u>않은</u> 것은?

① 직원 선발과 배치 및 업무 재설계
② 조직적 의사소통 향상
③ 회사 복리 후생 프로그램 확립
④ 사회적 지원 네트워크
⑤ 구체적이면서 도전적인 목표 설정

O/X형

[16~21] 다음 문항을 읽고 옳고(O), 그름(X)을 선택하시오.

16 내부 마케팅은 기업과 직원 간 이루어지는 마케팅으로, 직원을 교육훈련하고 동기부여하는 활동을 통해 내부 고객을 만족시키는 것이 최종 목표이다.　　　　(① O　② X)

17 GROW 모델 프로세스는 Goal(목표 설정) 〉 Reality(현실 점검) 〉 Option(대안 탐구) 〉 Will(실행 의지)로 구성된다.　　　　(① O　② X)

18 감정노동의 구성 요인 중, 감정 표현 규범의 강도보다 감정 표현의 빈도가 높을수록 더 강한 감정노동을 경험한다.　　　　(① O　② X)

19 직장 내 훈련(OJT)은 많은 직원들에게 동시에 통일적인 교육 실시가 가능하다.
　　　　(① O　② X)

20 멘토는 멘티가 회사에 적응하는 동안 직무 성과에 대한 책임을 진다.　(① O　② X)

21 매슬로우(Maslow)의 욕구단계이론 중 가장 상위의 욕구는 존경 욕구이다.
　　　　(① O　② X)

연결형

[22~26] 다음 설명에 적절한 〈보기〉를 찾아 각각 선택하시오.

┌ 보기 ├
① ERG 이론　　② 유스트레스　　③ 임파워먼트　　④ 디스트레스　　⑤ 2요인이론

22 상급자가 하위 직원에게 업무 수행의 자율성과 권한을 부여하여, 스스로 판단하고 결정할 수 있도록 지원하는 개념이다. (　　　　　)

23 개인의 능력 발휘와 성장에 긍정적 영향을 주며, 적절한 긴장감이 오히려 성과 향상으로 이어지는 스트레스를 의미한다. (　　　　　)

24 존재(Existence) · 관계(Relatedness) · 성장(Growth)의 세 가지 욕구로 인간의 동기를 설명한 이론이다. (　　　　　)

25 업무 요구 사항이 개인의 능력이나 자원과 맞지 않아 신체적 · 정신적 부정적 결과를 초래하는 스트레스이다. (　　　　　)

26 인간의 동기를 자극하는 요인에는 만족도를 증대시켜 성과와 연결하는 요인과, 불만족을 감소시키는 데 주로 관여하는 요인이 있다고 주장하는 이론이다. (　　　　　)

27 다음은 A호텔의 신입 직원 서비스 교육에 대한 사례이다. 다음 설명 중 적절하지 <u>않은</u> 것은?

> 교육강사: 신입 직원 여러분, 고객 응대 능력을 기르기 위해 실제 프런트 데스크에서 벌어
> 질 수 있는 상황을 설정해 보겠습니다. 몇 분은 고객 역할을 맡고, 나머지는 직원
> 역할을 수행하여 즉시 대응하는 연습을 하겠습니다.
> 고객 역할 직원: 직원분, 체크인 시간이 지났는데 왜 아직 방 준비가 안 된 거죠?
> 신입직원: 불편을 드려 죄송합니다. 바로 확인하여 최대한 빠르게 준비해드리겠습니다.

① 이러한 실습은 고객 상황에 대한 이해도를 높이는 데 도움이 된다.
② 이러한 교육은 고객과의 커뮤니케이션 능력을 향상시키는 데 기여한다.
③ 실제 상황과 유사한 환경일수록 교육 효과는 더 높아질 수 있다.
④ 역할 연습은 실제 상황에서의 긴장감을 줄이고 신속한 대처를 가능하게 한다.
⑤ 실제 상황을 경험해 보는 것만으로도 교육 효과가 충분하므로 피드백 과정은 필요하지
않다.

28 다음 사례에서 피코치가 성과를 내지 못하는 숨겨진 이유에 해당하는 이슈는?

> C씨는 입사 6개월 차 마케팅팀 사원이다. 팀장에게 "신규 고객 분석 보고서"를 다음 주까지
> 작성하라는 업무 지시를 받았다. 하지만 C씨는 기초적인 통계 툴 사용법을 제대로 숙지하지
> 못해 데이터 정리부터 어려움을 겪고 있으며, 보고서를 작성하는 데 필요한 핵심 개념도 아직
> 제대로 이해하지 못한 상황이다. 스스로 여러 번 시도했지만 분석 방법을 몰라 진도가 전혀
> 나가지 않고 있다.

① 능력 이슈
② 역량 이슈
③ 자원 이슈
④ 감정 이슈
⑤ 문제구성 이슈

29 다음은 상사와 부하의 대화이다. 서비스 코칭의 관점에서 코치로서 상사의 태도에 대한 설명으로 적절하지 <u>않은</u> 것은?

> 상　　사 : 이 대리. 요즘 해결하고 싶은 과제가 있나?
> 이 대리 : 다음 주에 있는 프레젠테이션을 잘했으면 좋겠어요.
> 상　　사 : 그래? 잘하고 싶다는 것은 어느 정도를 말하는 거야?
> 이 대리 : 프레젠테이션을 잘해서 계약이 성사되었으면 좋겠어요.
> 상　　사 : 그렇구나. 나도 김 대리가 계약에 성공했으면 좋겠다. 그런데 그 목표를 달성하는 데 장애가 될 만한 문제에는 어떤 것들이 있어?
> 이 대리 : 음, 무엇보다 제가 전달하고자 하는 핵심이 고객의 니즈에 잘 맞을지 모르겠습니다.
> 상　　사 : 그럼 그 문제를 극복해서 계약을 성사시키려면 어떻게 해야 할까?
> 이 대리 : 방법은 여러 가지가 있을 것 같은데, 먼저…(생략)

① 상사는 부하 직원의 말을 경청하고 질문하며 최선안을 탐색하고 있다.
② 상사는 부하 직원의 생각과 상황을 이해하고 개방적인 분위기를 유도하려고 한다.
③ 상사는 성공적인 코칭을 위해 가장 먼저 목표를 설정하고자 하였다.
④ 상사는 부하 직원의 현실을 점검하여 현재 위치를 파악할 수 있는 질문을 하였다.
⑤ 상사는 당면한 문제에 대한 해결책을 제시하려고 노력하였다.

30 다음은 H전자의 임파워먼트 제도 운영 사례이다. 이에 대한 설명으로 적절하지 <u>않은</u> 것은?

> H전자는 최근 프로젝트 중심의 업무 방식으로 전환하면서, 기존의 '본부－실－파트' 체계 대신 과업 특성에 따라 '프로젝트 리더－크루팀' 구성을 유연하게 편성할 수 있도록 조직 구조를 변경하였다. 프로젝트 리더에게는 인력 운영, 일정 조율, 고객 대응 등 상당한 의사결정 권한을 부여하였고, 실무 담당자에게도 문제 해결을 위한 즉각적인 판단 권한이 이전보다 크게 확대되었다. 또한 업무와 관련된 핵심 정보는 전 구성원에게 공유하여 투명성을 높이고, 팀원 모두가 책임감을 가지고 자율적으로 일할 수 있는 분위기를 조성하고 있다.

① 사례와 같은 임파워먼트는 상급자가 하위 구성원에게 권한을 실질적으로 위임하는 속성을 가진다.
② 임파워먼트를 통해 구성원의 자율성과 참여도가 높아져 업무 몰입도가 향상될 수 있다.
③ 조직 구조의 변화 없이 임파워먼트를 실행할수록 실효성이 높아진다.
④ 정보 공유를 확대하면 구성원 간 신뢰가 강화되고 협업 환경이 개선된다.
⑤ 임파워먼트는 구성원에게 자신의 역할이 조직에 중요하다는 책임감을 심어줄 수 있다.

[31-32] 신규 직원을 교육 중인 김 대리는 최근 고객 응대 과정에서 실수가 반복되는 이유를 파악하기 위해 선배 직원 박 대리와 나누는 대화이다.

> 김 대리 : 요즘 신규 직원들이 고객 질문에 대처를 잘 못하네요. 매뉴얼을 읽어도 현장에서 바로 적용을 못 하는 것 같아요.
>
> 박 대리 : 맞아요. 매뉴얼만으로는 부족해요. 실제 상황을 경험해 본 사람이 옆에서 도와주는 게 더 효과적이죠.
>
> 김 대리 : 그래서 신규 직원들마다 한 명씩 선배가 붙어서 실전 상황을 알려주는 방안을 생각 중이에요.
>
> 박 대리 : 그게 좋죠. 그리고 지시만 하는 방식보다는, 스스로 해결 방법을 찾도록 질문하면서 유도해 주면 더 빨리 적응해요.
>
> 김 대리 : 맞아요. 직원 동기부여를 위해 분기별 우수 직원 포상도 검토 중이고요.

31 위 대화에서 김 대리가 도입하려는 방식으로 가장 적절한 것은?

① 코칭(Coaching)

② 멘토링(Mentoring)

③ 직무순환(Job Rotation)

④ 집단교육(Group Training)

⑤ 라포 형성(Rapport Building)

32 박 대리가 제안한 방식으로 가장 적절한 코칭 기법은?

① 지시 중심 코칭

② 질문 중심 코칭

③ 매뉴얼 중심 코칭

④ 통제 기반 코칭

⑤ 경쟁 기반 코칭

SMAT
Module B
서비스 마케팅·세일즈

부록

B

부록 01   핵심 키워드 총정리

PART 01   서비스 세일즈 및 고객 상담

Chapter 1   서비스 세일즈의 이해

서비스	서비스 = 고객의 욕구 충족 + 가치 · 경험 창출 행위 특성 : 무형성 · 비분리성 · 이질성 · 소멸성
서비스의 3단계	• 서비스의 3단계는 사전서비스(Pre Service), 현장서비스(On Service), 사후서비스(Post Service)로 구분된다. • 사전(첫인상) → 현장(응대) → 사후(관리)
세일즈	세일즈는 설득과 공감을 기반으로 고객과 기업이 함께 가치를 창출하는 과정이다.
서비스 세일즈	• 상품 + 태도 · 배려 · 정성 = 감정 + 경험 판매 • 관계 · 감정 · 차별화된 세일즈
Sales Engineer	세일즈 엔지니어는 전문 기술과 세일즈 역량을 융합하여 고객의 문제를 진단하고 해결책을 제시하는 기술 기반 세일즈 전문가이다.
Sales Talk	세일즈 토크는 고객의 관심과 공감을 이끌어내는 설득 중심의 커뮤니케이션 기술이다.
Sales Aids	세일즈 에이드는 판매를 돕는 시각적 · 정보적 지원 도구이다.
Sales Point	세일즈 포인트는 상품이나 서비스의 장점 중 고객에게 가장 효과적으로 전달해야 할 핵심 설득 요소이다.
Sales Promotion	고객의 구매 욕구를 자극하고 상품 · 서비스의 수요를 촉진하기 위한 마케팅 활동이다. 광고, 이벤트, 쿠폰, 경품 등 다양한 프로모션 수단을 통해 고객 참여와 구매 행동을 유도하는 단기적 판매 촉진 전략을 의미한다.
직접 서비스 세일즈	고객과 직접 교류하며 제품 · 서비스를 판매하는 방식 **대면상담 / 신뢰형성 / 맞춤제안 중심**
간접 서비스 세일즈	고객 창출 · 유지 관리 중심의 관계형 세일즈 **CRM / 홍보 / 사후관리 / 충성도 강화**
관리 및 지원 서비스 세일즈	세일즈 활동 전반을 분석 · 지원 · 관리하는 백오피스형 세일즈 **성과관리 / 인력운영 / 효율성 강화 / 전략지원**
인적 판매	판매자가 고객과 직접적으로 상호작용하면서 제품이나 서비스를 설명 · 제안 · 판매하는 세일즈 방식이다. **대면 / 상담 / 설득 / 신뢰형성**
구전 마케팅	대중매체 광고 대신 소비자 간의 자발적인 입소문을 매체로 활용하는 마케팅 기법이다. **입소문 / 신뢰 / 공감 / 자발적 홍보**

캐치 세일즈	판매 목적을 숨기고 설문조사, 이벤트, 사은품 제공 등의 명목으로 소비자를 유인해 판매를 시도하는 비윤리적 세일즈 방식이다. **위장판매 / 소비자 유인 / 비윤리적 세일즈 / 불신 유발**
B2B (Business to Business)	기업 간 거래 중심의 비즈니스 모델 **대량거래 / 장기관계 / 신뢰·효율성 중시 / 복수의사결정자**
B2C (Business to Customer)	기업이 개인 소비자에게 직접 판매하는 형태 **소량거래 / 감성·트렌드 중심 / 광고·프로모션 중시 / 단기관계**

Chapter 2 서비스 세일즈 전략

의심 고객	기업의 상품과 서비스에 대해 신뢰를 갖지 못하고 의심의 시선으로 바라보는 고객, 신뢰 형성을 위한 정보 제공·체험 기회·후기 공유 제시
잠재 고객	• 상품과 서비스에 관심은 있으나 아직 구매 행동으로 이어지지 않은 고객 • 홍보·체험·상담을 통해 관심을 구매로 전환시키는 전략 필요
일반 고객	• 상품이나 서비스를 지속적으로 이용하며 관계가 형성된 고객 • 개인화 서비스·멤버십 혜택으로 장기적 유대관계 강화
옹호 고객	• 브랜드에 높은 충성도와 신뢰를 보이며 자발적으로 추천하는 고객 • 후기 작성, 추천 프로그램 등 입소문 마케팅의 주체로 참여 유도
잠재고객 발굴 (Prospecting)	상품과 서비스를 필요로 하는 잠재 고객을 탐색하고, 구매 가능성이 높은 고객을 선별하는 단계 **고객탐색 / 정보수집 / 니즈예측**
접근 및 관계형성 (Approaching)	타깃 고객에게 첫인사와 긍정적 인상을 남기며 신뢰를 구축하는 단계 **첫인상 / 라포형성 / 신뢰**
니즈 파악 (Needs Identification)	고객의 문제·욕구·기대를 경청을 통해 파악하고 구체적 요구사항을 도출 **경청 / 질문 / 공감 / 분석**
제안 및 설명 (Presentation)	고객의 니즈에 맞는 상품·서비스를 맞춤형으로 제시하고, 가치와 혜택을 구체적으로 설명 **맞춤제안 / 혜택 / 가치설명**
반론 극복 (Objection Handling)	고객의 반론·의문·불안을 공감과 논리적 근거로 해결하여 신뢰를 유지하는 단계 **공감 / 논리설득 / 신뢰유지**
마무리 및 계약체결 (Closing)	세일즈 상담을 자연스럽게 구매·계약으로 전환시키는 단계로, 만족스러운 결정을 유도 **설득 / 결정 / 계약 / 긍정유도**
사후관리 및 관계유지 (Follow-up)	상담 및 구매 후 고객에게 지속적인 관심과 피드백을 제공하여 재구매와 충성도를 높이는 단계 **관계유지 / 사후관리 / 충성도**
Rapport	• 고객과의 첫 만남에서 신뢰와 친근감을 형성하는 심리적 유대 관계 • 공감·미소·적극적 경청이 핵심 요소

B 부록

개방형 질문	고객이 자유롭게 생각을 표현하도록 유도하는 질문 **대화 초반 사용 / 신뢰 형성 · 정보 수집에 효과적**
폐쇄형 질문	'예 / 아니오'로 답할 수 있는 결론 유도형 질문 **대화 후반 사용 / 결정 · 행동 유도에 효과적**
상황 질문	고객의 배경과 현황을 파악하는 기초 정보 질문 **대화 초기 사용 / 과도한 질문 주의 / 효율적 정보 수집**
문제 질문	고객의 불편 · 어려움 · 불만을 파악하는 질문 **해결 가능성 탐색 / 니즈 구체화 / 상담 방향 설정**
확대 질문	고객 문제의 결과 · 영향을 탐색하고 문제 인식을 강화하는 질문 **문제의 심각성 인식 / 해결 필요성 강화 / 설득 기반 마련**
해결 질문	문제 해결의 가치 · 효과를 탐색하는 질문 **해결의 필요성 인식 / 제품 가치 부각 / 설득력 강화**
WOW Factor 발굴	• 고객의 기대 이상을 만족시켜 '와우!' 반응을 이끌어내는 차별화 • 포인트 찾기 → 특별함 · 감동 · 차별화 요소 설계
FABE 화법	FABE 화법은 상품이나 서비스를 단순히 "좋아요"라고 말하는 대신, 특징(Feature) → 장점(Advantage) → 이익(Benefit) → 증거(Evidence)의 순서로 논리적 · 설득력 있게 전달하는 전략적 설명 기법
존 굿맨의 법칙	고객의 불만을 신속하고 성실하게 해결하면, 불만이 없던 고객보다 더 높은 만족도와 충성도를 보이는 현상
항공사 상용고객 우대 프로그램	마일리지 적립과 보너스 혜택을 통해 상용고객의 충성도를 높이는 제도 **고객유지 / 재구매 촉진 / 관계마케팅**

Chapter 3 고객 상담 성공 전략

관계세일즈	고객의 문제 해결과 신뢰 구축을 통해 장기적 관계를 유지하는 세일즈 방식 **고객 중심 / 장기 관계 / 신뢰 기반**
고객파악	나의 상품 · 서비스를 필요로 하지만 아직 나를 모르는 잠재 고객을 구체적으로 정의하는 단계
구매 당위성 개발	고객과 추천 인맥이 '당신을 선택해야 할 이유'를 명확히 이해하도록 신뢰와 차별성 기반의 근거를 만드는 단계
세일즈 소구점 개발	긍정적이고 설득력 있는 핵심 세일즈 메시지를 구성하고, 적절한 타이밍에 잠재 고객에 게 전달할 수 있도록 준비하는 단계
나의 메시지를 퍼뜨려 줄 사람 찾기	타인에게 관심이 많고, 나와 신뢰 관계를 맺은 사람들이 나의 메시지를 대신 전하고 확산시킬 수 있도록 관계를 형성하는 단계
인맥이 나를 도울 수 있는 방법 준비	인주변 사람들이 쉽고 자연스럽게 나를 추천 · 소개할 수 있도록 핵심 문장과 메시지를 미리 준비하는 단계
나의 인맥에게 도움주기	상대방에게 먼저 도움을 주고, 신뢰와 상호성을 쌓아 자연스럽게 입소문이 확산되도록 하는 단계

Chapter 4 서비스 접점과 MOT관리

서비스 접점	고객이 서비스와 직접 상호작용하여 경험이 형성되는 순간 → 광의 : 대인 + 비대인 접점 모두 포함 → 협의 : 고객 – 직원 간 직접 접촉 중심
서비스 패러독스	서비스의 양적·질적 수준이 높아졌음에도 소비자의 체감 품질과 만족도가 오히려 낮아지는 현상
협력 행동	고객이 서비스 과정에서 적극적으로 참여하고 협조함으로써 서비스 성공에 기여하는 책임 있는 행동
회피 행동	서비스 접점에서 직접 상호작용을 회피하고 참여를 최소화하려는 고객의 행동으로, 서비스 품질 저하와 관계 약화로 이어질 수 있다.
시민 행동	고객이 타인이나 조직의 이익을 위해 자발적으로 협조하고 긍정적 영향을 주는 행동으로, 서비스 품질 향상과 관계 강화를 돕는다.
반생산 행동	고객이 서비스 접점에서 비협조적·공격적 행동으로 직원이나 다른 고객에게 피해를 주는 행위로, 서비스 품질과 조직 이미지에 부정적 영향을 미친다.
MOT	기업의 운명을 결정짓는 결정적 순간으로, 고객이 현장에서 서비스를 처음 접하는 최초의 15초를 의미하며, 이때 고객의 불만을 초래해서는 안 된다.
MOT사이클	고객이 서비스를 받는 과정에서 경험하는 일련의 MOT들을 시계 모양으로 표현한 도표로, 서비스 프로세스상의 연속적 고객경험의 흐름을 보여준다.
MOT사이클 관리	고객의 서비스 경험 전체를 사전·현장·사후 3단계로 구분하여, 각 접점에서 발생하는 MOT를 일관되고 체계적으로 관리하는 활동
곱셈의 법칙	서비스의 전체 만족도는 각 순간의 만족도의 합이 아니라 곱의 결과로 결정되며, 어느 한 순간의 불만족이 전체 경험을 0으로 만드는 법칙이다.
통나무 물통의 법칙	여러 요소 중 가장 약한 부분의 수준이 전체 서비스 품질을 결정하며, 고객은 좋은 경험보다 가장 나빴던 경험을 중심으로 전체 서비스를 평가한다.
'100-1=0'의 법칙	100번의 훌륭한 서비스 중 단 1번의 실수가 전체 서비스를 0점으로 전락시킬 수 있다는 원리로, 깨진 유리창의 법칙을 서비스 현장 품질관리에 적용한 개념이다.
깨진 유리창의 법칙	작은 문제를 방치하면 더 큰 문제로 확산될 수 있다는 사회학 이론으로, 서비스 현장에서는 직원의 사소한 실수나 무관심이 기업 전체의 이미지와 서비스 품질을 저하시킬 수 있음을 의미한다.

부록

Chapter 5 고객 유형별 상담 전략

쿠션 화법	고객에게 불편하거나 부정적인 내용을 전달하기 전에 공감·양해·사과를 먼저 표현하여 감정을 완화시키는 화법이다.
신뢰 화법	고객에게 안정감과 전문성을 동시에 전달하는 화법으로, 어조는 부드럽게 유지하되 단어 선택은 신중하고 명확하게 표현한다.
레이어드 화법	명령형 대신 제안·의뢰형으로 표현하여 고객에게 존중과 배려를 느끼게 하는 화법으로, 부드러운 어조와 완화된 문장 구조가 핵심이다.
아론슨 화법	부정적 사실을 먼저 제시하고 긍정적 언어로 마무리하여 고객의 거부감은 줄이고 신뢰를 높이는 설득 화법이다.
맞장구 화법	고객의 이야기를 관심 있게 듣고 반응하며 공감과 신뢰를 형성하는 화법
보상 화법	고객의 불편·단점을 인정한 뒤 다른 장점으로 보완해 긍정적으로 전환하는 화법
후광 화법	신뢰할 만한 제3자의 정보나 사례를 인용하여 설득력과 신뢰도를 높이는 화법
부메랑 화법	고객이 제시한 단점을 오히려 장점으로 전환해 설명하는 화법
YA화법(Yes-And화법)	고객의 거절 이유를 역이용하여 제안의 필요성을 강조하는 화법
YB화법(Yes-But화법)	고객의 의견에 먼저 공감(Yes)한 뒤 합리적 이유를 덧붙여 설득(But)하는 화법
소셜스타일이론	사고와 감정 표현의 경향을 기준으로 인간의 대인관계 행동을 4유형으로 구분한 이론으로, 상대방의 행동특성을 이해하여 의사소통 효율성과 관계 형성을 높이는 데 목적이 있다.
주도형	사고를 단언적으로 표현. 감정을 억제
표출형	사고를 단언적으로 표현. 감정을 적극적으로 표현
우호형	사고를 질문형으로 표현. 감정을 풍부하게 드러냄.
분석형	사고를 질문형으로 표현. 감정을 억제

PART 02 고객관계관리

Chapter 1 고객관계의 이해

공적관계와 사적관계의 분류기준	• 대체가능성 : 공적관계는 대체 가능 / 사적관계는 대체 어려움. • 상호의존도 : 공적은 낮음 / 사적은 높음. • 정보 수준 : 공적은 표면적 정보 / 사적은 깊은 개인 정보 공유 • 행위규칙 : 공적은 공식·표준화 / 사적은 비공식·유연 • 관계 성격 : 공적은 거래 중심 / 사적은 신뢰·감정 중심 • 관계 목적 : 공적은 효율·성과 / 사적은 친밀·지속 • 지속성 근거 : 공적은 필요 기반 / 사적은 유대 기반 • 관계유지 기준 : 공적은 조건적 / 사적은 관계 자체의 의미 중시
관계효익	• 고객과 기업이 지속적 관계 속에서 서로 얻게 되는 실질적·심리적 이익 • 고객에게의 효익 : 신뢰, 편의, 심리적 안정감, 개인화 서비스 • 기업에게의 효익 : 고객충성도 증가, 마케팅 비용 절감, 지속적 매출 확보 • 관계효익은 단순 거래가 아닌 장기적 관계 유지와 신뢰 형성의 동기가 됨.
경제적 효익	장기 거래로 인한 금전·시간 절감
사회적 효익	친밀감 & 사회적 유대감 형성
심리적 효익	정서적 안정과 신뢰감 제공
특별대우 효익	차별적·우선적 서비스 제공
서비스 접점의 교환관계	서비스 접점의 교환관계는 경제적 교환과 사회적 교환으로 구성되어 있음.
경제적 교환	상품·서비스의 효율·금전적 가치 중심 / 가격·속도·편의의 만족
사회적 교환	신뢰·공감·감정적 유대 중심 / 정서적 안정, 존중받는 경험
서비스 접점 구성자들의 목적	서비스 접점은 고객·기업·직원이 상호 조정과 협력을 통해 서비스 성공을 만들어가는 관계의 장이다.
보상적 파워	보상·혜택을 제공할 수 있는 능력에서 나오는 권력 / 금전, 혜택, 칭찬
강제적 파워	벌칙·불이익을 줄 수 있는 능력에서 발생 / 제재, 압박
전문적 파워	지식·기술·경험의 전문성에서 오는 영향력 / 전문가 신뢰
준거적 파워	존경·호감·신뢰 등 개인적 매력에서 나오는 영향력 / 인품, 로열티
합법적 파워	직위·역할·규정에서 공식적으로 부여된 권력 / 직책 권한
정보적 파워	정보를 보유·통제함으로써 생기는 영향력 / 정보 접근권
사회적 자본	• 관계 속에서 형성되는 신뢰와 친밀감 같은 비경제적 자원이 고객의 서비스 • 선택과 충성도에 영향을 미치는 요소
Blau & Homans의 사회적 교환이론	사회적 교환이론은 인간관계 = 보상 대비 비용의 균형으로 유지되는 교환 과정

부록

Chapter 2   고객획득 – 유지 – 충성 – 이탈 – 회복 프로세스

고객획득	고객획득은 잠재고객 → 구매고객으로 전환하는 활동
구매사이클	인지-최초구매-구매 후 평가-재구매 약속-재구매
구매 후 부조화	구매 후 부조화는 구매 직후 생기는 선택 불안 심리이다.
고객유지	기존 고객을 떠나지 않게 하고 계속 거래하도록 관계를 유지하는 전략
고객획득비용	기업이 자사 제품이나 서비스를 처음으로 이용하게 되는 잠재고객(Potential Customer)을 실제 구매고객으로 전환시키는 과정
구매사이클	인지(Awareness) → 최초 구매(Trial Purchase) → 구매 후 평가(Post-Purchase Evaluation) → 재구매 의도 형성(Repurchase Intention) → 재구매(Repurchase)
구매 후 부조화	구매 후 부조화는 고객이 구매 직후 자신의 선택이 옳았는지 불안과 의심을 느끼는 심리적 갈등 상태이다.
고객유지전략	최초구매고객, 반복구매고객, 단골고객으로 고객 단계를 구분하여 각 단계에 맞는 전략을 실행함으로써 충성고객(Loyal Customer)으로 발전시키는 과정
최초구매고객	제품 또는 서비스를 처음 이용한 고객, 기업과의 관계 형성이 시작된 초기 단계
반복구매고객	일정 주기로 재구매를 하는 고객, 브랜드 선호도와 신뢰가 형성된 단계
단골고객	구매 주기가 안정적이고 충성도가 높은 고객, 기업의 핵심 고객층
전환비용	전환비용은 고객이 다른 상품이나 서비스로 바꾸기 위해 부담해야 하는 금전적·심리적 희생으로, 비용이 높을수록 기존 거래를 유지하려는 경향이 강해진다.
금전적 전환비용	다른 상품이나 서비스로 전환할 때 발생하는 직접적인 경제적 손실 또는 추가지출 비용
시간적·노력비용	새로운 상품을 탐색·비교·학습하는 데 소요되는 시간과 노력
심리적 전환비용	익숙한 브랜드나 서비스로부터 이탈함으로써 느끼는 불안감·감정적 저항
관계적 전환비용	오랜 기간 쌓아온 신뢰, 정서적 유대, 서비스 습관이 단절되면서 발생하는 사회적 손실감
자물쇠 효과	자물쇠 효과는 고객이 특정 제품이나 서비스에 묶여 다른 대안으로 쉽게 바꾸기 어려워지는 '잠금(lock-in)' 현상
충성고객	충성고객은 기업에 강한 신뢰와 긍정적 태도를 가지고 지속적으로 반복 구매와 관계 유지를 실천하는, 기업의 핵심 자산이다.
진정한 충성고객	브랜드에 강한 신뢰와 애착을 지님. 지속적 구매 및 긍정적 구전활동을 보임.
잠재적 충성고객	관계는 지속되지만 구매빈도나 수익기여가 낮음.
거짓 충성고객	일시적으로 구매액이 크지만 장기적 관계의도는 약함.
무충성 고객	특정 브랜드에 대한 애착이 없으며, 가격·프로모션에 민감
습관적/편의적 로열티	브랜드 충성도와 구매빈도가 모두 낮음. 필요할 때 '편의'에 따라 구입하는 고객
가격/인센티브 로열티	브랜드 충성보다는 가격할인·프로모션의 매력으로 재구매함. 경제적 유인이 사라지면 쉽게 이탈
잠재적 로열티	브랜드에 대한 애착·선호는 강하나 구매가 지속되지 않음. 구매 제약(시간·거리·상황)에 의해 일시적 단절 발생
프리미엄 로열티	브랜드에 강한 신뢰와 감정적 동일시를 보이며 지속적 재구매와 구전활동을 실천

Chapter 3 고객관계관리시스템

CRM(Customer Relationship Management)	고객가치(Customer Value)의 향상을 통해 기업의 수익성과 지속가능한 성장을 극대화하는 경영전략
마케팅의 변화	마케팅은 대중에서 개인으로, 규격화에서 맞춤화 관점으로 변화
제품중심마케팅	제품중심마케팅은 제품의 성능과 품질만 강조하여 '좋은 제품은 저절로 팔린다'고 보는 관점이지만, 고객의 개별적 욕구와 감성은 반영하지 못함.
직접마케팅	직접마케팅은 방문·전화·우편 등으로 고객에게 직접 접근해 구매를 유도하는 단기적 'Push형' 판매 전략으로, 관계 지속성이 낮은 한계
타깃마케팅	타깃마케팅은 시장을 세분화해 '핵심 고객'에게 집중하는 전략으로, 자원을 효율적으로 사용할 수 있지만 세분화 정확성이 낮으면 효과가 떨어질 수 있음.
DB마케팅	DB마케팅은 고객 데이터를 분석해 개인 맞춤형 상품제안과 커뮤니케이션을 수행하는, 개인화 마케팅의 기반 전략
고객지향마케팅	고객지향마케팅은 전 과정에서 고객의 시각을 중심에 두고 데이터를 기반으로 차별적 가치를 제공하여, 고객을 단순 구매자가 아닌 파트너로 보는 전략
고객경험중심마케팅	고객이 브랜드와 접하는 전 과정에서 감정·인지·행동을 통합적으로 관리하여, 만족을 넘어 감동과 공감을 만드는 경험 설계 중심 전략
CRM의 필요성	수익성 극대화, 고객세분화와 차별화, 고객확보 전략, 고객유지전략 활용
관계모니터링	• 고객과의 관계 상태를 지속적으로 점검하고, 변화나 이상 신호를 조기에 발견하여 고객유지 전략에 활용하는 CRM 활동 • 모니터링 결과는 고객 데이터베이스(DB)에 주기적으로 갱신되어, 향후 맞춤형 마케팅·서비스 개선·이탈방지 프로그램 설계 등에 활용
장기적인 설문조사	일정 기간(ex 반기·연 1회 등)마다 고객 만족도, 재이용 의도, 관계 만족도를 조사
트레일러 콜	구매나 서비스 이용 후 일정 기간이 지나 후속 전화조사를 실시하는 방식
불평모니터링	고객 불만, 클레임 접수 및 처리 현황을 체계적으로 기록·분석
이탈고객조사	거래 중단이나 회원탈퇴 고객을 대상으로 이탈 이유 조사
고객유지전략	고객유지 전략은 고객의 불안과 이탈 가능성을 줄이기 위해 사후관리, 개인적 관심, 선제적 대응 등을 통해 관계를 안정적으로 유지하는 전략
고객활성화전략	고객활성화 전략은 이벤트·판촉·보상 등을 통해 비활성·휴면 고객의 이용 빈도를 높이고 서비스 재참여를 유도하는 전략
고객충성도 제고전략	고객충성도 제고전략은 충성고객에게 차별적 혜택과 가치를 제공하여 관계를 강화하고 장기적 유대감을 높이는 전략
교차판매전략	교차판매전략은 고객이 이미 사용 중인 상품과 연계 가능한 상품을 제안하여 교차구매를 유도하고 고객가치를 확대하는 전략
추가판매전략	추가판매전략은 고객의 구매 여력을 기반으로 더 많이 구매하거나 더 높은 등급의 상품을 선택하도록 혜택을 제안해 구매 규모를 확대하는 전략
과거 고객 재활성화 전략	과거 고객 재활성화 전략은 거래를 중단한 고객의 이탈 원인을 분석하고, 맞춤형 혜택과 제안을 통해 다시 거래를 유도하는 전략
e-CRM	온라인 환경(웹, 모바일, SNS 등)에서 활동하는 고객 데이터를 수집 → 저장 → 분석 → 선별 → 획득 → 유지하는 고객관계관리 시스템

Chapter 4 고객경험관리

범용화	• 처음에는 혁신적이고 차별화된 제품이었으나, 시간이 지나면서 유사제품이 증가하며 차별성이 사라지고 일반적인 평범한 상품이 되는 현상 • 과정 : 혁신 → 모방 확산 → 차별성 감소 → 보편화(일반 상품화)
범용화의 함정	차별성이 사라진 시장에서는 가격 경쟁만 남아 기업의 성장과 이익이 제한
경험경제	소비자는 제품이 아닌 기억에 남는 경험에 가치를 지불하며, 경험의 질이 경쟁력
서비스의 범용화	'경험의 차별화'로 극복되며, 기억에 남는 감정적 경험이 고객충성도와 수익을 높이는 핵심
고객경험관리	고객경험은 고객이 상품과 만나는 모든 순간에 느끼고 평가하는 총체적 인상과 반응
고객경험관리의 목적	잠재고객을 신규고객으로 전환, 기존고객의 재구매 증가, 구매의사결정을 빠르게, 고객관계관리의 보완, 사용경험을 긍정적으로 형성하여 사용가치 증대
슈미트(Schmitt)의 경험요인	고객의 경험을 감각, 감성, 인지, 행동, 관계의 총 5가지로 분류
감각 경험(Sense)	오감을 자극하여 고객이 직관적으로 느끼는 분위기와 만족을 형성하는 경험 요소
감성 경험(Feel)	브랜드와 고객 사이에 감정적 공감과 친밀감을 형성하는 경험
인지 경험(Think)	고객의 사고와 호기심을 자극해 새로운 의미와 지적 즐거움을 제공하는 경험
행동 경험(Act)	행동 경험은 고객이 직접 참여하며 행동과 라이프스타일에 변화를 유도하는 경험
관계 경험(Relate)	브랜드와 타인과의 연결을 통해 소속감과 공동체적 정체성을 형성하는 경험
슈미트(Schmitt)의 고객경험관리 5단계	고객경험 과정 분석, 고객경험 기반 확립, 고객경험 디자인, 고객 인터페이스 구조화, 지속적 혁신의 5단계로 진행

Chapter 5 고객포트폴리오 및 고객가치

고객포트폴리오	고객의 가치 수준을 분석해 어떤 고객에 자원을 집중·유지·육성할지 결정하여 최적의 고객구조를 만드는 관리 전략이다.
외부지향적 접근법	외부지향적 접근법은 잠재고객 확보에 집중하지만 고객가치 분석이 부족해 효율성과 수익성이 낮아질 수 있는 전략
수익지향적 접근법	수익지향적 접근법은 고객의 이익기여도를 기준으로 우량고객을 집중 관리하지만, 장기적 성장전략이 부족하면 조직 방향성이 흔들릴 수 있는 방식
가치지향적 접근법	가치지향적 접근법은 고객의 생애가치를 기준으로 장기적으로 적합고객을 유지·육성하여 수익성과 지속 성장을 동시에 추구하는 전략
공헌이익 (Contribution Margin)	매출액에서 변동비를 제외하고 고정비 충당과 이익 창출에 기여하는 금액
전략적 집중	전략적 집중 고객은 공헌이익과 매출 기여도가 높은 최우량 고객으로, 장기적 파트너십과 관계 강화가 핵심인 대상

효율적 유지	효율적 유지 고객은 공헌이익은 높지만 매출은 작아 효율적으로 관리하며 안정적 거래를 유지하고 점진적 성장을 유도해야 하는 고객군
잠재성 개발	잠재성 개발 고객은 매출은 크지만 수익성이 낮아 가격·비용·서비스 구조를 개선해 공헌이익을 높여야 하는 성장 잠재 고객군
디마케팅	디마케팅은 수익성이 낮거나 기업 가치에 부정적인 고객의 수요를 의도적으로 줄이고 거래를 축소하는 전략
일반적인 디마케팅	과도한 수요로 인한 가치 훼손을 막기 위해 전체 고객의 이용을 의도적으로 줄이는 전략
선택적인 디마케팅	특정 고객층의 수요만 줄여 핵심 고객의 만족과 가치를 높이는 전략
표면적인 디마케팅	겉으로는 수요를 줄이고 하지만 실제로는 희소성과 프라이드를 강조해 브랜드 가치와 수요를 높이는 전략
고객자산	모든 고객의 생애가치를 현재가치로 합산한 기업의 장기적 수익잠재력 지표
가치자산(Value Equity)	고객이 지불한 비용 대비 얻는 혜택의 객관적 평가
브랜드자산(Brand Equity)	제품의 객관적 가치 외에 브랜드에 대해 고객이 내리는 주관적 평가
관계자산 (Relationship Equity)	고객이 특정 브랜드에 애착을 가지고 지속적으로 거래하려는 성향
고객가치	고객의 매출·이익 기여도를 평가하여 자원 투입 우선순위를 결정하는 기준
공정가치선	기업이 제공하는 가치와 고객이 느끼는 가치의 균형 정도를 진단하고 그 차이를 조정하는 전략 기준
고객가치의 특성	동적성, 주관성, 상황성, 다차원
고객순자산가치	고객의 생애수익과 추천·확산 효과를 포함한 총 기여 가치를 현재가치로 환산한 지표
고객생애가치(CLV)	한 고객이 기업과 관계를 유지하는 동안 창출할 미래 수익의 총합을 현재가치로 평가하는 개념
고객추천가치(CRV)	고객의 추천과 긍정적 구전이 신규 고객 유입과 성장에 기여하는 가치
고객가치측정의 구성요소	할인율, 공헌마진, 고객구매력, 고객점유율, RFM
고객전환전략	신규고객을 반복 구매와 신뢰 형성을 통해 충성고객을 발전시키는 과정
고객의 간접 기여 가치	긍정적 구전을 통해 기업이 추가 비용 없이 신규 고객을 유입하도록 돕는 전략적 가치
할인율	미래 고객가치를 현재가치로 바꾸기 위해 적용하는 공통 기준 비율
공헌마진	고객이 지금까지 기업에 가져온 실제 수익 기여의 총합
고객구매력	고객이 특정 상품군에서 소비할 수 있는 잠재적 구매 가능 금액의 규모
고객점유율	한 고객의 전체 소비 중 우리 기업 제품이 차지하는 비율로, 관계 유지와 충성도의 성과를 보여주는 지표
RFM	고객가치를 평가하기 위해 최근성, 구매빈도, 구매액에 각각 가중치를 부여하여 산출하는 방법

PART 03 VOC분석/관리 및 컴플레인 처리

Chapter 1 ▸ VOC 관리시스템

VOC(Voice Of Customer)	문의, 불만, 제안, 칭찬 등의 고객 의견을 체계적으로 수집 → 분석 → 개선 → 피드백 하는 고객 중심 관리 시스템으로, 체감 서비스 품질 향상과 서비스 프로세스 문제 발견 및 개선을 가능하게 하는 고객 중심 경영의 핵심 지표
Over the VOC	고객 자신도 미처 인식하지 못했던 잠재 니즈·창의적 요구까지 충족하여 고객만족을 넘어 고객감동 실현
The VOC	고객이 명확하게 표현하는 요구를 인지하고 이에 맞추어 대응하는 수준
Under the VOC	고객이 당연히 받는다고 기대하는 기본 서비스 수준, 미충족 시 불만 발생
VOC 관리의 목적	VOC 관리는 고객 니즈 파악 → 서비스 개선 → 충성고객 육성으로 이어지는 고객 중심 경영 핵심 프로세스
VOC 관리시스템을 통해서 경영 활동 전반에 활용되는 VOC 용도	서비스 및 업무 프로세스의 개선, 고객 니즈를 반영하여 상품 수준 개선, 신속한 불만 처리와 재구매율 향상, Risk의 사전예방 가능, 인적자원관리
VOC 관리시스템의 효과	고객니즈 / 기대분석, 고객지향 경영체제, 고객감동 서비스 제공, 충성고객 창출, 기업 가치 극대화
VOC 처리 프로세스	수집, 처리, 분석, 공유, 반영
친화도법	동일 주제에 대한 다양한 의견·아이디어를 유사성에 따라 분류하여 구조화하는 기법, 수집된 자료 속에서 개념 간 연관성과 의미 관계를 찾아 묶는 과정
VOC 관리시스템의 중요 속성	서비스의 즉시성, 수집 채널의 다양성, 정보시스템의 통합성, 고객 및 내부 프로세스 피드백
서비스의 즉시성	VOC에 즉시 대응할 수 있는 구조와 프로세스를 갖춤.
수집 채널의 다양성	고객의 소리를 더 넓게·적극적으로 수집할 수 있도록 다양한 채널을 개설
정보시스템의 통합성	다양한 수집 채널에서 들어오는 VOC 데이터를 효율적으로 검색·분석할 수 있도록 시스템을 통합
고객 및 내부 프로세스 피드백	분석된 VOC 정보는 고객 응대 개선과 경영 프로세스 향상으로 연계될 수 있도록 고객과 내부 조직 모두에 피드백
미스터리 쇼퍼	고객으로 위장하여 현장의 서비스 품질을 암행 평가하는 모니터링 방법

Chapter 2 VOC 분석 / 관리법

VOC를 제기하는 내용에 따른 분류	제안형 VOC, 불만형 VOC, 만족형 VOC
제안형 VOC	제품·서비스·절차 개선을 위한 고객 의견
불만형 VOC	서비스 실수, 제품 문제 등으로 인한 불만 제기
만족형 VOC	서비스/상품 우수성에 대한 긍정적 피드백
VOC 형성 장소에 따른 분류	내부 형성 VOC, 외부 형성 VOC
내부형성 VOC	고객이 기업 내부 채널을 통해 직접 전달하는 VOC
외부형성 VOC	VOC가 기업 외부 환경에서 형성·확산되는 경우(기업에 직접 접수되지 않음.)
빅데이터	기존 방식으로 처리할 수 없는 대규모 데이터를 분석해 가치와 인사이트를 도출하는 기술 및 데이터 집합
빅데이터의 특징	Volume(규모), Velocity(데이터 생성속도), Variety(다양성), Value(가치) Complexity(복잡성)
텍스트 마이닝 (Text Mining)	비정형·반정형 텍스트 데이터를 자연어 처리(NLP) 기술로 분석하여 의미 있는 정보를 추출·가공하는 기술
오피니언 마이닝 (Opinion Mining)	소셜미디어·리뷰 등 텍스트 데이터를 긍정·부정·중립 감성으로 판별하는 감성 분석 (Sentiment Analysis) 기술
소셜 네트워크 분석(SNA)	소셜 네트워크 상에서 사용자 간 관계와 연결 강도를 분석하여 영향력·확산 구조를 파악하는 기술
군집 분석(Clustering)	유사한 특성을 지닌 데이터를 그룹(Cluster)으로 분류하는 분석 기법
표현 기술	빅데이터 분석을 통해 도출된 의미와 가치를 사용자가 쉽게 이해할 수 있도록 시각적으로 표현하는 기술
키워드 분석	특정 키워드와 관련된 내·외부 데이터의 연관 관계를 파악하는 분석
트렌드 분석	키워드의 시기별·미디어별 변화를 비교하여 관심도, 패턴, 급증 세그먼트 등을 확인
평판 분석	특정 제품·서비스·인물 등에 대한 긍정·부정·중립 감성 경향을 분석
빅데이터 분류, 군집분석	유사 특성을 가진 데이터를 자동으로 분류하거나 그룹화하는 분석
지역정보 기반 분석	위치·지역 데이터를 활용하여 지역별 니즈, 동향, 수요 패턴을 분석
빅데이터 네트워크, 영향력 분석	소셜 네트워크 내 정보 확산 구조, 핵심 영향자(빅마우스) 파악
특정 분야별 비교분석	분야·브랜드·키워드 간 차이를 상대적으로 비교
양적 데이터 수집	구조적 조사방법(설문, 체크리스트 등), 기술통계 및 통계 분석 활용
질적 데이터 수집	비구조적 조사방법(인터뷰, 관찰, 사례기록 등), 서술적/해석적 분석, 요약

Chapter 3 우수/불량고객 분류

불량고객	서비스 제공 과정에서 비협조적·부적절·공격적인 태도를 보이며 서비스 전달을 방해하거나 다른 고객과 직원에게 부정적 영향을 미치는 고객
제이커스터머	무단횡단자를 의미하는 제이워커(Jaywalker)에서 유래된 용어, 서비스 과정에서 무례한 언행, 부적절한 요구, 과도한 클레임을 제기하여 기업, 직원, 그리고 다른 고객에게 부정적 영향을 미치는 불량고객
무책임형 고객	감정적으로 반응하고 비합리적인 사고방식을 바탕으로, 자기중심적인 행동을 보이며, 서비스 제공 과정에서 갈등과 충돌을 유발하기 쉬운 고객
블랙컨슈머	보상·환불·혜택 획득을 목적으로 계획적이고 고의적으로 악성 민원을 제기하는 소비자
화이트컨슈머	기업과 소비자의 관계를 상생의 관계로 이해하고, 소비자로서의 권리와 의무를 균형있게 실천하는 소비자
책임형 고객	서비스 과정에서 이성적·합리적·일관성 있게 참여하는 고객
고객숙련도	고객이 서비스 과정에서 자신의 역할을 얼마나 잘 이해하고 수행할 수 있는지 의미
고객숙련도에 따른 고객분류	숙련고객, 학습지원고객, 태도개발고객, 미숙련고객
숙련고객	고객역할 수행에 필요한 역량과 태도가 모두 우수한 고객
학습지원고객	태도와 의지는 있으나 역량 부족으로 인해 역할 수행이 어려운 고객
태도개발고객	역량은 충분하나 역할 수행 의지·태도가 낮은 고객
미숙련고객	역량과 태도 모두 부족한 고객
거래인식에 따른 고객분류	고객시민행동, 고객노예행동, 고객적대행동
고객 시민행동	Win-Win(상생) : 서비스거래를 상호이익 관계로 이해하고, 서비스 성공에 협력적으로 참여하는 고객
고객 노예행동	Win-Lose(빼앗으면 이득) : 서비스제공자를 일방적으로 이용·착취하려는 고객
고객 적대행동	Lose-Lose(상대도 손해를 봐야 한다) : 서비스 실패나 불공정성을 인식했을 때, 기업·직원·타 고객에게 보복하려는 고객

Chapter 4 | 컴플레인의 개념 이해

서비스 실패	서비스 전달 과정이나 결과에서 고객이 만족스럽지 못한 경험을 하게 되는 상황
공정성 이론 (Equity Theory)	고객이 자신이 투입한 가치(시간, 비용, 노력)와 받은 보상(서비스 결과, 혜택, 만족)을 타인과 비교하여 그 비율이 동일하면 공정하다고 느끼고, 그렇지 않으면 불공정하다고 인식하는 이론
분배의 공정성 (Distributive Justice)	• "결과가 공평했는가?" • 고객이 받은 서비스 결과물이나 보상 수준이 적절하고 공평하다고 느끼는 정도
절차의 공정성 (Procedural Justice)	• "과정이 공평했는가?" • 서비스 제공 과정에서 사용된 절차·규칙·정책이 공정하게 적용되었는지 여부
상호작용의 공정성 (Interactional Justice)	• "대우가 공정했는가?" • 서비스 접점에서 이루어지는 직원과 고객 간의 의사소통과 대우의 적절성을 의미
서비스 실패원인(기업측)	제품문제, 서비스 제공 문제, 지식 및 역량 부족, 운영 프로세스 문제, 신뢰 저하 요인
서비스 실패원인(고객측)	기대 수준 문제, 인지 및 판단 오류, 감정 및 태도 문제, 의도적 불만 제기
서비스 실패의 영향	부정적 구전 확산, 브랜드 기대치 하락, 부정 경험의 강한 지속성, 고객충성도 및 수익성 저하, 침묵 고객의 위험성
고객불평행동	고객은 서비스 실패로 인해 불만족을 경험하면, 그 감정을 해소하기 위해 여러 형태의 불평행동을 보임. ex 직접 반응, 사적 반응, 제삼자 반응
직접 반응(Voice Response)	고객이 기업 측에 직접 문제를 제기하고 해결을 요구하는 행동
사적 반응 (Private Response)	주변 사람들에게 부정적 구전을 하며 불만을 공유하는 행동
제삼자 반응 (The Third-Party Response)	기업 외부 기관에 문제 해결을 의뢰하거나 고발하는 적극적 행동
무(無)불평	불만이 있어도 기업에 직접 표현하지 않고 조용히 관계를 단절하는 고객
귀인이론 (Attribution theory)	어떤 사건이나 행동이 왜 발생했는지 그 원인을 추론하는 심리 과정
내적 귀인 (internal attribution)	행동원인을 개인 내부 요인에서 찾음. 성격·기질·태도·선택·결정 내적 요인 강조. 서비스 결과의 원인을 '나'에게서 찾는 해석 방식
외적 귀인 (external attribution)	• 행동의 원인을 상황이나 외부 환경 요인(타인, 제도, 운 등)에 있다고 판단 • 서비스 결과의 원인을 기업·직원·환경 등 외부 요인으로 돌리는 해석 방식
컴플레인(Complain)	• '불평하다', '불만을 표현하다'라는 의미를 가짐. • 고객이 상품 구매 과정 또는 구매 후 품질, 서비스, 불량 등의 문제로 불만을 제기하는 행위 • 단순한 객관적 품질 문제뿐 아니라 고객의 주관적 만족 수준, 심리적 기대 충족 여부
클레임(Claim)	• '주장하다', '요구하다', '제기하다' • 고객이 객관적으로 확인 가능한 문제점에 대해 정당하게 이의를 제기하는 행위 • 계약조건이나 표시된 상품 내용과 일치하지 않는 점(품질 불량, 손상, 계약위반 등)에 대해 손해배상이나 시정을 요구하는 고객의 공식적 요구

B 부록

컴플레인의 처리원칙	우선 사과의 원칙, 우선 파악의 원칙, 신속 해결의 원칙, 비논쟁의 원칙
서비스 보증	약속된 서비스 수준 미달 시 보상을 제공하여 고객 신뢰를 유지하고 서비스 품질과 경쟁력을 향상시키는 제도
서비스 보증 설계의 원칙	무조건적인 보증, 이해와 소통이 쉬운 보증, 고객에게 중요한 보증, 요청하기 쉬운 보증 받기 쉬운 보증, 확실한 보증
단일 속성 수준의 구체적 보증	• 하나의 핵심 속성만 보증 • 고객이 가장 중요하게 여기는 단일 요소에 대해 명확한 기준과 보상 제시
단일 속성 기준의 구체적 보증	• 여러 중요한 속성을 동시에 보증 • 속성의 범위 확대, 보상 기준 또한 구체적으로 명시
완전 만족 보증	• 모든 서비스 속성을 예외없이 보증 • 고객이 만족하지 않으면 무조건 보상. 기업 입장에서는 위험도 높음.
결합된 보증	• 완전만족 + 구체적 속성 보증의 장점 결합 • 고객 신뢰도가 가장 높아짐. 보상 기준이 명확하면서도 고객 중심

Chapter 5 컴플레인의 처리 원칙

서비스 회복	서비스 실패 상황에서 고객 불만을 적극 해결하여 만족과 신뢰를 다시 회복하는 과정
거래에 초점을 둔 서비스 회복	• 단일 거래 순간(MOT)을 만족시키는 것에 초점 • 서비스 실패가 발생한 그 순간의 만족을 보장하기 위한 수단
관계에 초점을 둔 서비스 회복	• 고객과의 장기적 관계 유지에 초점 • 서비스 실패의 재발 방지 + 고객 평가 강화 + 충성 고객 관계 구축
서비스 회복의 중요성	불만 고객을 만족 고객으로 전환, 고객 유지율 증가, 고객과의 지속적인 협력 관계 형성, 서비스 실패의 사전 관리 기능 강화, 고객 관계 재설정의 기회 제공, 비용 절감 효과
서비스 회복 수단	• 고객에게 직접 제공되는 회복 결과물 • 보상, 재수행, 사과 등 무엇을 줄 것인지에 대한 내용
서비스 회복 과정	• 회복 수단을 어떻게 전달할 것인가에 대한 절차 • 속도, 태도, 담당자 등 어떤 방식으로 처리할 것인지
서비스 회복 수단의 유형	사과, 시정, 시정+α, 환불, 할인, 교환, 관여
서비스 회복의 역설	서비스가 처음부터 아무 문제없이 제공된 고객보다 서비스 실패를 경험한 뒤 기업이 이를 '적절하게 만족스럽게 회복'해 준 고객이 오히려 더 높은 만족도와 충성도를 보이는 현상
불만 관리	고객불만요소를 제거하거나 불만 발생 후 효과적으로 처리하는 것의 중요성을 새로운 기업 경쟁력으로 인정하기 시작
피뢰침의 원칙	• 고객의 분노는 '나'가 아닌 '상황·제도'에 대한 불만 • 감정이 "나에게 향한다" 생각하지 않기. 감정적 방어를 멈추고, 고객 감정을 흡수·완충하는 역할 수행

책임 공감의 원칙	고객은 '누가 잘못했는지'보다 '누가 해결할 수 있는지'를 본다. 담당 여부를 따지지 말고 문제 해결 중심의 태도 유지. "제가 해결을 도와드리겠습니다." 한 문장이 핵심
감정 통제의 원칙	• 감정은 직무 능력의 일부 • 고객의 감정에 끌려가지 않기. 감정은 '상대 중심'이 아닌 내가 주도해야 함. 침묵·호흡·중립 언어 사용
언어 절제의 원칙	• 말보다 경청이 우선 • 고객이 말할 "공간"을 열어줘야 불만이 해소됨. 말 많이 하는 직원일수록 불만을 키운다. 핵심은 경청 → 공감 → 명확화
역지사지의 원칙	• 고객 관점에서 문제를 바라보기 • 고객은 규정·절차에 관심 없음. • "고객의 정당성 욕구"를 인정해주어야 문제 해결이 가능. "고객 이해 → 신뢰 형성 → 해결 동의" 순
컴플레인 마케팅	고객 불만을 적극적으로 듣고, 즉시 시정하거나 개선 데이터를 축적하여 서비스 품질 및 운영 전략에 반영하는 마케팅 방식으로 불만을 위기 아닌 기회로 전환하는 전략

Chapter 6 │ 컴플레인의 해결 및 예방법

불만 고객 처리 단계	경청, 공감과 감사 인사, 진심 어린 사과, 원인분석과 해결방안 모색, 설명하고 해결 약속, 신속한 처리, 처리 확인과 재사과, 미래 개선 방안 수립
MTP 기법	사람(Man), 시간(Time), 장소(Place) 바꾸어 컴플레인을 처리하는 방법
서비스 제공과정에서 발생한 컴플레인 응대	문제인지, 원인 파악 & 해결주도, 후속 이생 & 보상
고객의 무리한 요구로 발생한 컴플레인 응대	고객 요구에 대한 공감 태도 유지, 수용 불가 사유를 명확하고 합리적으로 설명, 약속 관리 및 책임 회피 금지
고객이 서비스 제공 과정에 비협조적인 경우의 컴플레인 응대	문제 상황 정확히 확인, 정중하고 명확한 안내, 현장 분위기 안정 및 제3자 피해 방지

PART 04 서비스 유통관리

Chapter 1 서비스유통경로의 이해

상권분석 (Trading Area Analysis)	인구 특성·유동 인구·경쟁 점포·교통 여건·소비 패턴 등을 조사하여 점포 입지의 적합성과 운영 전략을 판단하는 필수 절차
지역상권 (General Trading Area)	도시 행정구역 전체 범위에서 다양한 서비스 기업이 결합하여 형성되는 넓은 상권으로, 여러 지구상권을 포함하며 업종 간 경쟁이 발생하는 상권
지구상권 (District Trading Area)	지역상권 내 세분화된 상권으로, 대형 점포·전문점 집적도에 따라 범위가 달라지며 인근 소비자를 중심으로 형성되는 경쟁적 상권
개별점포상권 (Individual trading area)	지역·지구상권 내부에서 각 점포가 독자적으로 형성하는 상권으로, 점포의 위치·규모·브랜드력에 따라 상권 범위가 달라지는 특징
후보지 분석 (Regional Analysis)	광역 지역 단위에서 시장 가능성 평가 **고객수요 / 소득수준 / 경쟁강도 / 소비성향**
최적 지구 선정을 위한 분석 (Area Analysis)	후보 지역 내 지구별 상권 특성 비교 **유동인구 / 역세권 여부 / 점포 집적도 / 경쟁 카페 현황**
최적 부지 선정 (Site Selection)	실제 운영할 수 있는 부지(site) 중 최적 조건 평가 **가시성(visibility) / 접근성 / 보행자 동선 / 임대료·건물조건**
소매포화지수(IRS) (Index of Retail Saturation)	• 특정 지역 시장의 수요 잠재력을 종합적으로 측정하는데 가장 널리 활용되는 지표 • IRS가 높다-단위 면적 당 잠재수요가 크며, 신규 점포 출점의 가능성 높음. • IRS가 낮다-수요 대비 점포 공급이 많아 시장 포화도가 높고 신규진입에 불리함.
점포 포화 (Store Saturation)	한 지역시장에서 기존 점포들만으로도 고객 수요를 거의 충족시키는 상태
시장성장잠재력(MEP) (Market Expansion Potential)	• 지역시장이 향후 새로운 수요를 창출할 수 있는 가능성을 반영하는 지표 • 거주자들이 지역 내에서 구매하지 않고 외부 지역에서 지출하는 소비금액 추정하여 계산 • MEP가 클수록 미래의 시장성장 잠재력이 크다고 해석
고매력 시장(High-Attractiveness Market)	수요·공급 구조가 안정적이고 성장잠재력이 높은 시장으로, 신규 점포 진출과 적극적 투자에 가장 적합한 시장
평균 시장(Moderate-Attractiveness Market)	현재 매력도(IRS)와 미래 성장잠재력(MEP)이 일치하지 않는 시장으로, 전략적 접근이 필요하며 장기적 판단은 신중해야 하는 시장
저매력 시장 (Low Attractiveness Market)	수요·공급 구조와 성장잠재력이 모두 낮아 신규 점포 진출이 부적합한 시장으로, 특별한 전략이 없다면 진입을 피해야 하는 시장
서비스 점포를 개설할 때 고려할 점	서비스의 특성, 고객 접점 방식, 운영 구조 등을 종합적으로 고려 **접근성격 / 장비·설비 의존도 / 수혜자 / 제공자 형태 / 전문성 요구정도 / 자원통제 고려사항**

유통경로 (Distribution Channel)	고객이 제품이나 서비스를 사용·소비하는 과정에 참여하는 상호의존적인 조직들의 집합체
유통경로 수요측면 분류기능	생산자와 소비자 간에 원하는 제품 구색의 차이를 중간상이 조정하는 기능 **등급 / 수합 / 분배 / 구색화**
유통경로의 효용	• 유통경로가 수행하는 분류기능은 제품의 부가가치를 높여 소비자가 얻는 효용 • (편익)을 증대시키는 역할 **시간효용 / 장소효용 / 소유효용 / 형태효용**
유통경로의 전략	• 유통경로의 전략적 결정은 기업에게 비용을 절감시켜주고, 소비자에게 더욱 빠르고 편리하게 상품 배송이 가능하게 하는 것을 목적으로 함. • 1단계 유통범위 설정, 2단계 유통경로 길이 설정, 3단계 통제수준 결정
전통적 유통경로	서비스 제공자가 중간 단계를 거치지 않고 고객에게 직접 서비스를 전달하는 '직접경로' 형태. 고객으로 즉시 전달되는 가장 단순한 유통경로 구조
수직적 마케팅 시스템(VMS) (Vertical Marketing System)	생산자-도매상-소매상이 하나의 통합된 시스템처럼 협력하며 운영되는 유통 구조
수평적 마케팅 시스템(HMS) (Horizontal Marketing System)	동일한 유통경로 단계에 위치한 두 개 이상의 기업이 대등한 입장에서 협력하여 공동의 목표를 달성하는 유통 시스템
관리형 VMS (Administered VMS)	소유권 통합 없이 파워 리더의 영향력으로 조정·협력이 이루어지는 구조로, 통합 수준은 낮지만 구성원의 자율성이 가장 높은 경로 형태
계약형 VMS (Contractual VMS)	소유권 통합 없이 법적 계약을 통해 유통 활동을 공식적으로 통합·조정하여 규모의 경제와 마케팅 효율성을 확보하는 시스템
기업형 VMS (Corporate VMS)	• 생산·도매·소매 전 과정을 한 기업이 소유·관리하는 완전한 수직적 통합 방식 • 직영점·물류센터 등 기업 주도형 유통 구조

Chapter 2 ▶ 서비스유통 시간/장소 관리

유통경로 설계	누가, 어떤 방식으로 상품이나 서비스를 표적시장(target market)에 전달할 것인가를 결정하는 과정
유통경로 설계 포함요소	유통경로의 길이, 경로구성원의 수, 경로구성원의 형태, 경로구성원의 선정, 경로조직의 형태로 구성
유통경로 설계에 영향을 미치는 요인	서비스의 표준화 정도, 고객의 차이, 서비스 상품의 수요·공급 특성등을 통해 크게 좌우
서비스 전달을 위한 접촉유형	서비스가 고객에게 전달될 때 고객·서비스제공자·서비스 설비 중 어느 요소가 이동하거나 접촉하느냐에 따라 구분
고객이 기업으로 방문 단일지점 서비스	극장, 미용실, 전문 병원, 고급 레스토랑
고객이 기업으로 방문 복수지점 서비스	버스정류장, 패스트푸드 체인점, 대형마트 지점, 편의점 체인

기업이 고객에게 방문 단일지점 서비스	주택 수리, 이동 세차, 출장 미용, 방문 간호
기업이 고객에게 방문 복수지점 서비스	우편 배달, 은행 지점망, 수도검침 · 전기검침 서비스, 방문 택배망
원격으로 서비스 제공 단일지점 서비스	신용카드 회사(콜센터), 온라인 교육, 모바일 뱅킹
원격으로 서비스 제공 복수지점 서비스	통신회사(전국 네트워크 기반), 인터넷 쇼핑몰, 프랜차이즈 콜센터 운영
장소적 접근성	고객이 서비스를 이용하기 위해 기업을 방문해야 하는 경우, 기업은 고객이 쉽게 접근할 수 있는 입지(location)를 선택
시간적 접근성	고객의 생활 패턴과 니즈에 맞추어 편리한 운영시간을 제공
원격 서비스(Remote Service)	서비스 제공자가 고객과 직접 대면하지 않은 상태에서 기술 · 통신 · 디지털 채널을 통 해 서비스를 제공하는 방식
서비스유통 장소와 시간에 대한 의사결정 시 고려사항	고객의 기대, 경쟁자의 활동, 서비스운영, 후방서비스 요소, 전방서비스 요소
서비스유통의 장소들	지역적 제약을 가진 서비스, 미니 점포, 다목적시설의 설치
고객 접촉별 입지 및 운영계획	고객 접촉별 입지 및 운영계획은 고접촉서비스와 저접촉서비스로 구분
멀티마케팅 전략 (Multi Marketing Strategy)	기업의 제품과 서비스를 고객에게 전달 시 다수의 접근 방법을 활용하는 유통마케팅
복수 점포 전략 (Multi-Store Strategy)	• 제품 · 서비스 전달 시 다수의 접근 방식(멀티 접근)을 동시에 활용하는 유통 · 마케 팅 전략 · 서비스 · 점포 · 표적시장 등 다양한 요소를 조합해 고객 접근성 강화 • 장점 - 고객 접점 확대, 다양한 시장 요구 대응 가능, 전략 간 융합 가능 • 단점 - 복잡성 증가, 관리 시스템 필요
복수 시장 전략 (Multi-Market Strategy)	• 여러 개의 점포를 개설하여 다양한 지역 또는 시장에 접근하는 전략 • 장점 - 빠른 확장성, 운영 · 관리 용이, 접근성 향상 • 단점 - 점포증가 ⇨ 품질 통제 어려움, 서비스 일관성 확보 부담
복수 서비스 전략 (Multi-Service Strategy)	• 기존 고객 및 신규 고객에게 다양한 서비스를 동시에 제공 • 장점 - 기존 고객 만족 · 충성도 증가, 신규 고객 확보 용이, 교차판매로 매출 증가 • 단점 - 다양한 서비스 운영으로 운영관리 부담 증가

Chapter 3 서비스유통경로의 유형과 관리 전략

서비스 경로설계에서 고려할 점	서비스 점포의 입지 결정, 표정시장의 규모를 고려한 점포의 크기 결정, 예상 고객의 특성에 따른 점포의 입지 결정, 예상 고객의 서비스 구매 시점 및 구매 방법 파악
직접유통	생산자와 소비자 사이에 중간상이 전혀 개입하지 않고, 제품 또는 서비스가 직접 전달되는 유통 방식
직접유통이 필요한 이유	중간상에 대한 불신·불만, 마케팅 시설·기술의 발달, 소매상 측 촉진 요인
서비스 기업에서의 직접유통의 의미	서비스 비분리성 영향, 유통경로 길이가 짧음, 소규모 서비스 기업의 직접 전달
직접유통의 장점	• 통제 가능성이 높아 서비스 품질 관리 유리, 중간상이 존재하지 않아 유통경로 관리 문제(갈등·조정 비용 등)가 발생하지 않음. • 고객서비스에 문제가 발생할 경우 즉각적인 대응 조치가 가능 • 유통 단계가 단축되므로 사회적 유통비 절감 효과
직접유통의 단점	• 직영 채널 운영을 위해 재무적 비용(시설, 인력, 장비) 부담 큼. • 점포 수나 운영 범위에 한계가 있어 고객 접근성이 제한 • 중간상의 시장·고객 정보수집 기능이 없기 때문에 고객·시장 정보 확보에 한계
프랜차이징(Franchising)	프랜차이즈 본부(Franchisor)가 가맹점에 브랜드·운영방식 사용 권한을 부여하고, 가맹점은 가입비·로열티 등을 지불하는 계약 기반 유통경로 시스템
프랜차이즈 본사 입장의 장점	프랜차이즈 본사는 투자비용없이 직영점 확대, 안정적 판매망 확보, 규모의 경제·운영 효율성·브랜드 확장을 실현하며 로열티 수익까지 창출
프랜차이즈 본사 입장의 단점	서비스 품질 유지와 가맹점 관리에 지속적 지원이 필요하며, 통제력 약화 시 브랜드 이미지 손상과 시스템 전체에 부정적 영향이 발생할 위험
프랜차이즈 가맹점의 입장에서 장점	가맹점은 본사 지원과 브랜드 인지도 활용으로 초보 창업이 가능하며, 검증된 운영 시스템과 교육·마케팅 지원을 통해 실패율을 낮추고 안정적인 사업 운영이 가능
프랜차이즈 가맹점의 입장에서 단점	가맹점은 초기 투자비와 운영비 부담이 크고, 본사 규정으로 인해 자율성과 지역 특성 반영이 제한되는 한계
에이전트(Agent)	특정 기업 또는 고객을 지속적으로 대리하여 거래를 담당하는 존재
판매 에이전트 (Selling Agent)	특정 기업을 지속적으로 대리하며 상품을 대신 판매하는 대리인으로, 마케팅·영업 활동을 보조하며 고객에게 직접 판매를 수행
구매 에이전트 (Purchasing Agent)	전문지식가 평가능력을 바탕으로 고객을 대신해 상품을 선정·구매하는 대리인으로 고가·전문품목에서 주로 활용
브로커(Broker)	• 구매자와 판매자 사이의 협상을 돕고 거래 성사를 중개 • 에이전트와 달리 특정 기업이나 고객을 지속적으로 대리하지 않음.
에이전트·브로커의 장점	에이전트와 브로커는 전문지식과 지역시장 이해를 바탕으로 유통·마케팅 비용을 절감하고, 고객에게 다양한 선택지와 최적의 구매를 지원하는 효율적 대행자 역할 수행
에이전트·브로커의 단점	에이전트와 브로커는 기업의 마케팅 통제력이 약화될 수 있고, 여러 공급자를 대리하는 경우 경쟁사에 유리한 판매가 이루어질 위험이 존재

부록

서비스 유통경로의 특성	• 공동의 목표를 가진 고객지향성, 효과적이고 효율적인 커뮤니케이션, 공동 목표 달성을 위한 협조 • 명확한 통제 시스템(보상제도 포함)
유통경로 파트너 선정 시 고려사항	유통 파트너는 재정·판매력 등 기본 역량과 시장 커버 능력, 그리고 협력 가능성을 종합적으로 평가하여 선정
서비스 유통경로의 권력 관계	서비스 유통경로의 권력은 보상력·강제력·합법력·전문력·순거력·정보력 등으로 구성되며, 이러한 능력이 중간상을 통제하거나 협력 유도에 작용
보상력	보상력은 중간상에게 보상이나 지원을 제공하여 협력과 성과를 유도할 수 있는 능력
강제력	강제력은 중간상에게 제재나 불이익을 가해 통제할 수 있는 능력으로, 거래 축소·판촉 제외·납품 제한 등의 방식으로 작동
합법력	합법력은 법적 계약과 권리를 기반으로 중간상을 통제하는 능력으로, 판매구역 지정·브랜드 기준 설정·계약 갱신 제한 등에 활용
전문력	전문력은 전문지식과 분석 능력을 기반으로 중간상에게 조언과 전략을 제공해 영향력을 행사하는 능력
순거력	순거력은 중간상이 모방하거나 따르고 싶어 하는 영향력으로, 우수 파트너 이미지·ESG실천·고객 신뢰도 등을 통해 발휘
정보력	정보력은 시장 정보를 분석·제공하여 중간상의 의사결정과 성과 향상을 지원하는 능력
유통경로의 갈등 원인	유통경로 갈등은 목표 불일치·품질 통제 약화·자율성 VS 통제의 충돌·역할 모호성 등으로 발생하며, 조정 시스템 부재 시 서비스 품질과 협력이 저하될 수 있음.
유통경로 갈등관리 방안	유통경로 갈등은 목표 조정·품질 표준화·권한과 통제의 균형·역할 명확화를 통해 관리해야 하며, 조정 메커니즘이 없으면 갈등이 서비스 저하로 이어질 수 있음.
중간상 관리전략 유형 중 '통제(Control)'	통제전략은 성과 측정과 보상을 기반으로 중간상을 관리하는 방식으로, 경로 효율성과 서비스 일관성은 높지만 자율성 제한과 갈등 가능성이 존재
중간상 관리전략 유형 중 '권한부여(Empowerment)'	권한부여 전략은 중간상에게 재량권과 참여 기회를 제공하는 자율 중심 방식으로, 갈등 완화와 동기부여 효과가 크지만 서비스 편차와 기준 미달의 위험이 존재
중간상 관리전략 유형 중 '파트너십(Partnership)'	파트너십 전략은 수평적 협력과 정보 공유를 통해 공동 목표를 추진하는 방식으로, 신뢰와 시너지를 창출하지만 목표 불일치 시 갈등이 확대될 수 있음.

Chapter 4 ▶ 전자채널관리

전자채널	생산자, 중개인, 소비자가 디지털 통신망과 다양한 온라인 플랫폼을 활용하여 대면 접촉없이 상품과 서비스를 거래하는 유통경로
전자채널의 용도	전자채널을 상품 판매부터 주문·결제 자동화, 고객 경험 향상, 데이터 기반 의사결정 및 양방향 커뮤니케이션까지 수행하는 핵심 유통 수단
전자채널의 효과	전자채널은 실시간 의사소통, 거래 매칭 자동화, 디지털 통합을 통해 유통 시스템의 효율성과 고객 경험을 혁신적으로 향상시키는 역할을 수행
탈중간상화 (Dis-intermediation)	탈중간상화는 디지털·AI·CRM 기반 유통에서 기업이 중간상을 거치지 않고 고객과 직접 거래하는 전략으로, D2C와 유통비용 절감이 핵심 특징
전자상거래(E-Commerce)	전자상거래는 플랫폼 기반 D2C방식으로 실시간 거래·데이터 분석·맞춤형 마케팅이 가능하며, 글로벌 시장을 대상으로 24시간 운영되는 디지털 유통 구조
전통상거래 (Traditional Commerce)	전통상거래는 공간 기반의 다단계 유통 방식으로, 영업시간·시장범위·정보수집·고객대응이 제한되는 오프라인 중심 구조
전자적 유통경로의 장점 (공급자 측면)	기업·고객 직거래를 통해 유통비용을 절감하고, 시간·공간 제약없이 CRM-데이터 기반 마케팅을 수행할 수 있는 효율적 구조
전자적 유통경로의 단점 (공급자 측면)	보안·개인정보 유출 등 안전성 문제와 실제 배송·물류 단계에서 추가 비용이 발생하는 한계를 가짐.
전자적 유통경로의 장점 (소비자 측면)	소비자는 시간·공간 제약없이 공급자를 비교·탐색하며 빠르고 효율적인 구매가 가능하고, 정보수집·문제 해결·최적 선택을 직접 수행할 수 있다는 장점
전자적 유통경로의 단점 (소비자 측면)	상품 체험의 어려움과 배송·반품 리스크, 보안 문제와 후기 신뢰성 저하 등 소비자 불안을 초래할 수 있는 한계
오프라인 기업의 인터넷 경로 전략	오프라인 기업은 온라인을 활용해 기존 경로를 보완하거나, 경로 기능을 차별화하거나, 온라인 중심으로 통합하는 방식으로 디지털 유통 전략 전개
경로 보완	경로 보완은 온라인 채널을 부수적으로 활용하여 기존 오프라인 경로의 약점을 보완하는 전략
경로 차별화	경로 차별화는 오프라인과 온라인의 기능을 분리하여 역할 중복과 갈등을 해소하는 전략
경로 통합	경로 통합은 온라인을 핵심 유통 경로로 전환해 모든 판매 활동을 디지털 중심으로 통합하는 전략
전자적 유통경로에 의한 기업 내·외부의 갈등 유형	전자채널 활성화는 내부에서는 오프라인 판매 인력의 역할 축소로, 외부에서는 대리점·소매점과의 경쟁 심화로 갈등을 유발하는 구조적 변화
전자 유통경로 등장에 따른 유통관리 이슈	전자 유통경로의 확산은 오프라인·온라인의 채널 결합과 복합 경로 운영 능력을 요구하며, 두 경로 간 시너지 창출이 핵심 경쟁 과제로 부각
유통경로 갈등 대응 의사결정의 원칙	유통경로 갈등은 수익성·비용·지속가능성에 기반하여 전략적으로 판단해야 하며, 분석 결과에 따라 채널 육성·조정·철수까지 고려하는 의사결정 체계가 필요
정보공유형 하이브리드 경로	정보공유형 하이브리드 경로는 채널 간 고객 데이터를 통합·공유하여 CRM을 강화하고 마케팅 효율성을 높이는 갈등 해결 방식
역할 분리형 하이브리드 경로	역할 분리형 하이브리드 경로는 온라인·오프라인의 기능을 명확히 구분해 경쟁을 줄이고, 역할 차별화를 통해 시너지를 창출하는 갈등 해결 방식

Chapter 5 | 서비스 구매과정의 물리적 증거 이해

물리적 증거 (Physical evidence)	물리적 증거는 서비스가 실제로 존재함을 보여주는 비인적 요소로, 환경을 넘어 고객의 이미지 · 신뢰 · 경험을 결정하는 핵심 단서 역할
물리적 증거의 구분	• 물리적 증거는 외부환경 · 내부환경 · 기타 유형적 요소로 구성되며, 고객의 첫인상 · 신뢰 형성 · 서비스 경험과 생산성을 결정짓는 중요한 역할을 수행 • 외부환경 – 방문의사결정, 내부환경 – 만족 · 체류 · 생산성, 기타요소 – 종업원 이미지 & 안내
물리적 증거의 이해	• 물리적 증거는 서비스 전달 기능을 수행하는 '기능적 요소'와 '고객경험(UX)'을 형성하는 '환경적 요소'로 구분하여 이해 • 기능적 요소 – 서비스 전달 기능, 환경적 요소 – 사용자 경험(UX)
물리적 증거의 역할	물리적 증거는 서비스 경험 전체를 구성하며, 패키지 · 편의제공 · 사회화 · 차별화의 4가지 역할을 통해 고객의 인식 · 행동 · 가치 판단에 결정적 영향을 미침.
패키지 역할	패키지 역할은 서비스의 외형을 포장하여 첫인상과 품질 지각을 형성하는 기능
편의제공 역할	편의제공 역할은 기능적 자원과 동선 설계를 통해 고객 편의와 직원 효율성을 높이는 역할
사회화 역할	사회화 역할은 공간 배치와 설계를 통해 고객의 행동 규범과 관계 형성을 유도하는 기능
차별화 역할	차별화 역할은 경쟁사와의 구분 및 포지셔닝을 통해 가치 인식을 변화시키는 전략적 기능
물리적 증거의 영향	물리적 증거는 기업 이미지 · 서비스 유형성 · 행동 · 접근행동 · 직원 생산성 · 품질 평가 · 구매결정까지 영향을 미치는 서비스 성패의 핵심 요인
물리적 증거 조절 변수	물리적 증거는 성격 · 상황 · 감정(mood) · 개인적 기대에 따라 다르게 인식되며, 서비스 설계 시 고객세분화와 동선 · 분위기 · 품질 전략에 활용
물리적 증거 인식에 따른 내적 반응에 의한 외적 행동	• 물리적 증거는 고객의 인식과 감정에 영향을 미쳐, 긍정적 반응은 '접근행동', 부정적 반응은 '회피행동'으로 이어지는 서비스 행동의 결정 요인 • 접근행동 – 긍정적 행동, 회피행동 – 부정적 행동
물리적 환경 서비스 (Service-Scape)	서비스 스케이프(Service Scape)는 고객과 직원이 서비스 접점에서 인지하는 모든 비인적 요소의 총체로, 공간 · 시설 · 장비 · 감각 환경이 서비스 경험과 품질에 직접적 영향을 미침.
베이커(Baker)의 물리적 환경 범주	• 물리적 환경은 주변요소 · 디자인 요소 · 사회적 요소로 구분되며, 각 요소는 고객의 접근 · 회피행동과 서비스 평가에 직접적 영향을 미침. • 주변 요소 – 온도, 습도, 조명, 향기, 소음 • 디자인 요소 – 색채, 건축미, 레이아웃, 안전성 • 사회적 요소 – 직원 수, 유니폼, 외모, 고객 밀집도
비트너(Bitner)의 물리적 환경 범주	• Bitner는 물리적 환경을 주변요소 · 디자인요소 · 사회적 요소로 구분하며, 각 요소는 감정 · 서비스효율 · 이미지 형성에 미쳐 고객 행동을 결정 • 주변 요소 – 온도, 조도(밝기), 소음, 음악, 향기 • 디자인 요소 – 가구, 기계, 장치, 동선 설계 • 사회적 요소 – 예술장식물, 로고, 인증서 게시, 사진, 바닥재

PART 05 코칭/교육훈련 및 멘토링/동기부여

Chapter 1 성인학습의 이해

내부마케팅	내부마케팅은 직원을 내부 고객으로 인식하여 교육·동기부여·소통을 통해 직원 만족을 높이고, 이를 외부 고객 만족과 서비스 품질 향상으로 연결시키는 경영 활동
내부마케팅 성공 전략	직원의 역할을 인식하고 만족도를 지속적으로 측정하며, 인적자원을 통합적으로 관리하고 경영층의 적극적 지원을 통해 직원만족 → 서비스 품질 향상 → 고객만족으로 연결되는 구조를 구축
내부마케팅의 주요 요소	복리후생제도, 교육훈련, 내부커뮤니케이션, 보상제도
성인학습	성인학습은 다양한 경험과 욕구를 지닌 성인을 대상으로 문제 해결과 자기 발전을 지원하는 융통성 있고 자발성에 기반한 교육 활동
성인학습자의 특성	성인학습자는 신체적 변화·심리적 특성·사회적 역할과 책임 속에서 학습에 참여하므로, 교수·학습 설계 시 신체적 배려, 심리적 지지, 역할 기반 학습 요구를 정확히 반영
성인을 교육하는 교육자로서 갖추어야 할 특성	전문성, 명확성, 감정이입, 열정, 문화적 감수성
성인 학습자의 학습 참여 동기	성인 학습자는 단순한 지식 습득이 아니라 목적·활동·학습 지향성에 따라 다양한 동기를 가지고 학습에 참여
앤드라고지(Andragogy)	성인의 특성과 동기를 고려하여 학습 방법을 설계하는 성인 중심 교수법으로, 기존 아동 교육 중심 방식으로는 충족되지 않는 성인의 실제적 학습 요구를 해결하기 위해 등장한 교육 이론
페다고지(Pedagogy)	아동을 위한 교사 중심 교수법으로, 지식 전달을 교사가 주도하는 전통적인 '교사 중심 교육 방식(Teacher-Centered)'을 의미
관점 전환 학습	경험을 바탕으로 비판적 사고와 반성을 통해 기존 관점을 재구성하며, 성인이 새로운 시각과 사고방식을 형성하도록 돕는 학습 이론
개조주의 학습	개인의 관점 변화가 사회적 수준의 변화로 확장되는 것을 강조하며, 기존 관습과 고정된 사고에서 벗어나 새로운 해결 방법을 학습하고 이를 사회와 공유·확산하는 학습 방식
경험 학습 이론	학습자의 경험을 핵심 자원으로 활용하여 '경험 → 성찰 → 개념화 → 적용'의 순환 과정을 통해 실천적 학습이 이루어진다고 보는 참여형 학습 이론
Kolb의 경험 학습 이론 모형	구체적 경험, 반성적 관찰, 추상적 개념화, 능동적 실험의 4단계
자기주도학습	학습자가 스스로 목표를 설정하고 학습 전 과정을 자율적으로 설계·실행·평가하며, 자기관리·자기통제·내적 동기를 기반으로 학습을 주도하는 학습자 중심 이론
조직학습	문제 해결과 성찰을 통해 조직의 구조와 성과를 변화·개선시키며, 공개적 소통과 협업을 기반으로 경쟁력과 혁신을 강화하는 실행 중심 학습 과정
학습조직	지식을 창출·공유·활용하면서 환경 변화에 능동적으로 적응하고 경쟁력을 강화하는 조직 형태로, 구성원이 지속적으로 학습하며 성장하는 '학습 시스템 자체'를 본질로 하는 조직

부록

B

Chapter 2 교육훈련의 종류와 방법

교육훈련	인적자원의 가치를 높이고 생산성과 전문성을 강화하는 핵심 투자 활동으로, 불확실한 환경 속에서 고용 안정성과 조직의 지속 가능성을 확보하는 전략적 수단
교육훈련의 목표	전문 인재 육성과 기술 축적, 조직 내 원활한 의사소통, 그리고 직원의 자기발전 욕구 충족과 동기 부여를 통해 핵심역량을 강화하는 데 목적
교육과 훈련의 차이	교육은 이론·소양·태도 등 인간적 역량을 기르는 장기적 성장 목표이며, 훈련은 직무 수행에 필요한 기술·지식을 습득해 즉각적 실무 성과를 높이는 단기적 목표의 활동
교육훈련의 목적 (기업의 측면)	교육훈련은 핵심 인재 확보와 역량 강화, 생산성 향상과 비용 절감, 유연한 인력 운용과 차세대 리더 양성, 커뮤니케이션 개선과 문제 해결력 증진을 통해 조직 경쟁력과 자립성을 높이는 전략적 활동
교육훈련의 목적 (직원의 측면)	교육훈련은 직원의 자기개발과 경력 성장 욕구를 충족시키고, 변화에 대한 적응력·실무 역량·소통 및 인간관계 능력을 향상시켜 고용 안정성과 공정한 보상을 가능하게 하며, 직무 만족·조직 몰입·심리적 안정감을 높이는 성장 기반을 제공
직장 내 교육훈련(OJT)	직장 내 교육훈련(OJT)은 실제 업무 현장에서 선배나 상사의 시범과 피드백을 통해 직접 실습하며 배우는 방식으로, 일을 하면서 역량을 습득하는 실무 중심 교육훈련 기법
직장 외 교육훈련 (OFF-JT)	Off-JT는 업무 현장을 벗어나 별도의 장소나 프로그램에서 이루어지는 사내외 교육훈련으로, 전문 기관·대학·컨설팅·사내 아카데미 등을 통해 체계적·이론적 역량을 습득하는 방식
신입 사원 교육훈련	신입사원 교육훈련은 조직 적응과 직무 자신감 형성을 목표로, 경영 이념·조직문화 이해와 기본 역량을 강화하며 멘토링·강의식 교육 등을 통해 장기적 성장 가능성과 협업 의지를 높이는 교육 과정
작업자 교육훈련	작업자 교육훈련은 직무 수행에 필요한 실무 역량(KSA)을 강화하여 생산성·정확성·안정성을 높이는 것을 목표로 하며, 실습·OJT·교육 위탁제·강의식 등 다양한 실무 중심 기법을 활용하는 현장 실습형 교육
관리자 교육훈련	관리자 교육훈련은 조직 경영과 의사결정을 수행할 수 있도록 리더십·권한 행사·관리·감독 역량을 강화하여 부하 직원의 성과를 이끌도록 지원하는 교육 과정
롤플레잉 교육훈련	롤플레잉은 실제 상황을 가정해 역할을 실연하며 고객·직원 입장을 교차 체험함으로써 문제 해결력·감정이입 능력·객관적 자기 성찰을 기르는 실습형 훈련 기법
롤플레잉 진행방법	롤플레잉은 동기 유발 → 절차 확정 → 실습 준비 → 프레젠테이션 → 피드백의 순서로 진행되며, 역할 분배·사전 연습·발표·구성원의 피드백을 통해 서비스 대응력과 개선 방향을 학습하는 참여형 실습 과정
전통적 교육	전통적 교육방법에는 강의식·통신훈련·시청각 훈련·회의식(토의)방식으로 구성되며, 지식 전달·자기주도학습·이해도 향상·참여와 토론 등 목적에 따라 다양한 형태로 활용되는 교육 방법
토론·참여형 교육	토론·참여형 교육은 사례연구·역할연기·브레인스토밍·실습 등 실제 상황을 바탕으로 문제 해결력·감정이입·창의성·직무 이해도를 높이는 체험형 학습 방식

현장 적응형 교육	현장 적응형 교육은 인턴 사원제·멘토 시스템·모험 학습 등을 통해 직무 적응과 조직 이해, 리더십·팀워크·위기 대응 능력을 실전 체험 중심으로 강화하는 방식
제도 기반 교육	제도 기반 교육훈련은 대학 학위 위탁제와 교육 이수 학점제를 통해 전문성 강화·장기적 인재 육성·성과관리·승진 기준을 지원하는 조직의 제도적 교육 시스템
디지털 학습(온라인)	온라인 학습은 웹 기반 가상 강의실을 활용한 비대면 학습 방식으로, 시간·장소의 제약 없이 자기주도 학습에 효과적인 디지털 교육 방식
교육훈련에서의 동기부여	교육훈련에서는 학습의 필요성과 기대 효과를 구체적으로 제시하고, 교육생의 기존 경험과 연결하여 몰입을 유도함으로써 학습 동기를 강화

Chapter 3 ▸ 서비스 코칭의 이해 / 실행

서비스 코칭	서비스 코칭은 관리자와 직원 간의 상호작용을 통해 성과 문제 해결과 역량 개발을 지원하며, 급변하는 서비스 환경에서 핵심 인재를 육성하기 위한 격려·질문·학습 지원 중심의 관리 방식
조직 내에서 서비스 코칭의 이점	서비스 코칭은 직원의 진정성 형성, 전체 맥락 파악, 잠재력 발견과 재해석을 돕고, 과거 지적보다 미래 변화와 행동 개선에 초점을 맞춰 성과 중심의 조직 문화를 조성
코치의 역할 중 후원자(Sponsor)	직원의 성장과 경력 목표 달성을 위해 필요한 기회와 업무를 함께 결정하고 지원하는 역할
코치의 역할 중 멘토(Mentor)	경험과 신뢰를 바탕으로 조직 내 정치적 역학과 영향력 형성 방법을 조언하는 조언자 역할
코치의 역할 중 평가자(Appraiser)	직원의 성과를 관찰·분석하고 공정한 피드백을 통해 성장 방향을 제시하는 역할
코치의 역할 중 역할 모델(Role Model)	기업의 가치와 리더십을 행동으로 보여주며 조직문화에 적합한 태도와 기준을 제시하는 실천적 본보기 역할
코치의 역할 중 교사(Teacher)	직무 수행에 필요한 비전·전략·서비스·고객 정보를 전달하며 지식과 기술을 교육하는 역할
질문스킬	질문을 통해 직원의 사고 방향을 전환하고 잠재력을 이끌어내며 자기 설득과 동기부여를 유도하는 핵심 코칭 기술
경청스킬	공감적이고 적극적인 경청은 직원의 마음을 열고 신뢰를 형성하며 자기반성과 성찰의 계기를 제공하는 스킬
직관스킬	코치는 상황을 직관적으로 파악하고 판단을 앞서지 않으며 직원의 흐름에 자연스럽게 대응할 수 있어야 함.
자기관리스킬	코칭의 효과를 위해 감정·태도·언행을 안정적으로 관리하며 일관된 모습을 보여 신뢰감을 형성하는 능력
확인스킬	목표·현 위치·진행 상황을 현재·과거·미래의 관점에서 점검해 실행력과 책임감을 강화하는 추진형 스킬
GAPS 코칭모델 1단계 목표설정	목표 설정 단계는 질문과 대화를 통해 구성원이 스스로 목표를 설정하도록 유도하면서, 개인의 비전과 업무 방향성까지 연결될 수 있도록 목표의 방향을 명확히 제시하는 과정

부록

SMART 목표 설정	SMART 목표는 구체성(S), 측정 가능성(M), 달성 가능성(A), 업무 연관성·현실성(R), 기한 설정(T)을 갖춘 목표로, 명확한 성과 기준과 실행력을 확보하기 위한 목표 설정 기준
질문하기	과거 질문→미래 질문, 부정 질문→긍정 질문, 폐쇄형 질문→개방형 질문
GAPS 코칭모델 2단계 현재 진행 과정 평가하기	2단계는 구성원의 수행 결과를 공정하게 평가하고 다양한 자료를 기반으로 피드백하며, 행동 과정과 개선점을 확인하게 하여 스스로 실행·마무리할 수 있도록 돕는 단계
피코치가 성과를 내지 못하는 이유	피코치가 성과를 내지 못할 때는 단순한 노력 부족이 아닌 역량, 환경, 심리 등 다양한 숨겨진 요인이 영향을 미칠 수 있으므로 코치는 문제의 근본 원인을 구체적으로 확인
GAPS 코칭모델 3단계 다음 단계 계획하기	다음 단계 계획 단계는 목표 수정·지원 방향 논의를 통해 현재 문제의 원인을 분석하고 브레인스토밍을 통해 최적의 대안을 선정하여 행동 변화 계획을 수립하는 과정
GAPS 코칭모델 4단계 변화 행동 지원하기	변화 행동 지원 단계는 구성원의 재능과 역량 향상을 위해 학습 환경·정보·자료를 제공하고, 이해와 역할 모델링을 통해 실행력을 높이며 필요한 수준과 방향의 지원을 결정하는 과정
GROW 코칭 모델	GROW 코칭 모델은 단계별 질문을 통해 피코치가 목표를 설정하고 현실을 인식하며 실행 가능한 대안을 찾아 행동 계획까지 이끌어내는 대표적인 코칭 프로세스
GROW 코칭 모델 4단계 G-Goal(목표설정)	• 목표를 명확히 설정하는 단계 • 코치는 코치는 질문을 통해 피코치가 스스로 목표를 발견하고 구체화하도록 유도
GROW 코칭 모델 4단계 R-Reality(현실 점검)	• 현재 위치와 현실 파악 단계 • 현재 위치와 문제의 원인을 객관적으로 인식하도록 질문과 점검을 수행
GROW 코칭 모델 4단계 O-Option(대안 탐색)	• 실행 가능한 대안 탐색 단계 • 가능한 선택지와 해결 방법을 브레인스토밍하며 폭넓게 탐색
GROW 코칭 모델 4단계 W-Will(실행 의지 확인)	• 실행 의지를 점검하고 행동을 약속하는 단계 • 최적의 대안을 행동 계획으로 연결하고 실제 실행 의지를 확인하는 단계
동료 코칭	동료 코칭은 비슷한 환경과 도전을 공유하는 동료 간 상호 지원 방식으로, 공감성과 협력성을 기반으로 하되 코치는 신뢰 형성과 의사 확인을 통해 자연스럽게 관계를 구축해야 함.
상사 코칭	상사 코칭은 조직에서 성공하기 위한 전략으로, 상사의 강점과 목표를 기반으로 신뢰를 형성하고 자연스러운 피드백과 자기 발상 유도를 통해 상사가 성장하도록 지원하는 코칭 방식

Chapter 4 정서적 노동의 이해 및 동기 부여

감정노동	감정노동은 고객 접점에서 조직이 요구하는 감정을 표현하기 위해 감정을 관리·조절하는 노동 형태로, Hochschild(1983)가 감정을 하나의 노동으로 인식하며 정의한 개념
감정노동의 구성요인	감정노동은 감정 표현의 빈도, 규범의 강도와 다양성, 그리고 실제 감정과의 차이에서 발생하는 감정적 부조화로 구성되며, 조직의 감정 기준을 맞추기 위해 반복적·에너지 소비형 노력이 요구되는 심리적 노동
직무스트레스	직무 스트레스는 중요하지만 불확실한 업무 결과에 대한 심리적 긴장으로, 직무 요구가 개인의 능력이나 기대와 불일치할 때 발생하며 정서·인지·행동·생리적 반응으로 나타나는 상태
유스트레스(Eustress)	유스트레스는 적절한 긴장을 통해 성장·적응·성과 향상을 촉진하는 긍정적 스트레스로 개인과 조직의 목표 달성에 도움이 됨.
디스트레스(Distress)	디스트레스는 질병·우울·결근·성과 저하 등 부정적 결과를 유발하는 파괴적 스트레스로 개인과 조직 모두에 역기능을 미치는 스트레스
Yerkes & Dodson 법칙	Yerkes & Dodson 법칙은 스트레스(각성 수준)가 너무 낮거나 높으면 성과가 떨어지고, 적정 수준일 때 최고 성과가 나타나는 역(逆) U자형 곡선 이론
동기부여	동기 부여는 목표 달성을 위해 개인의 행동을 유발하고 지속시키는 심리적 과정으로, 마음과 행동을 '움직이게 만드는 힘'이자 개인과 조직의 목표 달성을 이끄는 영향력
매슬로우 욕구 5단계 이론	매슬로우는 인간 행동이 내면의 욕구에 의해 동기화된다고 보고, 욕구가 하위 단계부터 순차적으로 충족될 때 상위 욕구가 활성화된다고 설명한 욕구 위계 이론을 제시, 생리적 욕구, 안전 욕구, 사회적 욕구, 존경 욕구, 자아실현 욕구의 위계
Herzberg의 2요인 이론 (Two-Factor Theory)	허츠버그(Hezberg)는 인간의 동기부여 요인이 직무 만족을 증가시키는 요인(동기 요인), 직무 불만족을 감소시키는 요인(위생 요인) 두 가지 범주로 구분된다고 보았다.
X이론 & Y이론	관리자의 인간관(사람을 어떻게 보느냐)에 따라 경영 방식이 달라지며, 서비스 조직에서는 참여·책임·신뢰를 기반으로 한 Y이론적 접근이 동기부여와 성과 향상에 가장 효과적이라는 것이 맥그리거의 핵심 주장
X이론	인간은 일을 싫어하고 책임을 회피하려 하기 때문에 강압적 통제와 지시가 필요하다는 관점, 부정적 인간관 → 통제형 리더십
Y이론	일은 자연스러운 활동이며 사람은 자율성과 책임감을 지니고 성장할 수 있다는 긍정적 관점, 긍정적 인간관 → 참여형 리더십
Alderfer의 ERG 이론	Alderfer는 인간의 행동을 유발하는 욕구를 존재(E) − 관계(R) − 성장(G)의 세 범주로 구분. 매슬로우의 단계적 이론과 달리, 여러 욕구가 동시에 나타날 수 있으며, 상위 욕구가 충족되지 않으면 → 하위 욕구로 회귀(Regression)
존재 욕구(Existence)	생리적 안정과 안전을 포함한 기본적인 생존과 물질적 안정 욕구
관계 욕구(Relatedness)	타인과의 소속감·애정·존중 등 인간관계를 통해 충족되는 사회적 욕구
성장 욕구(Growth)	자기개발과 성취를 통해 잠재력을 실현하고자 하는 발전 지향적 욕구

부록

목표 설정 이론	명확하고 도전적인 목표가 행동의 방향성과 동기를 결정하며, 높은 성과를 이끌어낸다는 이론
강화이론	사람의 행동은 목표보다 '행동의 결과(보상·처벌)'에 의해 결정되고 반복된다는 이론
공정성 이론	사람은 자신의 '투입(input)'과 '보상(output)'을 다른 사람과 비교하여 공정성을 판단하고, 공정하다고 느낄 때 동기부여가 유지된다는 이론
내부 공정성	같은 회사 동료와 비교했을 때 업무 대비 보상이 적절한지를 판단하는 공정성
외부 공정성	동종 업계의 직원과 비교하여 업계 평균 수준과 보상이 공정한지를 판단하는 공정성
절차 공정성	승진·보상 과정이 객관적이고 투명하게 진행되는지를 평가하는 공정성
기대이론	노력하면 성과가 나고, 그 성과가 보상으로 이어질 것이라고 믿을 때 동기가 생긴다"는 연계 구조 기반의 동기부여 이론
목표 관리(MBO)	직원이 스스로 목표를 이해하고 책임감을 가지고 달성하도록, 성과 기준과 방향성을 제시해 자율적으로 관리하는 방식
목표 관리의 핵심요소	목표 특수성, 참여적 의사 결정, 명시적 기간, 성과 피드백으로 이어지는 체계
MBO Cycle	MBO는 목표 설정 → 실행 → 평가 → 피드백 → 재설정의 순환 구조로 운영
임파워먼트(Empowerment)	구성원에게 권한과 책임을 부여해 스스로 의사결정을 내리고, 자기효능감을 갖고 주도적으로 업무를 수행하도록 힘을 실어주는 과정
임파워먼트(Empowerment) 구성	의미성(Meaningfulness), 역량(Competence), 자기 결정성(Self-determination), 영향력(Impact)으로 구성
개인 임파워먼트(Individual Empowerment)	무력감을 줄이고 자기효능감을 높여 개인이 주도적으로 업무에 참여하도록 만드는 과정
집단 임파워먼트 (Group Empowerment)	구성원 간의 협력과 상호작용을 통해 문제 해결력과 의사결정 능력을 함께 향상시키는 과정

Chapter 5 | 서비스 멘토링 실행

멘토링(Mentoring)	경험과 지혜를 가진 선배(멘토)가 후배(멘티)를 지도하며 성장과 적응을 돕는 조언·지원 관계를 의미
멘토(Mentor)	경험과 지혜를 바탕으로 멘티의 성장을 지도하고 진로·성과를 지원하는 조언자
멘티(Mentee)	멘토의 지도와 피드백을 받아 학습·적응·성장을 추구하는 학습자
멘토링(Mentoring)	멘토가 멘티의 조직 적응과 역량 향상을 돕는 지속적 지도·지원 관계를 의미
경력 개발을 위한 멘토링	후원하기, 노출 및 소개하기, 지도하기, 보호하기, 도전적인 업무 부여 분류
후원하기(Sponsorship)	멘토가 멘티의 역할 수행과 승진을 지원하며 조직 내 기회를 연결해 주는 기능
노출 및 소개하기 (Exposure & Visibility)	멘티가 핵심 인물 및 조직 문화를 접할 수 있도록 네트워크를 연결해 주는 기능
지도하기(Coaching)	필요한 지식·기술·행동 기준을 교육하며 업무 수행 능력을 향상시키는 기능
보호하기(Protection)	멘티가 부정적 영향이나 위험에 노출되지 않도록 안정적인 적응을 지원하는 기능
도전적 업무 부여 (Challenging Assignment)	실질적인 과업 수행을 통해 능력과 성취감을 높이는 경험 중심의 역량 강화 기능
심리사회적 안정을 위한 멘토링	수용 및 확인하기, 상담하기, 우정 형성하기, 역할 모형 제시하기로 구분
수용 및 확인하기 (Acceptance & Confirmation)	실수를 비난하지 않고 해결방안을 제시하며 멘티의 자존감과 자신감을 높이는 기능
상담하기(Counseling)	멘티의 고민을 경청하고 조언하여 심리적 안정과 문제 해결 방향을 제시하는 기능
우정 형성하기(Friendship)	비공식적 관계 형성을 통해 정서적 유대와 스트레스 해소를 돕는 지원 기능
역할 모형 제시하기 (Role Model)	멘토가 모범적 행동과 가치관을 보여주어 멘티가 조직에 빠르게 적응하도록 돕는 기능
멘토에게 나타나는 효과	멘토는 지식·리더십·인간관계를 확장하며 조직 내 영향력과 전문성을 강화
멘티에게 나타나는 효과	멘티는 실무 역량·자신감·대인관계를 향상시키며 빠른 조직 적응과 성장 가능성을 높임
조직 차원의 효과	멘토링은 조직문화 강화, 핵심 인재 육성, 경쟁력 향상 등 HRD의 핵심 전략 도구로 작용
거래적 리더십	성과와 보상을 교환하는 규칙·기준 중심의 리더십
변혁적 리더십	카리스마와 지적 자극을 통해 구성원의 인식과 행동 변화를 이끄는 리더십
서번트 리더십	타인을 위한 봉사와 헌신을 강조하며 뒤에서 지원하는 섬기는 리더십
자유 방임형 리더십	간섭 없이 자율성을 최대한 보장하는 '방임형 리더십'
권위형 리더십	리더가 독단적으로 의사결정을 하고 부하가 따르는 통제 중심 리더십
민주형 리더십	의사결정 과정에 부하를 참여시키며 창의성과 동기를 높이는 참여형 리더십

부록

부록 02 ‖ 파이널 모의고사

일반형

01 유명 인사나 긍정적인 자료를 제시하여 고객의 저항을 감소시키는 고객만족 화법은?

① 쿠션 화법

② 후광 화법

③ 맞장구 화법

④ 아론슨 화법

⑤ 레이어드 화법

02 다음 중 B2C 시장에서의 서비스 세일즈와 비교했을 때, B2B 시장의 서비스 세일즈 특징으로 적절하지 않은 것은?

① 감성적 접근

② 장기적인 관계

③ 정형화된 구매절차

④ 구매 결정에 긴 시간 필요

⑤ 구매 결정에 다양한 이해 관계자 참여

03 다음 중 서비스 세일즈의 정의와 중요성을 설명한 것으로 가장 적절한 것은?

① 고객 관계를 장기적 관계가 아닌 단기적 관계로 본다.

② 상품의 수준이 평준화되는 시장 상황에서 더욱 중요성이 커졌다.

③ 누가 파는가보다는 상품이 무엇인가를 중요하게 여긴다.

④ 서비스 세일즈는 유형(有形)의 상품에 한하여 적용되는 개념이다.

⑤ 서비스 세일즈를 다른 말로 세일즈 에이드(Sales aids)라고도 한다.

04 A/S센터를 방문하는 고객들에 대한 MOT차트는 표준 기대, 플러스 요인, 마이너스 요인으로 이루어진다. 다음 중 플러스 요인을 설명한 것으로 적절하지 않은 것은?

① 담당자가 정형화된 질문들을 기계적으로 읽는다.
② 급히 처리해야 하는지 묻는다.
③ 담당자가 고객을 알아보고 친근감을 표시한다.
④ 담당자가 고객이 편할 때 수리해주겠다고 한다.
⑤ 담당자가 정중히 사과한다.

05 다음 중 우유부단한 고객을 상담하는 기법으로 가장 적절한 것은?

① 상대를 높여주고 친밀감을 조성한다.
② 고객의 말에 지나치게 동조하지 않는다.
③ 질문법을 활용하여 고객의 의도를 이끌어낸다.
④ 몇 가지 선택사항을 전달하고, 의사결정 과정을 안내한다.
⑤ 감정 조절을 잘 하여 고객의 의도에 휘말리지 않도록 주의한다.

06 CRM 실행의 일반적 성공 요인이 아닌 것은?

① 조직 전반에 걸쳐 고객중심문화를 확립해야 한다.
② 불량고객에 대한 명확한 기준을 설정해야 한다.
③ 분류된 고객에 따라 공정한 차별대우가 필요하다.
④ 관련 사업부서 간의 협력체계를 확립해야 한다.
⑤ 성과평가에서 합리적이고 공정한 반영이 이루어져야 한다.

07 다음 중 고객 구매 사이클 순서가 올바른 것은?

① 인지 > 최초 구매 > 구매 후 평가 > 재구매 약속 > 재구매
② 인지 > 최초 구매 > 재구매 약속 > 재구매 > 구매 후 평가
③ 최초 구매 > 인지 > 구매 후 평가 > 재구매 약속 > 재구매
④ 최초 구매 > 인지 > 구매 후 평가 > 재구매 > 재구매 약속
⑤ 최초 구매 > 구내 후 평가 > 인지 > 재구매 약속 > 재구매

부록

08 고객 포트폴리오에 대한 설명으로 옳지 않은 것은?

① 외부지향적 접근법은 잠재고객이나 경쟁사의 고객을 어떻게 획득할 것인가라는 문제의 식을 출발점으로 한다.

② 고객관계관리를 기반으로 하여 고객 유형별로 다양하고 차별화된 관리 기법을 수행할 수 있다.

③ 수익지향적 접근법으로 고객이 기업에 제공하는 수익수준을 기준으로 고객의 우선순위 를 정하고 관리할 수 있다.

④ 외부지향적 접근법으로 전체 시장에서 침투율과 시장 점유율을 높이기 위한 방법을 도 출하기 위해 고객과 시장을 분석한다.

⑤ 고객의 현재 수익성뿐만 아니라 고객의 잠재적인 장기 가치를 기준으로 고객을 평가하 고 관리하는 방법은 미래지향적 접근법이라고 한다.

09 다음 중 서비스 실패에 대한 고객의 반응으로 적절하지 않은 것은?

① 직접 불만을 제기하는 고객이 표현하지 않는 고객보다 더 많다.

② 겉으로 표현하지 않은 고객의 불만이 많으므로 표현되는 고객의 불평 행동과 함께 집중 해야 한다.

③ 불만족 고객 중 적극적인 해결을 요구하는 경우는 전체 불만 고객 중 일부분이다.

④ 불만을 표현하지 않는 고객이 직접 불만을 제기하는 고객보다 부정적인 영향이 더 크다.

⑤ 불만을 표현하지 않는 고객은 관계를 단절시키고 그 대다수는 타인에게 부정적인 영향 을 준다.

10 다음의 컴플레인 해결을 위한 기본 원칙 중에서 "조직 구성원의 일원으로 내가 한 행동의 결과든 다른 사람의 일 처리 결과든 책임을 같이 져야 한다"를 뜻하는 원칙은?

① 피뢰침의 원칙

② 언어 절제의 원칙

③ 감정 통제의 원칙

④ 역지사지의 원칙

⑤ 책임 공감의 원칙

11 다음 중 컴플레인의 유형별 분류 및 해결 방법에 대한 설명으로 적절하지 않은 것은?

① 신중하고 꼼꼼한 유형의 경우 분명한 근거나 증거를 제시하여 스스로 확신을 갖도록 유도한다.

② 성격이 급하고 신경질적인 유형의 경우 동작뿐만 아니라 "네, 알겠습니다." 등의 언어적 표현을 함께 사용한다.

③ 깐깐한 유형의 경우 정중하고 친절히 응대하되 고객이 지적하는 잘못 중 오해하고 있는 부분에 대해서는 반론을 펼쳐 바로잡아 준다.

④ 빈정거리며 무엇이든 반대하는 유형의 경우 대화의 초점을 주제 방향으로 유도하여 해결에 접근할 수 있도록 자존심을 존중해 주면서 응대한다.

⑤ 자기 과시 유형의 경우 우선 고객의 말을 잘 들으면서 상대의 능력에 대한 칭찬과 감탄의 말로 응수하여 상대를 인정하고 높여 주면서 친밀감을 조성한다.

12 다음 중 VOC의 유형 분류에 관한 설명으로 가장 적절하지 않은 것은?

① 내부 형성 VOC는 고객이 직접 기업으로 접수하는 VOC를 의미한다.

② 소비자 단체, 인터넷, 구전 등을 통해 형성되는 VOC는 외부 형성 VOC이다.

③ 불만형 VOC는 고객 상담 부서에 접수된 후 제안 형태로 전환되어 반영된다.

④ 사내 직원의 VOC는 직원들이 고객의 입장에서 VOC를 제기하는 것으로 불만형 VOC가 주를 이룬다.

⑤ 고객의 VOC는 고객이 기업에 직접 의견을 제기하는 것으로 제안형 VOC와 불만형 VOC를 모두 포함한다.

13 다음 중 컴플레인 발생 원인이 아닌 것은?

① 성의가 없는 접객 서비스

② 해피콜 예약 확인 서비스

③ 약속에 따른 불이행

④ 상품 관리의 부주의

14 고객획득비용에 대한 설명으로 적합하지 못한 것은?

① CAC(Customer Acquisition Cost)
② 신규고객을 획득하는 데에 소요되는 비용
③ 고객을 획득하는 데에 소요된 직접 비용
④ 고객획득비용은 경쟁이 심해지면 소요되는 비용도 증가하는 경향을 보인다.
⑤ 고객획득비용은 일반적으로 '고객 한 명당'을 기준으로 계산한다.

15 서비스 실패를 체계적으로 분석하기 위해 보다 중요하게 고려해야 하는 실패 요소는?

① 서비스 제공 시간의 실패, 서비스 제공 방법의 실패
② 서비스 제공 과정의 실패, 서비스 제공 결과의 실패
③ 서비스 제공 시간의 실패, 서비스 제공 종업원의 실패
④ 서비스 제공 과정의 실패, 서비스 제공 환경 조성의 실패
⑤ 서비스 제공 상황의 실패, 서비스 제공 요소의 구성 실패

16 전자채널의 장점으로 가장 적절한 것은?

① 서비스가 제공되는 지역을 확장시킴으로써 경쟁이 감소된다.
② 기존 유통채널에 비해 고객의 선택의 폭을 좁혀준다.
③ 이용하는 고객의 범위가 다양해져 일관된 서비스 전달이 가능하다.
④ 저렴하게 광범위한 지역의 고객들에게 서비스를 전달할 수 있다.
⑤ 전자 매체를 통해 유통되므로 대금 결제와 고객 정보의 보안이 뛰어나다.

17 기업이 중간상을 통해 서비스를 효과적으로 전달하기 위한 전략으로 옳지 않은 것은?

① 통제 전략은 기업이 경제적 파워나 보상력을 보유할 경우에 적합한 전략이다.
② 권한 부여 전략은 서비스 품질과 성과의 측정을 바탕으로 보상과 처벌을 제공하는 전략
  이다.
③ 기업과 중간상이 동일한 목표를 가지는 것은 파트너십 전략의 성공적 활용을 위해 중요
  하다.
④ 권한 부여 전략은 중간상을 통제할 만큼 강력한 유통경로 영향력을 가지지 못한 기업에
  게 적절하다.
⑤ 기업과 중간상의 능력을 공유하는 데 적합한 전략은 파트너십 전략이다.

18 수요 측면에서 바라본 유통경로의 필요성에 해당하지 않는 것은?

① 다양한 공급원으로부터 제공된 이질적 상품들을 동질적인 집단으로 구성하는 것
② 수합된 동질적인 상품들을 구매자가 원하는 소규모 단위로 나누는 것
③ 단일 공급원으로부터 제공된 상품을 순간순간 즉흥적으로 처리하는 것
④ 동질적 상품들을 구매자가 원하는 단위로 나누어 분배하는 것
⑤ 상호 연관성이 있는 상품들을 다양한 공급처로부터 공급받아 일정한 구색을 갖추어 취급하는 것

19 유통채널 간에 마찰이 발생했을 때 이를 해결하기 위해 지켜야 할 원칙으로 적절하지 않은 것은?

① 중복 투자를 막기 위해서 하나의 채널에 집중해야 한다.
② 채널별 수익/비용을 분석한 객관적 자료를 기반으로 결정한다.
③ 비용이 수익을 초과한다면 신중하게 디마케팅 전략을 고려한다.
④ 채널 간 갈등 발생 시에는 수익성을 기준으로 의사결정을 해야 한다.
⑤ 일반적으로 비용 측면에서는 전자 채널이 유리하나, 수익 측면에서는 오히려 기존 채널이 우수한 경우가 많다.

부록

20 다음 중 신입사원 교육 훈련 기법에 해당하는 것은?

① 세미나   ② 역할 연기법
③ 멘토링   ④ 사례 연구법
⑤ 감수성 훈련

21 집단 수준의 임파워먼트(Empowerment)에 대한 설명으로 가장 거리가 먼 것은?

① 핵심은 구성원 간의 상호작용이다.
② 상대방의 저항을 극복하는 능력과 관련된 개념이다.
③ 두 사람 이상의 상호 관계가 있을 때 존재하는 개념이다.
④ 조직 내 무력감을 제거하는 파워의 생성, 발전, 증대에 초점을 둔다.
⑤ 무력감에 빠진 조직 구성원들이 자기 효능감을 가지도록 하여 무력감을 해소하는 과정이다.

22 코칭 모델인 GROW 모델에서 'Option(대안 탐구)' 단계에 해당하는 질문은 무엇인가?

① 목표를 달성했을 때의 모습을 설명해 주시겠습니까?
② 예상되는 장애나 위협 요인은 무엇입니까?
③ 자신의 현재 위치에 대해 어떻게 생각하십니까?
④ 어떤 해결책을 언제까지 실행할 수 있다고 보십니까?
⑤ 실행 가능한 해결책은 무엇입니까?

23 다음 중 코칭의 기본자세로 옳지 않은 것은?

① 코칭은 자기 책임을 요구한다.
② 코치는 업무성과와 인간관계를 구분하여 코칭해야 한다.
③ 코칭은 객관적인 사실과 데이터를 기반으로 수행해야 한다.
④ 코칭은 상호간의 대화를 잘 이해하여 서로에게 배움의 과정을 갖도록 한다.
⑤ 코치는 상대방에 대한 개방적인 분위기를 유도하여 겸허한 자세로 응대해야 한다.

24 조직에서는 직원이 자신의 노력에 비례한 보상을 받고 있다고 느낄 때 동기 부여가 촉진된다. 특히 직원들은 보상의 적절성을 판단할 때 유사한 직무를 수행하는 타 기업의 보상 수준과 비교하는 경향이 있다. 이처럼 동종 타 기업과의 비교를 통해 보상의 공정성을 평가하는 개념을 무엇이라고 하는가?

① 내부 공정성
② 외부 공정성
③ 절차 공정성
④ 내용 공정성
⑤ 직원 공정성

O/X형

[25~29] 다음 문항을 읽고 옳고(O), 그름(X)을 선택하시오.

25 소비자가 고관여 상황에서 구매의사를 결정하기 위해 시간이 필요한 경우, 주변 색상은 따뜻한 색이 적절하다. (① O ② X)

26 공정 가치선은 기업과 고객 간 가치 수준이 한쪽으로 치우쳐 있는지를 파악하고, 이를 개선하기 위한 전략적 방향성을 제시한다. (① O ② X)

27 서비스 실패로 인해 불만족한 경험을 한 고객이라도 특별한 이해관계가 없는 한 주변의 잠재고객에게 영향을 미치지 않는 것으로 나타난다. (① O ② X)

28 서비스는 눈에 보이지 않기 때문에 물리적 증거를 통해 기업의 인상과 서비스 품질을 고객에게 전하려 한다. (① O ② X)

29 내부마케팅 성공전략은 직원만족으로부터 시작되어야 한다. (① O ② X)

연결형

[30~34] 다음 설명에 적절한 〈보기〉를 찾아 각각 선택하시오.

┤ 보기 ├
① 고객생애가치(CLV)　　② OJT　　③ Rapport　　④ 군집분석　　⑤ 브레인스토밍

30 고객 한 명이 평생 동안 산출할 수 있는 기대 수익을 의미하며, 고객이 이탈하지 않고 기업과 장기적으로 관계를 유지할 때 개별 고객으로 인해 증가하는 가치를 뜻한다. (　　　　　)

31 친밀한 관계라는 뜻으로, 상호 간에 신뢰하며 감정적으로 친근감을 느끼는 인간관계이며, 서비스 세일즈 관점에서는 고객과의 첫 만남에서 친근감과 공감대를 형성하는 것을 말한다. (　　　　　)

32 비슷한 특성을 지닌 개체를 합쳐 가면서 최종적으로 유사 특성의 군을 발굴하는 분석 기술
( )

33 업무 현장에서 동료 선배가 피교육자에게 과업 수행 방법을 보여주고 피교육자에게 실행 연습의 기회를 제공하며, 그 결과에 대해 피드백하는 훈련 기법 ( )

34 다수의 피교육자가 집단 회의를 열고 자유로운 분위기에서 아이디어를 창출함으로써 질보다 양에 치중한 아이디어를 개발하게 하는 방법 ( )

사례형

35 다음은 고객 단계에 따른 직원의 응대 전략이다. 다음 중 최초구매 단계 고객에 맞는 전략은 무엇인가?

> (A) 첫 거래에서 불편함 없이 만족을 주어, 고객이 자연스럽게 다시 방문하고 싶도록 만든다.
> (B) 고객이 다른 기업의 상품으로 전환되지 않도록 추가적인 혜택을 제공한다.
> (C) 고객이 상품개발이나 혁신에 참여할 수 있는 기회를 제공한다.
> (D) 거래에 집중해서 충실히 접근하고, 고객과의 거래에서 신뢰를 형성하는 것이 중요하다.
> (E) 지킬 수 있는 것만을 약속하고, 그 기대를 만족시키는 것에 먼저 집중한다.

① (A), (C), (E) ② (A), (D), (E)
③ (B), (C), (E) ④ (B), (C), (D)
⑤ (C), (D), (E)

36 다음은 유명 디저트 카페를 방문한 후 두 친구가 나누는 대화이다. 대화 마지막 부분에서 지아가 언급한 것을 지칭하는 용어는?

> 승호: 너가 추천한 그 티라미수 카페, 진짜 맛있다. 사람들이 줄 서는 이유를 알겠어.
> 지아: 그러니까! 나도 처음 먹고 바로 친구들한테 소개했어.
> 승호: 근데 신기하다. 그 카페 광고는 거의 본 적이 없는 것 같은데?
> 지아: 맞아. 대신 손님들이 만족하면 주변에 많이 이야기하니까 자연스럽게 새 손님이 계속 오는 것 같더라.
> 승호: 결국 사람들이 서로 추천해 주는 덕분에 카페는 따로 홍보를 안 해도 고객이 늘어나는 거네.
> 지아: 그렇지. 요즘은 입소문이 광고보다 효과가 더 큰 경우도 많아. 추천으로 찾아오는 고객은 비용 없이 확보되는 만큼, 카페 입장에서도 정말 가치가 큰 거지.

① 고객점유율
② 고객 구매력
③ 공헌마진
④ 고객들의 간접적 기여가치
⑤ 고객추천가치

37 구매사이클은 일반적으로 '인지 → 최초 구매 → 구매 후 평가 → 재구매 약속 → 재구매'의 흐름으로 진행된다. 다음 중 세일즈 단계로 적절한 것은?

> (A) Approaching (B) Prospecting
> (C) Needs 파악   (D) Presentation
> (E) 반론 극복

① (A) → (B) → (C) → (D) → (E)
② (B) → (C) → (A) → (D) → (E)
③ (B) → (A) → (C) → (D) → (E)
④ (B) → (A) → (D) → (C) → (E)
⑤ (B) → (C) → (D) → (A) → (E)

38 다음 사례 중 '인센티브 로열티 충성 고객'의 특징을 나타낸 것으로 가장 적절한 것은?

> (A) 특정 영화관의 멤버십 포인트를 모아 무료 관람권을 받을 수 있어, 다른 영화관보다 조금 멀지만 늘 그곳을 이용한다.
> (B) 회사 근처 카페가 더 가까움에도 불구하고 예전부터 다니던 집 앞 카페만 고집하며 다른 곳을 이용하지 않는다.
> (C) 포인트 적립률이 높은 E쇼핑몰에서 구매하면 사은품을 받을 수 있어, 가격이 조금 비싸도 그 쇼핑몰을 선호한다.
> (D) 배달 앱에서 쿠폰을 사용하면 더 저렴하게 주문할 수 있지만, 기다리는 시간이 싫어 집 앞 분식점에서 바로 사 먹는다.
> (E) 적립한 주유 포인트를 현금처럼 사용할 수 있어, 여러 주유소 중 포인트 적립이 되는 F주유소만 이용한다.

① (A), (B), (C)
② (A), (C), (E)
③ (B), (D), (E)
④ (B), (C), (D)
⑤ (C), (D), (E)

39 신규 고객 유치를 위해 A 통신사는 가입 고객에게 상품권을 제공하는 이벤트를 진행하고 있다. 다음 중 가장 적절한 서비스 대응은 무엇인가?

> 최근 이동통신 업계에서는 신규 가입자 확보를 위해 각종 상품권 제공 프로모션을 활발히 진행하고 있다. A 통신사 역시 신규 고객에게 온라인 상품권을 지급하는 행사를 시행하였다. 그러던 중 한 고객이, 가입한 지 한 달이 지났는데도 약속된 상품권을 아직 받지 못했다며 문의해 왔다.

① 그 내용은 고객센터에서 처리하므로 직접 문의하시기 바랍니다.
② 현재 상황을 확인한 뒤, 1시간 이내에 진행 경과를 정확하게 안내해 드리겠습니다.
③ 모바일 발송 형태이니 누락되었는지 고객님께서 다시 확인 후 연락 주십시오.
④ 지점에서는 처리 권한이 없으니 본사 부서로 직접 문의해 보시기 바랍니다.
⑤ 상품권은 곧 발송될 것이니 조금만 더 기다려 주시면 됩니다.

40 다음은 초등학교 6학년 학생의 학부모인 고객이 학습지 회사 지점장에게 교사 문제로 컴플레인을 제기하는 전화 내용이다. 지점장의 컴플레인 대응 방법 중 적절하지 않은 것은?

> 고 객 : 우리 애를 가르치는 선생님이 한 달밖에 안 되었는데 곧 그만둔다면서요? 중학교 진학을 앞둔 6학년인데 선생님이 이렇게 자주 바뀌면 어떻게 합니까?
> 지점장 : 죄송합니다. 입이 열 개라도 드릴 말씀이 없습니다.
> 고 객 : 이전에는 안 그랬는데 무슨 특별한 이유가 있나요?
> 지점장 : 요즘 젊은 선생님들이 입사해서 조금만 힘들면 그만두고 다른 직장을 찾기 때문에 이직이 잦은 편입니다.
> 고 객 : 저는 학습지 업계 1위 기업이라 안심했는데, 매우 실망스럽네요.
> 지점장 : 구조적인 문제라 저로서도 지금 당장은 명쾌한 답을 드리기 어렵습니다. 죄송합니다.
> 고 객 : 그렇다고 손 놓고 기다릴 수만은 없죠. 다른 학습지 회사를 알아봐야겠네요.
> 지점장 : 조금만 참고 기다려 주시면 조만간 본사 차원의 획기적인 대책이 있을 것입니다.
> 고 객 : 지점장님 말을 믿을 수 있나요?
> 지점장 : 네, 한 번만 저를 믿고 기다려 주세요.

① 현재 가르치고 있는 교사를 설득하여 이직을 최대한 막아본다.
② 지점의 조직 구성원들과 이 문제 해결을 위하여 방안을 모색한다.
③ 경쟁사에서 사직한 교사 중 입사 가능성이 있는 사람을 알아본다.
④ 구조적인 문제이기에 본사가 문제를 해결해 줄 때까지 독촉하면서 계속 기다린다.
⑤ 본사 차원의 대안 제시가 있을 때까지 교사 출신인 지점장 자신이 직접 나서서 교사 역할을 수행하는 적극성을 보인다.

41 다음 사례의 A 은행이 활용한 서비스 유통 전략은?

> ○○대 입구 A 은행은 개점 이후 인근 B시장 일대에서 대환영을 받고 있다. 그 이유는 남녀 직원 2인으로 구성된 '움직이는 은행'이 나타났기 때문이다. '움직이는 은행'이란 손님을 앉아서 기다리는 것이 아니라, 뱅크 카트를 이용하여 고객이 있는 곳으로 직접 찾아가는 서비스이다. 시장에서 일하는 상인들은 가게를 비울 수 없어 은행을 이용하기 어렵다. 또한 잔돈 거래가 많아 동전 교환도 필요하다. A 은행은 이러한 점을 고려하여 시장 상인들을 직접 찾아가 동전 교환과 예금 안내를 실시하고 있다.

① 선택적 유통전략 ② 전속적 유통전략 ③ 개방적 유통전략
④ 폐쇄적 유통전략 ⑤ 전문적 유통전략

42 다음은 컴퓨터 세일즈맨이 신규거래처를 공략하기 위하여 노력한 사례다. 이 사례는 서비스 세일즈 단계별 상담전략의 어느 단계에 해당하는가?

> 대기업 L사에서 사용 중인 컴퓨터를 1년 후에 대대적으로 교체할 것이라는 첩보를 입수한 컴퓨터 세일즈맨인 H 과장은 가슴이 뛰기 시작했다. 예상 물량을 대략 추정해보니 자신의 연간 판매목표량에 이르는 엄청난 양이다. 그는 L사의 구매팀장이 어떤 사람이고, 특히 그가 가장 좋아하는 운동이 무엇인가를 파악했다. 알고 보니 구매팀장은 학생 때부터 볼링을 쳤고 지금도 시간만 나면 볼링을 즐긴다는 사실을 알아냈다. 처음에 H 과장은 초보 수준의 볼링 실력을 가지고 있었지만 6개월 간 틈틈이 노력하여 실력을 키웠다. 컴퓨터 제안 상담을 본격적으로 시작하기 전에 팀장에게 넌지시 "팀장님, 혹시 즐기는 운동있으세요?"라고 물었더니 예상대로 볼링이라는 대답을 했다. "저도 볼링을 무척 즐기는데 시간되면 언제 저와 게임 한 번 하시죠?"라고 말했다. 이렇게 해서 어느 날 첫 게임을 함께하고 난 이후 두 사람의 관계는 돈독해졌다.

① Needs 파악
② Closing(상담 마무리)
③ Approaching(고객 접근)
④ Presentation(상품 설명)
⑤ Prospecting(잠재 고객 발굴)

43 다음은 ○○은행의 신입 사원의 고객 상담 스킬 향상을 위한 교육·훈련 시간에 대한 안내문이다. 괄호 안에 들어갈 교육 훈련법과 그 의미를 잘 설명한 것은?

〈고객 상담 스킬 향상을 위한 (　　　)〉

목 적 : 지점에서 고객 상담 시 직접 수행해야 할 업무의 상황을 사전에 이해하고 연습함.

주 제 : 신규 은행 통장 개설 고객에게 적금 상품을 권유·안내함.

누 가 : 교육생 전원 2인 1조로 직원, 고객 역할을 수행함.

준비물 : 단상 앞에 책상과 의자 두 개, 메모지와 펜 준비

유의사항 : 연습 시간 20분 이후 전원 직원과 고객의 역할을 한 번 이상씩 수행함.

　　　　　교육 중에는 중단하지 않고 약 5분간 진행함.

　　　　　연습 시간에 기본적인 대본을 준비함.

---

① 시청각 훈련 : 설정된 상황을 비디오나 영상 매체로 간접적으로 경험할 수 있는 훈련법

② 사례 연구법 : 특정한 주제에 대한 사례를 함께 공유하고 이에 대해 토론하면서 다양한 서비스 현장을 이해하는 훈련법

③ 멘토 시스템 : 멘토가 피교육자의 행동을 지도하고 후원하며, 조직 내 의사결정자들에게 피교육자의 존재를 알려주는 역할을 하는 제도

④ 브레인스토밍 : 다수의 피교육자가 회의를 열어 자유로운 분위기에서 아이디어를 창출하여, 교육적 효과와 함께 많은 아이디어를 도출하도록 하는 훈련법

⑤ 역할연기법(롤플레잉) : 실제 현장과 동일한 상황을 가정하여 연출해 봄으로써 공감과 체험을 통해 서비스 현장과 고객에 대해 학습하고, 대응법을 연습할 수 있는 훈련법

44 다음은 B기업에서 운영하는 멘토링 프로그램에 대한 사례이다. 이에 대한 설명 중 적절하지 않은 것은?

> B기업은 신입사원의 초기 적응을 돕고 직무 이해도를 높이기 위해 '스타트업 멘토링 프로그램'을 운영한다. 입사 후 첫 달 동안 신입사원은 부서 내 선배 직원과 1:1로 매칭되며, 멘토에게는 활동 지원비가 지급된다. 멘토와 멘티는 주 1회 정기 미팅을 통해 업무 프로세스를 공유하고, 멘토는 신입사원의 고민을 듣고 개선 방향을 제시한다. 또한 회사는 분기마다 예시 사례를 제출받아 우수 멘토를 선정해 포상하고, 인사평가 시 일부 가점을 부여한다.

① 멘토링 프로그램은 1:1 방식 외에도 여러 명이 함께 참여하는 다양한 형태로 운영될 수 있다.
② 이 프로그램을 통해 신입사원은 멘티 입장에서 회사로부터 인정과 보상 효과를 직접적으로 얻을 수 있다.
③ 멘토링은 신입사원이 새로운 조직문화에 적응하는 데 심리적 안정감을 주는 역할을 할 수 있다.
④ 멘토와 멘티는 정기적 대화를 통해 서로 이해를 넓히고 긍정적인 관계를 형성할 수 있다.
⑤ 이 프로그램이 효과적으로 이루어지면 조직은 신입사원의 조기 정착과 직무 숙련 향상이라는 장점을 얻을 수 있다.

통합형

[45-46] 결혼을 앞둔 예비 신랑인 김철수씨는 예식장 예약을 수소문하던 중 두 군데의 예식장을 소개 받았다. 두 군데 예식장의 홈페이지의 홍보 문구는 다음과 같았다.

〈A 웨딩홀〉	〈B 웨딩홀〉
- 15년 전통의 전문 웨딩홀 - 화려한 샹들리에와 우아한 좌석 - 넓은 로비라운지와 대기실 - 3호선과 2호선 환승역에 위치 - 일인당 최소 3만원부터 선택 가능한 경제적인 식사 메뉴 구성 - <u>두 시간의 넉넉한 예식 시간</u>	- 올 봄 리모델링! 예식의 격조와 세련미가 넘칩니다. - 신부의 아름다움과 신랑의 패기를 돋보이게 하는 멋진 샹들리에와 화려한 조명이 예식의 품격을 높여줍니다. - 하객들의 마음을 넉넉하게 하는 넓은 로비라운지와 대기 공간 - 지하철에서 바로 연결! 하객 초대를 좀 더 편안한 마음으로

45 A 웨딩홀의 밑줄 친 부분은 장점 위주의 홍보 문구이다. 이를 고객 이점을 강화한 문장으로 가장 적절하게 표현한 것은?

① 타 웨딩홀보다 1.5배가 긴 예식 시간
② 두 시간 동안 멋진 예식을 진행할 수 있습니다.
③ 타 웨딩홀에 비해 넉넉한 예식 시간을 드립니다.
④ 쫓기거나 서두르지 않고 예식을 진행할 수 있습니다.
⑤ 인생의 단 한 번뿐인 축복의 자리! 신랑·신부에게는 잊지 못할 추억을, 하객에게는 넉넉한 축하를 드릴 수 있는 여유를 제공합니다!

46 상기 두 웨딩홀의 홈페이지상의 홍보 문구를 특성, 장점, 이점의 형태로 구분하여 설명한 것으로 옳지 않은 것은?

① A 웨딩홀의 '15년 전통의 전문 웨딩홀'은 고객이 해당 특성으로 어떤 혜택과 이점을 얻을 수 있는가를 설득하기 어렵다.

② B 웨딩홀의 '지하철에서 바로 연결된다.'는 특성을 하객을 편안한 마음으로 초대할 수 있다는 이점으로 연결하여 표현하고 있다.

③ B 웨딩홀의 '올 봄 리모델링! 예식의 격조와 세련미가 넘칩니다.'는 리모델링 공사를 격조와 세련미의 근거(증거)로 제시하고 있다.

④ B 웨딩홀의 '하객들의 마음을 넉넉하게 하는 넓은 로비 라운지와 대기 공간'은 넓은 로비 라운지와 대기 공간이라는 특성을 안내함과 동시에, 하객들의 마음을 넉넉하게 한다는 이점과 연결하는 표현이다.

⑤ A, B 웨딩홀의 두 번째 항목은 공통적으로 화려함, 우아함, 세련미 등으로 이점을 표현하고 있다.

[47~48] 패스트푸드 점포에서 일어난 아래 상황을 살펴보고 문제에 답하시오.

(점심시간이 조금 지난 한산한 패스트푸드 점포에서 고객과 나누는 대화의 내용이다.)
점원: 손님 어떤 햄버거를 주문하시겠습니까?
고객: A 세트 메뉴 세 개 주십시오. 그런데 음료대신 다른 품목으로 대체하면 안 되나요?
점원: 그건 곤란합니다. 규정상 바꾸어 드릴 수가 없네요.
고객: 그래도 세 세트나 구매하는데 한 품목이라도 바꾸어 주세요.
점원: 어렵습니다.
고객: 테이크아웃이기 때문에 음료 김빠져서 못 먹어요.
점원: 그렇게 할 수 없어서 유감입니다.
고객: 어떡하나, 여기서 음료수 3잔이나 먹을 수도 없고, 버리고 가자니 아깝고. 큰일이네!
점원: 자, 어떻게 주문하실 겁니까?
고객: 할 수 없지요. 그냥 그렇게 포장해 주세요.

---

47 고객이 요구하고 있는 서비스에 대해 점원이 적극적으로 대응할 수 있는 방법은?

① 회사 규정대로 대응한다.

② 주문을 빠르게 받아 업무 효율을 높인다.

③ 고객의 무리한 요구를 과감하게 거절한다.

④ 단골고객에게는 별도로 특별한 서비스를 제공한다.

⑤ 되도록이면 고객의 요청을 수용할 수 있는 방법이 있는지 알아본다.

48 다음 중 사례와 같이 서비스 접점에서 일정 부분 권한 이행이 필요한 사항은 무엇입니까?

① 과도한 요구의 고객은 쫓아낸다.

② 할 수 없음의 당위성을 자세히 설명한다.

③ 고객이 자기 주장을 포기하도록 유도한다.

④ 블랙컨슈머는 점포에 기록해 놓도록 한다.

⑤ 간단한 요구사항은 과감하게 받아들이고 책임도 스스로 진다.

[49~50] 다음은 ○○가구회사의 세미나에서 신규 대리점주들에게 전달할 본사의 정책을 정리한 내용이다.

> 1. 본사 현황 및 역사, 미래 비전
>   – ○○가구점의 유통 및 제품 개발의 철학 – 비전에 대한 공유
>   – Win-Win의 파트너쉽에 대한 약속
>
> 2. 각종 제도에 대한 안내
>   – 정찰제 안내 : 본사의 정찰제 제도에 대한 의의 및 시행 방식 안내
>   – 성과 보상 정책 : 기본 유통 마진을 제외한 추가 인센티브 등 안내
>   – 고객 만족 지수 평가제도 : 본사의 고객 해피콜 등을 통한 고객 만족 지수 조사 안내
>   항목별 체크사항 안내
>   고객 만족 지수 우수 대리점 포상제도 안내
>   – 각종 유의사항 안내 : 대리점 유통 계약서상에 금지, 유의사항 발생 시 조치 내용의 안내(공정
>   성, 명확성)
>
> 3. 지원 제도 안내
>   (   )
>
> 4. 기타
>   – 신제품 개발 및 품질 개선 자문단 활동(대리점주 및 현장 판매원)
>   – 주요 제도, 정책 변경 시 사전 협조 시스템 구성
>   – 향후 정기적인 제품 및 서비스 품질 관련 지역별 회의 확대 및 상시 정보 공유 기구 창설

49 ○○가구회사는 유통 채널을 성공적으로 관리하기 위한 다양한 제도와 메시지를 준비하고 있다. 다음 중 성공적인 유통 채널을 확보하기 위한 활동으로 옳지 않은 것은?

① 중간상인 대리점이 기업 경영에 효과적인 의견을 개진하고 주인의식을 가지기 위한 다양한 권한을 제공한다.
② 고객 만족 및 서비스 품질에 대한 책임감·의무 등을 명확하고 공정한 통제 시스템을 활용하여 통제하도록 한다.
③ 회사가 추구하는 고객 지향성 및 유통 철학을 대리점 현장에서 고객에게 효과적으로 전달하기 위해 다양한 제도를 활용한다.
④ 파트너십을 성공적으로 구성하기 위해 회사는 공동의 목표를 설정하고 이를 각자의 이익에 부합할 수 있음을 전달해야 한다.
⑤ 대리점주는 독립적인 사업주이므로 자체적인 유통 전략을 수립하고 이를 통해 경쟁력을 확보하여 본사의 매출에 기여할 수 있도록 한다.

50 ○○가구점이 대리점 중간상의 효과적인 서비스 전달을 위해 다양한 지원 제도를 통해 권한을 부여하고자 한다. 다음 중 빈칸에 들어갈 지원 제도와 그 필요성이 적절하지 않은 것은?

① 대리점의 신규 채용 판매사원을 신입사원 교육으로 본사 집합교육을 통해 지원한다.
② 본사는 시장 조사 및 판매·마케팅 관련 다양한 연구를 통해 대리점을 지원한다.
③ 대리점별 판매 목표를 월별로 부여하여 이를 통해 대리점의 매출과 수익 향상을 촉진한다.
④ 업무를 효율적으로 전개할 수 있도록 재고 확인·주문·출고 등의 온라인 시스템을 지원한다.
⑤ 대리점주 및 대리점 판매사원의 효과적인 고객 응대를 위한 정기적인 교육 프로그램을 진행한다.

SMAT
Module B
서비스 마케팅·세일즈

정답 및 해설

정답 및 해설

PART 01   예상문제   P. 64

01	③	02	③	03	⑤	04	③	05	②
06	②	07	④	08	②	09	①	10	①
11	④	12	③	13	③	14	③	15	⑤
16	②	17	①	18	②	19	②	20	①
21	①	22	②	23	④	24	③	25	⑤
26	①	27	⑤	28	⑤	29	③	30	⑤
31	②	32	⑤								

01 ▶ ③

02 ▶ ③

③은 저돌적 유형의 고객으로 저돌적인 고객을 상담할 때에는 침착함을 유지하고, 자신감 있는 태도로 정중하게 대응해야 한다.

03 ▶ ⑤

양자택일식 마무리는 사람들이 선택의 가능성이 주어질 때 더 큰 흥미와 참여를 보인다는 심리적 특성에 근거한 마무리 기법으로, 예를 들어 A와 B 중 어느 것이 더 좋은지 선택하도록 유도하는 방식을 말한다.

04 ▶ ③

이메일은 단순한 영업 메시지가 아니라 고객이 '개인적으로 받은 편지'처럼 느낄 수 있도록 개인화된 내용으로 구성해야 한다. 정보와 링크를 적절히 활용해 유용한 정보를 제공하되, 과도한 홍보나 자사 중심 메시지는 피하는 것이 바람직하다.

05 ▶ ②

수익 유지(X) → 수익 증대(O)
수익 증대 기능은 개별화된 서비스 제공은 고객 참여를 통해 고객 가치를 높여 주며, 기업은 이 과정에서 상품 판매를 위한 촉진 비용을 절감할 수 있다.

06 ▶ ②

고객의 구매 결정 단계에서 나타나는 불안 처리 원칙의 핵심은 고객이 느끼는 불안을 절대 무시하거나 축소하지 않는 것이다.
고객의 불안 요인을 정확히 파악하고, 이를 해소할 수 있는 정보와 대안을 제공해야 세일즈 성공 가능성이 높아진다.

07 ▶ ④

우유부단한 고객 상담 기법에 해당한다.

08 ▶ ② 옹호고객

고객의 충성도는 의심고객 → 잠재고객 → 일반고객 → 단골고객 → 옹호고객의 5단계로 구분된다. 이 중 옹호고객은 가장 높은 충성도를 보이는 단계로, 자발적으로 추천이나 입소문을 유도하는 고객을 의미한다.

09 ▶ ①

휴먼웨어는 서비스 제공자의 태도와 행동 등 사람에 의해 나타나는 요소를 의미한다.
②③은 하드웨어, ④⑤는 소프트웨어에 속한다.

10 ▶ ①

②는 Feature(특징), ③과 ④는 Benefit(이익), ⑤는 Evidence(증거)에 대한 설명이다.

11 ▶ ④

1단계 서비스 접점(MOT) 진단하기
2단계 서비스 접점(MOT) 설계하기
3단계 고객 접점 사이클 세분화하기
4단계 고객 접점 시나리오 만들기
5단계 일반적인 표준안에서 구체적인 서비스 표준안으로 행동하기

12 ▶ ③

현대적 서비스 세일즈는 고객과의 장기적 관계 형성·강화를 중심으로 이루어진다는 점에서 전통적 상품 세일즈와 구별된다.

13 ▶ ③

가격이 비싸다고 할 때는 먼저 고객의 말을 인정하고 바로 할인 정책을 제시하는 것이 아니라 다른 제품과의 차이점을 설명하여 본 제품의 기능을 돋보이도록 설명한다.

14 ▶ ③

MOT 관리에서는 고객 접점 직원에게 충분한 권한과 책임을 부여하고, 고객의 평가가 직접적으로 반영되는 인센티브 제도를 운영하는 것이 효과적이다.
① 고객 접점에 있는 서비스 요원들에게 권한을 부여하고 강화된 교육이 필요하다.
② 명찰 패용은 서비스 신뢰성을 위한 기본 절차이므로 서비스 기업의 특성상 허용될 수 있다.
④ 고객은 기다리지 않기 때문에 상사 결재를 이유로 고객에게 양해를 구하는 것은 적절치 않다.
⑤ 마지막 접점에서의 불친절이나 난폭 운전은 전체 서비스 품질을 제로(0)로 만들 수 있는 대표적 MOT 실패 사례이다.

15 ▶ ⑤

잠재 고객 발굴에서는 학연·지연·업종·취미 등 공통점을 찾아 친밀감을 형성하는 것이 효과적인 접근 방법이다.
공통점은 대화의 자연스러운 출발점이 되고, 신뢰 형성과 관계 구축에 중요한 역할을 한다.

16 ▶ ②

서비스의 전체 만족도는 MOT 각각의 만족도를 단순히 합산하여 결정되는 것이 아니라, 개별 접점의 만족도가 서로 곱의 형태로 작용한다는 점을 유의해야 한다.

17 ▶ ①

소비자를 낚아챈다는 의미에서 캐치 세일즈라는 명칭이 붙었다.

18 ▶ ②

제시된 내용은 FABE 화법에 대한 설명이며, 신뢰 화법은 고객에게 신뢰감을 주기 위해 부드러운 화법 30%와 정중한 화법 70% 정도를 사용하는 화법이다.

19 ▶ ②

우유부단한 고객에게는 경청보다는 선택지를 명확히 제시해 결정을 돕는 적극적 안내가 필요하다.

20 ▶ ①

상담에 동행한 사람도 구매 결정에 영향을 줄 수 있으므로, 설명과 어필 범위에 포함하는 것이 효과적이다.

21 ▶ ①

매력적이지 않은 80%의 상품이 전체 매출의 50% 이상을 차지한다는 법칙이다.

22 ▶ ②

통나무 조각을 묶어 만든 통나무 물통은, 어느 한 조각이 깨지거나 낮으면 그 부분의 높이만큼만 물이 담기는 최소율의 법칙이 적용된다. 고객 서비스도 마찬가지로, 다양한 서비스 경험 중 가장 수준이 낮았던 경험이 전체 서비스 품질을 판단하는 기준이 되기 쉽다.

23 ▶ ④

100가지 서비스 접점 중에서 어느 한 접점에서 느끼는 불만족이 그 서비스 전체에 커다란 영향을 미칠 수 있다.

24 ▶ ③

전체 서비스의 20%에 해당하는 서비스 상품이 총매출의 80%를 차지한다는 법칙이다.

25 ▶ ⑤

굿맨의 법칙은 불만 고객을 적절히 처리하면 일반 고객보다 더 높은 충성도를 보여준다는 원리를 말한다.

26 ▶ ①

가. 추정승낙법 : 이미 고객이 구매 결정을 내린 것으로 가정하고 자연스럽게 계약을 유도하는 방법
나. 긍정암시법 : 긍정적인 반응을 이끌어내 고객의 구매의사를 강화시키는 기술
다. 결과지적법 : 구매 시 얻게 될 구체적인 이익과 결과를 강조하여 설득하는 방법
라. 양자택일법 : 선택 마무리라고도 하며 두 가지 중 하나를 선택하도록 하여 결정을 유도하는 기술

27 ▶ ⑤

자신의 전문 지식을 과시하며 고객을 설득하려는 태도로, 저돌적인 고객의 감정을 더욱 자극해 상황을 악화시킬 수 있으므로 적절하지 않다.

28 ▶ ⑤

부메랑 화법은 고객이 제기한 단점이나 우려를 오히려 장점으로 전환해 설명하는 화법이다.

29 ▶ ③

21세기의 세일즈는 과거와 달리 상품 자체의 경쟁력보다 관계 형성과 고객 이해가 더 중요한 핵심 요소로 부상했다.

30 ▶ ⑤

Closing 단계에서는 상담사가 고객에게 지속적인 관심과 지원 의지를 보여주어 신뢰와 안정감을 강화하는 것이 핵심이다.

31 ▶ ②

이중질문은 한 번에 두 가지 이상의 내용을 동시에 묻는 질문 방식으로 고객을 혼란스럽게 만들 수 있어 서비스 상담에서 바람직하지 않은 대화 기법이다.

32 ▶ ⑤

고객이 자신의 관심사를 명확히 말하지 않거나 설명이 서투른 경우, 상담자는 경청만으로는 고객의 욕구를 파악하기 어렵다. 이러한 상황에서는 적절한 질문을 통해 고객의 니즈를 탐색하고 확인해야 하므로, 경청보다 질문 기법이 더 효과적이다.

PART 02 **예상문제** P. 119

01	⑤	02	③	03	④	04	④	05	⑤
06	②	07	②	08	①	09	②	10	③
11	③	12	⑤	13	②	14	①	15	④
16	①	17	①	18	②	19	①	20	②
21	①	22	③	23	②	24	④	25	⑤
26	①	27	①	28	⑤	29	①	30	③
31	③	32	②						

01 ▶ ⑤

CRM을 활용하면 교차 판매(cross-selling)의 가능성은 오히려 높아지고, 고객 가치도 쉽게 파악되어 판촉 효율이 증가한다.

02 ▶ ③

질적 데이터 수집은 비구조적인 조사 방법으로, 서술적이고 심층적인 정보를 얻고자 할 때 활용되는 방법이다.

03 ▶ ④

🔷 **CRM 실행의 일반적인 실패 원인**

1. CRM을 기술에 기반한 것이라고 보는 것
2. 고객 중심 사고의 부족
3. 고객 생애 가치에 대한 이해가 충분치 않음.
4. 최고경영층의 적절하지 못한 지원
5. 협업의 부족
6. 비즈니스 과정을 재설계하는 데 실패
7. 데이터 통합의 과소평가

04 ▶ ④

충성고객 관리의 핵심은 기존 고객의 만족도와 관계 강화를 통해 장기적 가치를 높이는 것이다. 반면 ④는 충성고객 관리 전략이 아니라 경쟁사 고객을 빼앗기 위한 공격적 마케팅에 해당하므로 부적절하다.

05 ▶ ⑤

범용화의 함정에 빠지는 과정을 살펴보면, 기술과 노하우의 축적을 통해 제품이 모듈화되면서 대규모 고객 대응이 가능해지고, 그 결과 제품 간 차별성이 점차 약화되는 단계에 이르게 된다.

06 ▶ ②

①과 ③은 장기적이고 지속적인 거래 관계가 고객에게 제공하는 이점에 관한 내용이며, ④와 ⑤는 이러한 관계가 직원에게 가져다주는 이점에 대한 설명이다.

07 ▶ ②

고객이 첫 거래에서 긍정적인 경험을 하면 기업에 대한 신뢰와 만족이 형성되어 장기적 관계 유지로 이어질 가능성이 높다.
① 고객관계는 경제적인 교환과 사회적 교환을 상호적용하여 결정될 수 있는 것이다.
③ 기업은 고객과 공적관계로 시작하지만 장기적이고 대체불가능한 제공자가 되기 위해 사적 관계 발전을 위해 노력한다.
④ 서비스 접점의 교환관계에서 경제적 교환관계와 사회적 교환관계는 이분화되지 않고 통합적으로 적용하게 된다.
⑤ 최초구매시점의 서비스 접점에서 경제적 교환관계와 사회적 교환관계 모두 긍정적이라면 고객은 긍정적인 서비스경험을 하게 된다.

08 ▶ ①

감성적 경험 : 기업이 제공하는 물리적 경험에서 동시에 발생하는 것으로, 감성적인 반응을 말한다. 기업이 응대를 하는 데 친절한 표정과 몸짓, 목소리와 내용은 모두 이 경험의 대표적인 것이다.

09 ▶ ②

고객에게 세심한 관심과 배려를 표현하는 것은 긍정적인 관계 형성의 핵심 요소이다.

10 ▶ ③

디마케팅은 기업의 이익에 기여하지 않거나 과도한 비용을 유발하는 고객의 수요를 의도적으로 억제하는 마케팅 전략이다.
기업은 제한된 자원을 효율적으로 활용하기 위해 저수익성 고객이나 비협조적 고객을 관리하거나 배제하는 방식으로 디마케팅을 활용한다.

11 ▶ ③

고객 가치는 시간, 상황, 경험에 따라 변화하는 속성을 지니므로 변하지 않는다는 설명은 적절하지 않다.

12 ▶ ⑤

서비스 제공자와 고객 간의 친분이나 호감도는 고객 가치를 구성하는 요소에 포함되지 않는다. ① 감성적 측면, ② 사회적 측면, ③ 기능적 측면, ④ 품질적 측면에 해당한다.

13 ▶ ②

②는 강제적 파워가 아닌 정보적 파워에 대한 설명으로, 강제적 파워는 보상·제재를 통해 영향력을 행사하는 유형을 의미한다.

14 ▶ ①

슈미트의 구성요인은 감성·인지·행동·관계·감각 경험으로 이루어져 있다.

15 ▶ ④

사회적 교환관계에 해당하는 내용이다.

16 ▶ ①

관계 마케팅은 고객과의 관계를 강화함으로써 장기적인 수익성을 향상시키는 것을 목적으로 한다.

17 ▶ ①

현대 마케팅은 단순히 정보를 수집·분석하는 방식에서 벗어나, 고객과의 상호작용을 중심으로 한 전략으로 발전하고 있다.

18 ▶ ②

충성 고객은 기업과의 관계가 깊을수록 서비스 개선에 필요한 의견을 적극적으로 제시하는 경향이 있다. 단순 불만 고객이 아니라, 기업의 성장을 위해 중요한 피드백을 주는 가치 높은 고객이다.

19 ▶ ①

고객 경험 관리는 전 고객 여정에서 발생하는 경험을 분석·관리해 긍정적 경험을 강화하고 구매 행동에 영향을 주는 것이 핵심 목적이다.

20 ▶ ②

고객포트폴리오 관리는 시장과 고객에 대한 분석과 기업이 지닌 서비스 역량을 분석하여 최적의 고객을 찾아내기 위한 것이다.

정답 및 해설

21 ▶ ①
고객 경험 관리는 구매 전·중·후의 모든 접점에서 고객에게 긍정적인 경험을 제공하는 것을 핵심으로 한다.

22 ▶ ③
고객 포트폴리오는 기업과 거래하는 모든 고객의 구성으로, 이를 분석하여 가장 적합한 고객을 선별해 내는 것이 중요하다.

23 ▶ ②
데이터 마이닝은 대량의 데이터에서 숨겨진 유용한 패턴과 지식을 추출하는 분석 기술이다.

24 ▶ ④
해피콜은 판매 목적이 아닌, 고객이 서비스를 이용한 후 만족도를 확인하고 서비스 품질을 높이기 위해 이루어지는 아웃바운드 전화로, 고객 불만을 사전에 방지하고 재이용 의도를 높이는 데 효과적인 마케팅 기법이다.

25 ▶ ⑤
MGM(Member–Get–Member) 기법은 기존 고객이 새로운 고객을 소개하면 소개한 고객에게 보상이나 혜택을 제공하여 고객 기반을 확대하는 대표적인 추천 마케팅 방식이다.

26 ▶ ①
(A), (C), (E)는 고객이 아직 기업·제품에 충분한 신뢰를 형성하지 못한 상태에서 필요한 기본 안내·정보 제공·약속 이행 중심의 응대 전략이다.
반면 (B)와 (D)는 이미 제품 또는 브랜드 경험이 쌓인 고객에게 적합한 전략이다.

27 ▶ ①
전화 만족도 조사 시 담당자는 고객의 자발적인 참여를 유도해야 하며, 응답의 객관성과 공정성을 위해 특정 점수나 방향을 유도하는 발언은 하지 않아야 한다.

28 ▶ ⑤
회원제는 충분한 서비스 품질과 경쟁력을 갖춘 기업일 때 효과적인 고객관리 방식이며, 제품·서비스 경쟁력이 부족할 경우 오히려 고객 이탈이 더 빠르게 나타날 수 있어 회원제를 유지하기 어렵다.

29 ▶ ①
불만 고객들의 컴플레인 내용을 잘 경청하면 회사가 미처 파악하지 못한 사항을 발견할 수 있기도 하지만, 이 사례에서는 언급되지 않았다.

30 ▶ ③
고객은 상담자에 의해 구매결정을 내리기보다 자기 스스로 구매결정을 내리기를 선호한다.

31 ▶ ③
서비스 회복 과정에서는 상담원이 직접 조치를 하지 못하더라도 문제 전달 및 개선 의지 표현은 매우 중요한 단계이다.

32 ▶ ②
문제 해결 후 재확인까지 하겠다는 적극적 서비스 회복 의지를 보여, 고객 신뢰 회복에 가장 적합한 응답이다.

PART 03 예상문제　　P. 175

01	④	02	⑤	03	②	04	④	05	⑤
06	①	07	②	08	⑤	09	⑤	10	③
11	①	12	⑤	13	①	14	②	15	③
16	②	17	①	18	①	19	②	20	①
21	③	22	⑤	23	①	24	②	25	④
26	②	27	④	28	③	29	⑤	30	①
31	②	32	②						

01 ▶ ④
VOC(Voice of Customer, 고객의 소리)는 고객 불만·제안 등의 내용을 접수 단계부터 처리 완료까지 실시간으로 관리하고, 그 처리 결과를 부서별 지표로 체계화하여 관리·평가함으로써 고객이 체감하는 서비스 수준을 향상시키는 고객관리 시스템이다.

02 ▶ ⑤

소비자는 서비스 회복의 전 과정, 결과물, 그리고 제공자와의 상호 접촉에서 공평함을 기대한다. 따라서 조직이 즉각적으로 회복 노력을 했더라도, 고객이 다른 고객과 다르게 대우받았다고 느끼면 서비스가 회복되었다고 생각하지 않는다.

03 ▶ ②

효과적인 컴플레인 대응은 고객의 감정적 불편을 충분히 이해하고, 고객이 원하는 방식으로 문제 해결에 접근하는 것이다. 이를 위해서는 접점을 줄이거나 상담을 서둘러 종료하는 것이 아니라, 다양한 채널을 통해 고객의 목소리를 듣고 최선의 해결책을 찾도록 노력해야 한다.

04 ▶ ④

지나치게 관대한 보상은 불필요한 비용을 초래할 뿐 아니라, 고객으로 하여금 기업의 보상 의도에 의문을 갖게 할 수 있으므로 적절하지 않다.

05 ▶ ⑤

고객 불만을 야기하는 직원의 태도에는 고객과 같이 흥분하기, 고객 의심하기, 정당화하기, 개인화하기, 고객 무시하기 등이 대표적이다. 고객 이야기 경청하기는 서비스 품질을 높여서 궁극적으로는 고객만족도를 향상시킬 수 있는 좋은 태도이다.

06 ▶ ①

VOC는 일부 임원만 사용하는 것이 아니라 전 임직원이 공유하고 활용해야 효과가 극대화된다.

07 ▶ ②

고객은 정상적인 서비스 제공보다, 서비스 실패 후의 적절한 회복 과정을 통해 더 큰 감동을 받는 경향이 있다.

08 ▶ ⑤

컴플레인은 고객이 상품이나 서비스에 불만을 느꼈을 때 이를 기업에 직접 표현하는 행동을 의미한다.
반면, 불만이 있어도 이를 표현하지 않는 고객은 문제를 드러내지 않기 때문에 오히려 고객 이탈을 빠르게 초래할 수 있다.

09 ▶ ⑤

서비스 실패는 기업의 실수뿐 아니라 고객의 비합리적 행동에서도 발생할 수 있다.
할인이나 교환 등을 목적으로 한 고의적 불만 제기는 고객 측에서 발생하는 실패 요인에 해당한다.

10 ▶ ③

VOC 관리 시스템은 고객의 불만·요구·의견 등을 다양한 채널로 수집해 분석하고, 이를 서비스 개선과 마케팅 전략에 반영한다.
직원의 권한 범위와 같은 내부 업무 정보는 VOC 관리 대상에 포함되지 않는다.

11 ▶ ①

클레임은 계약 조건이나 상품 표시 내용과 일치하지 않는 사항에 대해 고객이 제기하는 이의로, 품질 불량·손상 등 계약 위반이 발생했을 때 손해 배상을 요구하거나 이의를 제기하는 행위를 의미한다.

12 ▶ ⑤

⑤는 텍스트 마이닝에 대한 설명이며, 오피니언 마이닝은 텍스트의 긍정·부정·중립 등 감성을 판별하는 기술이다.

정답 및 해설 B

13 ▶ ①

고객 불만 처리를 통해 고객의 재구매율을 높일 수 있다.

14 ▶ ②

고객 서비스에 대한 오만과 형식적인 응대가 K 마트 몰락의 원인이므로, 이를 해결하기 위해서는 고객을 가볍게 여기지 않는 태도, 즉 오만을 버리는 것이 우선적 성공 포인트이다.

15 ▶ ③

VOC 자료는 제품의 불만족, 고객의 언급, 고객의 이탈·획득, 찬사, 계약 취소, 반품, 시장 점유율 변화 등에서도 습득할 수 있다.

16 ▶ ②

근거와 증거를 제시해 확신을 갖게 하는 방식은 신중하고 꼼꼼한 고객 유형에 적합한 응대법이다. 쉽게 흥분하는 고객을 응대할 때에는 고객이 화를 내는 것이 직원 개인이 아닌 회사나 상황에 대한 항의임을 이해하고, 논쟁을 피하며 감정이 가라앉을 때까지 기다리는 것이 중요하다.

17 ▶ ①

피뢰침 원칙은 고객의 분노를 직원 개인에 대한 감정이 아니라 조직의 제도·절차에 대한 항의로 이해하고 받아들이는 관점을 가져야 한다.

18 ▶ ①

서비스 회복은 서비스 실패 직후의 신속한 대응에 초점을 둔 반면, 불평관리는 서비스 실패가 발생하고 서비스 제공자와 기업이 이를 인지한 이후 고객의 반응이 나타나는 과정에서 이루어진다.

19 ▶ ②

클레임(claim)은 고객이 정당한 권리나 보상을 요구하는 주장을 의미하고, 컴플레인(complain)은 상품·서비스에 대한 불만이나 문제 제기 자체를 의미한다.

20 ▶ ①

군집 분석은 유사한 특성을 가진 데이터나 개체를 단계적으로 묶어 가면서 최종적으로 공통된 특성을 가진 집단(군집)을 찾아내는 분석 기법이다.

21 ▶ ③

블랙 컨슈머는 부당한 보상이나 이익을 얻기 위해 고의적으로 악성 민원을 제기하는 소비자를 말한다.

22 ▶ ⑤

불만 고객이 과도하게 흥분했거나 현장에서 해결이 어려운 경우, 응대하는 직원(Man), 상담 시점(Time), 상담 장소(Place)를 조정하여 상황을 안정시키는 기법이다.

23 ▶ ①

실제 고객인 것처럼 위장한 평가자가 서비스를 체험하며 직접적으로는 알기 어려운 현장의 서비스 품질, 직원 응대 태도, 프로세스 준수 여부를 점검하는 방법이다.

24 ▶ ②

화이트 컨슈머는 기업과 소비자의 관계를 대립이 아닌 상생의 파트너 관계로 바라보며, 소비자로서의 정당한 권리와 의무를 균형 있게 지키는 성숙한 고객을 말한다.

25 ▶ ④

서비스 보증은 고객이 받은 서비스가 일정 기준에 미치지 못할 경우, 교환·환불·재이용 등의 보상을 명확히 약속하여 고객의 위험 부담을 줄이고 신뢰를 높이는 제도이다.

26 ▶ ②

구조적 문제를 이유로 본사에만 의존하며 기다리기만 하는 태도는 고객 신뢰를 높이지 못하며, 적극적인 서비스 회복 노력에 부합하지 않는다.

27 ▶ ④

컴플레인 상황에서는 고객 신뢰를 회복하는 것이 중요하지만, 현실적으로 지키기 어려운 약속을 하는 것은 오히려 더 큰 불만을 유발하고 신뢰를 떨어뜨리는 잘못된 대응 방식이다.

28 ▶ ③

질문 유형 순서는 '상황 질문 → 문제 질문 → 확대 질문 → 해결 질문'이다.
가(상황 질문) : 현재 상태·사용 경험 파악
나(문제 질문) : 불만·문제점 확인
다(확대 질문) : 문제 방치 시 발생 가능한 위험·손실 강조
라(해결 질문) : 해결 시 얻을 수 있는 이익·가치 확인

29 ▶ ⑤

성격이 급하고 신경질적인 유형의 고객은 기다리지 못하고 재촉하며 작은 일에도 민감하게 반응하는 특징이 있다.
따라서 응대 시 인내심을 가지고, 감정이 더 올라가지 않도록 말씨·태도에 주의하며, 불필요한 대화를 줄이고 신속하게 처리되고 있음을 보여주는 것이 중요하다.

30 ▶ ①

고객 만족도 조사 과정에서 직원이 고객 감정을 고려하지 않고 단정적인 말투로 대응해 오히려 고객에게 불쾌감과 부정적 경험을 남긴 사례이다.

31 ▶ ②

고객 불만이 커진 이유는 실제와 다른 서비스 경험(사진과 현실의 차이)과 직원의 부적절한 응대 때문이며, 즉시 해결 방법이 없어서 발생한 것이 아니므로 사례의 핵심 원인과 맞지 않다.

32 ▶ ②

서비스 회복에서는 객관적 설명보다 먼저 고객의 감정을 인정하고 공감하는 것이 우선이다. 고객의 감정을 무시하고 기준 중심으로만 설명하는 태도는 회복 효과를 떨어뜨린다.

PART 04 예상문제

P. 222

01	③	02	③	03	④	04	②	05	⑤
06	②	07	⑤	08	④	09	①	10	④
11	③	12	①	13	④	14	④	15	②
16	②	17	①	18	②	19	①	20	①
21	①	22	①	23	②	24	③	25	⑤
26	④	27	⑥	28	②	29	③	30	①
31	②	32	③						

01 ▶ ③

서비스를 바꾸는 인적 상호작용과 달리 서비스를 바꾸지 않는다.

02 ▶ ③

① 복수 점포 전략은 전문적 서비스 제공에도 적합하다.
② 멀티 마케팅의 다양화 대상은 서비스, 점포, 표적 시장 등이므로 가격이 핵심 대상이라고 보기 어렵다.
④ 필요할 경우 멀티 마케팅 전략은 여러 전략을 혼합해 사용하는 것이 오히려 바람직하다.
⑤ 현재 설비를 충분히 활용하지 못하는 기업에게는 복수 점포 전략이 아니라 복수 시장 전략이 적합하다.

03 ▶ ④

복수 서비스 전략은 서비스 종류가 많아질수록 관리해야 할 일도 늘어나고, 여러 서비스를 고르게 좋은 품질로 유지하기 어려운 단점이 있다.

04 ▶ ②

물리적 환경은 서비스 기업의 이미지를 형성하고 고객이 느끼는 전반적 품질 판단에 큰 영향을 미친다.
① 물리적 환경은 무형성 극복에 도움을 주지만 비분리성 문제를 해결하는 것과는 무관하다.

③ 물리적 환경은 충성도에 직접적인 영향을 미치기보다는 초기 이미지 및 만족에 영향을 준다.
④ 내부 직원에게도 생산성·직무 만족 등에 큰 영향을 미친다.
⑤ 물리적 환경은 분위기뿐 아니라 고객의 구매 결정에도 중요한 영향을 미친다.

05 ▶ ⑤

이질화 역할은 물리적 환경의 역할에 해당하지 않는다.

06 ▶ ②

① 브로커는 구매자와 판매자의 역할을 지속적으로 대리하지 않는다.
③ 에이전트와 브로커는 서비스에 대한 소유권이 없다.
④ 에이전트에 대한 설명이다.
⑤ 브로커에 대한 설명이다.

07 ▶ ⑤

유통경로 기능에는 촉진·협상·주문·금융·위험 부담·물적 보유·지급·소유권 이전 등이 포함되며, 광고 캠페인의 직접 기획·집행은 유통경로 기능에 해당하지 않는다.

08 ▶ ④

다이렉트 채널은 기업이 모든 접점을 직접 운영하기 때문에, 광고·마케팅에서 대규모 물량을 기반으로 한 '규모의 경제'를 실현하기 어렵다.

09 ▶ ①

'탐색 과정'은 고객 구매 의사결정 과정에서의 정보 탐색을 의미하며, 유통경로 기능에 포함되지 않는다.

🔷 유통경로 기능

- **수합(Accumulation)**: 소규모 상품을 모아 대규모 공급 가능하게 하는 기능
- **분배(Allocation)**: 대량 상품을 소비자 단위로 소분하는 기능
- **등급(Grading)**: 품질·규격별 동질적 그룹 분류
- **구색화(Assortment)**: 연관 상품을 한곳에서 구성하여 편의를 제공하는 기능

정답
및
해설

B

10 ▶ ④

프랜차이즈 시스템은 본사의 브랜드, 운영 매뉴얼, 품질 기준, 물류 시스템을 공유하기 때문에 상품과 서비스의 안정적인 판매망을 확보할 수 있다.
① 사업성이 완전히 보장되는 것은 아니며 실패 가능성도 존재한다.
② 노하우 없이 가능하다는 것은 과장된 표현으로, 기본적인 운영 역량이 필요하다.
③ 프랜차이즈는 표준화된 이미지 유지가 핵심이므로 일관된 이미지를 전달할 수 있다.
⑤ 프랜차이즈 모델은 표준화와 운영 효율성을 높이는 구조이다.

11 ▶ ③

유통경로의 대표 효용은 시간(Time), 장소(Place), 형태(Form), 소유(Possession) 효용이다.
협상은 유통경로의 기능일 수 있으나 '효용'의 범주에는 포함되지 않는다.

12 ▶ ①

주변 요소는 고객이 즉각적으로 인지하지는 않지만, 온도, 조명, 음악, 소음, 향기, 공기질 등과 같은 배경적 환경을 의미하며, 부족하거나 불쾌할 때만 주의를 끌게 되는 베이커의 물리적 환경 범주에 해당한다.

13 ▶ ④

유통경로 갈등 해결의 핵심 원칙은 각 경로의 수익성과 비용을 분석해 합리적으로 선택하는 것이므로, 특정 경로를 단일 채널로 일방적으로 결정하는 것은 적절하지 않다.

14 ▶ ④

고접촉 서비스에 대한 설명이다.

15 ▶ ②

정보적 권력은 논리적으로 시장 상황을 설명할 수 있는 능력을 말한다.
해당 분야에 뛰어난 지식 혹은 통찰력은 전문적 권력이다.

16 ▶ ②

기업이 경제적 파워나 보상 능력을 갖춘 경우, 서비스 품질과 성과 측정을 기반으로 보상을 제공함으로써 일정 수준의 통제를 수행하는 유통 전략이 필요할 수 있다.

17 ▶ ①

유통경로(distribution channel)는 제품이나 서비스가 생산자에서 최종 소비자에게 전달되는 과정에 관여하는 여러 조직들이 서로 의존적으로 연결된 네트워크를 의미한다. 제조업체, 도매상, 소매상, 물류업체, 중간상, 에이전트 등 다양한 참여자들이 포함되며, 이들은 고객에게 가치를 전달하기 위해 협력하는 관계를 가진다.

18 ▶ ②

유통경로의 분류 기능에는 등급, 수합, 분배, 구색화가 있다.

19 ▶ ①

VMS(Vertical Marketing System, 수직적 마케팅 시스템)는 생산자 – 도매상 – 소매상이 경쟁력이 높은 하나의 유통 조직처럼 통합·관리되는 구조를 말한다.
통합 방식은 계약형, 기업형, 관리형 등이 있으며, 목적은 유통 과정의 효율성 및 협력 극대화에 있다.

20 ▶ ①

프랜차이즈는 가맹점(Franchise)이 점포 투자와 운영을 담당하고, 본사(Franchisor)는 브랜드·운영 매뉴얼·교육·노하우 등을 제공하는 구조이다. 따라서 기업은 직영점 확장에 필요한 대규모 자본 부담 없이 복수 점포를 통해 빠르게 시장을 확대할 수 있고, 표준화된 서비스 콘셉트를 일관되게 전달할 수 있다는 장점이 있다.

21 ▶ ①

기업이 서비스 표준을 정해 중간상의 성과를 측정하고, 그 결과에 따라 보상이나 제재를 적용하는 방식은 통제 전략에 해당한다.

22 ▶ ①

프랜차이즈 본사는 제품이나 서비스를 판매할 수 있는 권한을 가맹점에 부여하고, 가맹점은 이에 대한 대가로 로열티를 지급한다.

23 ▶ ②

서비스 제공자가 별도의 중간상 없이 직접 고객 접점을 운영·관리하는 방식을 전통적 유통경로라 하며, 이를 다이렉트 채널이라고 한다.

24 ▶ ③

옴니채널은 고객이 오프라인·온라인·모바일 등 어느 채널을 이용해도 동일한 경험을 할 수 있도록 설계된 통합형 유통전략이다. 채널 간 경계를 최소화해 하나의 매장에서 쇼핑하는 것처럼 느끼게 하는 것이 핵심이다.

25 ▶ ⑤

소매포화지수는 특정 지역의 수요 대비 소매 공급 수준을 평가하는 대표적인 지표로, 한 지역의 시장 잠재력과 경쟁 강도를 종합적으로 판단할 수 있게 해준다.

26 ▶ ④

시장성장잠재력(MEP)은 해당 지역이 앞으로 얼마나 새로운 고객과 수요를 만들어낼 수 있는지를 평가하는 지표로, 미래 성장 가능성을 반영한다.

27 ▶ ⑥

인터넷 기반 유통의 확대로 기업과 고객이 중간 단계를 생략하고 직접 거래하려는 욕구가 커지는 현상을 탈중간상화라고 한다.

28 ▶ ②

회원제는 회원들의 정보 수집과 활용이 가능해서 밀착 관리가 쉽기 때문에, 제품력만 뒷받침된다면 재구매율을 높이는 것은 어렵지 않다.

29 ▶ ③

각 사례는 하나의 핵심 서비스 외에 다양한 보조·부가 서비스를 추가하여 고객 만족을 높이는 방식으로, 여러 서비스를 함께 제공하는 복수 서비스 전략에 해당한다.

30 ▶ ①

① 직영 사업소 개설은 본사가 직접 운영하기 때문에 서비스 품질을 안정적으로 유지하고 고객 관계도 직접 관리할 수 있다는 장점이 있다.

31 ▶ ②

본사는 성과가 좋은 대리점에게 인센티브·마케팅 지원·우선 배정 등 다양한 혜택을 제공하여 중간상의 행동을 유도하고 있으므로, 이는 보상을 통해 영향력을 행사하는 보상적 권력에 해당한다.

32 ▶ ③

서비스 품질 평가, 현장 점검, 페널티 부과, 규정 준수 강제 등 본사가 대리점의 활동을 엄격하게 관리·감독하고 있으므로 이는 중간상을 통제하여 기준을 지키도록 하는 통제 전략에 해당한다.

PART 05 예상문제 P. 281

01	①	02	④	03	⑤	04	⑤	05	①
06	②	07	③	08	③	09	①	10	⑤
11	⑤	12	④	13	①	14	⑤	15	④
16	②	17	①	18	②	19	②	20	②
21	②	22	③	23	②	24	②	25	④
26	⑤	27	⑤	28	①	29	⑤	30	③
31	②	32	②						

01 ▶ ①

목표 설정 단계에서 코치는 피코치가 스스로 목표를 도출하고 설정할 수 있도록 자연스럽게 이끌어 주어야 한다.

02 ▶ ④

정보를 재확인하거나 점검할 수 있는 기회를 얻는 것은 멘토링 과정에서 '멘토'가 경험하는 효과에 해당한다.

03 ▶ ⑤

①, ③, ④는 성인 학습자의 심리적 특성을 설명한 것이고, ②는 성인 학습자의 신체적 특성에 관한 내용이다.

04 ▶ ⑤

①은 1단계인 '경험 단계'에 해당하며, ②는 2단계인 '반성적 관찰 단계'이다. ③과 ④는 3단계로, 반성적 관찰을 바탕으로 내용을 논리적으로 통합하는 '추상적 개념화 단계'에 해당한다.

정답
및
해설

05 ▶ ①

직장 외 훈련(Off the Job Training, OFF-JT)은 직원을 실제 업무에서 분리하여 별도의 교육 장소에 집합시키고 전문 교육 강사가 교육을 진행하는 방식이므로, 이에 따른 관련 비용이 발생하게 된다.

06 ▶ ②

성인 학습자는 자기주도적이며, 경험을 바탕으로 실제 문제 해결에 적용할 수 있는 학습을 선호한다. 따라서 강제적인 암기식 교육은 성인 학습자의 특징을 반영하지 않은 교육방법에 해당한다.

07 ▶ ③

임파워먼트의 핵심 목적은 구성원이 최선의 의사결정을 스스로 내릴 수 있도록 권한과 자율성을 부여하는 것이다.

08 ▶ ③

스트레스는 완전히 제거해야 하는 부정적 요소만이 아니라, 적절한 수준에서는 동기부여와 성과 향상에 기여하는 긍정적 기능(유스트레스, eustress)도 존재한다. 따라서 직무 스트레스는 무조건 낮추는 것이 목표가 아니라, 적정 수준을 유지하며 효과적으로 관리하는 것이 중요하다.

09 ▶ ①

매슬로우의 욕구 단계는 생리적 → 안전 → 사회적 → 존경 → 자아실현의 순서로 구성된다.

10 ▶ ⑤

직장 외 교육훈련의 장점에 해당하는 내용이다.

11 ▶ ⑤

코칭은 모든 피코치의 성장과 잠재력 개발을 지원하는 활동으로, 조건이 좋은 사람만 선별하는 것은 코칭의 철학에 어긋난다.

12 ▶ ④

코치의 역할은 피코치가 변화할 수 있도록 지원·촉진·동반 탐색하는 데 있다. 따라서 코치의 전문 영역이 아니더라도, 피코치가 필요한 자원이나 해결 방안을 찾을 수 있도록 함께 모색하는 자세가 필요하다.

13 ▶ ①

관리자 교육훈련은 조직 운영, 관리 역량, 광범위한 경영 문제 해결 능력을 강화하기 위한 교육이다.
② 직업생활 일반 지식, ③ 조직 규칙·규범, ④ 지시받은 직무 수행 중심 교육은 작업자 교육훈련, ⑤ 장래 발전 가능성 부여는 신입사원 교육훈련에 해당한다.

14 ▶ ⑤

내부 마케팅은 직원의 만족만을 목표로 하는 개념이 아니라, 직원이 고객지향적 가치와 역할을 이해하고 실행하도록 지원하여 최종적으로 외부 고객 만족과 서비스 품질 향상을 달성하는 것이 목적이다.

15 ▶ ④

'사회적 지원 네트워크'는 개인이 주변 사람들에게서 정서적·심리적 도움을 받는 개인적 접근 방법에 해당한다.

16 ▶ ②

내부 마케팅의 목표는 직원이 고객 지향적 사고를 갖도록 함으로써, 궁극적으로 외부 고객의 만족을 실현하는 데 있다.

17 ▶ ①

GROW 모델은 목표 설정 – 현실 점검 – 대안 탐구 – 실행 의지의 순서로 진행되는 코칭 프로세스이다.

18 ▶ ②

감정 표현 규범의 강도와 감정 표현 빈도는 둘 다 높을수록 감정노동이 증가하므로, 빈도만 높다고 강도가 더 크다고 볼 수 없다.

19 ▶ ②

직장 내 훈련(OJT)은 선배 직원이 업무 현장에서 후배에게 직접 시범을 보이고 실습을 지도하며 피드백을 제공하는 일대일 중심의 교육 방식이기 때문에, 많은 직원을 한 번에 동일하게 교육하기에는 구조적으로 한계가 있다.

20 ▶ ②

멘티의 직무 성과를 멘토가 책임지지는 않는다.

21 ▶ ②

매슬로우의 욕구단계이론 중 가장 상위의 욕구는 자아실현 욕구이다.

22 ▶ ③

임파워먼트는 직원에게 권한과 책임을 부여하여 자율적으로 일을 처리하도록 하는 조직 관리 방식이다.

23 ▶ ②

유스트레스는 긍정적 스트레스로, 적절한 압박이 오히려 성취와 동기 향상을 돕는 스트레스이다.

24 ▶ ①

ERG 이론은 인간의 욕구를 존재·관계·성장 3단계로 설명하는 동기부여 이론이다.

25 ▶ ④

디스트레스는 부정적 스트레스로, 과도한 압박이나 어려움으로 인해 손상과 부담을 초래한다.

26 ▶ ⑤

2요인 이론(허츠버그)은 동기요인과 위생요인이 서로 독립적으로 작용한다고 보는 동기부여 이론이다.

27 ▶ ⑤

실제 상황을 가정한 역할 연습 교육에서는 훈련 후 피드백을 통해 개선점을 확인하는 과정이 반드시 필요하다.

28 ▶ ①

업무 수행에 필요한 기초 지식과 기술이 부족해 과제를 진행하지 못하는 상황이므로 능력 이슈에 해당한다.

29 ▶ ⑤

상사는 당면한 문제를 구성원 스스로 해결하는 과정을 중시하며 그 과정을 서두르지 않고 있다.

30 ▶ ③

임파워먼트는 조직 구조를 유연하게 바꾸고, 권한과 책임을 실제로 위임하는 구조적 변화가 있을 때 실효성이 높아진다.

31 ▶ ②

경험 많은 선배가 신규 직원에게 1:1로 실전을 알려주는 방식은 멘토링에 해당한다.

32 ▶ ②

스스로 해결 방법을 찾도록 유도하는 질문 중심 코칭이 사례의 내용에 해당한다.

부록	파이널 모의고사			P. 322

정답 및 해설 B

01	②	02	①	03	②	04	①	05	④
06	②	07	①	08	⑤	09	①	10	⑤
11	③	12	④	13	②	14	③	15	②
16	④	17	②	18	③	19	①	20	③
21	⑤	22	⑤	23	②	24	②	25	②
26	①	27	②	28	①	29	①	30	①
31	②	32	④	33	②	34	⑤	35	②
36	④	37	③	38	②	39	④	40	④
41	③	42	③	43	⑤	44	②	45	⑤
46	⑤	47	⑤	48	⑤	49	⑤	50	③

01 ▶ ②

① 쿠션 화법은 말하기 어려운 내용을 전달하기 전에 상대방에게 미안한 마음이나 양해를 먼저 구함으로써 완곡하게 표현하는 화법이다.
③ 맞장구 화법은 고객의 이야기를 주의 깊게 경청하면서 적절히 반응하여 공감과 관심을 표현하는 화법이다.
④ 아론슨 화법은 부정적인 내용을 먼저 제시한 뒤, 긍정적인 언어로 마무리함으로써 부정적 인상을 완화하는 화법이다.

⑤ 레이어드 화법은 전달하고자 하는 내용을 직접적으로 표현하지 않고, 의외성이나 질문의 형태로 바꾸어 전달하는 화법이다.

02 ▶ ①

B2C 시장은 B2B 시장에 비해 소비자의 감정과 심리에 호소하는 감성적 접근이 요구된다. 반면 B2B 시장은 체계적이고 정형화된 구매 절차에 따라 거래가 이루어진다.

03 ▶ ②

상품 수준이 평준화된 시장에서는 서비스 세일즈의 중요성이 더욱 커진다.
서비스 세일즈는 단순한 상품 판매보다 고객과의 관계 형성과 신뢰 구축에 초점을 두며, 제품 간 차별성이 약해질수록 관계·서비스 역량이 주요 경쟁력으로 부각된다.

04 ▶ ①

MOT(진실의 순간) 차트는 표준 기대, 플러스 요인, 마이너스 요인으로 구성되며, 플러스 요인은 고객의 마음에 가치를 더해 만족을 높이는 요소를 의미한다.
①번과 같이 기계적으로 질문하는 태도는 고객 감정을 고려하지 않은 형식적 응대로, 플러스가 아닌 마이너스 요인에 해당한다.

05 ▶ ④

우유부단한 고객은 스스로 결정을 내리는 데 어려움을 느끼므로, 상담 시에는 몇 가지 선택 가능한 대안을 제시하고, 각 선택의 기준과 과정에 대해 명확하게 안내해 주는 방식이 가장 효과적이다.

06 ▶ ②

②는 불량고객 기준에 대한 설명으로, CRM 성공 요인은 우량고객을 구분할 수 있는 기준을 세우는 것이다.

07 ▶ ①

고객 구매 사이클은 인지 → 최초 구매 → 구매 후 평가 → 재구매 약속 → 재구매 순으로 진행된다.

08 ▶ ⑤

⑤은 가치지향적 접근법에 대한 설명이다.

09 ▶ ①

직접적으로 불만을 표출하는 고객보다, 불만이 있어도 이를 드러내지 않고 침묵하는 고객의 비율이 더 높다.

10 ▶ ⑤

책임 공감의 원칙이란 조직 내에서 발생한 문제에 대해 구성원 모두가 공동의 책임감을 가져야 한다는 원칙으로, 고객의 입장에서는 누가 담당자인가보다 자신의 문제가 실제로 해결되는지가 더 중요한 요소가 된다.

11 ▶ ③

정중하고 친절하게 응대하되, 고객이 잘못을 지적하는 경우에는 절대로 반박하거나 변명하지 않는다.

12 ▶ ④

사내 직원의 VOC는 직원들이 자사 상품이나 서비스의 개선을 위해 내부적으로 제기하는 의견을 의미하며, 대체로 직원이 고객의 입장에서 문제점을 파악하여 제안하는 제안형 VOC가 주를 이룬다.

13 ▶ ②

해피콜 예약 확인 서비스는 고객 만족을 높이기 위한 긍정적 서비스로, 컴플레인의 원인이 되지 않는다.

14 ▶ ③

고객획득비용(CAC)은 신규 고객 한 명을 확보하기 위해 투입된 모든 비용을 의미한다.
따라서 직접비용뿐 아니라 광고·프로모션·인건비 등 간접비용까지 모두 포함하여 계산한다.

15 ▶ ②

서비스를 체계적으로 관리하기 위해서는 서비스가 전달되어 고객이 인지하는 과정의 핵심적 요소를 고려해야 한다.

16 ▶ ④
① 서비스 제공 지역이 확대되면서 경쟁 수준이 더욱 심화될 수 있다.
② 기존 유통채널보다 고객에게 더 넓은 선택폭을 제공한다.
③ 이용 고객층이 다양해짐에 따라 서비스의 일관성이 저하될 가능성이 있다.
⑤ 대금 결제 및 고객 정보와 관련하여 보안 문제가 발생할 수 있다.

17 ▶ ②
서비스 품질 및 성과 측정을 기반으로 보상이나 처벌을 제공하는 전략은 '통제 전략'에 해당한다.

18 ▶ ③
수요 측면에서 유통경로의 필요성은, 다양한 공급원으로부터 제공되는 상품을 소비자가 가치 있게 사용할 수 있도록 정리·배열하고, 탐색 과정을 효율적으로 이루어지도록 계획적으로 관리하는 데 있다.

19 ▶ ①
하나의 채널만으로 고객에게 접근하기는 점점 어려워지고 있으며, 대부분의 산업에서는 복수 채널(멀티 채널)을 활용한 고객 접근 전략이 필요하다. 단일 채널만 고집하는 것은 변화하는 고객 행동을 반영하지 못하므로 적절하지 않다.

20 ▶ ③
멘토링은 신입사원 교육 훈련 기법으로, 경력자(멘토)가 신입사원(멘티)에게 조직 적응, 직무 수행, 조직 문화 이해 등을 돕는 제도이다.
① 세미나, ② 역할 연기법, ④ 사례 연구법, ⑤ 감수성 훈련은 주로 관리자 교육 훈련 기법으로 분류된다.

21 ▶ ⑤
⑤번은 개인 수준의 임파워먼트 설명에 해당한다. 개인 임파워먼트는 무력감을 느끼는 구성원이 자기 효능감을 회복하여 스스로 통제감을 갖게 되는 과정을 의미한다.

22 ▶ ⑤
①은 Goal(목표 설정), ②, ③은 Reality(현실 점검), ④는 Will(실행 의지)에 해당한다.

23 ▶ ②
코칭은 업무성과와 인간관계에 대해 조화와 균형을 맞춰야 한다.

24 ▶ ②
외부 공정성은 동종 타 기업과의 보상 수준을 비교하여 자신의 처우가 공정한지 판단하는 것을 의미한다.

25 ▶ ②
따뜻한 색은 빠른 의사결정을 조장하기 때문에 저관여 상황에서의 의사결정이나 충동구매를 유도하는 데 매우 적절하다.

26 ▶ ①
공정 가치선은 기업이 제공하는 가치와 고객이 지불하는 가치의 균형을 점검하는 도구로, 어느 한쪽으로 가치가 치우쳐 있지는 않은지 확인하고 필요한 개선 방향을 제시하는 데 활용된다.

27 ▶ ②
서비스 실패는 곧바로 주변의 잠재고객에 영향을 미쳐 미래의 고객을 잃게 하는 결과를 초래한다.

28 ▶ ①
물리적 증거란 서비스 생산공정에서 활용되는 모든 비인적 요소들을 의미한다. 실내 온도, 조명, 소음, 색상 등 주변적 요소와 서비스 매장의 공간적 배치와 기능성, 표지판, 상징물, 조형물 등이 해당한다.

29 ▶ ①
직원만족은 고품질의 서비스로 이어지며 이러한 고품질의 서비스는 바로 고객만족으로 직결된다.

30 ▶ ①
고객 생애 가치(CLV)는 고객이 기업과의 거래를 지속할 때 장기적으로 발생하는 가치를 금액으로 산정한 것으로, 고객 유지 전략 수립에 중요한 지표이다.

31 ▶ ③
Rapport는 상대와 감정적으로 친밀감·신뢰를 형성하는 관계를 의미하며, 서비스 세일즈에서는 고객과의 첫 만남에서 자연스럽게 공감대와 친근감을 만드는 과정을 말한다.

정답 및 해설 관

32 ▶ ④
군집분석은 유사한 특성과 패턴을 가진 개체들을 묶어 하나의 군(Cluster)으로 분류하는 분석 기법으로, 데이터 내에서 자연스럽게 형성되는 집단을 찾아내는 데 활용된다.

33 ▶ ②
OJT(On-the-Job Training)는 현장에서 선배나 담당자가 직접 시범을 보이고, 피교육자가 실제 과업을 연습하도록 한 뒤 그 결과에 대해 즉시 피드백을 제공하는 실무 중심 훈련 기법이다.

34 ▶ ⑤
브레인스토밍은 다수의 피교육자가 자유로운 분위기에서 제한 없이 아이디어를 제시하도록 하는 훈련 기법으로, 질보다는 양에 초점을 두어 다양한 의견을 도출하는 데 목적이 있다.

35 ▶ ②
(B)는 반복구매 단계 고객에게 적용되는 응대 전략이며, (C)는 충성고객 단계에서 활용되는 전략이다. 따라서 최초구매 단계 고객에게는 (A), (D), (E)가 적절하다.

36 ▶ ④
대화에서는 고객이 직접 소비하는 가치를 넘어 지인에게 추천하여 새로운 고객을 유입시키는 영향력이 강조된다. 이는 기업의 매출 확대에 직접적 구매가 아닌 간접적으로 기여하는 가치로서 '고객들의 간접적 기여가치'에 해당한다.

37 ▶ ③
고객 중심 세일즈 판매의 7단계 프로세스는 Prospecting → Approaching → Needs 파악 → Presentation → 반론 극복 → Closing → Follow-up의 순서로 진행된다.

38 ▶ ②
(A), (C), (E)는 포인트·사은품·마일리지 등 인센티브 혜택 때문에 선택하는 행동으로, 인센티브 로열티 충성고객의 특징에 해당한다.
반면 (B)와 (D)는 익숙함·편리함 때문에 선택하는 행동으로, 편의적 로열티 충성고객의 특성이다.

39 ▶ ②
서비스 실패 발생 시에는 즉각적인 확인과 구체적인 조치 시간 안내가 핵심으로, 책임 회피나 지연 안내보다 신속·명확한 응대가 고객 신뢰 회복에 효과적이다.

40 ▶ ④
구조적인 문제라고 하더라도 본사의 조치를 기다리기만 하는 태도는 적절하지 않다. 컴플레인 상황에서는 지점 차원에서 가능한 모든 대안을 즉시 고민하고 실행하려는 노력이 필요하다.

41 ▶ ③
개방적 유통 전략이 적합한 편의 서비스는 소비자가 시간과 노력을 최소화하여 손쉽게 이용할 수 있도록 제공되는 서비스이다. 대표적으로 이동 점포, 출장 서비스, 방문 수거 서비스 등이 있다.

42 ▶ ③
Approaching은 타겟 고객에게 다가가는 것인데, 이 때 관계 형성을 위한 친밀감을 유도하는 것이 매우 중요하다.

43 ▶ ⑤
제시된 안내문은 직원·고객 역할을 맡아 직접 상담 상황을 연습하는 방식이므로, 실제 서비스 현장과 유사한 상황을 구성해 고객 응대 능력·상황 대응력·공감 능력을 향상시키는 역할연기법(Role Playing)에 해당한다.

44 ▶ ②
회사로부터 인정과 보상 효과는 멘토 차원에서 얻게 되는 멘토링 효과이다.

45 ▶ ⑤
문항의 핵심은 장점 설명이 아니라, 고객에게 제공되는 구체적인 이점을 강조하는 표현을 찾는 것이다.

46 ▶ ⑤
화려함·우아함·세련미는 고객의 감정적 장점(benefit)에 해당하는 표현이며, 이점(advantage)은 고객이 실제로 얻는 구체적 혜택을 의미한다.

47 ▶ ⑤

서비스 접점에서는 고객의 요구가 상황마다 다르기 때문에, 가능한 해결 방안을 먼저 찾으려는 태도가 가장 바람직한 적극적 대응이다. 따라서 고객의 요청을 최대한 수용할 수 있는 방법을 먼저 검토하는 것이 올바른 접근이다.

48 ▶ ⑤

서비스 현장에서는 고객 만족을 높이기 위해 즉석에서 처리할 수 있는 간단한 요구사항은 과감하게 수용하고, 그에 따른 책임도 스스로 감당하는 권한 이행(임파워먼트)이 필요하다. 이는 신속한 서비스 제공과 고객 감정 완화에 큰 효과가 있다.

49 ▶ ⑤

유통 채널의 성공적인 관리는 일관성과 통일된 품질 통제가 핵심이다. 대리점이 독립적인 사업주라 하더라도 각기 다른 유통 전략을 임의로 운영하면 브랜드 이미지·품질·고객 경험에 큰 혼선이 발생한다.

50 ▶ ③

③은 판매 목표를 부여하는 통제 전략에 해당하며, 본사의 권한과 힘을 기반으로 한 '통제 중심 관리 방식'이다.

하진영 교수

주요 약력
- 세종대학교 관광대학원 호텔경영학 석사
- 경기대학교 이벤트,국제회의학 박사

現
- 비티엠써비스(주) 서비스아카데미 원장
- 박문각 SMAT 전담강사
- 한국생산성본부 E-9비자 외국인 취업교육 강사
- 신구대학교 호텔관광과 겸임교수
- 경희사이버대학교 외식조리학과 객원교수
- 한국열린사이버대학교 교양학부 특임교수
- (사)한국호텔전문경영인협회 이사

前
- 연성대학교 관광과 관광중국어전공 조교수
- 한국농어촌공사 농어촌자원개발원 자문위원
- 호텔업 등급평가위원
- HOTEL LOTTE 식음팀
- 청와대 국빈서비스 담당
- 한국외식산업연구소 교육팀 팀장
- 경기대학교, 숭실대학교, 청운대학교, 수원여자대학교, 동남보건대학교 및 기업체 다수 강의

주요 저서
- 2026 박문각 SMAT Module A 비즈니스 커뮤니케이션(박문각)
- 2026 박문각 SMAT Module B 서비스 마케팅·세일즈(박문각)
- 2026 박문각 SMAT Module C 서비스 운영전략(박문각)
- 영화로 보는 매너와 에티켓(파워북)
- 사례로 배우는 마케팅(파워북)
- 외식서비스실무(파워북)
- 지역축제(대왕사)
- 외식서비스실무(백산출판사)
- 호스피탈리티 식음료관리론(신화출판사)
- 외식경영실무(신화출판사)

논문
- 체험마케팅의 전략적 체험 모듈, 만족도 그리고 지지도에 대한 관광객의 반응
- 통일전망대의 방문동기 간 영향관계 및 세분시장별 방문객의 특성 비교
- 한옥마을에서의 총체적 체험 요소, 태도 그리고 지지도 간 영향 관계분석
- 축제브랜드 개성, 브랜드 동일시, 러브마크와 고객자산 간 관계 연구 외 다수의 논문

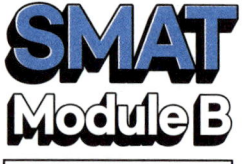

SMAT Module B
서비스 마케팅·세일즈

초판 인쇄	2026년 2월 2일	초판 발행	2026년 2월 5일
편 저 자	하진영	발 행 인	박 용
발 행 처	(주)박문각출판	등 록	2015. 4. 29. 제2019-000137호

주   소   06654 서울시 서초구 효령로 283 서경 B/D 4층

전   화   교재 주문 (02)6466-7202   팩   스   (02)584-2927

저자와의
협의하에
인지생략

정가 18,000원

ISBN 979-11-7519-736-7